［監修］藤井讓治／吉岡眞之

孝明天皇実録 第三巻

天皇皇族実録 補巻

ゆまに書房

刊行にあたって

藤井　讓治
吉岡　眞之

今回、宮内庁書陵部のご許可を得て、『天皇皇族実録』を復刻することになった。

『天皇皇族実録』は、各天皇・皇族ごとに編年体で編修され、『大日本史料』と同様に綱文を立てるとともに根拠となる史料を掲げる体裁である。綱文の記述の根拠となる史料は、宮内省図書寮（現宮内庁書陵部）を筆頭に内閣文庫（現国立公文書館内閣文庫）・東京帝国大学史料編纂所（現東京大学史料編纂所）など多くの機関や寺社、民間の所蔵者などから広く収集して提示している。また検討を要する問題があればそのつど案文を付して注意を喚起するなどの配慮もなされている。当時としては高い実証性を保っており、史料集としての価値は今日でも失われていない。

『天皇皇族実録』の編修は、一九一五年（大正四）、明治維新後に死去もしくは臣籍降下した皇族の実録編修に着手したことから出発しており、やがては神武天皇より孝明天皇までの間の天皇・皇族の実録を完成することを目標としていた。しかしこの事業には明確な編修方針を欠いており、また編修の体制も十分でなかったらしいことなどの事情により、以後四年間に編修を完了したのはわずか四名の皇族に止まった。

一九一九年（大正八）、図書頭森林太郎（鷗外）は事業の前途を見通し、困難な状況を打開するため新たに編修計画を立案した。この計画はきわめて周到なもので、編修規程と凡例を定め、実録全体の史料の数量を予測するとともに編修の功程を示し、また編修体制についてもスタッフを大幅に増員し、その服務規程を定め、これにもとづいて八年間で編修を完了するというものであった。この計画は同年の内に宮内大臣の決裁を受け、翌二〇年から図書寮編修課で事業が開始された。

しかしその後、宮内省の定員削減の影響を受け、また実録の体様を紀事本末体から編年体に変更するという編修方針の大きな転換を行う必要に迫られるなど、さまざまな問題が相次いで生じた。このため事業は必ずしも当初の計画通りには進まず、再三にわたって期限を延長し、一九三六年（昭和一一）にいたって一二九三冊の実録を脱稿した。この間、一九三一年からは編修が成った実録を逐次印刷に付し、これが完了したのは一九四四年七月であった。収録した天皇・皇族は三〇五〇名であり、これを本文二八五冊にまとめ、総目次一冊を付している。

この『天皇皇族実録』が多くの方々に利用されんことを切に願っている。

二〇〇五年十二月一日

凡例

一、本書『天皇皇族実録 補巻　孝明天皇実録 第三巻』は、宮内庁書陵部宮内公文書館所蔵の「孝明天皇実録　巻七」（識別番号74494）及び同「巻八」（識別番号74495）を、表紙から裏表紙にいたるまで、白紙頁を含めて完全な形で影印・刊行するものである。これらは、二〇〇六年一〇月に刊行した『天皇皇族実録134　孝明天皇実録 第一巻』及び『天皇皇族実録135　孝明天皇実録 第二巻』に続くものである。
二〇〇六年当時、宮内庁書陵部図書寮に所蔵されていた「天皇皇族実録」本文二八五冊のうち、今回刊行する「孝明天皇実録　巻七」及び「巻八」のみ非公開であった。その後、これらは「公文書等の管理に関する法律」（二〇一一年四月施行、いわゆる公文書管理法）施行前に宮内公文書館に移管され、のち公開されたために、今回公刊するものである。

二、影印版の縮小率は、本文約八九・五パーセント、表紙約六五・八パーセントとした。

三、原本の書誌の概要は、左のとおりである。
袋綴装　法量　縦二五・六㎝　横一八・二㎝
和紙上質紙　タイプ印刷

四、本実録は、戦前の宮内省図書寮編修課により、大正九年から昭和一一年にかけて編纂され、昭和一九年に印刷が完了したもので、その後の改訂は一切されていない。

五、『総目次』所載の本実録の凡例を以下に掲載する。

凡例

一、本実録ハ神武天皇ヨリ孝明天皇ニ至ル歴代天皇及ビ光厳天皇光明天皇崇光天皇後光厳天皇後円融天皇並ニ其ノ后妃後宮皇親ノ行実ヲ謹修セルモノニシテ、大正九年五月図書寮ニ於テ之ガ編修ニ著手シ、昭和十一年十二月其ノ功ヲ終ヘタリ、

一、本実録ハ天皇別ニ謹修シ、后妃後宮並ニ皇子已下概ネ四世孫ニ至ル皇親ノ行実ハ夫々ノ天皇実録ノ中ニ収メタリ、但シ皇親ニシテ皇位ニ即キ、或ハ皇后ニ立チ、又ハ入リテ妃嬪ト為リタル、又伏見宮桂宮有栖川宮及ビ閑院宮ノ四親王家ニ入リ、或ハ他ノ皇親に適キタルハ単ニ名ヲ掲グルニ止メ、其ノ行実ハ当該天皇若シクハ当該皇親ノ部ニ収録セリ、

一、四親王家ニ属スル歴世皇親妃並ニ其ノ王子女等ニ就キテハ、別ニ四親王家各宮実録ヲ編修スルコトトセリ、

一、天皇実録ノ記載事項ハ概ネ降誕ニ始マリ大葬ニ終ル、其ノ間命名立儲践祚即位祭祀行幸其ノ他諸種ノ行事ヲ始メトシテ、行実ノ伝フベキモノハ毘メテ遺漏ナカランコトヲ期セリ、后妃皇親ニ係カル事項モ亦之ニ準ゼリ、

一、本実録ノ体例ハ編年体ニ依ル、初メニ綱文ヲ掲ゲテ事項ノ要ヲ提シ、次ニ史料ヲ駢列シテ依拠ヲ明カニセリ、

一、本実録ノ史料ハ主トシテ図書寮所蔵本ニ依拠シタルモ、又東山御文庫内閣文庫東京帝国大学史料編纂所社寺

並ニ民間ノ所蔵ニ係カル文書記録ヲモ採録セリ、
一、本実録ニ収録セル史料ニシテ、其ノ伝来或ハ所蔵ヲ明カニスルノ要アルモノハ、書名ノ下ニ〇印ヲ附シテ之ヲ註記セリ、又史料ノ用語語句等ハ専ラ拠本ノ旧ニ従ヒシモ、文字ノ誤脱等ニ就キテハ傍註ヲ加へ（ ）印ヲ用ヒテ之ヲ示セリ、
一、本実録ハ天皇毎ニ目次略系図及ビ引用書目ヲ巻頭に掲記シ、又内容ノ多少ニ従ヒ或ハ巻次ヲ附シテ分冊シ、或ハ便宜合綴セリ、
一、本実録ニハ別ニ総目次一冊ヲ加ヘタリ、而シテ各実録目次中ノ誤レルモノニ就キテハ、本目次ニ於テ之ヲ訂正セリ、

昭和十九年七月

目次

孝明天皇実録　巻七

孝明天皇實錄 卷七

稿本
孝明天皇實錄 卷七

孝明天皇實錄　卷七

女御藤原夙子

基　九條家番所日次記　執次詰所本御系譜

英照皇太后　侍從職日錄　英照皇太后大喪錄

關白准三宮從一位九條尚忠ノ第六女、母ハ南大路壽葉ナリ、天保五年十二月十三日、誕生ス、

〔諸家系傳〕九條家

尚忠　從一位前關白准三宮、實二條左大臣治孝末男、實母信子樋口前大納言基康女、明治四年八月二十一日薨、七十四歲、號後遍照金剛寺、

├幸經
├女子
├女子
├女子
├女子
├女子
└女子

女子（孝明天皇后 皇太后宮）基《ノリ》姫夙子、母姪子、唐橋前大納言在熙女、
女子
男子
尚嘉
男子
忠善
男子
熙通
基弘

〔椒庭譜料〕　九條道孝上申

孝明天皇后皇太后夙子

父關白准三宮九條尚忠　法名圓眞

母前大納言唐橋在熙女姪《タケ》子

〔唐橋上申〕　○後宮譜料所收

皇太后宮夙子

從一位九條尚忠第六女、御母菅原姪子、正二位唐橋在熙養女、實北野松梅院權大僧都禪秦第三女、

〔近代帝王系譜〕

今上○孝明
皇子

順子內親王

母准后藤夙子、九條關白尚忠公女、天保四、十二月十三日生、號基君、

〔女御御入内記〕

基君御方　御諱夙子《アサ》内實ハ　天保四甲午年十二月十三日

御母唐橋前大納言在熙卿女梅園方内實ハ下加茂社氏人南大路大和守女染野

〔南大路系圖〕

南大路萱山　准三宮九條尚忠家女房

父南大路長尹　從四位上、生不明、

母瀬尾里子　生死不明

文久元年三月十九日死、

├長脊
├萱山　文化六年六月廿八日生、明治十四年八月十六日死、
├土佐
├長盛
└房子

〔九條家番所日次記〕○九條道秀所藏

天保五年十二月十二日壬寅、晴、○中略　基姫君御方御誕生一條左記、御産所、東大路大和守宅、

梅宮橋本大和守へ先例之通御祈禱并三品可致調進候樣　主稅より以書中申遣候處、幸今日上京ニ付直樣爲御請參殿、

則於御番所主稅出會、明日與御祈禱仕七日相勤滿座來ル廿五日御札三品調進可仕候由也、九月十八日、

橋本大和守參於御番所、主稅出會、御札等調進有之、直樣御内儀へ相廻ス、着用麻上下、九月廿五日、

袖浦ヨリ此度於壽葉南大路大和守へ御預ケ御産所萬端彼方ニ而大和守申合取斗御入用之品は御元方へ相談之

上書付差出シ可申候樣、且又品柄等奥向へ直樣可申入候樣、萬端申合、御都合能可取斗由也、九月廿四日、
九月十六日、於壽葉南大路へ下宿之事、
袖浦面會ニ而來ル霜月御誕生被爲有候ハヾ、直樣山科仙壽院法眼へ御預被遊候樣思召候間、其旨主税より可申遣之由、則主税より以書中申遣候處御請也、
九月廿四日、同廿七日、爲御請參殿也、
戌刻斗南大路大和守より來狀、御產催之由申來候故、直樣出殿自夫南大路へ差越ス、老女美作幷およね同道ニ而參、賀川若狹介へは自大和守爲知候故、未ノ刻より相詰罷在候由、仙壽院法眼戌刻頃參ル、產婆石見未ノ刻頃より相詰居候由、
子上刻無御滯姫君御誕生被爲有、尤御機嫌克、若狹介產婆石見等殊之外御丈夫ニ被爲有候由、主税へ申聞候而御座ヲ退畢、各麻上下着用、
子半刻斗、仙壽院法眼拜診、御藥調進、耳連大黃湯加紅花芒硝、
十三日、
早天幸德井陰陽助へ勘文之儀申遣ス、
今朝新誕樣へ御機嫌奉伺、美作出會、初而御目見仕候事、大和守同樣也、○中略
未ノ上刻、仙壽院法眼拜診仕候處、彌以御機嫌克、御所方御藥調進、御乳付之義者、明後十五日朝可然之由申上ル、御湯之儀今日者御見合、明日晝後御湯被遊可然之由、今日寒氣殊之外强御座候故、御見合之方可然之由也、
未刻斗幸德井播磨守御產所え參、則勘文持參、尤自今朝早速持參可仕筈之處、依陰陽助所勞、彼是及延引ニ候段御斷、
右勘文左記、
陰陽寮擇申、昨夜子上刻御誕生姫君、

御乳付日時、今月今日癸卯、時今、雑事日時、
御臍緒可被裁日時、今月今日癸卯、時今、
御湯殿具可被造日時、今月今日癸卯、時今、可汲丙辰方流水、
可被藏御胞衣日時、今月十八日戊申、時巳、可埋乙方、
御胎髪可被垂日時、今月廿一日辛亥、時辰、
御初生衣可被着日時、今月廿一日辛亥、時未、可着白色御衣、
天保五年十二月十三日

信濃守賀茂朝臣保行
權助兼播磨守賀茂朝臣保源
助兼曆博士賀茂朝臣保救

右持參ニ付、主税出會請取、直樣寫取御本殿江及言上、尤長門介迄以書中相達ス、
〔按〕本條ニ就キテハ弘化二年九月十四日ノ條ノ史料後勁槐記ヲ參看スベシ、

天保五年十二月十九日、七夜ノ儀アリ、基ト稱セラル、

〔九條家番所日次記〕 ○九條道秀所藏
天保五年十二月十九日、
是日御七夜御祝儀也、
御初生衣　壹重
鳥子餅　五重
こんぶ

女御藤原夙子

ひたい
御たる
右御所様より被進、
一、御名ノ字小折紙、
するめ　一箱
右御同様被進御使老女袖浦、則御目見、其後於奥赤飯御祝幷ニ御祝酒御湯漬等被下之、
但シ供中番下女迄御祝御湯漬被下、

基
御名字

一、鰹節　一連　一臺
諸白柳樽一樽
右今朝爲御祝儀南大路大和守幷妻さと同内匠より獻上有之事、後御本殿へ相廻ス、
一、鳥子餅一重金貳百疋　南大路大和守へ被下、
同　一重同貳百疋　右同人妻さと同内匠へ被下、
一、鳥子餅一重御たる代金百疋お壽葉へ被下、
白かね壹枚紅縮緬一端、
〔御系譜〕○執次詰所本

今上〇孝明皇女

御母女御從三位藤夙《アサ》子、〇中略號基君、

〔諸家系傳〕九條家

尚忠 從一位前關白准三宮
　女子 孝明天皇后 皇太后宮 基《ノリ》姫、夙子、

弘化二年九月十四日、是ヨリ先、皇太子統仁親王ノ御息所ニ内定シ、是日、御治定ノ旨、仰セ出サル、

〔御息所樣御日記假留〕

弘化二年八月十一日、

一、基君樣御息所御治定、御同意有ラセラレ候、一統御恐悦申上候事、

〔九條家内儀日記〕

弘化二年八月十一日、

一、基君樣今日東宮樣御息所御内治仰ヲ蒙ラレ候、一とう恐悦申上ル、式〔服カ〕ハ着用、

九月十四日、

一、吉辰ニ付御息所御治定仰出され候、

〔新清和院女房日記〕

弘化二年八月十一日、晴、子、

一、九條右府殿姫君基君御方、春宮樣御息所御治定御内意被仰出候、依爲御心得申入候由、面達有、

九月十四日、曇さる、

一、持明院殿御參リ被成候て、九條右府殿御女基君御息所ニ仰出され候事、議奏飛鳥井中納言殿御申わたし被成候事、言上被成候、

一、春宮樣御息所九條殿姫君基君御かた御治定之旨、被仰出候、依爲御心得申入候よし、ふれ有、

〔橋本實久日記〕

弘化二年八月十一日庚子、晴、午刻參內、兩役何トナク各參上、東宮追々御成長、依之右大臣息女基君、十二歲、被召御息所、內々御治定之旨以女房被申出、兩役一同付勾當掌侍申入恭賀、東宮同上、今日同上、攝家中有勅問、武傳卿各被行向、亦右大臣亭御使武傳卿被行向了、

九月十四日壬申、晴、巳刻參內、今日參集、殿下兼日有命、殿下令參給、小時坊城前大納言新大納言予飛鳥井中納言等召御前、殿下被候、右大臣息女基君、東宮御息所御治定、今日依吉辰被仰下旨殿下被仰傳、一同奉之、坊城前大納言新大納言等、此節武傳卿依關東下向也、右大臣亭行向可傳仰殿下被命、此後一同退御前、兩卿直參向、頃之歸參、右大臣畏被奉旨言上、

〔後勁槐記〕

弘化二年九月十四日、晴、

一、殿下兩人へ被命基君十二才ニ候、俗說ニ中四ツキラヒ候由御內儀ニて承候、政通ハ不案內候へ共仰も有之候儀故、表向御治定之節より十三才ニ被改可然申上置候、敏宮も思召有之御歲改ト存武家ナドニモ澤山有之候、御內慮之節武邊へ年齡不申遣候ハヾ今度唯十三才ト被示遣宜候、若御內慮ニ十二才ト有之候ハヾ少々思召被爲有候ニ付、十三才ニ被改候旨、被示遣可宜候、御內慮ニハ年齡書付無之候旨申入、

一、巳半刻比、殿下參御前給、以兒召當役一同、參御小座、殿下被傳仰云、九條右大臣女基君、今日依吉辰東宮御息所表向御治定被仰下、一同謹申恐悅、思召被爲有候故、十三才ニ被改候者、

十一月二十五日、夙子ト命名セラル、

〔女御様御用日記〕

弘化二年八月十三日、

一、依召寺島俊平参殿、基君御方御名之字勘進候様被仰付、

八月廿一日、

一、寺島俊平天祐ぇ御息所御名之字夙正両字勘文清書指上候様申達候事、

但昨夕関白政通公より兼而御相談之御名之字、右両字之内御治定可然旨、御時宜御伺定之旨、以御封中被仰進候也、

〔女御御入内記〕

弘化二年十一月十六日、

一、御息所様御實名寺島俊平天祐ぇ勘進左記、

奉書三ツ折

夙《アサ》

詩生民、厥初生民、時維姜嫄云々、

載震載夙、載生載育、

天祐上

十七日、

一、禁裡附武家ぇ指遣書狀左記、

此御方姫君基君御方御名幷御何人目ニ被爲當候哉、酒井若狭守殿より被問合候趣ニ付、則左ニ申入候、基之字ノリト被爲稱候、御實名夙《アサ》子、且御四方目ニ被爲當候、御姉君御二方は御早世ニ御座候、仍此段申入度如此御座候、以

女御藤原夙子

上、

十一月十七日　　塩小路大藏權少輔

明樂大隅守樣

渡邊筑後守樣

〔御息所樣御日記假留〕

弘化二年十一月廿五日、

一、御息所御名之事、

夙《アサ》子

右御治定被仰出候事、

十二月七日、權大納言唐橋在熙ノ養女娙子ヲ以テ養母ト爲ス、

〔九條家內儀日記〕

弘化二年十二月七日、

一、今日梅その方、御息所樣御母儀更ニ仰付ラレ候、御所樣二種御肴一折獻上、御息所樣ヘモ二種一折獻上、

〔御息所樣御日記假留〕

弘化二年十二月七日、

一、今日梅その方

御息所樣御母儀、更ニ仰付ラレ候、有ガタク御請、御一折獻上、

〔唐橋家系譜〕

在熙 正二位權大納言
　在經
　女子
　男子
　男子
　女子 梅園 候九條尚忠公、實松梅院禪秦女

〔松梅院改吉見資隆系圖〕
禪秦 法印權大僧都、神事奉行神殿大預公文職
　實舊籏下前田信濃守ヨリ養子、弟カ子カ不詳、
　明和四年生、文政十一年三月十七日死亡、
　禪恒
　女子
　女子 梅園、本名媖子、唐橋在熙猶子トナリ九條殿ニ候ス、生年不詳、弘化四丁未年九月十九日死亡、
　女子

弘化三年二月二十三日、是ヨリ先、皇太子統仁親王、踐祚アラセラル、是日、御息所ノ稱ヲ改メテ女御ト稱セラル、

〔尚忠公記〕
弘化三年二月廿三日、議奏三條大納言招諸大夫敦綱、令出被申告趣意、
御息所、自今被稱女御候旨被出（マヽ）候ニ付、此段可申入之旨也、

〔女御樣御用日記〕
早速女御ヘモ及通達、自予御請之事使令出、

弘化三年二月十三日、
一、東宮御踐祚也、
一、　御たる代　　　　金三百ぴき
但し仕立大鷹檀ニ包白紅水引掛之目錄臺居之竪脚板甲也、
右禁中湊者所ヱ御使、在德、取次、中川雅樂允、今日御踐祚ニ付御獻上之事、
二月廿三日、入夜、
一、依招禁中非藏口ヱ御使飛彈守敦綱、三條大納言殿出會被申上候趣言、左記、
御息所、自今被稱女御と候旨被仰出候ニ付、此段被申上候事、
歸殿言上、卽刻御請御使、右同人、
二月廿四日、
一、禁裡附武家より來狀、左記、
御息所御方、自今被稱女御候旨、仰出候ニ付、其御方ヱ從關東御會釋幷所司代爲御歡參上、進上物等有無之儀、御執調
御報ニ被御申聞候樣致し度存候、以上、
二月廿四日略○中
右申來候ニ付、返書左記、
御息所御方、自今被稱女御と候旨、被仰出候ニ付、此御方ヱ從關東御會釋幷所司代爲御歡參殿、被差上物等有無取調
可申入旨令承知、猶取調跡より可相達候、以上、
二月廿四日略○中　　　　石井刑部少輔
明樂大隅守樣

渡邊筑後守様

一、附武家え申遣紙面、左記、

御息所御方、自今被稱女御候旨、被仰出候ニ付、關東より御會釋幷所司代爲御歡參上、被進物等有無之儀、御問合ニ付、

文化十四年三月、鷹司殿姫君被稱女御候旨、被仰出候節之振合取調候處、從關東御會釋之儀幷所司代參上、進上物等

之儀相見え不申、仍御答得御意候、以上、

二月廿四日

〔洞中執次詰所日記〕

弘化三年二月廿三日己酉、

一、御息所御方、自今可稱女御之旨被仰出候段、爲心得上御取次東辻修理權亮より以廻狀申來、奥え申上、諸役所え相達、

嘉永元年十二月七日、從三位ニ敍セラル、

〔公卿補任〕孝明天皇弘化五年

十二月○嘉永元年七日、女敍位從三位藤原夙子宣下、消息、上卿姉小路中納言、奉行俊克朝臣、

〔橋本實麗日記〕

嘉永元年十二月七日丁未、今日爲女敍位位記使、奉先日仰、仍辰斜著束帶、如常、但著薄色袙、蒔繪劒紺地平緒、平雉彦刷之、隨身四人、壺胡籙垂袴〔萌木〕雜色二人、萌木上下紅單、白張三人、內一人持傘付雨皮、乘車、車簾垂之、參內、於陽明門外下車、入陽明建春宣陽和德等門、止僮僕、從廻廊外可參高遣戸邊命、經南殿御移入無名門、下裾、出神仙門昇殿上一間、先撤劒笏等所諸司役之、入下戸參內々方、此次於高遣戸邊今日相從小舍人召寄、則小舍人能登守則能來進發並本家儀等申示了、次到藏人所參仕之旨告、奉行職事俊克朝臣、其後此所息、依先例所ニ休息了、俊克朝臣被示曰、於本家先可參內々方、且此頃四足門修覆之間、從尋常門可參入之由也、此事予出門以前從本家以御使有理、同朝臣被示曰、納位記御柳筥豫於鬼間設有之、但依先規於蓋者於小舍人渡有之由也、承諾了、又爲覽悟臺盤所幷殿上渡廊邊敷設內々點檢了、小時臺盤所御塞之旨被觸、直俊克朝臣相伴到

渡廊、立東西行馬形障子邊、俊克朝臣直臺盤所西簀子ニ被候、內侍被來相窺予被示、予直參進臺盤所南一間西簀子、上格子之間也、下裾蹴下相待、內侍被搖御簾、聊膝行進寄、以兩手簾裾聊上之、內侍被出位記卷、以兩手受之、以上爲左靑表紙卷也、更聊膝退起座、右廻、於鬼間不昇長押納柳筥、頗大筥也、則持出殿上、降自一間、著沓、召寄小舍人、則能渡筥、則能受之加蓋、著劔笏、入神仙門、出無名門、經階下、小舍人持筥從裾手ニ取、相軒廊宣仁敷政此門ニテ須裾下歟、然而政官不在座存略儀不下、此後懸裾了、宣陽建春等門、於陽明門外乘車、位記筥令入車中、此後小舍人車後相從在隨身前所下部〔著白上下黃單〕在傍小舍人從者〔雜色一人白丁一人〕白張一後相從、參御在所、其列、○中略先於尋常門外下車、依四足門者修覆中也、出位記筥、小舍人出之、令持小舍人、自尋常車寄參內々方、就諸大夫位記使參上之旨、且御歡等申之、先是位記筥可持參於休所示小舍人、則持參、小時坊城前亞相女御御世話卿、並取持人々被出會、○中略賜酒饌勸酬如例、未下刻晴儀被始、先召小舍人渡位記筥、降尋常車寄入塀重門、立中門外、下裾隨身相從、小舍人持位記筥相從、所下部在傍、家司右兵衛權佐親賀朝臣東帶劔把笏、出逢、予正笏申事由、其儀一揖、親賀朝臣答揖、昇中門廊沓脫、同入下戶、參進左大臣殿廂御座簾外、申使參之由、歸出復命、今度降中門廊切妻徒跣、立於予前一揖、予答揖、親賀朝臣入中門退去、入中門何可尋、如次予挿笏取位記筥、小舍人蓋授之、受昇中門廊沓脫、入上戶、經中門廊並對二棟廟等簀子、入東庇妻戶、跪簾下、東面一間、北奉入位記筥、女房取之、予拔笏聊退居、女房奉左大臣殿、即令覽姬君御方給、女房自簾中押出祿、女裝束、予懷笏進寄取之懸左袖、取出笏退起經本路降自對西面階、徒跣、進庭中當御座再拜、右廻、出中門著沓、祿賜第一隨身退出、此間賜小舍人祿四絹云々、下家司取之、

〔女御樣御用日記〕

嘉永元年十二月七日、

一、御敍位宣下ニ付、御玄關敷設式日之如し、○中略

一、勅使橋本中將實麗朝臣位記持參、小舍人仕人、相從更ニ內々之方え參樓、於上間御料理被出、獻立左記、○下略

〔九條家內儀日記〕

嘉永元年十二月七日、

一、女御樣御敍位宣下ニ付、御まな、方々より進ゼラレ候、
　鍏君樣、御まゼ肴三種一折、
　御所樣女御樣へ進ゼラレ候、

〔姫君賜位記之儀〕

嘉永元年十二月七日、當日早旦、裝束寢殿以下、母屋御簾垂東北廂御簾、每間立四尺几帳、出帷略之、母屋御座並北廂御座等設御調度如尋常、北廂東一間敷高麗端疊二帖、其上敷唐錦茵一枚爲左大臣殿御座、客亭座巳下敷設如例、敕使來立中門外小舍人持位記相從、家司相逢申事由、次家司參進左大臣殿廂御座簾外、東廂北一間、申勅使參來之由、令搖御簾、家司歸出復命、次勅使持位記昇自中門廊經客亭並二棟廊簀子寢殿東廂、跪簾下妻戸内、奉入之、女房取之奉左大臣殿卽令覽姫君御方給女房自簾中押出祿、女裝束、次勅使參進取之、下庭中再拜退出、此間賜祿於小舍人西絹、下家司取之、

十五日、入内ス、

〔公卿補任〕孝明天皇 弘化五年

十二月〇嘉永元年十五日、從三位藤原夙子入内、同日輦車〔從三位藤原夙子〕宣下等、奉行俊克朝臣、

〔女御樣御用日記〕

弘化四年五月二十日、
一、午刻過爲勅使德大寺大納言實堅卿坊城前大納言俊明卿御參、申次大藏權少輔光德、於大書院中段大御書(マヽ)御對面、來申年秋冬之間女御御入内可有之旨、被仰出候旨也、猶女御々方ゝ被仰入、御請可被爲在旨ニ而御退入、再御出座御請被仰上候也、兩卿於下段恐悦被申上退下、次於樓上間御祝酒御料理被出之、

嘉永元年十月廿五日、
一、午刻前爲勅使三條大納言實萬卿坊城前大納言俊明卿御參、申次大藏權少輔光德、御用之儀ニ付被參候旨也、於大書院御對

面、
女御御方、來十二月十五日御入内可被爲在旨、被仰出也、猶女御御方え被仰入御受可被爲在旨ニ而御退入、再御出座
御受被仰上候旨也、
十一月十四日、
一、此日、女御樣御入内萬端無御滯被爲遂候樣、諸社え御祈禱被仰付、所々、
上賀茂　一社江御備銀一枚
　神道講中金貳百疋
下鴨　南大路大和守え銀壹枚
御靈上下社　銀壹枚ツヽ
十二月十五日、
一、御當日ニ付御家中着服之事、
家司　束帶
職事　同上
下家司　同上
諸大夫　狩衣紫袴又瑠璃色
侍　狩衣白袴
女御樣執次　同
御側　布衣
執次　尉示目上下
但青士尉示目半上下

一、勅使正親町左中將實德朝臣參上、申次紀伊守光孚、先內々之方ぇ被參御祝御料理被出之、○中略
一、御世話卿坊城前大納言俊明卿、奉行坊城頭辨俊克朝臣參、紀伊守光孚、大書院御椽側於中間御祝酒御料理被出之、○中略
一、高倉前大納言永雅卿御參、申次紀伊守光孚、御車出衣依奉仕也、御祝以下御料理向前同斷被出之、
一、扈從公卿柳原大納言隆光卿、姉小路中納言光遂卿、東坊城中納言聽長卿、甘露寺左大辨宰相愛長卿、西園寺三位中將師季卿、御參、申次紀伊守光孚、御祝以下御料理向前同所被出之、
一、先驅殿上人山本中將實城朝臣、大宮少將政季朝臣、油小路少將隆晃朝臣、鷲尾少將隆賢朝臣、唐橋大內記在光朝臣、葉室右少辨長順等御參、申次紀伊守光孚、御祝以下御料理向前同斷被出之、
一、藤島差次藏人助胤先驅ニヨツテ參上之處、前同所被下之、
一、家司幷先駈伏原少納言宣諭朝臣同所、堀川右兵衞權佐親賀朝臣家臣ノミ五辻右馬權頭繼仲等御參、前同斷被出之、
一、鷲尾前大納言隆純卿、綾小路按察使有長卿、五辻二位豐仲卿、澤三位爲量卿、堀川三位康親卿、姉小路少將公前朝臣、甘露寺大夫勝長、勸修寺大夫經理、右之方々依御取持御參也、御祝以下前同斷被出之、

〔九條家記〕

嘉永元年十二月十五日、

姫君御方御入內儀里亭

當日早旦裝餝寢殿、依承元例東庇加母屋中各有差筵、卷母屋御簾四尺几帳上三寸上程卷之、垂廂御簾、每間立四尺几帳各一本、母屋內四面懸廻壁代、卷之、壁代出帷等今度略之、孫廂御簾卷之、中間立御帳、無帷臺、敷繧繝端疊二帖、其上中央又供上敷同端疊一帖、各南北爲妻、無御枕几帳幷御枕御劒御衾等、柱帳略之、東西北三面立四尺几帳各一本、同間北廂副西柱立四尺屛風一帖、以面向東、其前立二階一脚、逼南、上層中央置泔坏、在臺、下層南端置唾壺、北端置打亂筥、二階北置唐匣筥、在臺、其北置鏡筥、在臺、其北立鏡臺、當二階東敷繧繝端疊二帖、其上敷唐錦緣龍鬢地敷一枚、其上敷唐錦茵一枚、巴上東西行、置御脇息、東西妻、其東置御硯筥、御硯置右地敷上、右角立三尺几

帳爲姫君御方御座、北廂東間敷繧繝端疊二帖、其上敷唐錦茵一枚爲左大臣殿御座、御帳東間也、母屋敷繧繝端疊二帖、東逼南敷之、其上敷東京錦茵一枚、南北行、御座南立二階厨子一基、上層東端置檀紙手筥一合、西端置火取、下層置中央御硯筥一合、其後立五尺屏風二帖、東西妻當御帳南妻立之、母屋西一間立衣架一本、南北妻逼西立之、其前敷高麗帖一帖、南北妻逼西敷之、東一三間母屋際立四尺几帳各一本、但一四間也、北廂西間敷高麗疊帖、東四行、二棟廊母屋敷滿筵、今度略之、北面四ヶ間母屋廂等懸御簾卷之、副東西南障子立廻四尺屏風各一帖、今度略之、第一二三間敷高麗端疊六枚、西上對座、爲上達部座、其未敷紫端疊南北各一枚西上對座、爲殿上人座、出居座中門廊侍所障子上

殿上人諸大夫等座、以下敷設如例、但中門廊紫端疊一枚敷之、依承元例也、

先家司參上令陰陽師勘申御著裳日時、先是諸大夫六位等參集侍所陰陽師候侍所、

次家司取勘文持參寢殿東面北一間簾下、東向妻戸內、附女房覽之、

次御覽畢留文返賜筥、其儀家司取空筥返與陰陽師復本座、

此間令催行藤壺御裝束事、但豫設之、

次於寢殿北廂御座有御著裳、左大臣殿令結御裳給、

次御書使來立中門外、小舍人持御書前行、

次將出逢申事由、其儀次將降自中門廊西簀子北妻謁御使、々々告參上由、

先是有公卿殿上人參入者著

二棟廊座、上達部殿上人以下饗饌、今度略之、

其儀公卿昇東寄戸着座、非家禮殿上人副立蔀昇廊外簀子入南腋戸著座、家禮殿上人昇同簀子着障子上座、

次々將參進左大臣殿廂御座簾外、東面北一間簾下也、申勅使參來之由、仰可敷座之旨、卽諸大夫敷座寢殿東面妻戸內、二人高麗疊一枚敷之、一人東京茵一枚敷其上、南北行也、

次々將還出召勅使、其儀敷座畢之後經本路還出、告可來此方之由於勅使、

次勅使取御書參進、跪東面北一間簾下奉入御書、女房取御書奉左大臣殿、卽令覽姫君御方給、
次有杯酌之事、
初獻、中將勸盃、瓶子諸大夫、
二獻、參議勸盃、瓶子諸大夫、
先是諸大夫敷圓座一枚於勅使座前、次羞肴物於勅使及卿、繪打敷高坏勅使雞各二本、
三獻、納言勸盃、瓶子殿上人、
其儀卿於二棟廊廂取盃諸大夫授之、但殿上人於同簀子取盃、殿上人於同簀子取瓶子、諸大夫傳之參進使前着圓座一揖氣色、次
入酒飲之沃濁、更受酒傳使退入、
次女房自簾下押出祿、女裝束、勅使進寄取之、降自中門廊內出砌外再拜畢還參于內裏、今度無御返事、
此間賜於小舍人祿、疋絹、下家司授之、於車宿邊賜之、
次寄御車、檳榔、於寢殿北階、殿上人二人附御轅、諸司二分八人引之、
此間扈從公卿起座、降車寄戶列立中門外、而上北面下﨟爲先、先是殿上人諸大夫等降立中門外、下﨟爲先、先是女房於南舍乘出車、
其儀殿上人降廊外沓脫列立蔀前、西上北面公卿列末差東去頗退立、家司降侍所沓脫候便宜所、家司若爲前驅者降同沓脫如列、
諸大夫降侍所沓脫列立車宿代前、西上南面、
次陰陽師參進奉仕反閇、
其儀依召入自中門昇北面階西入自階間於孫廂奉仕反閇、此間
姫君立簾中給、陰陽師出簀子反閇了、於孫庇始之、於簀子終之、自本路退下賜祿、白褂一領、家司於障子座取之、所司奉之、陰陽師中門邊歸來
比於中門切妻傳下家司、々々々取之授陰陽師、
次大納言殿令參御車寄給、殿上人二人設御車寄具、

其儀大納言殿出御自寢殿東面第三間簾中、經北簀子令參車寄給、殿上人相從、先引懸打板敷高麗端疊一帖、打板上即立屏風几帳、乘御前女房卷日隱間御簾、火取奉入御車、御几帳屏風放打板等之事畢、

御車寄之事畢、大納言殿下御中門切妻、令立加於扈從列給、

次引出御車、

於中門外懸牛、諸司二分附御車出四足門之後、自閑路參會於朔平門外、

　御車出衣永雅卿奉仕之、

殿上人諸大夫六位等前行、藏人頭候後騎、

女房車引出之後、扈從公卿於門外令乘車、

先是左大臣殿下御自中門切妻、於四脚門外御乘車、令加出車之後公卿之前列給、

次至朔平門外立御車楊、藏人仰輦車宣旨於吉上、吉上不候者仰小舍人二人、

此間上達部各令入門內、

次引入御車、諸司二分引之、殿上人二人付御轅、經朔平玄暉等門、寄御車於藤壺東北門、豫設板敷筵道、

次下御、

　先是大納言殿令參於御車寄給、女房車寄便宜之所、

〔橋本實久日記〕

弘化五年十二月十五日乙卯、陰晴不定、

此日女御入內也、巳刻艷書使右中將實德朝臣參九條亭、酉刻斗入內也、參仕之輩各於西陣邊行列見之、先出車一兩、次殿上人下﨟爲先、實城政季隆晃宣諭隆賢親賀在光等朝臣、藤原助胤、次諸大夫等人、次車、靑糸毛車副八人遣之、次後騎俊克朝臣、次公卿左大臣尚、日野大納言隆、九條大納言幸、姉小路中納言公、新宰中納言聰、左大辨宰相愛等乘車扈從、各僮僕略之、亥刻斗出御于夜

御殿候詰、

〔柳原隆光日記〕

嘉永元年十二月十五日乙卯、曉來風烈、雪下積地四寸餘、寒威猛烈、巳刻許著束帶、無文帶蒔繪劒紺地緒如例、則能刷之、參入左

相府亭、○中略

先姬君有御裳著事、父公左相府、令結給云々、到未刻人々參集、御書使實德朝臣雖參入不事具之間、又在內々方、寢殿車寄造作所司代加點檢、飛香舍同然、〔是先例云々〕而遲參之間每事遲遲云々、賜酒饌、

晡時事具之間、予降內々方入平塀門昇車寄沓脫、揖如常、入同廠參進、于時暴風飛雪吹入之間、廊并簀子等積雪恰如地上、著公卿座奧、揖安座緣褥、二棟廊也北面、次九條大納言幸經、從寢殿方出來著座、端、姉小路中納言公遂、〔奧〕新背中納言聽長、〔端〕左大辨宰相愛長、〔奧〕新右三位中將師季、〔端〕西上南北相對、次殿上人頭右大辨俊克朝臣也、奉行左中將實城朝臣、左少將政季朝臣等著殿上人座、公卿座東南北相對、次御書使右中將實德朝臣進立中門下、家司右少將隆晃朝臣降中門廊切妻出逢、使申事由、隆晃朝臣參寢殿廂簾前、申使參上之由、左相府仰可敷座之由、次下家司敦綱、光孚等舁高麗緣帖、敷寢殿廂東面於妻戶內、次在正持參東京錦茵加帖之上、南北行、次隆晃朝臣還出告召由、次實德朝臣持御書紅薄樣、昇切妻參進、從東面北一間簾下差入御書、了退著座、押遣茵如例、次一獻、實城朝臣起座取盃諸大夫傳之、到使座前獻盃、重國取瓶子、先是光孚持參圓座敷使座前、了復座、次左大辨宰相揖起座參著圓座獻盃、敦綱取瓶子、次居肴物於使參議等前、高坏各二本、重國在正等持參之、了復座、次三獻、九條大納言揖起座出廂取盃、繼仲傳之勸盃、宣繇朝臣取瓶子、了復座、次女房自簾下押出祿、女裝束、使進簾下賜之、經本路下殿於中門下再拜退出、次殿上人起座、次上卿、爲先下臈、予揖起座經本路出車寄廠下殿揖列立中門前、西上北面、此間風雪增甚寒氣透肌、予病後殊所辛苦也、次蓋檳榔毛車於寢殿北階、殿上人俊克朝臣實城朝臣等添轅、諸司二分八人曳之、〔諸寮の允屬之を役す〕

先是殿上人下殿列立立蔀前、西上北面、公卿列末良去東頗退立、諸大夫等立車寄代前、殿上人相對西上南面、次陰陽師參進奉仕反閇、退出於中門外下家司、光孚、授祿、白袷一領、

女御藤原夙子

次九條大納言參車寄、殿上人親賀在光等朝臣參入設車寄具、了九條大納言降廊切妻立加公卿列、予方、下次引出御車於中門外懸雨皮、此間良移漏出車同然、旣及黃昏之間、於御車者漸懸了、於出車者乍束置車屋上爲是如何、殆失威儀者也、次御車出車等引出於四脚門外懸牛、次左大臣降切妻出中門向予揖、予以下答揖、九條大納言退列歸居出門、次予揖離列出四脚門乘車、九條大納言以下同前歟、先是殿上人諸大夫等前驅頭辨俊克朝臣候後騎、于時及晩之間各擧松明、雪增下混雜難述言語、

路頭列

先殿上人九人爲先下藹、一行、

左中將實城朝臣隨身四人小舍人童雜色四人各二行、傘白丁、

左少將政季朝臣隨身二人小舍人童雜色四人二行、傘白丁、

右少將隆晃朝臣同前、

少納言宣諭朝臣少納言侍小舍人童雜色六人、傘白丁、

左少將隆賢朝臣隨身二人小舍人童雜色四人、傘白丁、

右兵衛權佐親賀朝臣同前、

大内記在光朝臣小舍人童雜色六人、傘白丁、

右少辨長順小舍人童雜色六人侍、傘白丁、

藏人中務大丞藤原助胤小舍人童雜色四人、傘、

次諸大夫六人爲先下藹、二行、

土佐守廣秋朝臣　兵部少輔嘉純朝臣

刑部少輔在正　宮内權少輔敦綱

山堀權介經寬　　紀伊守光孚各其雜色二人、
次御車童子以下在前後、御車童子二人、御車副八人、舍人四人、棧持、榻持、掛杖持等也、
次後騎　頭右大辨俊克朝臣小舍人童二人、雜色六人二行、傘白丁、
次出車
　侍　左兵衞大尉橘正辰
次公卿
　左大臣前驅諸大夫七人一行、左右番長二人、車副四人、傘持雨皮持近衞六人、雜色八人、小雜色十人、
　予召具在上、
　九條大納言前驅四人、車副二人、傘持雨皮持衞府長雜色八人、小雜色四人、
　姉小路中納言前驅一人、車副二人、雨皮持雜色六人三行、傘白丁、
　新管(マヽ)中納言前驅一人、車副二人、傘雨皮持雜色六人、白丁、
　左大辨宰相前驅一人、車副一人、傘雨皮持雜色六人、白丁、
　新右三位中將前驅二人、傘雨皮持隨身四人、衞府長雜色四人、白丁、
　舊院前北行、建禮門大路西行、宜秋門代前北行、折東至朔平門、路次見物貴賤、自天曙以前茎集、而終日風雪且及遲々之間、過半分散各擁笠見物了、
主上從建禮門有御覽、設御座之事、如國祭之時、殿下被候御前歟、予通行之時仄御物語之聲所聽也、
止御車於朔平門外、南面、次左相府下車入同門參入被參內々方歟、次予下車入同門并玄暉門等列南棟門外、地上積雪四
寸許、黏著沓裹不堪步殆難遊、九條大納言以下次第列予東方、西上北面、
　此間俊克朝臣仰輦宣旨於小舍人云々、依吉上不候也、

女御藤原夙子

次引入御車二分代引之、殿上人二人添左右、入朔平門以前、離牛入玄暉門、迄北棟門、設板敷、爲車寄代、此門良移時、次九條大納言入棟門昇沓脫參車寄、次引出御車、次予揖離列入南棟門昇石階、如例、揖簀子、北行昇長押著孫庇座、奧、姉小路中納言以下相分著座、南上東西相對、九條大納言不著座直參內々方、頃之起座、爲先下﨟參內々方、無爲令入內給申賀詞、於便所賜酒饌、經本路降石階出玄暉朔平等門、乘車退出歸華、于時亥半許也、

十六日、女御ト爲ル、

〔公卿補任〕孝明天皇 弘化五年

嘉永元年十二月十六日、女御〔從三位藤原夙子〕宣下、〔消息〕上卿姉小路中納言公遂、辨光愛、奉行俊克朝臣、

〔女御樣御用日記〕

嘉永元年十二月十六日、

大御所より

一、生鯛　一折

右禁中奏者所ェ御使紀伊守光孚、女御宣下ニ付、爲御歡御獻上之事、

同

一、生タイ　一オリ

右女御樣ぇ御使人、右同　右御同樣ニ付被進候事、

〔輔世卿記〕

嘉永元年十二月十六日戊辰、晴、雪解、

一、柳原辨樣より　御使

右者今日女御宣下宣旨御下知御到來之處、御落手直樣御請文被進之候也、

一、入來　　　　三宅主計少允

右者今日女御宣下宣旨御持參ニ付、爲副使參上、於御使者間休息也、

一、家君御出門、巳半刻後御束帶、御供如木要人下、白丁久八内記御傘、詰番副使々部等御隨從也、

右者女御宣下ニ付、宣旨飛香舎へ北御殿也、御持參、御出門前於御次間三宅え御面會覽物入、宣旨御渡、三宅主水へ於御玄關

被相渡、途中使部覽筥持參也、事相濟御歸館未刻斗也、

嘉永三年九月二十日、著帶ノ事アリ、尋イデ里殿ニ退出ス、

〔准后夙子著帶式次第〕　○東山御文庫所藏

○嘉永三年九月二十日

先光愛參進飛香舎南面東一間簾下、

次女房自簾下、出御衣筥蓋、光愛取之參向中務卿宮許、申出御帶歸參于飛香舎於初所附女房、女房持參御前、

次御覽、訖返給女房於初所賜光愛、則持向御加持所、

次座主宮御加持、訖授光愛、直歸參於初所附女房、女房持參御前、

次典藥寮進仙沼子、二七丸、光愛傳授自簾下授女房、

主上渡御、

次賚宗就簾下以女房申吉時吉方、

次有御着帶之事、此間女房退障子外、

主上令結御帶給、

次宮主代修御禊、

此間神祇官御贖物光愛取之傳賚宗取之自階間簾下授女房、女房供御前、

次宮主代奉大麻賚宗傳取供之如初、則返給、

女御藤原夙子

次撤御贖物、

此間宮主代退出、

次陰陽師修御祓奉大麻如初、則返給、

御祝儀方金二百疋賜之、

自去夜伺候、今日女御着帯也、於飛香舎有其儀、事了里殿御退出、付勾當掌侍申恭賀、未終刻退出、參女御々方同申入、被謁女房爲

嘉永三年九月二十日己酉、雨、未刻後晴、

〔橋本實久日記〕

十一月四日、順子內親王ヲ生ム、

〔御產御用日時記〕

嘉永三年十一月四日、

自女御里御殿來狀取次ヨリ御產之由申來、○中略參著寅半刻前也、御世話卿坊城前亞相ヘ參仕之段相届、則被招被申渡、

女御御平產今曉丑刻姫宮降誕之旨、如先例勘文可調進之事、

〔橋本實麗日記〕

嘉永三年十一月四日壬辰、晴、今曉丑刻女御々々平產、皇女降誕云々、

〔俊克卿記〕

嘉永三年十一月四日、丑刻計、從女御取次御產氣御催之由告來、○中略卽刻著衣冠奴袴里殿ヘ參入、御世話家君、先是令參給非常附家司等追々參入、奉行頭辨別當藏人辨江藏人等參入、今曉丑刻皇女降誕候恐悅可申上御世話卿示給、○中略殿庭鋪設以下奉行商量內申沙汰頭中將云々、左大臣殿、大納言殿令參給、卯上刻計御劒使山本中將實城朝臣、參入、立中門代外、申事由、頭辨出逢、參御所方啓事由還出逢、次實城朝臣著廂座、高麗緣疊一帖敷東京錦茵爲座、其上御劒幷濃御袴持之、先是左大臣殿、大納

言殿等著座給、次大納言殿起座參進使座前取御劒入簾中給、次取濃御袴同入簾中給了、次取使祿女裝束、賜使權仲傳之、了復座
給使起座降殿二拜退出、小舍人二人祿匹絹、平重任役之、於中門外賜之、先是大江俊堅傳之了退出、
御湯殿始酉刻之旨御世話卿示給、此後申合小番之外退出、○中略 左府公大納言殿等令在里殿給之間、殿上人一人申合璉
居了、
御湯殿始勘文御世話令爲見給、
擇申可有皇女御湯殿始日時
今月今日壬辰　時酉
嘉永三年十一月四日、　晴雄
酉刻計參里殿衣體如今朝一同參集、奉行頭辨爲神宮辨之間庭上迄參入商量、堂上之儀別當藏人辨商量、小時御湯殿儀
被始、江藏人進庭上鳴弦作法有之、其數九度、次八方一度ツヽ、弓庭燎立明等如先例、

〔橋本實久日記〕
嘉永三年十一月四日壬辰、晴、
丑刻斗女御々產御催之旨自相卿被示、小時參內、小時今曉丑刻皇女御降誕之旨自武傳卿言上、此後付勾當掌侍恭賀申入、亦申雜事沙汰、卯終刻退出、於內改著薄色奴袴、次參女御殿本殿、申恭賀、次新待賢門院同申入、次參殿下九條亭等同申入了、今朝皇女被渡御劒添御袴、御使左權中將實城朝臣、

十二月七日、女一宮順子內親王卜共ニ參內ス、

〔橋本實久日記〕
嘉永三年十二月七日甲子、雨、午後晴、
此日女一宮女御自產屋令入內給、仍巳刻斗參新待賢門院殿下左大臣亭等申恭賀、次參女御同申入、賜祝酒、次參內依番也、

恭賀付勾當掌侍申入、賜祝酒并祝餠、

嘉永六年五月七日、正三位ニ敍セラレ、准三宮宣下アリ、

〔公卿補任〕孝明天皇 嘉永六年

嘉永六年五月七日、女敍位〔女御從三位夙子正三位〕宣下、奉行光愛朝臣、同日準三宮〔女御夙子〕宣下、上卿源大納言建通、辨長順、奉行光愛朝臣、

〔准后宣下次第〕○九條本

嘉永六年五月七日、

勅使まいりて東面のみなみのむね門の外にたつ、家司いであふ、

次に 勅使准三后宣下のよしをまうす、家司うけ給りてひんがしひさしの南面のみすの下につきてこれをまうす、

次に 勅使の座を東の渡廊にしかしむ、高麗べりの疊のうへに東京錦のしとねをくはふ、今度あらかじめもふけおく、

次に 勅使をめす、女房御簾をうごかす、家司かへり出てめしをつぐ、

次に 勅使まいりて座につく、今度肴物をすへず、勸盃の事を略せらる、

次に おなじ簾中より祿をしいださる、女裝束、から衣裳はかま、家司これをとりて勅使にかづく、

次に 勅使座をたちて便宜のところよりくだり、庭にすすみ出て拜してまかる、

次に 大外記めしつかい使部をひきゐておなじ門の外にたちて、年官年爵の宣旨をはこにいる、たてまつる、けいし出あひこれをとりておなじ簾のもとにまいり女房につぐ、女房御まへにもち參りてせむじをとゞめて筥をおなじ簾のもとよりかへし給ふ、けいしはこをとりて大外記にかへしさづく、

次に 左大史めしつかい使部相したがふ、おなじ門の外にたちて封戸のせむじをたてまつる、家司出あひこれをとりて簾のもとにすゝみ女房につぐる、後筥をかへしたまふこと前のごとし、

准三宮　宣下

上卿

源大納言

辨

長順

准三宮　宣下被告申於本宮使

光愛

勅使申次同祿　宣諭

大外記　宣旨申次親賀朝臣

左大史　宣旨申次宣嘉

〔久我家記〕

嘉永六年五月七日、今日准三宮宣下也、予上卿、巳刻著衣冠參内於非藏人口著束帶、○中略 巳半過參仕之旨届奉行、小時各具之旨奉行被言上、小時陣被始之旨奉行被告、直向陣方、從諸大夫間昇降、今日世話一族千種侍從、東久世侍從等也、從和德門參進著陣奧座如次第、注左、

上卿著仗座、奧一揖安座、如常修裾、職事來仰、仰詞、光愛朝臣來仰詞女御正三位藤原朝臣夙子准三宮之由勅書令作ヨ、年官年爵封戸千戸充給令ヨ、予微唯、

次上卿移着外座令官人敷軾、如常、

次上卿以官人召大内記仰勅書之事、如職事、女御正三位藤原朝臣夙子准三宮之由勅書令作ヨ、

次内記持参勅書草入筥、上卿披見之、少内記持参置予前、予披見巻了授内記、
次上卿進弓場付職事奏之、内記取筥相從、御覧了返賜之、職事仰仰詞、少内記取筥立小庭、予北面一揖起座向弓場、光愛出會、授筥取笏申云奏聞、小時職事出逢申云清書セシメヨ、
次上卿歸著陣仰可令清書之由於内記、歸着如例、以扇直沓、内記召止メ授筥清書ノ事ヲ云、
次内記持参清書入筥、上卿披見之、少内記清書持参如初、
次上卿進弓場、奏之、弓場ニテ奏聞如初、御覧了返給之、上卿乍令持筥於内記見御畫之有無、(マヽ)職仰仰詞、少内記持筥立小庭、予北面一揖起座向弓場、光愛出會授筥取笏申云奏聞、小時職事出逢申云清書セシメヨ、
次上卿歸著陣仰可令清書之由於内記、歸著如例以扇直沓、内記召止メ授筥清書ノ事ヲ云、
次上卿進弓場、奏之、弓場ニテ奏聞如初、御覧了返給之、上卿乍令持筥於内記見御畫之有無、職事仰仰詞、職事又出逢之後筥ヲ授内記其儘清書之勅書ヲ披見、御畫ノ處ヲ見ル、次取笏合眼職事、職事云、取納セシメヨ、
次上卿歸著陣、内記置筥退、如初、
次上卿以官人召中務輔下勅書、乍筥、先是召外記問中務参否、以官人召外記申云、中務ノ輔ハ候哉、外記云候フ、
次上卿以官人召外記仰年官年爵之事、以官人召外記年官年爵之事ヲ云仰詞、女御正三位藤原朝臣夙子准三宮之間封戸千戸アテ令給ヨ、
次上卿令官人撤軾、如例、
次上卿起座、如例、

〔東坊城聰長日記〕
嘉永六年五月七日、今朝正三位御加階奉仰大典侍被告申女御宣下総之旨被申出、残番右大将申渡于奉行光愛朝臣無位記口宣案等沙汰、午刻計陣被始、(マヽ)女御正三位藤原朝臣准三宮封戸千戸年官年爵等之事、奉行光愛朝臣仰上卿權大納言建通云々、勅書大内記在光朝草進封戸之事、辨長順奉之仰史、勅書如左、

勅、王者御天必設内輔之職、聖人作則必崇陰教之道、古今之盛典華夷彝訓也、爰女御正三位藤原朝臣夙子者冠蓋盛門幽閑令德、柔既可觀儉皆中度、外言罔入閫德著掖庭、柔道自成和風化六宮、宜准三宮之崇班、以授千戶之邑土、年官年爵如舊範、主者施行、

嘉永六年五月　御　畫　日

〔橋本實麗日記〕

嘉永六年五月七日辛亥、晴、

今日女御々方正三位准三宮等宣下、上卿源大納言建、辨長順奉行光愛朝臣云々、爲恭賀參內裡准后左大臣御許等、今日爲恭賀近臣一同組合肴一折進准后了、後日爲御返賜一折連、五十賜之、

〔年中行事〕嘉永六年

五月七日、

敍位女御從三位藤原朝臣宣下消息　奉行　光愛朝臣

敍正三位

同日

准三宮女御正三位藤原朝臣宣下　奉行　光愛朝臣

上卿　源大納言

辨　長順

嘉永七年四月六日、皇居、炎上シ、飛香舍、亦類燒ス、仍ツテ下鴨社ニ難ヲ避ケ、尋イデ聖護院ニ移ル、

〔俊明卿記〕

安政元年四月六日甲戌、午刻許出門參內之處、南門東邊、芝御殿在所、敏宮御失火之間、略○中朔平門へ參之處、既飛香舍へ火移之間、玄暉門內見分准后二條家へ被爲成候由故、彼殿へ馳參之處、最早御出門鴨社へ被爲成候由、依之供奉之人々申示置、直敏宮御假御居所常盤井へ行向、供奉鴨社移御、主上以下在御座、其後主上准后祐宮等聖護院室へ移御、敏宮、和宮門院等青蓮院室へ遷御、予敏宮供奉、

〔橋本實麗日記〕

嘉永七年四月六日甲戌、晴、午斜從芝北御殿當時敏宮御在所、元新清和院御在所、出火熖盛、直馳參內裡、略○中火益熾常御所一面火也、主上從清所口御門御立退云々、略○中而御在所不分明之間通行之者及尋問之處、今出川ヲ東被爲成之由承、三位中將予等奉劍璽守護先拂使番一人等馳行之處、鴨社ゑ御立退之由承、於伏見宮邊予取璽、此時源中納言、三條中納言等來會、此兩卿劍璽御行末被尋處云々、共守護、于時源黃門取劍御在所馳參鴨社樓門前御座處也、則劍璽奉捧自今取御此時始安堵、小時御御服所、追々人々馳參是迄之事難及筆端、賢所奉安舞殿、此社迄非常附人僅兩三人供奉云々、敏宮先常盤井鷹司家別莊、立退給而鴨社令入給雷殿入給於准后和宮者二條家ゑ御立退之由聞傳、彼亭へ被爲入而不御之間鴨社ゑ御立退聞傳、則彼御社ゑ令入給准后社頭預屋、和宮社司亭鴨脚三位、新令入給、略○中未下刻聖門室ゑ遷御御治定、敏宮、和宮、新待賢門院等青門室ゑ遷御御治定、幸路引續令入青門室給、其列先武家警衞諸司內侍所非常供奉輩奉從、次御車檳榔庇板無用、非常供奉之輩有前後、次非藏人、次御板輿內々乘御、非常御前輩有前後次女房、次殿下左右內府中務卿、兵部卿、師等宮、次准后御方、非常附輩女房等祐宮、中山大納言、野宮前大納言、同中將、中山中將女房等奉從、但中山大納言被奉抱云々、次武士警衞士、敏宮別當、小倉侍從、甘露大夫、醫師二人、御用掛取次、次女房等奉從、次和宮、予、實梁、小倉大夫、醫師二人、御用掛小佐治石見守、同加勢東辻、女房六人、武家警衞有前後、次新待賢門院、新黃門息羽林、裏辻大夫、醫師二人、御用掛、御家司、女房、武家警衞在前後等也、從川合社西川原へ、新道南へ、桝形出町橋ヲ東川端堤南へ、春日通東へ、入御聖門室、

十五日、聖護院ヨリ桂殿ノ假皇居ニ移リ、是夜、里殿ニ退出ス、

〔日次案〕

嘉永七年四月十四日壬午、降雨、此日遷幸於桂皇居之事延引、依雨、

十五日癸未、晴、玆日自聖護院宮遷御于假皇居桂家、但因狹少以近衞家寢殿被借召嚴儀御場所、午刻許御輿御板輿、出御、關白以下攝家中德大寺前內大臣、議奏武家傳奏近習內々外樣公卿殿上人各供奉前後、脇坂淡路守兩武士町奉行已下面々各隨從、御醫已下輩各同前、警固武士守護前後、未二刻著御于桂皇居、先是賢所渡御于同所、非常附公卿殿上人刀自等各供奉、准后祐宮同上、於准后者直廬不具之間、自今夜暫退出于里殿給、於祐宮者令遷于中山家給、

〔非藏人日記〕

嘉永七年四月十三日辛巳、自明日假皇居桂家、但因狹少以近衞家寢殿被借召嚴儀御場所、准后於御所賜直廬之處、假建物難出來、造立迄御退出里殿、祐宮御逗留中山家、

十四日壬午、今日遷幸依雨御延引、晴次第被爲在之旨、奉行日野殿被申渡、

十五日癸未、今日桂家へ遷幸、刻限午刻被仰出、諸臣此以前參集、巳半刻御供揃被仰出、無程供奉下殿、御先行非藏人、○中略先內侍所、御附堂上被從、次御車、以先院御山輿爲其代被用、公卿殿上人六位侍中地下官人相從、次鳥飼中詩、次御長櫃九、次修理職、次御先行非藏人、二行、次殿上人公卿、次乘御御板輿、左右兩役、御匙醫師三人、連行、次御後非藏人、二行、次拜診之醫師、次殿下以下大臣方乘輿、次女中方、歷半町計准后御方以下、御道聖護院宮御門前西へ、森前通南へ、新丸太町通西へ、東川端堤北へ、新道西へ、淸和院門中筋北へ、石藥師門通西へ、今出川門通四脚門入御、御輿舁御用御先廻之非藏人役之、於聖護院ハ跡殘之同列役之、

五月二十五日、桂殿ノ假皇居ニ移ル、

〔議奏記錄〕

嘉永七年五月廿三日、

一、此御所准后直廬御出來ニ付、明後廿五日未刻、御參內之旨爲心得萬里小路中納言被申渡候由、中山大納言被演說候、

尤番々且小番未勤之輩江者自親族中可申傳由ニ候事、

泰聰

右之趣北小路三位之申達了、

〔非藏人日記〕

嘉永七年五月廿三日辛酉、准后御方里御殿被爲成之處、自來廿五日御同殿之旨奉行西洞院殿被申渡、

〔橋本實麗日記〕

嘉永七年五月廿五日癸亥、今日准后賜直廬令參皇居給了、

安政二年十一月二十三日、皇居、造營成リ、是日、桂殿ノ假皇居ヨリ移リテ新造飛香舍ニ入ル、

〔准后御移徙飛香舍儀〕

安政二年十一月廿三日、

兼日有新造御所御裝束始事、

當日剋限公卿以下參集、別當啓日時勘文、兼日有此事、

次引立御車於便殿宜所、今度被用車轅、

次諸卿列立前庭、東上北面、殿上人地下輩同列立便所、

次輦御車於便階、家司付御轅、

次親昵公卿離列參進、候御簾、預設御屏風御几帳等、

次乘御自四脚門到朔平門外給、今度引黃牛童女取水火之事、陰陽寮門呪々術反閉等、依遷幸同日被略之、

次輦御車於飛香舍、但依便宜被用御輿寄、先是公卿以下列立庭上、御簾付御轅等之儀准初、下御、

次設御車轅於車宿、三箇日不撤之、

次供五菓、御臺一本、陪膳以下女房、
次供進物所御膳同上、
次諸卿退出、

〔非藏人日記〕

安政二年十一月廿三日、
一、准后御方自桂御所新殿へ御移徙、御出輿酉刻過、前駈殿上人隆賢朝臣、鷲尾中將、公雄朝臣、高松近江權守、繼仲朝臣、五辻右馬權頭、經之、中御門左少辨、宜嘉、澤主水正、大江俊昌北小路江藏人、源常典、細川新藏人、後騎公卿九條大納言幸經卿、權中納言姉小路公遂卿、宰相中將東園基貞卿、職事光愛朝臣、柳原頭辨、此餘地下官人略之、御車轅自假皇居殿上代歷四脚門、直自朔平門其內西へ自輿寄舁入御轅、御用非藏人十人、○中略各卯刻參集于假御所、此內是日有本殿當番輩、御用相勤之時宜去十八日內見、

〔橋本實麗日記〕

安政二年六月卅日辛酉、晴、從四辻黃門廻文到來、
遷幸御同日、內侍所渡御御同日、准后御方無御退出、直從皇居御移徙、日限追而御沙汰旨被仰出候旨右大將被申候、
仍申入候也、
六月廿九日　愛長
十月廿五日乙卯、晴、從右大辨相公番頭卿、廻文到來續左、
來十一月廿三日卯刻遷幸於新內裏、同日同刻、內侍所渡御、准后御移徙等內々御治定候、恐悅參賀參上之便可申上事、
准后新待賢門院參賀同上之事、
重服者參入不及憚候事、
右之通萬里小路中納言被申渡候、仍申入候也、

女御藤原夙子

十月廿四日　公純三番所第一召設被申渡云々、

十一月廿三日壬午、天晴、今日遷幸于新造內裡也、予爲供奉之間丑刻許着束帶乘馬、隨身四人白張三人列外之者四五聲在共、等召具、先參陽明、先日依觸也、今日之事衣躰已下惣而委細別記、仍于爰略之、

安政五年正月二十四日、里殿ニ退出ス、次イデ二月十六日、參內ス、

〔橋本實麗日記〕

安政五年正月廿四日辛丑、晴、今日准后里御殿江御退出、傳聞、內々御故障云々、

〔孝明天皇女房房子日記〕

安政五年正月廿四日、准后樣御遠方の御おば樣御所勞御むづかしくあらせられ候ゆへ、御下りにてあらせられ候、長橋殿大御ちの人御みおくりに參らるゝ、今日御しさいの御所勞にてあらせられ候、

二月十六日、准后樣今日御上りにてあらせられ候、長はし殿大御ちのひと御出むかひに參らるゝ、上ろう御使上られ候、御よせざかな上られ候、大すけ殿はじめえも御まな下さるゝ、

五月十六日、著帶ノ事アリ、尋イデ里殿ニ退出ス、

〔議奏記錄〕

安政五年五月十六日、晴、

一、准后御着帶後爲御方違九條家江御立寄、夫より里御殿江被爲成候旨、女房駿河、被申出候、

殿下　太閤　狀　御本役御參會　武傳　切紙　御世話同上　附武士御當番御名　口向番頭代

以上申入候、

〔二條家日記〕

定政五年五月十六日庚寅、天晴、

此日准后正三位藤原朝臣夙子関白前左大臣尚忠公女、令著帯給也、于時御歳二十有六、即日渡御於里御所云々、

〔孝明天皇女房房子日記〕

安政五年五月十六日、今日准后様御着帯に付、御帯親様伏見兵部卿宮様にてあそばされ候、御おもじ上られ候、職事御使にて青蓮院座主宮様御祈あそばされ、ひる半頃飛香舎くみどより准后様より上ろう参らるゝ、飛香舎え御直衣にて出御成、大すけ殿長はし殿御ひとへ衣にて飛香舎の御用つとめらるゝ、御式御する〳〵と済せられ候、入御成、夫より准后ごけいあそばされ候、済せられ候てこなたえ御参りあそばし、常御所にて二こむ御盃進ぜられ候、二こんめ天しやくにてあそばされ候、こなた御直衣にてあそばされ候、准后様御すゞし裏御はかま也、准后様飛香舎御式のせつ、御五ツ衣御ぐし上にてあそばされ候御はずながら、御身おもにあらせられ候ゆへ御かたにてあらせられ候、御うちきにてあらせられ候也、中将内し内々御けん、はかまにてもち参り候也、常御所御盃すませられ、桃卿の御間にて御祝御すい物御重さかなにて一こむ参、准后様え進ぜられ候也、御くわし出る、御する〳〵と済せられ候、御下り御いとまのせつ、雲生の御劔、御手づから御文このうちに色々御美しき御しな〴〵入進ぜられ候、表向進ぜられ候物長はし殿御使にて進ぜられ候、そへ使右京大夫也、御する〳〵と御下りのせつ大すけ殿新大すけ殿長はし殿中将内し大御ちの人越後おくりに参り候也、御するする八ツ半過頃御下りにてあらせられ候、御表口向にて仰出さるゝ、大すけ殿始申口にて御祝御すい物戴候也、准后様え御下り後大すけ殿はじめ御悦に参り、櫻の御間にて御祝御すい物御しくし戴候也、准后様此度こなたより御里御殿に御下り、御方がくわるくあらせられ候まゝ、九條様え御立よりにて、御かたたがへにて鳥うたひ候て、九條様より御下りにてあらせられ候、何も〳〵御する〳〵也、今日御下り後、宮様え進ぜられ物もち参られ候はずながら、今日はいかふ〳〵御とりこみにてあらせられ候ゆへ、十八日に参らるゝ、今日准后様御着帯に付こなた様え大すけ殿始より御まな上られ候也、准后様御三頭様より別段御上、按察使典侍殿始より御まな上られ候也、大すけ殿始着用物きかへ、今日八ツ半頃九條様より御里御殿へ御する〳〵御下りにてあらせられ候

御事申入有、

六月十二日、皇女某富貴宮ヲ生ム、

〔非藏人日記〕

安政五年六月十二日丙辰、准后御方今日未刻御平產、皇女御降誕ニ付、禁中准后御方御本殿、姫宮同上、殿下等へ今日明後十四日等可參賀、重輕服者來廿七日可參賀、中山殿被申渡、

十四日戊午、姫宮御七夜依御潔齋中廿八日被仰出之旨、議奏衆被申渡、

廿八日壬申、御降誕姫宮可奉稱富貴《フキ》宮之旨、以書付奉行日野殿被申渡、

〔中山績子日記〕

安政五年六月十二日、

御き嫌よく准后樣御催し申參る、程なく姫宮樣御する〳〵御降誕申參る、大御乳人すぐに御氣けしきぬ御守刀持參らるゝ、歸り參られ候、准后樣にも御對面成、宮樣も見上御二方御き嫌よき御事申入られ候、

廿八日、

御き嫌よく准后樣姫宮樣御七夜御にぎ〳〵關白樣御初御歡仰入らるゝ、〇中略

姫宮樣御名富貴宮樣と仰出され候、しんかむ也、

〔橋本實麗日記〕

安政五年六月十二日丙辰、陰晴時々雨下、

今日未刻准后皇女降誕之旨被示、依之今日明後日中、禁中准后姫宮參賀之事、從源亞相被示了、今夜亥刻斗幹子爲御乳付參准后里御殿了、

廿八日壬申、雨、

辰斜参准后殿下太閤等、今日皇女御七夜（去十八日相當之處依御深齋中御延引）、申恭賀、次参内當番也、番衆一同以表使今日恭賀申上、依同上御獻御用奉仕、又爲恭賀近臣一同組獻御肴（生鯛二尾）一折、催（大角三位）、准后同上、催（池尻三位）、皇女同上、催（山科三位）、傳聞今日獻物到兩番所小番御免未勤輩各生肴云々、皇女自今被稱富貴《フキ》宮被（マヽ）旨坊城中納言被申渡了、從准后爲御返肴賜分配如例、

七月二十日、方違ノ爲、九條尙忠ノ第ニ入リ、翌日、富貴宮ト共ニ參內ス、

〔橋本實麗日記〕

安政五年七月廿一日甲午、晴、

辰刻斗参殿下太閤今日富貴宮御参内始申上恭賀、次参内同上申上、御帳如例、今日御祝賜人々有之仍候詰、巳刻過三室戸新三位相替退出、今日爲恭賀禁中准后富貴宮等近臣組合獻生肴一折宛、禁中催醍醐中納言、准后勘ゲ由小路三位、富貴宮豐岡三位、富貴宮爲御方違昨日入九條亭給、今日從九條亭御参内也、

〔中山績子日記〕

安政五年七月廿日、九條様へ御早く五ツ少し過御二方成らせられ候こなたより御よせざかな御名酒御内々文にてまいる、

廿一日、准后様九條様へ御方違廿日より御とう留、今日御参内始に付、大すけ御乗添に参り、富貴宮様すく／＼御對面、准后様も御たいめん御口上申入、關白様もならせられ候、大納言様左衛門督様も成らせられ候、關白様へびいどろつなぎ御花生一筩、青籠御よせさかな御傳言にまいる、あなたよりも青籠御よせ肴、すゞし御屏風かたし上られ候、准后様御對面御直に御口祝戴申候、口代にて御祝酒九條様より御いはゐこわく御、々祝酒御認めさんぼう御中酒出る、御くわし御引茶、御庭へも参り御茶や所々拝見、御にかひにて御くわし出、准后様もならせられ候、御人とめ仰出され、うちぎときかへ御しんでむより出られ候、御内々宮様准后様御一所、大すけ御乗添のたい暮々准后様御こしよせ成らせられ候すぐに出られ候、しばらく御休そくにて御参り、准后様二こんの御盃まいる天しやくにて御戴御通り有、一

ノ御間にて御口祝御すいもの御すゝ御重さかなにて御盃参る、一とう准后様へ御歓に参り御祝酒大すけ御したゝめ御くわしも戴候也、宮様にても御口祝こなたにて上ろう三人御口祝御祝酒御くわし、九條様へ五種の御よせさかな大すけより上、老女はじめへ、井籠ふたつ御乘添御引十帖御卷物白ちりめん准后様より戴候也、

萬延元年七月十日、儲君祐宮ヲ實子ト爲ス、

〔中山績子日記〕

安政七年七月十日、御機嫌よく祐宮様御けいたい儲君と稱せられ候、准后様御實子御同様御同居御引移りに付、准后様にて御すゝ御重さかなにて御盃進じまいらせられ候、御くわし御茶も出る、御さらし二疋御文この内色々入参る、若宮御殿へ成せられ候、關白様中納言中將様も御對面成、御所へならせられ候、

〔橋本實麗日記〕

安政七年七月十日壬寅、晴、酉刻斗從權黃門卿、番頭廻文到來、續左、

祐宮追々御生長ニ付、自今日儲君御治定來九月立親王宣下御治定被仰出、准后御方御實子自今日御同居被仰出候事、

一、祐宮自今被稱儲君候事

一、御次第可爲准后御方御次之事

一、儲君江言上之儀於禁中言上可然之事

一、今明日中此御所准后儲君等江参賀可然事

右之通兩役列座右大將被申渡候、仍早々申入候也、

七月十日　忠禮

慶應三年正月二十九日、後月輪東山陵ニ參拜ス、

〔非藏人日記抄〕

慶應三年正月二十九日甲申、晴、

一、此日准后御方山陵御參拜也、巳刻比御出門、戌半一刻前御歸殿、御世話卿代中院中納言殿、非常附四辻宰相中將殿等

前後供奉參向云々、

〔山科言成卿記〕

慶應三年一月廿九日、

今日准后御方御參詣泉山云々、路頭警固嚴重云々、

御肝煎中院中納言供奉云々、

慶應四年三月十八日、皇太后ト爲ル、朝廷、即日、宮司ヲ任ゼラレ、權大納言正親町實德ヲ皇太后宮大夫ト爲シ、權中納言三條西季知ヲ同權大夫ト爲ス、

〔議奏記錄〕

慶應二年十二月二十八日、同夜准后立后之事、

親王被爲在厚思召候間、明後年春立太后冊命御治定之事、

右以一紙加勢新源中納言被申渡候、一兩日中親王准后等江參賀可有之、不及獻物、重輕者不及憚、此旨番々且小番未勤之親族中江も可申傳由ニ候事、　長煕

右之趣番々頭申達事、

〔有栖川宮家記〕

慶應四年三月十二日、於非藏人口中院殿被申上、

立太后來廿一日御治定之處、被改來十八日巳刻、被仰出候事、

右御一列へ御廻達、

明治元戊辰年三月十八日、辨事局ヨリ觸如左、

准后御方立太后被爲濟候ニ付、自今被稱大宮候事、

〔非藏人日記抄〕

慶應四年三月十八日丙寅、雨、

一、立太后也、傳奏淸閑寺中納言豐房卿、奉行職事甘露寺頭辨勝長朝臣、

勅使松木中將宗有朝臣、其餘諸役人々刻限參集大宮御殿被行向也、

一、同事ニ付諸家參賀或有御使、晩頭書付上之、

一、同事ニ付御祝酒委御獻記、

一、准后御方自今被稱大宮候旨、依林和靖間詰被命候事、

〔橋本實麗日記〕

慶應四年三月十八日丙寅、晴、午後風雨、今日立太后入道圓心息女夙子、也、節會幷本宮之儀依時勢被止、但冊命使、

宮司

大夫　實德卿　　權大夫　季知卿

亮　勝長朝臣　　權亮　公允朝臣

大進　　權大進　前光

少進　光善　　權少進　大江俊昌

傳奏　淸閑寺中納言

奉行　勝長朝臣

〔年中行事〕慶應四年

三月十八日、

立太后宣下消息　　奉行　勝長朝臣

冊命使　　右中將宗有朝臣

傳奏　　新中納言

〔公卿補任〕明治天皇 慶應四年

權大納言　正二位藤實徳　五十五　三月廿(十)八日兼皇太后宮大夫、

權中納言　正二位藤季知　五十八　三月十八日兼皇太后宮權大夫、

明治元年十二月十六日、方違ノ爲、左大臣九條道孝第ニ移徙アラセラル、

〔山科言成卿記〕

明治元年十二月十六日、雨後深泥、

一、今日太后(マヽ)大后宮爲御方違御移徙御里本九條家、暫御假住居云々、辰上刻渡御了云々、御輦云々、前駈雲客衣冠奴袴上﨟下供、歩儀云々、

〔橋本實麗日記〕

明治元年十二月十六日己未、從去夜雪下積事數寸、今日大宮九條家御方違行啓、輦乘御云々、御行粧可尋、

十七日庚申、陰晴不定、着衣冠參九條、以中門廊上戸爲車寄代、昨日御方違于此殿、窺御容躰、

明治二年二月十一日、九條第假殿ヨリ新殿ニ移徙アラセラル、

〔大宮御所祗候日記〕

明治二年正月二十日、

來月十一日巳刻、新殿御移徙行啓被仰出候旨、自辨事被示清書、勘文被達則以大進上候、

擇申可有大宮新殿御移徙日時

來月十一日癸丑　時巳

明治二年正月廿日　陰陽頭安倍朝臣時雄

右御治定非常附安三位、北面肥前守、取次河内介へ申達了、

二月一日、

來十一日御移徙行啓供奉、

皇太后宮權大夫

清水谷中納言

右宰相中將

皇太后宮亮

油小路中將

皇太后宮權亮

大炊御門少將

左兵衞佐

右衞門佐

右兵衞佐

左馬頭

左衛門佐
皇太后宮少進
皇太后宮權少進
藤島左衛門權少進
掛リ
五辻彈正大弼

同御道筋

御出門後坎之方ゑ被爲向、夫ヨリ北ゑ御順路ニ可被爲成候事

十一日、

御移徙ニ付辰上刻各參上、光有詰非常附一同參上、御用掛彈正大弼、外ニ右大辨宰相等參上、宮司幷供奉之輩同刻參上、且大進權大進權少進等拜賀、申次、六位、巳刻御塞附巳半刻御出車、堀川殿光有、非常附六人等御先ゑ、六人御跡より參上、正親町殿御車遶ニ被從參上、午刻前新殿ゑ御着、祗候非常附等於御門外御出迎、東上南面、公卿ノ間上ノ間ニ御車ヲ寄ス、無御滯入御、一同恐悅申上、大進御返答被申述、御祝粥御祝酒飯御菓子幷ニ生肴鯛、一尾宛拜領、各表使ヲ以御禮申上、正親町殿堀川殿等退出被伺候處、勝手ニ退出可有之旨御返答、光有、詰ニ付申刻迄殘居候事、

〔非藏人日記抄〕

慶應三年十一月二十八日丁丑、晴、

一、此日准后新殿上棟也、依之爲恐悅御四方御參、或御不參有御使、諸家參賀同列同之、晩頭書付上之、

明治二年二月十一日癸丑、晴、

女御藤原夙子

一、大宮御方新殿御移徙行啓也、

一、宮始輔相以下役々、其外堂上諸候同列等参賀、一同え御祝酒賜之、當番之輩え御認被下、

〔橋本實麗日記〕

明治二年二月十一日癸丑、晴、今日大宮新殿御移徙也、依之参內裡大宮中宮等申恐賀、

〔山科言成卿記〕

明治二年二月十一日、寒威如冬、今日大皇大后宮夙子、御移徙新宮、御假殿九條家、

二十三日、行啓始アラセラル、

〔青山御所御納戸日記〕

明治二年二月廿三日、雨、

御機嫌よく〳〵、けふはめで度御移徙後行けい初御参內、巳刻御長ゑにておもて供奉の所、御先例いかふ御わかりかねにてすべて仙洞様の御例の御通りと御治定との事候、公様より御申入遊ばし候、奥向より御先廻り油小路様小倉様左衛門佐様大進ひたち殿、御あと廻り藤谷様、まいらせられ物は外ニ委敷とめ有、〇中略亥刻御する〳〵と還行成られ候、御臺さかな御高つきなど御持かへりにて、御るすの人々に御賑々敷御一九こん被下候也、

〔大宮御所祇候日記〕

明治二年二月廿三日、

光有詰候御機嫌伺且今日行啓始恐悦表紙ヲ以申上、相卿同上、相卿光有等辰半刻参上、供奉之非常附四人并非常附一同同刻参上、巳半刻御出輦御供、歸戌刻御迎之旨被仰出、供奉之北面四人御祝酒拜領之上御供、歸供奉非常附堂上四人、內大宮少進一人昇殿御供、歸戌刻御迎之旨拂事え相屆退出歸參之旨各被屆、其旨藤坂ヲ以申入、亥刻唯今還御々催之旨追々

注進度毎ニ表使ヲ以御内儀え申入、祇候非常附幷北面等御門内迄御迎ニ出、還御之後各昇殿御機嫌能還幸無御滞被爲濟候恐悦表紙ヲ以申上、御返答大進被申出、且爲御祝義祇候三人金五百疋ヅヽ賜之、非常附一同え三百疋ヅヽ賜之、各表使ヲ以御禮申上、且自禁中御拜領御臺肴幷御酒等賜之、祇候幷非常附等え賜之、各御禮申上退出子刻、

七月八日、朝廷、官制ヲ改定シ、更メテ皇太后宮職ヲ置カル、二十七日、正親町實德ヲ以テ皇太后宮大夫ト爲シ、次イデ八月十四日、大宮祇候ノ職制ヲ廢ス、

〔明治史要〕

明治二年七月八日、官制位階ヲ改定シ行政官ヲ以テ太政官ト爲シ、民部、會計、軍務、外國、刑法ノ五官ヲ廢シ、神祇官及ビ民部、大藏、兵部、刑部、宮內、外務ノ六省、待詔院、集議院、大學校、彈正臺、皇太后宮職、皇后宮職、東宮坊、海軍陸軍留守官、宣敎使、開拓使、按察使ヲ置キ、位階二十ヲ設ケ一位ヨリ初位ニ至ル、

二十七日、又正親町實德ヲ以テ皇太后宮大夫ト爲シ、野宮定功ヲ皇后宮大夫ト爲ス、

〔青山御所御納戸日記〕

明治二年八月十四日、晴、

御機嫌よく、おもて今日より祇候様御はいし、更ニ御兩人宮司に仰付られ候ほり河様はめんぜられ候、

〔橋本實麗日記〕

明治二年八月十六日乙卯、陰晴、辰斜參太后皇后歸京伺御機嫌、表使、次參內同上、辨官出仕基正朝臣、被招中宮祇候自今被免之旨也、傳聞今度后宮職更被置、實德卿皇太后宮大夫、光有卿亮、定功卿皇后宮大夫、親賀卿亮宜下云々、仍祇候之號被止云云、

明治三年十月、是月、御惱アラセラレ、十二月十六日ニ至リ御快癒、御床拂アラセラル、

〔大宮御所日記〕

明治三年十月廿五日、
一、來廿八日修學院行啓依御風氣御延引被仰出候、右ニ付夫々え御延引之義申達候事、
後十月四日、
御風氣ニ付、能勢妙見宮え一七日御祈禱被仰出候間、可然可取斗之旨貫川、被申出、右ニ付直ニ愛宕從三位召設早々能勢え可有通達申渡候處、尚早々可及通達、從明五日一七日御祈禱之義可取斗旨御請被申上、則貫川ヲ以言上候事、御幣物金千疋用途え申付、則差出候間、愛宕從三位え相渡候事、
十五日、
御不例ニ付城南宮え自明十六日一七ヶ日御祈被仰付候旨貫川被申出、則神祇官え相達候事、
但御幣物七百疋相廻候事、
廿九日、
御不例ニ付護淨院え從明一日一七日御祈禱可奉仕之旨藤坂被申出、則執奏家え申達、且御初穗七百疋相傳候事、
十一月廿三日、
此御所御違例ニ付、御機嫌御伺、勅使堀川侍從、御醫山本新少典醫、御差登、
御棚餝　御人形　御肴一折
右禁中より被進、
御棚餝　御肴一折
右皇后宮より被進、
以上女房面會御口上申述、後時女房御返答直ニ被申出了、
十二月十八日、

御床拂ニ付右(マヽ)之通賜之、

金七百疋ヅ、　宮司兩人

同五百疋ヅ、　非常附十五人

同二千疋御絹二疋　御匕

同千疋ヅ、　新中典醫已下五人

○中略

右各相渡了、且一同ぇ御祝酒賜之、以表使御禮申入了、

二十二日、

三角少典醫拜診、御床拂後益御機嫌克旨屆出候事、

〔中山績子日記〕

明治三年十二月十六日、

大宮様御床ばらひニ付、三種御肴御るす一同より上ル、

十八日、

大宮様御床ばらひニ付、坊門御あや一反、前大御ちの人御綸子一反、一同へ御重ぇ内いたゞき候也、

明治四年二月二十五日、後月輪東山陵ニ參拜アラセラル、

〔青山御所御納戸日記〕

明治四年二月二十五日、晴、夜ニ入雨雷めい、

御機嫌よく辰半刻御出門、泉山へ成らせられ御小休、此度も妙門様御かりあそばし候、

〔幸啓錄〕　明治四年

皇太后宮泉山御陵御參拜ノ件

大宮御所來ル廿五日辰半刻、泉山御參拜被仰出候間、此段申進候也、

辛未二月廿日　皇太后宮職

宮內省御中

○中略

大宮御所山陵御參拜無滯被爲濟、唯今御機嫌克還御被爲成候間、此段不取敢申進候也、

辛未二月廿五日　皇太后宮職

宮內省御中

○中略

明治四辛未年二月廿五日

山陵御拜別錄　皇太后宮職

辛未二月廿五日酉、晴、

御當日也、御出輿辰半一刻前、

太鼓規則書御內儀ゑ供奉官員其外ゑ相達置、

大鼓

一番　御供廻

二番　供奉揃

三番　御發輿

○中略

卯半刻過亮殿始諸官員參宮、行啓御催之事、○中略
辰半刻前御發輿被爲在候也、當番內舍人四人御障子外ニ候シ、御輿舁出シ候也、○中略
御先廻り女房、今早天先妙法院御室え罷越、見繕之上泉山え先廻り、御參拜畢而直ニ妙法院御小休え相廻り、同所御出輿後御跡より歸參、○中略
泉山御小休所え御着後神饌傳供候也、其儀先錄三人、御先詰供奉共、幷榊御菓子鮮鯛鏡餅等之三方取之、山陵御拜所御机之上ニ供ス、亮殿御檢知之事、○中略
五條橋幷大路橋等御通輿註進、兩度、泉山え參り候節、錄より表使え申入、
但還御之節大佛南門御通輿ニ付、妙門え註進、幷寺町四條幷堺町二條等より當御所え註進等、何れも錄ヨリ申上ル、
但右書付前以直丁え相渡置、
泉山御着之節、供奉仕人以下坂口柵門限相止ム、
御小休所え着御之上直ニ供奉一同柵門外え出拂、
但惣而休所設無之、舍利堂佛殿之間惣供奉溜り之積、
幔門〆切之事、
華族方候所幔門外三帖敷假用候事、
御拜畢之後再御小休所え被爲入候也、此門御先廻り女房出輿、引續還御々催供奉相揃泉山御發輿、○中略
午刻妙法院御室え被爲成、
御先詰內舍人四人御輿上ゲ相勤、御輿寄東之間迄舁込襖〆切、次ニ女房之輿椽側迄舁上、是ハ隨從之仕人相勤、三仲間之輿ハ土間ニ置、一同出拂塀重門〆切、
御小休、御小辨當被爲在、○中略

暫時御休息ニテ御室御出輿、未半刻益御機嫌能還御被爲在候也、
還御之趣不取敢宮内省ヱ申入、
供奉之輩其外共、無御滯還御被爲在候恐悅、宮司方ヱ申上各退出、

三月十四日、修學院離宮ニ行啓アラセラル、

〔青山御所御納戸日記〕
明治四年三月十四日、はれ、
御機嫌よく、
修學院行けい、辰刻御出門御小やすみなし、すぐに下の御茶屋へ御着あらせられ候、○中略
御上へ御夕御膳下の御茶屋ニてまいられ候、いろ〳〵の御馳走ニてあらせられ候、○中略上の御茶屋ニて御間の物御
一九こんまいらせられ候、○中略
山の神様へ御參けい、御初穗三百ぴき、
三社様へ御參けい、御はつほ三百ぴき、
赤山様へ御參けい、御はつほ五百ぴき、
○中略
戌刻御する〳〵と還御成られ候、

〔幸啓錄〕明治四年
皇太后宮修學離宮へ行啓ノ件
來月七日辰刻、皇太后宮修學離宮へ行啓被仰出候ニ付、此段申進候也、
但雨天御延引之事

辛未二月廿九日　皇太后宮職

宮內省御中

○中略

明七日離宮行啓、依雨儀御延引被仰出候、仍申入候也、

辛未三月六日　皇太后宮職

宮內省御中

○中略

來十四日辰刻、皇太后宮修學離宮行啓被仰出候間、此段申進候也、

辛未三月十二日　皇太后宮職

宮內省御中

○中略

明十四日離宮行啓雨儀ニ而モ被爲成候、仍爲御心得申進候也、

辛未三月十三日　皇太后宮職

宮內省御中

○中略

皇太后宮、修學離宮え御機嫌克唯今着御被爲在候旨注進有之候、此段申進候也、

辛未三月十四日　皇太后宮職

宮內省御中

○中略

皇太后宮、御機嫌克離宮ヨリ唯今還御ニ相成候、不取敢此段申進候也、

辛未三月十四日　皇太后宮職

宮内省御中

○中略

明治四辛未年三月十四日、晴、

寅刻皇太后宮亮東園參宮、續而勤番之華族供奉之官人内舍人以下所役有之輩各參集、刻限ニ至リ合圖之太鼓爲打御催ヲ示ス、御内儀之御模様を伺二番之合圖を用、御列掛御先之列を整無程御出輿可被爲在旨被仰出、依之三番太鼓ヲ用ユ、辰二刻御出輿被爲在候事、○中略

巳刻離宮え御機嫌能着御被爲在候段注進有之、此趣御内儀及宮内省え直様及通達候事、○中略

辰半刻前山端赤山道迄御進輿之旨、注進離宮へ申來、○中略

赤山道へ御進輿之注進を承り、先着之輩各總門外番所西ノ方え御出迎ニ出ル、

下離宮御輿寄え着御、内舍人奉成大床表使之沙汰を承り、空輿取出中門外御輿舍へ舁居置、續而御衣櫃御藥櫃等御輿寄より舁上ル、内舍人役之、

唯今離宮へ着御之旨、注進使出ス、○中略

御夕飯於下御茶屋御扱被爲濟候而、上御茶屋え入御、

修學寺村山端村等之百姓共へ饅頭被下候事、○中略

於上御茶屋御間之物御扱被爲在候事、

供奉華族不殘新納等迄御庭拜見被仰付候事、錄兩人從之、

三社幷山神御拜被爲在候事、

赤山社神境等御遊覽之事、○中略
申半刻頃下御茶屋え還御被爲在候事、
兼而御所より被進候饅頭數五百、當村兒童共へ可賜旨被仰出、依之府官員ニ命ジ人數呼集置、凡貳百人餘有之趣届出ル、依之中門より進入致させ、錄中出張取傳壹人へ饅頭二ツ宛相渡、頂戴之者は漸々御庭傳南東へ相廻り東より北え女中口より西へ廻り出ス、進退萬事御照覽被爲在候事、
於同所御夜食被爲濟、酉前刻還御被仰出候事、
一番太鼓之合圖ニ從ひ、供奉之官員各休所出拂專用意之事、
御先廻女中發駕、無程二番太鼓ニ而供奉揃、酉刻三番太鼓ヲ用ユ、引續御出輿之事、
附供奉官員御列等都而如今朝、○中略
酉半刻新田村迄還御被爲在候旨注進來ル、直樣御內儀へ申入ル、
戌刻前荒神口新橋迄還御之旨注進申來ル、前同斷御內儀及勤番華族其他口向最寄へ觸來候事、
勤番華族典醫御留守之輩幷先廻り之錄等御出迎申上、御門前南側北面東上、
御機嫌能還御被爲成候事、但戌刻、
右御機嫌能唯今還御被爲在候段、不取敢宮內省へ及通達、往復留ニ在、
彈正臺巡察官員御玄關へ出、恐悅申上退出、

十二月二十四日、後月輪東山陵ニ參拜アラセラル、

〔青山御所御納戸日記〕
明治四年十二月廿四日、はれ、
御機嫌よく、

山陵へ御參拜、辰刻御出門、御ぐうじ物玉ぐしなどハおもてより御用意遊バし候女中向奉供山こうし樣めき河庵崎御先廻り、常盤井樣楊梅樣あしかき樣此度より御小休泰明宮ニてあらせられ候、御湯づけ御間の物御一九こんまいられ候、

申半刻御するゝゝと還御あらせられ候、

〔辛啓錄〕　明治四年

皇太后宮泉山御陵御參拜ノ件

來ル廿四日辰刻、皇太后宮泉山御參拜被仰出候、此段不取敢申進候也、

辛未十二月四日　京都宮內省

宮內省御中

○中略

來廿四日御參拜御道筋之事、過日及御達候處、少々御模樣替ニ付、更ニ及御達候、過日之分ハ御取消ニ相成度候、

御門前南へ、寺町御門寺町南へ、五條東へ、伏見街道南へ御順路、

還御之節

泉涌寺ヨリ伏見街道北へ、七條通ヲ東へ、恭明宮ニ而御小休、本路ヨリ還御、

右之通ニ候間申入候、其筋々へ兼而御達置有之度候也、

辛未十二月十七日　宮內省

京都府御中

○中略

昨廿四日、大宮泉山御陵え御參拜無御滯被爲濟候、此段申入候也、

辛未十二月廿五日　　　宮内省

本省御中

明治五年三月九日、後月輪東山陵ニ参拝アラセラル、

〔青山御所御納戸日記〕

明治五年三月九日、曇りひる後雨、

御機嫌よく、けふは御いとまニ付泉山へ行けい成され候、何もいつもの御通り也、

〔幸啓録〕　明治五年

皇太后宮泉山御陵御参拝ノ件

來九日辰刻、大宮御所泉山御陵御参拝被仰出候、此段爲御心得申入候也、

壬申三月五日　　　宮内省

京都府御中

追而寺門幷御陵衞士其外向々へ御達置有之度候也、尤恭明宮ニ而御小休被爲在候、此段申入候也、

但山陵斗御参拝ニ而御廟へ者御拜参無之候事、

來九日山陵御参拜御道筋、

御門前南へ、寺町御門寺町ヲ南へ、五條東へ、伏見街道南へ御順路、

泉涌寺ヨリ伏見街道北へ、七條通ヲ東へ、恭明宮ニ而御小休、本路ヨリ還御、

右之通ニ候間申入候、其筋々へ兼而御達置有之度候也、

壬申三月五日　　　宮内省

京都府御中

女御藤原夙子

追而恭明宮外大佛七條通門石壇ダラ〳〵階、昨冬之通爲御掛渡有之度候也、

二十二日、京都ヲ發シテ東京ニ向ハセラレ、四月十二日、著京アラセラル、

〔幸啓錄〕明治五年

皇太后宮東京ヘ行啓ノ件

皇太后宮本月廿二日御發輿、來月十二日本地御着輿之段京師ヨリ報知有之候間爲御心得此段申入候也、

壬申三月十八日　宮内省

東京府御中

兼而御申越有之候皇太后宮東京行啓御休泊割別紙之通リ、御發輿三月廿二日、四月十二日御着輿ニ有之候間、左樣御承知有之度此段申入候也、

壬申三月十九日　宮内省

神奈川縣御中

御休泊割

廿二日

御小休　蹴上ケ

同　山科奴茶屋

御晝　大津

御小休　鳥居川

御泊　草津

廿三日

御小休　梅ノ木
御　晝　石部
御小休　田川
御　泊　水口
廿四日
御小休　大野村
御　晝　土山
御小休　猪ノ鼻
同　坂ノ下
御　泊　關
廿五日
御小休　龜山
御　晝　庄野
御小休　石藥師
同　追分
御　泊　四日市
廿六日
御小休　富田
同　小向村

御　晝　桑名
御　泊　同
廿七日
御　晝　佐屋
御小休　神守
同　　萬端
御　泊　熱田
廿八日
御小休　鳴海
同　　東阿野村
御　晝　池鯉鮒
御小休　大濱茶屋
御　泊　岡崎
廿九日
御小休　藤川
御　晝　赤坂
御小休　いな村
御　泊　豐橋
四月一日

御小休　二田川
御晝　白須賀
御泊　荒井
二日
御小休　舞坂
同　篠原
御晝
御泊　濱松
三日
御小休　池田村
御晝　見付
御小休　袋井
同　原川
御泊　掛川
四日
御小休　日坂
同　金谷
御晝　嶋田
野立　三軒屋

御泊　藤枝

五日

御小休　岡部

同　宇都ノ谷

同　鞠子

御晝　靜岡

御小休　小吉田

御泊　江尻

六日

御小休　興津

同　倉澤

御晝　蒲原

御小休　岩淵

御泊　吉原

七日

御小休　柏原

御晝　原

御小休　沼津

御泊　三嶋

八日
御小休　三ツ谷
同　山中
御昼　箱根
御野立　老平坂
御小休　畑
同　湯本
御泊　小田原
九日
御小休　山西村
御昼　礒
御小休　茅ヶ崎村
御泊　藤澤
十日
御小休　戸塚
御昼　程ヶ谷
御泊　神奈川
十一日
御小休　生麦

御　晝　川崎
御小休　大森
御　泊　品川
十二日
御　着

〔青山御所御納戸日記〕

明治五年三月廿二日、雨、
御機嫌よく出輿、卯半刻、御先廻り常盤井様楊梅様かつら城様あし垣様奉供塩小路様松井様貫川様、
四月十二日、晴、
御機嫌よく、巳半刻御着あらせられ候、御所より二のすけ様一の内侍様あふち命婦様御まちうけニ御参遊バし候、何か御世話御申入遊バし候、
おもて宮内卿様御門外まで御出むかい遊バし候、
御所より御かざり付物いろ〳〵御取そろえ御廻しニて、御載遊バし候、
御所の御使二のすけ様
御かけ物　一はこ
生鯛　一折
外ニ
御よせ肴　一折
御見事の御重の内参らせられ候、

皇宮様より卯の花典侍様御使ニて
夏二枚折　一雙
生鯛　一折
参らせられ候
○中略
御着後、宮内卿様御初七人へ御對面被遊候、

五月二十九日、濱離宮ニ行啓、引網等ヲ御覽アラセラル、

〔青山御所御納戸日記〕
明治五年五月廿九日、はれ、
御機嫌よく、けふは御はま御殿へ辰刻ころより行啓成られ候、○中略御ゆる〳〵と被遊候、くれ〴〵に還御成られ候、
御あみなど引かされ候て、いろ〳〵御めづらしき御まな澤山まいり候、

〔幸啓録〕　明治五年
皇太后濱離宮へ行啓ノ件
明廿九日、皇太后宮濱離宮え行啓被爲在候ニ付而ハ、去辛未皇后宮行啓之節之通リ、引網打網等同所え御廻置有之候様、御取計有之度候、此段申入候也、
壬申五月廿八日　宮内省
東京府御中
○中略
去五月廿九日、皇太后宮、濱離宮行啓被爲在候節、内外打網船幷人足賃銀合金八圓五拾錢御下渡之儀、別紙之通申出候

處、不都合之廉も無之候間、御序之節御廻シ有之度、別紙相添此段申進候也、

壬申六月　　東京府

宮内省御中

六月五日、皇后ト共ニ濱御殿ニ渡御、尋イデ隅田川ニ御舟遊アラセラル、

〔青山御所御納戸日記〕

明治五年六月五日、はれ、

御機嫌よく、今日八字頃より御馬車ニて、皇宮樣御同車ニて御はま御殿へならせられ候、夫より御ふねニて角田川邊りへならせられ候、一寸御ふねより御上り遊バし、御ひるの御辨當ほそ河のやしきニてまいらせられ候、細川の御内室みね姫樣御事、皇宮樣の御いもう樣ニてあらせられ、御二かた御對面成られ候、一寸御うちは御獻上遊バし候、

〔幸啓録〕　明治五年

皇太后宮皇后宮隅田川筋へ行啓ノ件

去月五日、皇太后宮皇后宮隅田川御船行之節、爲御先拂差出候船并水夫雇賃別紙之通申立候處、不都合之廉も無之樣拜見候ニ付、即御廻シ申候、可然御取計有之度候也、

壬申七月十二日　　東京府

宮内省御中

壬申六月五日　皇后宮樣 皇太后宮樣　濱御殿より隅田川邊御船行之節、御先拂御役船壹艘水夫三人雇賃、

一金壹兩

右代金御拂被下度奉願候、已上、

壬申七月　　南假田町壹番借地

九月十四日、濱離宮ニ行啓アラセラル、

〔青山御所御納戸日記〕

明治五年九月十四日、はれ、
御機嫌よくけふは九字頃より濱殿へ成られ候、ゑんりやうくわん御拜見ニてあらせられ候、○中略
五字半頃する〳〵還御、

十月八日、飛鳥山瀧ノ川邊ニ行啓アラセラル、

〔青山御所御納戸日記〕

明治五年十月八日、はれ、
御機嫌よくけふは飛鳥山瀧の河邊へ、御俄ニ御所より御さそひ被遊候て行けい成られ候、御供はま様楊様芦様御馬車ニて何もいつもの御通り也、御辨當御くわし御持參被遊候、

明治六年三月七日、府下大森村梅屋敷ニ行啓アラセラル、

〔皇太后宮職日記〕内膳司

明治六年三月七日、
一、第九時御馬車ニ而大森村梅屋敷え行啓被為在候也、
○中略
一、第三時過梅屋敷御出門ニ而、當御所え第五時御還幸之事、

二十七日、青山開拓使花園ニ行啓アラセラル、

〔皇太后宮職日記〕内膳司

明治六年三月廿七日、
一、第十時御出門御馬車ニ而開拓使花園え行啓之事、
一、午前十時三十分開拓使三番御用地御茶屋え着御、御菓子練羊羹同御好玉手箱五十卵形五十供進、
一、第十一時御辨當八寸四重壹組、御小辨四重壹組、御吸物并倭酒梅酒白酒葡萄酒各壹瓶宛供進ス、
○中略
一、午後二時同所一番二番御用地御巡覽、二番御茶屋ニ於テ御茶菓ヲ供進ス、
一、同四時三十分同所御發車、同五時還御、

四月三日、皇后ト共ニ濱離宮ニ行啓、引網等ヲ御覽アラセラル、

〔皇太后宮職日記〕内膳司
明治六年四月三日、
一、午前第九時御出門、御馬車ニテ御參內之上、皇后宮御同車ニテ濱離宮え行啓之事、
○中略
一、十時四十分皇后宮御一同濱殿え被爲入御茶ヲ奉ズ、御菓子岡太夫供進、
一、十二時過御持越之御小辨當御吸物供進、
一、御庭裏ニ於テ漁父挽網投網御覽、生魚數尾ヲ得生桶ニ入レ御覽ニ供ス、
○中略
一、四字三十分御辨當御吸物ヲ奉ズ、白酒蜜柑酒葡萄酒和酒壹本宛供進、
一、七字還御、

十二日、向島ニ行啓アラセラル、

〔皇太后宮職日記〕 内膳司

明治六年四月十二日、

一、第九時十分向島ゑ行啓被爲遊候事、御先廻り供奉、安貞成、山田惟義、長堀政吉、西川彌儀、辻範長、

一、御晝御膳向島於伊達從二位邸供進、和酒供進、

一、御晝後御手提御辨當於御船供進、

○中略

一、還御七時五分、

五月十七日、皇后ト共ニ青山開拓使花園ニ行啓アラセラル、

〔皇太后宮職日記〕 内膳司

明治六年五月十七日、

一、同二〇十時皇太后宮皇后宮御出門、開拓使官園ゑ行啓、供奉御先着、木村重辰、田中盛志、杉山政直、原昌誠、藤岡政致、○中略

一、皇太后宮皇后宮開拓使官園壹番へ御着在、引續貳番ゑ御着、中庭ニ而御小休、御茶御菓子等供ス、二時過三番花園ゑ御着、御茶菓子荻ノ玉川模樣御辨當幷ニ山川白酒美淋酒等供ス、御納戸御用御重詰四重上ル、

〔皇后宮職日記〕

明治六年五月十七日、□晴、

一、皇太后宮

皇后宮御同車ニ而青山開拓使官園ゑ行啓、第十二時御出門、夕五時三十分還御、供奉今岡通謹相勤候事、

六月十九日、皇后ト共ニ群馬縣富岡町ニ行啓、是日、東京ヲ發セラレ、二十八日、還啓アラセラル、

〔皇太后宮職日記〕 内膳司

明治六年六月十九日、
一、皇后宮皇太后宮午前第八時御出門ニテ、上州富岡え行啓被爲遊、供奉御先着人員左之通、
桂正芳　福田重常　堀井篤忠　山川正視　奥清房　長城正吉　荒川儀兵衛　〆七人
外定厨夫卒弐人
廿八日、
一、皇后宮皇太后宮午後三時過御機嫌能還御、供奉人員無別條歸京、
〔皇后宮職日記〕
明治六年六月十九日、雨、
皇太后宮　供奉女官
皇后宮　御馬車　宮内省　總四輛
富岡生絲場へ行啓第八時御出門之事、
廿八日、
一、皇太后宮
皇后宮　富岡ヨリ午後第三時二分還御被爲在候事、
〔幸啓錄〕　明治六年
皇太后宮皇后宮上野國富岡へ行啓ノ件
第七號　御旅中日記
六月十九日、雨、
皇太后宮
皇后宮上州富岡製絲場え行啓ニ付、午前第八時御出門、

巣鴨御小休、内山長太郎え午前第九時十分御着、同九時四十八分御發車、
板橋御晝、飯田宇兵衛え午前第十時廿九分御着、十二時四十分御發車、
戸田川午後一時御渡船、
蕨御小休、岡田嘉兵衛午後第一時五十分御着、二時四十分御發車、
大宮御泊、山崎嘉左衛門午後第三時五十五分御着、
爲伺御機嫌左之通御旅館え罷出、輔丞謁之、

埼玉縣參事　白根多助
同　權參事　大山成美
氷川神社大宮司 兼權中教正　平山省齋

大屬以下爲伺御用出頭、錄會之、
埼玉管內物產縣官持參、御覽有之、調度司關之、
明廿日御發車時限、供奉一同幷縣廳え相達、日々同樣以下略之、
御旅館宿直丞以上一人錄一人雜掌一人仕人二人直丁三人內膳司四人宛之事、
御格子九時五分、
御先着城多內匠大令使より富岡御旅館松浦水太郎宅故障有之旨、新町驛出之信書到來、

六月廿日、陰晴未定、時々細雨、

午前第八時大宮御發車、
上ヶ尾御小休、細井久米五郎午前第十時御着、十時三十五分御發車、
鴻ノ巣御晝、小池三郎左衛門午前第十一時廿分御着、午後一時四十五分御發車、

吹上御小休、森義三郎午後第二時五十分御着、第三時十分御發車、
熊谷御泊、武井萬平午後第三時五十七分御着、
爲伺御機嫌左之通御旅館え罷出、輔丞謁之、
熊谷縣令　河瀨秀治
大屬以下爲伺御用出頭、錄會之、
連日雨中太儀ニ思召御厩一同廿九人、騎兵一同二十人、え御酒肴下賜候事、
御格子十時、
六月廿一日、雨、
午前第八時十分御發車、
玉井村鯨井勘衛宅御小休之處、連日雨中ニ付御通路新築道深泥相成、馭者并地方官員點檢之上、御通行難相成旨申出候ニ付、臨期御延引、直ニ深谷御晝え御越相成候旨被仰出、供奉一同其他夫々相達ス、
深谷御晝、飯島定平え午前第十時廿分御着、正午十二時三十分御發車、
玉井村鯨井勘衛繭二箱獻上、
本庄御小休、田村左之次え午後第一時廿七分御着、第二時御發車、
新町御泊、久保榮五郎え午後第三時卅五分御着、
熊谷縣權參事堀小四郎、今朝ヨリ供奉相勤候事、
右同人爲伺御機嫌罷出例之通リ、
當御旅館久保榮五郎より螢壹籠獻上ニ付、金三百疋被下候事、
當驛笛木某自詠之短冊一葉獻上、

同新居守村自詠短冊書物壹部二册、獻上ニ付、金二百疋被下候事、
綠野郡本動堂村落合村之間、鮎川連日之降雨ニ付昨夜來滿水之旨、地方官より屆出ル、
富岡御旅館松浦水太郎宅兼而御治定之處、無據故障出來ニ付、七日市舊藩廳え御旅館替へ相成候旨、御先着城多內匠大令史より郵便ヲ以報知有之、
但御旅館替之義、供奉一同共外例之通相達ス、
御格子十時、
六月廿二日、曇、午後新霽、
今曉午前第四時左之通地方官より屆書差出ス、
皇太后宮皇后宮今廿二日御通行可相成御道筋之內、管下上州綠野郡本動堂村落合村之間、鮎川連日之降雨ニ而昨夜來出水、防禦手を盡候得共、今曉ニ至終ニ落橋往來難相成候、尤減水相成候ハヾ早速橋架渡御通行御差支無之樣手當方可申付候、此段御屆申上候、以上、
右落橋ニ付當驛御滯留之旨被仰出、供奉一同共外例之通相達ス、
東京本省へ前文落橋ニ付御滯留之旨郵便以報知ス、午後第一時山口侍從到着、皇太后御旅中爲御尋御菓子壹箱持參、卽刻拜謁被仰付御直答被仰出候事、
午後第四時頃、兩皇后宮御微行ニ而柳瀨川え御遊歩、漁獵御覽被爲在候事、
但漁者へ金千疋被下、出納課取扱、
御格子九時四十分、
六月廿三日、細雨、晚來暴雨、
午前第八時鮎川減水假橋幷路道修繕等出來御通行御差支無之旨地方官より屆出候ニ付、卽刻御發車之旨例之通り

相達、東京本省えも郵便ヲ以報知致候事、

熊谷埼玉兩縣え一日御滯在ニ付、御休泊日割御順延相成候間差支無之様相達候事、

午前第八時四十分御發車、

鮎川、第九時十五分假橋御步行、

吉井御小休、堀越文次郎え午前第十時五十分御着、第十一時十五分御發車、

蕪川、正午第十二時御渡船、

曾木村坂口屋ニ而暫時御小休、同所庭前ニ鳴玉ノ瀧アリ、

午後第一時二十分七日市舊藩廳え御着、

山口侍從發途歸京、

供奉典侍より東京典侍宛封狀壹通郵便ヲ以送達ス、

兩皇后宮、午後第三時三十分製絲場裏河邊え被爲成漁獵御覽有之、第六時頃御旅館え還御、

但漁夫え金千疋被下候事、

但地方官員出張之事、

製絲場御雇佛人ブリナより御菓子壹箱獻上、

御格了九時五十分、

六月廿四日、朝晴、午後時々細雨、

本日午前第九時富岡製絲場へ被爲成、一旦御旅館へ還御、午後御發車被仰出候旨例之通夫々え相達ス、

昨夜來之暴雨ニ付、御道筋川々滿水道路缺毀出來相成、御通行難相成旨地方官より屆出候間、本日當所御滯留被仰出、

右之趣例之通夫々相達ス、

第九時御出車、富岡製絲場ゑ被爲成暫時御休息、御雇佛人拜謁被仰付、左之通り下賜候事、

製絲場御雇佛人

紅白縮緬三疋　首長　ブリュナ
白縮緬壹疋　檢査人　ベラン
同上　プラット
同上　機械方　シャトロン
同上　醫官　壹人
緋縮緬壹疋　工女　クロランド
同上　モニエル
同上　シャレー
同上　アレキサンドリス

製絲場掛人名

尾高租税大屬
佐伯租税中屬
○中略

右掛官員以下ゑ御酒肴料金百圓下賜候旨、勸業課長森清藏ゑ達之、
佛人より西洋料理獻上、
琵琶ノ琴御聽ニ入、
製絲場より皇洋兩製之生糸寫眞、其外獻上物有之、

女御藤原夙子

製絲工業幷機械室其他御巡覽相濟、午後第二時十分還御、
午後第五時頃川々道路共可也修繕出來之旨、地方官より申出候事、
右ニ付明廿五日午前第八時御發車、新町御晝幷御泊共被仰出候旨、例之通夫々え相達ス、
　但御休泊御順延之義も相達候事、
熊谷縣權參事堀小四郎、兩皇后宮拜謁被仰付、數日供奉勤勞之旨御沙汰有之幷此般御用取扱之縣官一同え金二千疋下賜候旨、大輔演達ス、
今夕供奉一同え御酒肴下賜、夫々え相達ス、
御格子九時四十分、
　六月廿五日、晴、
午前第六時頃名島內匠權大令史御道筋見分罷歸、未補理難參居候間、午後御發車相成度旨申出候ニ付、杉大丞猶又見分トシテ卽刻發途、暫シテ同人より正午十二時御發車ニテ御差支無之旨報知有之、
本日正午十二時御發車御確定相成候旨、例之通夫々え相達ス、
午前第十一時三十五分七日市御發車、
蕪川御渡船、
午後二時吉井御小休御着、
午後第二時三十分御發車、
鮎川假橋御步行、
午後第四時三十分新町御泊御着、
東京本省へ、七日市一日御滯在翌廿五日正午御發車、無御滯新町へ着御相成候旨、信書郵便ヲ以送達ス、

御格子九時二十分、
六月廿六日、午前八時頃迄雨、后快晴、
午前第八時御發車、
第九時五分本庄御小休御着、
第九時卅八分御發車、
第十一時二十分深谷御晝御着、午後一時御發車、
深谷驛田島某養蠶新論獻上、金千疋下賜候事、
午後第二時四十分玉井村鯨井勘衛ゑ御小休、暫時御休息、夫より養蠶室并田植等御覽、
但田植男女卅人ゑ金千疋下賜ル、
午後第三時二十分御發車、
午後第四時三十分熊谷御泊へ御着、
御格子九時三十分、
蓮生山熊谷寺寶物御覽、金三百疋下賜ル、
六月廿七日、雨、
午前第八時御發車、
午前第九時吹上村御小休御着、同第九時三十五分御發車、
午前第十時四十分鴻ノ巣御晝御着、正午第十二時五分御發車、
午後第一時上尾御小休へ御着、同第一時四十五分御發車、
午後第三時二十分大宮御泊御着、

明廿八日午前第七時御發車、當所氷川社へ御參詣、夫より直前途御進車被仰出、例之通夫々え相達ス、
氷川社御參詣ニ付、御二方御玉串二本用意相成居候様、平山大宮司え相達候事、
氷川宮大宮司平山省齋出頭、大輔謁之、
御格子第十時、
埼玉縣權參事大山成美出頭、大輔謁之、
　六月廿八日、風雨、
午前第六時四十分御發車、氷川社御拜、神饌金拾圓、
右相濟神子舞御覽、神子堀江英風祖母時年え緋縮緬壹疋下賜、
午前第七時三十五分社前御發車、
午前第八時四十七分蕨御小休御着、同第九時二十五分御發車、
午前第十時戸田川御渡船、
正午十二時板橋御晝御着、同午後一時御發車、
午後第一時四十分巣鴨御小休へ御着、同二時十分御發車、
　但東京より仕人壹人出張有之、御着輦之上卽刻注進トシテ歸京候事、
午後第三時七分赤坂離宮え御着輦、
右御着輦之旨、正院へ進達書差出ス、

十月十八日、横濱ニ行啓アラセラル、

〔皇后宮職日記〕
明治六年十月十八日、雨、

一、第六時三十分御出門、横濱ヘ皇太后宮行啓被爲在候事、
午後五時三十分還御也、
供奉女官
濱荻典侍
常夏典侍
若松掌侍
白藤掌侍
橘命婦
柞命婦
津山
千代
〔幸啓錄〕明治六年四
第三號　皇太后宮横濱ヘ行啓ノ件
皇太后宮來ル十八日午前第六時三十分御出門、同第七時新橋ステーション御發車ニ而横濱ゑ行啓、同日午後第二時三十分同所ステーション御發車ニ而還御被仰出候條、仍テ此段申進候也、
明治六年十月十五日　宮內卿德大寺實則
太政大臣三條實美殿
十一月七日、皇后ト共ニ高輪毛利元德ノ第ニ行啓ノ御途次、御馬車顚倒シ、危禍アラセラル、
〔橋本實麗日記〕

明治六年十一月七日癸亥、晴、午後三時斗勝光院被來、實梁語云、今日太后皇后御同車謂馬車也、高輪從三位毛利邸へ行啓之途中榎木《マヽ》坂、馬車轉到兩皇堀中へ落御之上恐愕不可謂、乍去先御無難之由、依之小櫻ヨリ御機嫌伺書状、實梁隨身參離宮了、

八日甲子、晴、午後參離宮、謁女房、昨日兩后馬車轉倒之儀ニ付、伺御機嫌之處、差而御働ジも無之由也、早速伺之段御滿足之旨被申出、直退出、

十二月十九日、青山御所ニ移徙アラセラル、

〔皇太后宮職日記〕青山詰錄

明治六年十二月十九日、

一、本日午前第十時三十分皇太后宮青山御所へ御引移被爲在候事、

但供奉人名

大輔　少輔　少丞二人山岡 香川　三等出仕福羽　四等出仕加藤　大錄重見　少錄河端

右之通

一、同上ニ付供奉幷當直之者へ御祝酒飯等被下候事、

〔皇后宮職日記〕

明治六年十二月十九日、晴、

本日第十時

皇太后宮青山御所へ御引移、御乘輿、供奉大少輔丞錄雜掌仕人直丁於彼御所御祝酒飯等賜候也、其後奧向引拂相成候ニ付典掌侍等より引渡、局局ニも夫々引拂ニ相成候事、

明治七年四月八日、濱離宮ニ行啓アラセラル、

〔皇太后宮職日記〕　青山詰宮内省

明治七年四月七日、晴、

明八日濱殿え行啓被仰出候事、

四月八日、天晴、

一、濱離宮え行啓、午前第九時十五分御出車、供奉大丞杉殿權大侍醫林御藥室壹員權中錄柴田女官典侍幸子權典侍成子權掌侍好子權命婦清子同玶子女嬬貳人等、此外御先着雜掌以下仕人直丁各課人員略之、

一、午後五時四十五分御機嫌克還御被爲在候事、但シ此旨即刻本省へ申入也、

〔皇太后宮職日記〕　青山御所詰雜掌

明治七年四月七日、晴、

一、皇太后宮明八日午前九時御出門、濱離宮え行啓被仰出候、御先着仕人直丁至迄當詰人員ニテ相勤可申旨被相達候處仕人無人ニ付注進使本課ヨリ被相廻候趣ニ候事、

四月八日、晴、

一、本日午前九時三十分御出門濱離宮ヱ行啓被爲在、午後六時還御、

一、本日御先着供奉左ノ通、

雜掌　貳人直一、政忠、　仕人　貳人　直丁　貳人　女官附仕人　壹人　同直丁　一人

錄附直丁　一人　外ニ仕人　一人　侍醫附直丁　一人

右ハ當御所ヨリ相廻、

注進使仕人　一人

右ハ本課ヨリ相廻、

五月二十九日、皇后ト共ニ高輪毛利元徳竝ニ柳澤保申等ノ第ニ行啓アラセラル、

〔皇太后宮職日記〕青山詰宮內省

明治七年五月廿九日、

一、皇太后宮皇后宮本日午前九時十分御出門、御同車ニ而高輪邊へ行啓、毛利元徳邸幷柳澤保申邸へ御立寄、還御午後第六時三十五分、供奉人々大輔公福羽殿堤少丞殿重見權大錄山脇政一、外例之通リ、

〔皇太后宮職日記〕青山御所內膳課

明治七年五月廿九日、

一、午前第九時御出門ニ而高輪毛利邸幷ニ柳澤邸等え皇太后宮皇后宮御同車ニ而行啓之事、

一、晝御膳代御小辨當幷ニ御重詰等毛利邸ニ而供進、

一、午後御重詰柳澤邸ニ而供進、御重詰ハ本課ニ而出來成、皇后宮御用ナリ、

一、當御所ハ御菓子、新若緑リ紅小倉野卯ノ花卷薯蕷まん、等何れも廿五ヅヽ、〇中略

一、午後六時二十分還御之事、

〔皇后宮職日記〕

明治七年五月二十九日、曇午後雨降、

一皇太后宮皇后宮本日高輪邊行啓、毛利元徳邸幷柳澤保申邸等へ御立寄御小休被爲在、依之皇后宮午前八時二十分青山御所へ被爲成、夫ヨリ御同車ニ而彼御所ヨリ御出門第九時、御先著、重見通義、供奉山脇政一、女官供奉典侍清子、權掌侍輝子、命婦武子、女嬬益子、福子等、其外如例也、

但シ皇太后宮供奉女官四名ハ爰ニ略ス、

十月十五日、濱離宮ニ行啓、引網等ヲ御覽アラセラル、

〔皇太后宮職日記〕　青山詰宮内省

明治七年十月十五日、

一、皇太后宮、本日午前第九時御出車、濱離宮へ行啓、十時五十分、同宮へ着御、午後四時廿分同宮御出車、五時五十五分還御之事、

一、濱離宮ニ於テ網曳、打網等御覽被爲在候事、

一、供奉大輔津田六等出仕、船曳少侍醫紫田權中錄外例之通女官七人、

〔皇太后宮職日記〕　青山御所內膳課

明治七年十月十五日、

一、午前九時御出門ニ而濱離宮え行啓被爲在候ニ付、杉山政直、原勉、松本義路出張、

一、定例御間御菓子御同所江黑川持參調進いたし候、

一、晝御膳ハ御膳帳色目之通離宮ニおひて供進、

一、午後御辨當壹重調理持越し供進、

○中略

一、午後六時十分還幸被爲在候事、

一、離宮御泉水ニおひて曳網御覽、御漁之魚澤山廻リ來ル、其儘御所へ御獻上ニ相成候事、

〔皇后宮職日記〕

明治七年十月十五日、晴、

一、本日、

皇太后宮濱離宮へ行啓被爲在候處、午後五時五十五分御機嫌克還御被爲在候條、青山御所詰より申來候ニ付、此旨

奥向并省當番等へ卽刻申入候也、

明治八年二月三日、御生母南大路菅山第ニ行啓アラセラル、

〔皇太后宮職日記〕　青山御所宮内省

明治八年二月三日、晴、

一、皇太后宮午後一時管山邸え被爲成三時二十分還御之事、

〔皇太后宮職日記〕　青山御所雜掌

明治八年二月三日、晴、

皇太后宮御啓管山え午後一時、還行三時三十分、

但シ供奉之者ニ酒肴賜候事、

三月十七日、靜寛院宮邸ニ行啓アラセラル、

〔皇太后宮職日記〕　青山御所宮内省

明治八年三月十七日、晴、

一、皇太后宮本日午前十時五十分御出門ニ而靜寛院宮御邸へ行啓、午後六時三十五分還御之事、

〔布達錄〕　皇太后宮職

明治八年三月十四日、

皇太后宮來十七日午前第十時三十分御出門、靜寛院宮御邸え行啓被仰出候間此段相達候也、

三月十四日、

追テ雨天ニ候ハヾ御順延ノ事、

皇太后宮來十七日靜寛院宮御邸え行啓被仰出候ニ付、供奉御先著人員增減有之候ハヾ早々取調可申出候也、

三月十四日

皇太后宮、來十七日午前第十時三十分御出門、靜寬院宮御邸へ行啓被仰出候ニ付而者、同日青山御所ヨリ之御道筋左之通候條此段相達候也、

御道筋

一、青山御所ヨリ左へ、赤坂牛啼坂表傳馬町通リ右へ、赤坂御堀端通リ田町六丁目ヨリ左へ、續テ右へ打廻リ、榎坂ヲ登リ右へ、靈南坂上リ市兵衛町通リ靜寬院宮御邸御順路、

〔橋本實麗日記〕

明治八年三月十五日丙子、晴、從靜寬院宮上﨟來狀、來十七日午前十時三十分太后行啓之事、從宮內省被達旨、但雨天御順延、兩人可參上示給、御請申上、

十七日戊寅、晴、終日烈風、今日太后行啓于靜寬院宮、兼日可參上命給、仍午前八時斗出門參上、十一時三十分斗太后行啓出迎于中門外、如臨幸女房御年寄、若出迎于敷臺、宮御錠口迄御出迎一如先日、先表御座鋪著御、兼設倚子二脚、御座定之後、女房典侍、濱荻申入、予御對面了、宮奥向へ御誘引被供御茶菓、爲御土產一同有賜物、予賜疋絹御煙草入御水滴等、畏御禮申上、午後一時斗御誘引于樓上被供御饌、此比實梁參同有賜、同予、須臾被供酒、又供奉宮內大輔召御前同賜御酒、其後數巡四時過還御、予出于中門外御送申、小時退下、于時七時斗也、

四月七日、鎌倉御遊覽ノ爲、東京ヲ發セラル、十一日、還啓アラセラル、

〔皇太后宮職日記〕 青山御所宮內省

明治八年四月七日、晴、風有、

一、皇太后宮、本日午前第八時五分御出門、相州江ノ島、鎌倉邊え行啓被爲在候事、

供奉　萬里小路宮內大輔

堤　宮内少丞
五等侍醫　林洞海
御内儀懸河端少錄
常務掛十等出仕高原淳次郎
三等藥劑生久我直道
雜掌松波資之外五名
仕人壹人此外本省ヨリモ直丁貳人數人供奉

往復掛
田邊新七郎
内廷課錄
小笠原權大錄

供奉女官
典侍萬里小路幸子
權典侍西洞院成子
權掌侍錦織隆子
命婦鴨脚賴子
權命婦松室伊子
女嬬北大路忠子
同森島祇子
女官世話掛鵜澤直房

右御馬車ステーシユン御着午前八時三十七分、同所御發車午前九時三十二分也、同所迄爲御送山脇政一參、

十日、晴、亦曇リ、

一、皇太后宮昨九日雨天ニ付鎌倉え御滯留被爲在、尤還御御日取は彼地ヨリ申越次第可相達候條、本省ヨリ御達シ有之ニ付奥え申入候也、

一、皇太后宮、雨天ニ付鎌倉御逗留之處、本日午前第八時同所御發輿、明十一日神奈川驛ヨリ午后三時五十二分之汽車ニ被爲召還御被爲在候旨、供奉向ヨリ申越シ候旨、赤坂御内儀掛ヨリ午后第八時五拾七分遣《(告カ)》來依之、中使ヱ直樣申入候也、

十一日、晴、

一、皇太后宮、本日神奈川驛ヨリ午後三時五十二分汽車ニ被爲召、新橋ステーシユン着御、同所御發車五時三十五分、御機嫌能還御被爲在候事、爲御迎イ山脇政一正午ヨリ參、

〔皇太后宮職日記〕　青山御所内膳課

明治八年四月七日、

一、皇太后宮、午前八時御出車ニ而相州鎌倉ヱ行啓被爲在候事、

但供奉、○以下供奉員列名略ス、

四月十一日、

一、去ル七日ヨリ鎌倉邊行啓被爲在、今日午後五時四十分還御被遊候也、

一、御取歸リ、蛤四百、蚫三拾盃、床ぶし貳百五十、さゞえ五拾、海松貝三拾、御漁之蛤貳籠、和布壹籠御注文相成候、もづく小壹桶、

〔皇后宮職日記〕

明治八年四月七日、晴、

一、皇太后宮相州江ノ島、鎌倉へ行啓、本日午前八時五分御發車被爲在候事、

〔布達錄〕　皇太后宮職

明治八年三月廿九日、

皇太后宮、神奈川縣下相州江ノ島、鎌倉邊爲御遊覽、來月七日行啓被仰出候條、此段相達候也、
追而侍醫、出納課、内膳課、調度課、御厩課、内匠課、供奉御先著人員人名調、卽刻庶務課へ可申出候也、
三月廿九日、
四月七日午前八時御發車、九時三十分新橋ヨリ滊車乘御、神奈川驛ヨリ御馬車被爲召、同日、
一、御晝　程ケ谷、
同日
一、御泊　藤澤驛、當驛ヨリ御馬車、
八日
一、御晝　江ノ島、
同日
一、御泊　鎌倉、當町御出立掛ニ鶴ケ岡神社、鎌倉社、建長寺、御遊行、
九日
一、御覽丼御泊　金澤、
十日
一、御晝　程ケ谷驛、當驛ヨリ神奈川迄御馬車、
同日
一、御小休　神奈川驛、午後三時五十分當驛ヨリ汽車乘御、
同日
一、還御、

八年三月二十九日、

本條藤澤驛ヨリ御乘輿之處、昨二十九日御馬車者誤寫御廻シ正誤之上、更ニ御廻シ申入候也、

八年三月三十日、

藤澤驛、當驛ヨリ御乘輿、

十八日、從一位九條道孝第ニ行啓アラセラル、

〔皇太后宮職日記〕 青山御所宮內省

明治八年四月十八日、晴、

一、皇太后宮、午前九時御出門ニテ從一位九條道孝邸え行啓、午後六時十五分還御候事、 供奉大輔六等出仕津田侍醫竹內錄山脇雜掌以下、

〔皇太后宮職日記〕 青山御所雜掌

明治八年四月十八日、晴、

一、午（マヽ）後九時御出門、九條亭へ行啓、午後六時三十分還御、

但、爲御慰半能囃子被入御覽候也、

〔皇后宮職日記〕

明治八年四月十八日、晴、

一、皇太后宮、本日午前第九時御出門、九條家へ行啓被爲成、午後六時十五分還御被爲在候事、九條家へ爲伺御機嫌山階宮家令伊庭軍平參、

但、供奉政一出勤候事、

七月七日、皇后ト共ニ博物館ニ行啓アラセラル、

〔皇太后宮職日記〕 青山御所宮內省

明治八年七月七日、曇、

一、皇太后宮、皇后宮御同車、午前第九時三十分御出門、博物館へ行啓被爲在候事、但、先是皇后宮當所へ被爲成候事、御供奉宮内大輔、六等出仕津田權中錄、柴田十三等出仕、西尾等女官、其外人員如例、略之、五時三十五分還御之事、

其後、六時皇后宮赤阪御所へ還御被爲在候事、

〔皇后宮職日記〕

明治八年七月七日、曇、

一、皇太后宮、皇后宮、本日午前九時十五分御出門、御同車ニ而博物館へ行啓被爲在、還御六時十分、

供奉　柴田　西尾、

明治九年三月十七日、皇后ト共ニ芝離宮ニ行啓アラセラル、

〔皇太后宮職日記〕　青山御所御内儀懸

明治九年三月十七日、曇、

一、皇太后宮、午前八時三十分御出門、御歩行、御所へ被爲成、同九時御出門、皇后宮御同車ニテ芝離宮へ行啓、同五時過御所迄還御、夫ヨリ御輿ニテ同六時當御所へ還御被爲在候事、

但、供奉權典侍西洞院成子、掌侍平松好子、命婦松室伊子、御先着權命婦生源子、政子、女孺北大路忠子、權女孺岩波悦子、附添仕人壹人、直丁壹人、御先着當詰雜掌山本直一、御馬車供奉四人皆壹輛、同御先着四人皆貳輛、二人皆壹輛、

〔皇后宮職日記〕

明治九年三月十七日、

兩皇后、芝離宮え行啓被爲在、午前九時皇太后此御所え被爲成、自夫御同車、御出門、御道筋別記、二位局陪從、午後五時五十分還御、皇太后此御所ヨリ御輿ニ而還御六時也、

本日靜寛院宮ニ茂被爲成候事、

四月五日、皇后ト共ニ右大臣岩倉具視第ニ行啓アラセラル、

〔皇太后宮職日記〕 青山御所御内儀懸

明治九年四月五日、晴、

一、皇太后宮、午前十一時御出門、御輿ニ而赤阪御所へ被爲成、正午十二時三十分御出門、皇后宮御同車ニ而、岩倉右大臣邸へ行啓被爲在、午後十一時三十分御所迄還御、夫より御輿ニ而此御所へ、第十二時還御被爲在候事、

供奉女官典侍萬里小路幸子、權掌侍錦織隆子、命婦松室琤子、女嬬伊丹鹿子、御先着權命婦岡本保子、女嬬吉見功子等也、當御所詰御先着九等出仕岡義亮、雜掌松波資之等、其外直丁壹人女官差添トシテ相廻リ、余之供奉人員ハ本課ニテ夫々相具ス之事、依而爰ニ不記、

〔皇后宮職日記〕

明治九年四月五日、晴、午後風、

一、兩皇后宮、岩倉家江行啓被爲在、午前十一時三十分、

皇太后宮、當御所江午前三十五分御輿ニ而被爲成、自夫御同車、御出門、午後十一時三十分還御也、

皇太后宮、該御所ヨリ御輿ニ而還御、午後十一時四十五分也、

一、供奉女官典侍萬里小路幸子、高倉壽子、權掌侍錦織隆子、千種任子、命婦堀川武子、松室琤子、權命婦吉田鎰子、岡本保子、女嬬山口益子、堀内素子、吉見功子、伊丹鹿子等勤仕ス、

一、供奉馬車二輛、四人乘、御先着馬車壹輛四人乘、

一、卿公大輔公香川山岡大丞殿竹内權少丞殿列行ス、

一、小笠原權大錄、北條新太郎、雜掌松波、葉室、大谷、御内儀掛岡義亮、山脇政一、仕人五名、直丁七名也、

女御藤原夙子

〔橋本實麗日記〕
明治九年四月五日癸卯、晴、今日太皇、皇后行啓於岩倉亭云々、

二十九日、府下龜戸村附近ニ行啓アラセラル、

〔皇太后宮職日記〕　青山御所御内儀懸
明治九年四月廿九日土曜、曇或霽、
一、皇太后宮、午前第九時十分御出門、龜井戸邊へ行啓、天神社内ニ而御小休、藤の花御覽、畢而御社參、夫より臥龍梅屋舗へ被爲成、夫より柳島村山口又兵衞邸ニ而御晝食被爲在、四時三十五分還御相成候事、
供奉大輔殿、櫻井少丞殿、侍醫山川幸喜、藥劑生賀川滿戚、女官典侍幸子、權掌侍晩子、命婦賴子、權命婦政子、女孀忠子等御先着、庶務課渥美中錄、内廷課小笠原權大錄、御内儀掛河端少錄、雜掌、松本、中野、山波、仕人四人、直丁四人、女官差添壹人も、余ハ略之、

〔皇太后宮職日記〕　青山御所雜掌
明治九年四月廿九日、半晴、
一、皇太后宮、午前九時御出門ニ而龜戸へ行啓、池邊ニ而御小休、藤花御覽、天滿宮御拜、御ひろひにて臥龍梅御覽、直ニ橋本山口某之座敷ニ而御休、此處御中食、還御掛、妙見寺内御通り掛白蛇を御覽ニ而、午後四時三十分還御被爲在候也、

五月二日、皇后ト共ニ府下王子村ニ行啓アラセラレ、抄紙局、飛鳥山等ヲ巡覽アラセラル、

〔皇太后宮職日記〕　青山御所御内儀懸
明治九年五月二日、晴、
一、皇太后宮、皇后宮、午前第十一時御出門、王子村、飛鳥山邊へ行啓被爲在、先是十時斜、皇后宮當御所へ被爲成、御同車也、
王子村早船彌三右衞門方ニ而御小休、夫より抄紙局幷製紙會社へ被爲成、再早船方ニ而御小休、還御掛飛鳥山ニ而

御小休被爲在、午後六時三十分還御之事、

供奉萬里小路大輔殿、山岡大丞殿、竹内權少丞殿、山川侍醫、藥劑生久我、庶務課靑木權少錄、内廷課小笠原權大錄、御内儀掛平田權中錄、川崎孝顯、雜掌松波、山本、杉山、高見等、女官典侍淸子、御乘添也、權典侍成子、掌侍好子、權掌侍貞子、命婦朝子、權命婦保子、女孺種子、貨子、秀子等也、藥劑生以下雜掌ニ到テハ各御先着此外仕人、直丁人員略之、輔丞馬車壹輛、女官馬車二輛、荷馬車壹輛、差添仕人、直丁壹人ヅヽ乘車之スル也、

〔皇后宮職日記〕

明治九年五月二日、晴、

皇太后宮、皇后宮、御同車ニテ王子、飛鳥山邊へ行啓被爲在候、午前十一時御出門、供奉大輔萬里小路、大丞山岡、權少丞竹内、女官紅梅典侍常夏、典侍楊梅、掌侍芙容、掌侍楸、命婦柞、命婦女孺まさ、千壽、三代〆、御内儀錄平田磯明、川崎孝顯等也、午後六時三十分還御相成候、尤皇后宮ニハ靑山御所邊御歩行ニ而行還事、

十八日、靜寬院宮第ニ行啓アラセラルヽ

靑山御所御内儀懸

〔皇太后宮職日記〕

明治九年五月十八日、晴、

一、皇太后宮、午前第九時三十分御出門ニ而靜寬院宮御邸へ行啓被爲在、午后第十一時五分前還御被爲在候事、

供奉大輔殿、津田少丞殿、侍醫岩井克俊、藥劑生賀川滿載、庶務課田邊大錄、内廷課小笠原權大錄、御内儀掛岡義亮、雜掌松波、坂本、女官典侍幸子、御乘添掌侍好子、命婦信子、琈子、女孺祇子、同忠子御先着胡子、等也、藥劑生以下雜掌等各御先着仕人四人、直丁七人、女官差添壹人宛共、馬車壹輛、輔丞侍壹輛、女官壹輛、荷馬車也、庶務錄差添仕人直丁、御先着女官壹輛、

〔橋本實麗日記〕

明治九年五月十八日丙戌、晴、午前七時二十分過麗子相伴參靜寬院宮、本日此御邸え太后行啓也、依之兼日可參上御示

給、同時實梁參上、十時過行啓、奉迎中門外如先日、宮御誘引于御二階、供御茶菓、其後予已下出于御前、又予已下家族一同へ有賜物、各有差、但反物、今日兼被催亂舞、能狂言初番了、被進御中食、三番目了被進御間物、有御乞仕舞各了被進酒饌、今日正親町正二位、三條西正二位、坊城式部頭等招給、於御同席各賜酒、宮內大輔供奉有、同席女房供奉濱荻典侍楊梅掌侍葛命婦女嬬四人等也、

被進御品々

金　三百圓

御羽二重　五疋

御折　一折二重

御酒　二樽大樽

七月十一日、南大路菅山第ニ行啓アラセラル、

〔皇太后宮職日記〕青山御所御內儀懸

明治九年七月十一日、晴、

一、午后三時五分前皇太后宮南大路菅山邸え行啓、夫より御外庭通り洗心亭邊御散歩、五時十五分還御被爲在候事、

〔皇太后宮職日記〕青山御所雜掌

明治九年七月十一日、晴、

一、菅山邸え本日午後三時行啓、五時十五分還御、

十一月二十九日、濱離宮ニ行啓アラセラル、

〔皇太后宮職日記〕青山御所御內儀懸

明治九年十一月廿八日、晴、

一、明廿九日濱離宮行啓之儀更ニ被仰出候事、

十一月廿九日、晴、

一、本日午前十時御出門、皇太后宮、濱離宮へ行啓被爲在候事、

供奉杉少輔殿、堤少丞、侍醫藥劑生、御内儀掛錄平田職明、雜掌二人、仕人貳人、直丁二人、藥劑生以下御先着御内儀掛川崎孝顯同斷、女官供奉、典侍萬里小路幸子、權掌侍錦織隆子、命婦鳥居大路信子、松室伊子、女嬬中村誠子、小島秀子、馬車四人皆壹輛、二人皆壹輛、荷馬車壹輛申立候、雜仕壹人牧長子、御先着人力車代申立候、女官付添仕人壹人、直丁二人、

一、午後五時還御被爲成候事、

〔皇后宮職日記〕

明治九年十一月廿九日、晴、

一、皇太后宮、濱離宮へ行啓被爲在、午後第五時還御之旨靑山御所錄ヨリ報知有之候事、

明治十年一月十一日、京都ニ行啓ノ爲、東京ヲ發セラル、二十七日、京都ニ御著アラセラル、

〔幸啓錄〕明治十年 京都大和ノ部

第九一號　御發輿諸向通達

來明治十年一月孝明天皇御年祭ニ付、皇太后宮御參拜トシテ來一月八日御發輿、東海道筋京都へ行啓被仰出候、就而者各地方ニ於テ都合モ可有之候間、早々御發表相成度此段申進候也、

明治九年十一月廿二日　宮内卿德大寺實則

太政大臣三條實美殿

朱書 上申ノ趣第百四十七號ヲ以布告候事、

明治九年十一月廿九日 ○太政大臣三條實美印 □

第百四拾七號

孝明天皇御式年祭ニ付、御參拜トシテ、皇太后宮、來明治十年一月八日御發輿、東海道筋京都へ行啓被仰出候條此旨布告候事、

明治九年十一月二十九日　　太政大臣三條實美

○中略

來ル八日、皇太后宮京都へ行啓御發輿可被爲在之處、御都合有之來ル十一日御發輿被遊候旨被仰出候、此段申進候也、

明治十年一月五日　　宮內卿德大寺實則

太政大臣三條實美殿

大和國幷京都へ行幸、本月十四日東京御發輦ノ處、更ニ本月二十二日御發輦被仰出幷皇太后宮京都へ行啓、本月八日御發輿ノ處、更ニ本月十一日御發輿被仰出候條此旨布告候事、

明治十年一月六日　　太政大臣三條實則

○中略

皇太后宮《コウダイコウグウ》本日《ホンジツ》午前《ゴゼン》七時《シチジ》御機嫌《ゴキゲン》能《ヨク》御發《ゴホツ》輿《ヨ》被爲在《アラセラレ》タリ

一月十一日　　宮內省

西京出張宮內省

第九六號　奉送迎

來ル廿五日聖上、同廿七日皇太后宮御着京之筈ニ付、御當日小禮服着用、聖上ハ建禮門、皇太后宮ハ建春門外ニおゐて奉迎可致候條此段相達候也、

十年一月十八日　　宮内省

在京都各宮

連名廻達　家令

追而自卿右等廻文之節ハ宛名ノ下ニ捺印可差出候也、

來廿七日皇太后宮御着輦ニ付、華族總代一員通常禮服着用、午前八時蹴上ゲ御駐輦所迄奉迎、同所ヨリ騎馬ニ而供奉、自餘ハ午前九時皇居え參上、建春門内ニテ奉迎候樣御達可有之此段申進候也、

明治十年一月廿三日　　出張

出張　　式部助丸岡莞爾

宮内省御中

第九七號　御着京　御駐輿

明廿七日、皇太后宮、午前七時大津驛御發輿、御入京ニ相成候條此段相達候也、

十年一月廿六日　　出張　宮内省

○中略

皇太后宮、本日京都御着輿之義ニ付、別紙寫之通電報有之候間此段及御通知候也、

十年一月廿七日　　宮内大丞

太政官書記官御中

○中略

東京
　宮内省
　　一月廿七日午十二時發
京都ニテ
　杉宮内少輔

コウタイコウグウホンジツゴゼンジユウイチジサンジユウゴフントウチヘゴアンチヤクアイナリタリ、
　○中略
別紙京都府ヨリ皇太后宮御着京之電報有之候間、及御回達候也、
　一月廿七日
太政官書記官
　宮内省御中

太政官
十二時二十分發
京都府

コウタイコウグウホンジツゴセンジウイチジサンジウツフンゴキゲンヨクゴチヤクキヨウアソバサレタリ、

〔皇太后宮職日記〕青山御所御内儀掛

明治十年一月十一日、好天、
一、皇太后宮午前七時御發輿被爲濟候事、
　但シ供奉之面々兼而被仰付候者共也、
　一、竹内權少丞殿不快ニ而本日供奉は堤權大丞殿也、十二日午後ヨリ竹内丞發足、提丞同日歸京、
一、右ニ付大臣、參議、勅任官、奏任官、麝香間詰、華族等參宮、
　但シ右之面々え御祝酒下賜候事、
一、判任官モ恐悅申上候事、

但シ判任官等外呼次ニ至ルまで御祝酒料下賜候事、

一、御道筋は兼而御達しニ相成候通也、

一、當御所は御供揃之撃柝は無之候也、

一、御玄關敷臺ヨリ一ノ御門迄薄縁一行ニ敷キ、一ノ御門ヨリ御馬車ニ被爲召候事、

供奉人名大略

宮内少輔杉孫七郎　宮内權少丞竹節
四等侍醫竹内正信　六等侍醫猿渡盛雅
二等藥劑加川滿哉　同　藥劑伊東政敏
内延課九等出仕伊藤重光　同　出仕岡義亮
同權中錄平田職明　雜掌松波資之
仕人　九人
直丁　十二人　外　七名
輿丁　六人
外履　五人

同女官

典侍萬里小路幸子　權典侍西洞院成子
掌侍　平松好子　命婦　鴨脚頼子
權命婦生源寺政子　同　岡本保子
女嬬　北大路忠子　同　市岡胡子
同　伊丹鹿子　權女嬬岩波悅子
雜仕　瀧川次子　同　牧　長子

外ニ典侍以下命婦迄　女孺ノ下女四人
針女八人

右

新調御馬車御乗添幸子　供奉壹輛ヘ成子頼子好子政子

同御先着貳輛四人乗ヘ保子胡子忠子　貳人乗ヘ麗子悦子

御道中命婦以上駕籠女孺以下人力車

○中略

一、本日御泊藤澤、

十二日、晴、

一、本日御泊小田原、

十三日、晴、

一、御泊三島、

十四日、晴、風、

一、御泊蒲原、

十五日、晴、

一、御泊静岡、

十六日、晴、

一、御泊金谷、

十七日、晴、

一、御泊袋井、

十八日、晴、
一、御泊濱松、
十九日、晴、
一、御泊豐橋、
廿日、曇、
一、本日御泊岡崎、
廿一日、晴、烈風、
一、御泊熱田、
廿二日、晴、風、
一、御泊桑名、
廿三日、晴、
一、御泊莊野、
廿四日、晴、
一、御泊土山驛、
廿五日、晴、
一、御泊石部、
廿六日、晴、
一、御泊大津驛、
廿七日、晴、

一、皇太后宮本日午前十一時御着京相成候段電報、直様奥向ぇ申入候也、

〔皇后宮職日記〕

明治十年一月十一日、晴、

一、本日午前第七時御出門ニ而

皇太后宮京都へ行啓被爲在候事、供奉人員左之通り、

杉宮内少輔、竹内宮内權少丞、伊東九等出仕、平田權中錄、女官典侍萬里小路幸子、權典侍西洞院成子、掌侍平松好子、

命婦鴨脚賴子、權命婦生源寺政子、岡本保子、

女孺北大路忠子、市岡胡子、伊丹鹿子、權女孺岩波悦子、雜仕瀧川次子、牧長子、

一、省中官員宿直ヲ除ク之外、奏任官以上新橋停車場、判任官以下ハ青山御所表門外ニ奉送之事、

但小禮服著用之事、

一、省中一同ぇ御祝酒下賜候事、

一、新橋停車場迄出張山脇政一、

青山御所ヨリ川崎孝顯、

一、午前第五時青山御所ぇ御見送トシテ紅梅典侍參宮之事、

二十七日、晴、

一、本日午前十時三十五分

皇太后宮京都ぇ御著輿之旨電報有之候事、

〔橋本實麗日記〕

明治十年一月十一日甲申、晴、午前七時著直垂向于新橋停車場、本日皇太后西京御發途爲御見立也、七時三十分斗著御

於御休所、勅奏任官有御對面了申届於宮內省、參于御前本日恭賀且伺御機嫌了、又靜寛院宮ヨリ御餞別被進御挨拶之事可申上被命退下、御乘車邊マデ見送、了歸家、于時九時斜也、

三十日、孝明天皇十年式年祭ヲ行ハル、皇后ト共ニ後月輪東山陵ニ行啓、御拜アラセラル、

〔桂宮日記〕

明治十年一月三十日癸卯、火、天晴、

孝明天皇十年御祭典也、

聖上兩皇后御參拜云々、

宮御方御代拜泉陵え參向、

〔幸啓錄〕明治十年 京都大和ノ部

第一〇二號　孝明天皇御祭典ニ付後月輪東山陵へ御參拜

本日孝明天皇御祭典ニ付別紙御次第書御廻申候、就而者午後第三時兩皇后宮御參拜之節、御參拜可被成候、此段申進候也、

十年一月卅日　　宮內卿德大寺實則

桂一品宮

○中略

皇太后宮 皇后宮　後月輪東山陵御拜次第

午後二時、宮內省式部寮京都府官人幄舍ニ着ク、

次神饌ヲ供ス、式部官人傳供

此間奏樂、

女御藤原夙子

次祝詞ヲ奏ス、大掌典奉仕

次皇太后宮出御、式部寮官人前行、女官宮内省官人等御後ニ扈従ス、

次御手水ヲ進ル、女官奉仕

次式部頭、御玉串ヲ執リ之ヲ進ル、

次御玉串ヲ奉ラレ、御拜畢テ式部頭ニ授ケ給フ、式部頭之ヲ陵前ニ供ス、

　此時女官以下扈従ノ諸員拜禮、

次皇后宮同上、

次入御、

次一品内親王拜禮、玉串ヲ奉ラル、

次二品内親王代拜、玉串ヲ捧グ、

次神饌ヲ撤ス、

　此間奏樂、

次各退出、

泉山陵墓御合祭御拜上ニ同ジ、

二月三日、皇后ト共ニ淑子内親王第ニ行啓アラセラル、是日、天皇、亦同第ニ行幸アラセラル、

〔桂宮日記〕

明治十年二月三日丁未、土、天晴、

一、兩皇后午前第十時廿分御着輿、

右ニ付追々御先詰之皇族始勅奏判祗候、華族家令等四脚御前前（マヽ）へ奉迎、

一、聖上十時加茂下上行幸御出門、十二時十分當宮ゑ着御、奉迎前記之通、

○中略

一、午後第二時御能始マル、

聖上兩皇后御上段ゑ出御、宮御方北ノ方御垂簾之内ニテ御覽、

一、午後第十時御還幸、

○中略

一、今日聖上兩皇后御臨幸行啓ニ付供奉之方々

有栖川二品宮　山階二品宮

閑院宮

木戶內閣顧問　山縣參議

德大寺宮內卿　万里小路宮內少輔

杉宮內少輔　坊城式部頭

以上勅任官

近衞正二位　二條正二位

中山從一位　正二位松平慶永

從二位池田慶德　從二位伊達宗城

從二位毛利元德

以上麝香間詰

○下略

女御藤原夙子

〔幸啓錄〕明治十年京都大和ノ部

第一〇三號　桂宮へ行啓

明三日皇太后宮皇后宮桂宮へ行啓、御出門之義最前午前九時十五分之趣申進置候處、午前十時御出門ニ御改定相成候條此段更ニ申進候也、

十年二月二日　宮內卿德大寺實則

太政大臣三條實美殿

〇中略

明後三日聖上加茂下上社へ行幸、下加茂ニ於テ御晝餐之後其御邸ゑ被爲入、皇太后宮皇后宮ニハ同日午前九時十五分御出門、其御邸ゑ被爲入候旨被仰出候、此段申進候也、

十年二月一日　宮內卿德大寺實則

桂一品宮

〇中略

二月三日午前十時御出門、兩皇后宮御同車ニ而桂宮へ行啓被爲在達シ方如例、但被進物內膳課用意、

但桂宮邸ニ於テ能有之、番組別紙之通リ、

九日、皇后ト共ニ女學校、女紅場、勸業場、織工場及ビ舍密局等ニ行啓アラセラル、

〔幸啓錄〕明治十年京都大和ノ部

第一〇四號　女學校、女紅場勸業場織工場及舍密局へ行啓

皇太后宮皇后宮來ル九日午前九時三十分御出門、府下女學校、女紅場勸業場舍密局へ行啓、勸業場ニ於テ御晝餐被遊候旨被仰出候、此段申進候也、

明治十年二月七日　宮内大輔萬里小路博房

太政大臣三條實美殿

御道筋

建春御門出御東ヘ清和院御門東ヘ寺町通南ヘ荒神口通東ヘ河原町通南ヘ丸太町通東ヘ土手町通南ヘ

御小休　女學校
　　　　女紅場

右門前南ヘ夷川通リ西ヘ河原町通南ヘ

御晝休　勸業場

右門前北ヘ

御小休　織工場

右門前北ヘ二條通リ東ヘ樋ノ口通北ヘ

御小休　舍密局

右元之道二條通リ西ヘ寺町通北ヘ清和院御門ヨリ建春御門還御

別冊明九日皇太后宮皇后宮臨御御順序書差出候間可然御取成被下度候也

十年二月八日　京都府

宮内省

御中

女學校兼女紅場

皇太后宮皇后宮臨御順序

女御藤原夙子

一、門外ヱ大書記官并掛リ官員教員生徒奉迎、
御休所階前ヱ英教師エルサヘツスオーンウエツトン奉迎、
一、御休所着御、
一、英學教場ヱ出御女教師并ニ女生徒祝詞ヲ奉ル、
書取
講義　七人
畫學　八人
一、裁縫場ヱ臨御、
諸禮
裁方
縫方
綿入方
一、普通學場ヱ臨御、
奉祝詞　五人
教授法　各生徒
講義　五人
一、剪綵所ヱ臨御、
袋物製方
高福剪綵

押繪

一、機織場臨御、

器械裁縫

西洋手縫

西洋編方

和機織方

一、繍箔場え通御、

一、御小休所入御、

一、還幸之節奉送ハ奉迎之節之通リ、

二月九日　勸業場、鐵工場、舍密局行啓順序書

勸業場行啓順序

一、門外へ奏任官并掛官員奉迎、

一、中堂ニ於テ所屬ノ諸場撮影外國織本管內天造物人造物御覽、

一、樓上御小休所着御、

一、博覽會出品寫生畫御覽、

一、御晝飯、

一、還御ノ節奉送ハ奉迎ノ如シ、

織工場行啓順序、

一、門外へ奏任官并掛官員奉迎、

一、機械御覽、
一、織場御巡覽、
一、御小休所ニ於テ製品御覽、
一、還御ノ節奉送ハ奉迎ノ如シ、
舍密局行啓順序
一、奏任官掛官員門外奉迎、
一、正堂着御、
試檢室
簽　藥　　裝置儘
試檢藥　　裝置儘
書籍室
書　籍　　裝置儘
衡量器　　同
器械室　其一
玻璃磁製等器械各種裝置
器械室　其二
窮理器械　　裝置儘
强發水器械　　同 運作轉用
器械室　其三

壓搾機　裝置儘

玻璃室

玻璃製造　以國產品製之

製煉室

朱製造　以國產品製之

アルコール製造　同

菲沃私越起斯製造　同

甘消石精製造　同

右製煉術御通覽、

但技術者不敬禮、

一、樓上

成西室

金石土石　裝置

舍密局製品　同

色染品　同

教室御座設之

鐵性質說　實際比較

青色隱顯墨說　同

インキ褪色說　同

女御藤原夙子

女御藤原夙子
リトムス變色説　同
大氣性質説　同
御覽、
東南室
御休憩、
還御、
一、奏任官掛吏員奉送、
昨九日、兩皇后宮、府下女學校、女紅場、勸業場、織工場、舍密局へ行啓被爲在候ニ付而ハ、右各所並敎員優等生等へ被下物可有之筈ニ候間、被下相成候而可然ト御見込之人名詳細御取調御差出有之度候、此段及御懸合候也、
十年二月十日　宮內少丞
槇村京都府知事殿
追而聖上御巡覽之節之振ニ準ジ可下賜御都合ニ候間、生徒之儀者三等ニ區分シ御差出有之度、將又勸業場ハ官費混淆之義ニ付此前ハ被下無之御調候得共、此度ハ御晝餐御休場にも相成候得バ被下候而も御府御取扱振ニおゐて御差支無之義ニ候哉、左候得バ外織工場舍密局等ニ準ジ可被下筈ニ候、是又御回答相成度候也、
一、昨九日、兩皇后宮、女學校、隸女紅場其外え行啓被爲在候付テハ、右各所幷敎員優等生江被下物可有之筈ニ付、人名等可差出云々委細御掛合之趣致承知、則各所幷敎員生徒人名等取調別紙差出候條、御落手有之度此段及御回答候也、
明治十年二月十一日　京都府知事槇村正直
宮內少丞殿
追テ勸業場ハ官民費混淆之儀ニ付此前者被下無之調出ニ候得共、此度ハ織工場等ニ準ジ下賜候共差支無之哉之

義御問合、右者素より府ニ於テ差支リ之筋無之候間此段も及御答候也、

十二日、皇后ト共ニ宇治ニ行啓アラセラル、十三日、歸洛アラセラル、

〔幸啓錄〕明治十年 京都大和ノ部

第一〇五號　宇治へ行啓

皇太后宮皇后宮、來ル十二日午前九時御出門、宇治へ行啓被仰出候、此段申進候也、

明治十年二月八日　宮内大輔萬里小路博房

太政大臣三條實美殿

追而御休泊割別紙之通、且還御之節宇治より伏見迄者御乗船之筈ニ候也、

皇太后宮皇后宮、來ル十三日宇治ヨリ還御之節、伏見第二小學校ニ於テ御晝休被爲在候旨申進置候處、伏見三夜大谷光尊別莊ニ於テ御晝休被遊候事ニ更ニ御治定相成候、且宇治邊御遊覽之順序別紙之通ニ候條卽相添、此段申進候也、

十年二月十一日　宮内大輔萬里小路博房

太政大臣三條實美殿

〇中略

一、二月十二日宇治御着輿御晝餐後、平等院興聖寺邊御遊覽、十三日宇治ヨリ御乗船宇隱元濱ヨリ御揚陸、黄檗山御遊覽、同所御小休之上猶又隱元濱ヨリ御乗船ニ而漁獵御覽、伏見三夜岸ヨリ御上陸、同所大谷光尊別莊ニ而御晝休被遊候事、

一、三夜大谷光尊別莊ヨリ之御道筋左之通、

三夜大谷光尊別莊外門前ヲ西へ豊後橋町彈正町北へ京町通リ西へ魚屋町北へ新町四丁目西へ備後町北へ上下南部町鷹匠町通北へ第二小學校前通リ西へ下板橋堺町通リ北へ丹波橋通リ西へ竹田街道筋北へ東洞院通ステ

ーション前通リ西ヘ烏丸通リ北ヘ三條通東ヘ堺町北ヘ同御門ヨリ建春御門、

右之外者去八日相違候通ニ候事、

御休泊割

二月十二日

伏見御小休　第二小學校

宇治御晝泊　上田俊造

御道筋

建春門ヲ出テ堺町御門ヨリ堺町通リ南ぇ三條通東ぇ寺町南ヘ四條通東ヘ大和大路南ヘ五條通リ西ヘ伏水街道南ヘ自是伏見、南新町西ヘ西枡屋町南ヘ堀ノ上町西ヘ西替町通リ南ヘ同十一丁目西ヘ指物町南ヘ板橋貳丁目西ヘ、

第二小學校

同所ヲ出南ヘ鷹匠町通上下南部町南ヘ備後町東ヘ新町四丁目南ヘ魚屋町東ヘ京町通リ南ヘ彈正町豐後橋町東ヘ觀月橋ヲ渡リ向島橋詰町東ヘ宇治隄、

還御之節

宇治より伏水迄御乘船、夫より元之御道筋通御之事、

○中略

二月十二日

一、午前十時御出門、十一時四十五分伏水第二小學校ヘ御着、十一時五分御發車、十二時廿分宇治御旅館萬碧樓、着御、御晝饌、午後一時卅分御歩行ニ而平等院御遊覽、什物之古器書畫等御覽、夫より星野宗以所有之茶園三百年餘之茶園ニ而頗著名ノ者、御通覽、三時御歸館、尚又三時十五分宇治川北岸ヘ御渡船、興聖寺御遊覽、御小憩、古書畫等御覽、五時五分御歸館此日時

時微雪寒威稍烈候得共、聊御厭不被遊、諸所共寛々御遊覽被遊候、

十三日

一、午前九時五分御發船、宇治河岸字隱元濱ヨリ御上陸、御馬車ニ而十時四十分黄檗山へ被爲入御小憩、古書畫等御覽、畢而隱元濱ヨリ御乘船、船入堀（註、三夜近傍、）ニ而漁獵御覽、午後一時卅分伏見三夜ヨリ御上陸、同所大谷光尊別莊ニ而御晝食、三時四十五分御發車、竹田街道通御、五時廿分還御被爲在候、此日西風稍烈候得共、幸ニ晴日ニ而諸御遊覽之御都合宜敷候、

船入堀ニ而漁穫之鯉鮒等御覽、大谷光尊ヨリ菓肴獻上、

十四日、賀茂下上兩社、吉田神社竝ニ知恩院等ニ行啓アラセラル、

〔幸啓錄〕明治十年 京都大和ノ部

第九八號　加茂兩社吉田社智恩院及圓山邊へ行啓

皇太后宮、來ル十四日午前九時三十分御出門、上下加茂神社吉田神社知恩院丸山邊へ行啓、下加茂ニ於テ御晝餐被遊候旨被仰出候、此段申進候也、

明治十年二月十二日　宮內大輔萬里小路博房

太政大臣三條實美殿

御道筋

建春御門出御東え、淸和院御門東え、御車道北え、下鴨口ヨリ加茂川西堤北え、上加茂御園口假橋渡御、

御小休　上加茂神社

右元之堤筋南え、鞍馬口加茂川假橋渡御東え、下鴨村、

御晝休　下鴨神社

女御藤原夙子

右社前南え、高野河原ヨリ加茂川東堤南え、白川街道東え、

御小休　吉田神社

右境内石段前南え、野道聖護院村、夫ヨリ岡崎村南禪寺前廣道ヨリ南え、三條通リ西え、白川筋西川端南え、知恩院北門ヨリ入御、

御小休　知恩院

右境内南門ヨリ出御南え、圓山道東え、

御小休　圓山也阿彌

右元之通知恩院境内御通リ抜ケ、同院北門ヨリ古門前通西え、繩手通リ北え、三條通西え、寺町通北え、清和院御門ヨリ建春御門還御、

第一二二二號　皇太后宮行啓日錄

明治十年二月十四日、

皇太后宮、午前九時三十分御出門、御先導少書記官谷口起孝、警部大河忠記、豐島信一、騎兵半小隊、但士官一名、近衛士官、入江少尉、深澤中尉、清水少佐ハ御跡ヨリ御馬車、女官、濱荻典侍、常夏典侍、橘命婦、權命婦合三人、宮内大輔、竹内權少丞、竹内四等侍醫、〇中略十時二十分上加茂神社御着、別雷神社御參拜、御玉串、幣帛料、但御手水ハ女官奉仕、但山根少宮司、岡本保以下奉迎、畢テ御小休所へ被爲成、十一時二十五分下鴨神社御休息所え御着、御祖神社御參拜、但御玉串幣料如前、〇中略畢テ境内御巡覽、タヾスノ森井ノ上神社柊神社等御覽被(爲)遊、御晝食、但供奉一同此所ニ而辨當被下、一時十分吉田神社御參拜、但御玉串、幣帛料宮司角田信道へ渡ス、且大元宮へハ御拜不被爲在、御小休、但新道通リ通御之事、二時知恩院着御、但本堂御巡覽什物書畫等御覽、騎兵士官大鐘ヲ御試候事、〇中略三時十七分丸山矢阿彌へ被爲成、但御小辨當上リ、供奉之者一同へ酒肴被下、〇中略畢テ鑛泉邸溫泉場御通覽、臨期八坂神社御參拜、五時二十分還御被遊候事、

但是日好晴寒威强シ、

〔皇太后宮行啓記〕　官幣中社吉田神社

明治十年二月十四日、水曜日、

一、皇太后宮行啓御當日也、○中略

一、午前（後カ）第一時二十分强行啓被爲在候ニ付、宮司信道、權宮司知興、禰宜錦平、權禰宜兼則、義鯨、主典正根等馬場先燈籠ノ處迄罷出奉迎、信道、知興ハ御先導、大鳥居内石段下ニ而御下乘、夫ヨリ御休所え御着、暫ク御休息被爲在、渾而辨備宜旨中上之處直ニ御起座中門ヲ入リ玉ヒ、内院鳥居外即假健物内ニおいて假建物ノ中央西方ニ御手水ノ具ヲ設、御手水、訖テ内院鳥居内ニ而御拜再拜拍手玉串ヲ被奉、是ヨリ前兩宮司ハ中門内假建物ノ東西ニ候ス、芳春ハ御着前ヨリ内院ヲ護衞ス、如何トナレバ開扉致シアリ、又神饌獻供致シアル故ナリ、熙靖、敦榮ハ二ノ鳥居外東西ニ伺候ス、兼則、正根等又熙敦ト交番ヲナス、知興、錦平、義鯨ハ太元宮え詰メ、開扉いたし神饌ヲモ獻供いたし客年皇后宮臨時御參拜被仰出候ニ付、此度も御參拜被爲在候事と推察いたし如此取斗也、置候處今日ハ御參拜不被爲在旨、御達ニ而唯御幣物料金七圓五拾錢而已御獻納相成申候、斯テ御拜被爲濟、御休所ニ而暫時御休息之上、御還行被仰出候ニ付、奉迎之場所迄信道、兼則、義鯨、熙靖、正根、敦榮等奉送了、

一、本社ヘ幣帛料金拾圓、太元宮え金七圓五拾錢御奉納相成候、且又當日入費として七圓、宮内省より被渡之候間、請取書差出了、

〔日鑑〕　知恩院

明治十年二月十四日、晴天、

同日、皇太皇后宮午後第貳時御成、小方丈に於て御小休、凡一時間無恙還御に相成候事、都而皇后宮御成の手續通り、御先導等御事同斷之事、

四月二十九日、皇后ト共ニ博覽會及ビ京都市北郊修學院村ニ行啓アラセラル、

〔幸啓錄〕　明治十年京都大和ノ部

第七四號　御駐輦中日錄

明治十年四月廿九日、

一、午前八時御出門、兩皇后宮博覽會場行啓、入口ヨリ物品御覽、京都府知事槇村正直御案內邊之品類言上、夫より中頃御座所ニ而御小休被爲在、此時會社ヨリ御茶御菓子獻上、槇村知事直ニ御披露、畢而御順覽、醒飛亭ニ而暫時御小休、午前十一時貳十五分御發車、午後十二時三十五分修學院下ノ御茶屋へ着御、御晝饌後林丘寺御小休、菓子獻上ニ付金貳拾圓被下、夫ヨリ上ノ御茶屋へ被爲成、浩待臺ニ而御小休御眺望、但供奉ノ向へ酒肴ヲ賜フ、御池ニ而女官初乘船御遊覽、畢而下ノ御茶屋へ被爲成、即時還御、但御馬車午後六時四十分也、

第一〇六號　博覽會及修學院村御茶屋へ行啓

皇太后宮、皇后宮明廿六日午前八時御出門、博覽會場竝修學院村御茶屋へ行啓、同所ニ於テ御晝餐之後林丘寺ニ於テ御小休被遊候旨被仰出候、此段申進候也、

明治十年四月廿五日　　宮內卿德大寺實則

太政大臣三條實美殿

追而雨天ニ候得者、翌廿七日行啓被爲在候、此段も申添候也、

○中略

皇太后宮、皇后宮明廿七日博覽會場幷修學院村御茶屋へ行啓可被爲在處、雨天ニ付御延引被仰出候、此段申進候也、

十年四月廿六日　　宮內卿德大寺實則

太政大臣三條實美殿

○中略

皇太后宮、皇后宮明廿九日午前八時御出門、博覽會場幷修學院村御茶屋へ行啓、同所ニ於テ御晝饌後林丘寺ニ於テ御

小休被遊候旨被仰出候〔尤雨天ニ候ハヽ、明後廿九日行啓被爲在候〕此段申進候也、

明治十年四月廿七日　　宮内卿徳大寺實則

太政大臣三條實美殿

追而雨天ニ候ハヽ御延引之事ニ候、此段申添候也、

○中略

明廿五日博覽會場行啓順序書壹通差出候也、

十年四月廿四日　　京都府

宮内省御中

博覽會場行啓順序

會場表門前ゑ知事幷掛り官員博覽會社々員奉迎、第壹大區壹小區ヨリ陳列物品順次御覽、第三大區壹小區御休憩所入御、

右御休憩被爲濟、第三大區ニ小區ヨリ順次御覽、

右終而舊院御庭通御同院御門ゑ還御之節、知事始奉送ハ奉迎之節之通り、

三十日、後月輪東山陵竝ニ泉山諸陵墓ニ參拜アラセラル、

〔幸啓錄〕明治十年京都大和ノ部

第七四號　御駐輦中日錄

明治十年四月卅日、

一、皇太后宮午前八時御出門、後月輪東山陵、泉山御陵墓御參拜、還御之節東福寺ニ於テ御晝饌被遊、午後二時十分還御候事、

第九九號　後月輪東山陵及泉山御陵墓御參拜

皇太后宮明後三十日午前八時御出門、後月輪東山陵え泉山御陵墓御參拜、還御之節東福寺ニ於テ御小休被遊候旨被仰出候、此段申進候也、

明治十年四月廿八日　　宮內卿德大寺實則

太政大臣三條實美殿

○中略

御道筋

建春門南へ、裁判所前通リ堺門ヲ出堺町通リ南へ、二條通リ東へ、大橋ヲ經テ大和大路南へ、建仁寺町通リ大佛正面通リヲ西へ、伏見街道南へ、泉山へ御順路、

御小休　泉涌寺

元之通ヲ西へ、伏見街道南へ、北門ヨリ、

御晝休　東福寺

同寺北門ヨリ伏見街道北へ、元之通還御、

五月二日、北野、平野兩神社及ビ金閣寺ニ行啓アラセラレ、尋イデ嵐山ヲ遊覽アラセラル、

〔幸啓錄〕明治十年京都大和ノ部

第七四號　御駐輦中日錄

明治十年五月二日、

一、皇太后宮本日午前八時御出門、北野平野兩神社並金閣寺下嵯峨邊え行啓、午後六時貳十分還御被爲在候事、

第一〇〇號　北野平野兩社金閣寺及下嵯峨邊へ行啓

皇太后宮來五月二日午前八時御出門、北野神社平野神社金閣寺へ行啓、同所ニ於テ御晝餐、夫ヨリ下嵯峨邊御遊覽、同所山中獻宅御小休被遊候旨被仰出候、此段申進候也、

明治十年四月三十日　　宮內卿德大寺實則

太政大臣三條實美殿

○中略

皇太后宮明日北野神社其外へ行啓可被爲在之處、御馬車通御差支有無御省官員ヲ以、豫め御打合之趣了承取調候處、別紙御道筋ニ候得者、御馬車ニテ差支無之候間、此段及御答候也、

十年四月廿三日　　京都府（京都府印）

出張　宮內省御中

追而愈御治定候ハヾ、當府於テ取計之都合も有之候間、御達之儀速ニ御取計相成度、此段申添候也、

建春門出御、南門通中立賣御門西へ、黑門通ヲ北へ、元誓願寺ヲ西へ、大宮通ヲ北へ、今出川通ヲ西へ、北野神社平野社夫より同社前樓橋西詰ヲ北へ、大北山村ヲ金閣寺へ、夫より元ノ道ヲ北野社迄、夫より御前通ヲ南へ、下立賣通ヲ東へ、西堀川ヲ南へ、三條通ヲ西へ、嵐山へ御順路、

還御之節

嵐山より三條堀川迄ハ元ノ御道筋、夫より三條通ヲ東へ、堺町通ヲ北へ、堺町御門より建春御門還御、

三日、西本願寺飛雲閣ニ行啓アラセラル、

〔幸啓錄〕明治十年京都大和ノ部

第七四號　御駐輦中日錄

明治十年五月三日、

一、皇太后宮午後一時御出門、本願寺飛雲閣へ行啓、同六時二十分還御之事、

第一〇一號　本願寺飛雲閣へ行啓

皇太后宮明後三日午後一時御出門、本願寺飛雲閣ェ行啓被仰出候、此段申進候也、

明治十年五月一日　　宮內卿德大寺實則

太政大臣三條實美殿

○中略

御道筋

建春門ヲ出御、南門前通リ西へ、蛤門ヲ出烏丸通リ南へ、三條通リヲ西へ、油小路通ヲ南へ、本願寺表門通リヲ西ェ、同門ヨリ御順路、

飛雲閣

〔奥日次抄〕　西本願寺

明治十丁丑年五月二(三カ)日、

一、第十一時比より皇太后様行啓あらせられ、兩御堂其外御座敷御覽、白書院に而御休、御法主様、御裏様、なほ姫様御對面あらせられ、

一、白羽二重　三疋

銀大御水入　一對

銀めつき御文鎮　一對

右御法主様へ

一、緋紋ちり緬　一疋

三つ組緞御紙入、銀御きせる添
銀めつき花之御文鎭
右御裏樣
一、ひ紋ちり緬　一疋
緞三つ組御紙入、御きせる
御人ぎやう　一
右朴姫樣
御前にて御三方樣御拜領被遊候、夫より百華園御一覽被爲在、滴翠園へ御成、御持遣之御料理、御菓子等御そばにて御
三方樣御頂戴候、其節たか麿樣も召され候、
○中略
一、今日之御取持に九條樣晴雪舎へ向ならせられ、御晝御膳御一獻進じられ、夫より御待請に滴翠園へならせられ候、
七日、京都ヲ發シテ御歸還ノ途ニ就カセラル、十二日、熱田神宮ニ參拜アラセラレ、二十二日、東京ニ還啓アラセラル、
〔皇太后宮職日記〕青山御所御内儀掛
明治十年四月廿一日、晴、
一、皇太后宮、來月上旬京都御發輿還御被爲在候旨、電報有之候段、省當番より達し有之ニ付、奥向え申入候事、
五月七日、晴、
一、コウタイコウグウホンジツゴゼンハチジゴキゲンヨクゴハツヨアイナリタリ、
五月七日午前七時五十五分西京發、
女御藤原夙子

右之通省當番ヨリ御達シ有之ニ付、奥向ヱ申入候事、

十日、霽、

一、本日午後二時十五分四日市驛ヨリ電報、

コウタイコウゴウコンゴセンクジゴジウフントウエキゴチヤクヲナジクジウイチジサンジウフンゴハツヨア

ラセラレタリ、

右本課ヨリ報知、

十一日、晴、

電報寫、

皇太后宮、本日午後四時熱田驛御發輿相成タリ、

十年五月十一日午後五時四十分發、

右本課ヨリ告來、

十四日、小雨、

一、皇太后宮、本日午後六時十五分御機嫌克御着輿相成タリ、

右濱松驛ヨリ電報、

十六日、晴、

一、大井川出水ニ付今十六日御滯留被仰出タリ、

右午後三時五十五分發金谷驛ニ而供奉宮內省、

廿日、雨、

一、小田原驛ヨリ本日午後六時發電報、

皇太后宮今廿日午後五時廿五分御着相成タリ、

右

廿一日、曇リ、

一、明廿二日皇太后宮還御ニ付、御座敷御設ケ之爲見分大少丞山岡、堤、庶務課和田、栗津、高屋、参宮之事、

○中略

五月廿一日　横濱
午後六時十五分發　皇太后宮供奉　宮内省

宮内省

皇太后宮、神奈川ヨリ汽車乗御ノ時限ハ、御都合ニヨリ午後二時三十九分汽車ニ相成候ニ付、御迎ノモノ并諸局え達シ方御取斗有タシ、

右之通省ヨリ電報來ル、

廿二日、晴、

皇太后宮益御機嫌克本日午後二時三十九分神奈川驛ニテ汽車乗御、同三時四十五分新橋停車場江着御、同四時十分同所是ヨリ御馬車、御發車、同五時十分無御滯還御被爲在候事、

爲奉迎新橋停車場江山階宮、岩倉右大臣、鮫島参議、勅任官、奏任官惣代壹員宛、麝香之間華族等、女官、權掌侍綿（錦）織隆子女嬬、中村誠子、山口兼子、御内儀掛川崎孝顯、差添仕人、省より山岡大丞、庶務課和田權大録、勅任官以上供奉、還御之上拜謁、畢而御祝酒下賜、

〔幸啓録〕明治十年　京都大和ノ部

女御藤原夙子

第一〇七號　御發輿諸向通達

府縣

皇太后宮來五月七日京都御發輿、東海道筋東京へ還御被仰出候條、此旨布達候事、

明治十年四月廿八日　宮內卿德大寺實則

○各府縣名略ス

第一〇八號　御道筋御休泊割

皇太后宮來五月七日京都御發輿、東海道筋東京へ還御被仰出候ニ付、別紙之通府縣へ布達致シ候、且御休泊割別紙之通御治定相成候條、即差進候也、

十年四月廿八日　宮內卿德大寺實則

太政大臣三條實美殿

○中略

皇太后宮東京え還御御休泊割、

來五月七日午前八時御出門京都御發輿、

	御晝	御泊
五月七日	大津	草津
同　八日	水口	土山
同　九日	坂ノ下	庄野
同　十日	四日市	桑名
同　十一日	前ヶ須	熱田

同　十二日　知立　岡崎
同　十三日　赤坂　豐橋
同　十四日　白須賀　濱松
同　十五日　袋井　金谷
同　十六日　藤枝　靜岡
同　十七日　興津　蒲原
同　十八日　吉田　三島
同　十九日　箱根　小田原
同　廿日　大磯　藤澤
同　廿一日　神奈川
但同所停車場ヨリ汽車乘御、
東京還御、
第一〇七號　御發輿諸向通達、
○中略
五月七日午前七時五十五分發、
宮內省　西京　宮內省
コウタイコウグウホンジツゴゼンハチジゴキゲンヨクゴハツヨアイナリタリ、
第一一二號　熱田神社御參拜
明十二日御發輿掛ケ、當驛熱田神社御參拜被爲在候條、此段相達候也、

但御出門時限例刻之事、

十年五月十一日

行啓供奉一同

○中略

本宮神橋西ノ道ヨリ海上門ヨリ入御、神官海上門ヲイデ奉迎、磬折、透垣ノ西ヲ經テ拜殿ニ着御々下乘、御歩行渡殿階上階下ニテ御脱履、ニ

御着帖、御玉串ヲ奉ラセ玉ヒ、此時神官勅使殿東西ニ侍候、還御ノ節海上門外ヘ御送ス、還御、

第一一三號　東海道金谷驛御滯留、

○中略

○五月十六日午後三時五十五分發、

宮内省　金谷驛ニ而

皇太后宮供奉宮内省

ヲヲイガワシユツスイニツキコンジウロクニチゴタイリウヲヲセイダサレタリ、

○中略

皇太后宮御道中益御機嫌能、御同道恐悦奉存候、陳者、昨十五日早曉ヨリ雨降出シ少シモ止ミ間無之、午後ニ至リ倍大雨ニ相成、午後四時過日坂御小休、小夜鹿村御通輿之節、殊ニ暴雨ニテ且黄昏ニ相成候ニ付、松明ヲ以山中御通輿被遊、八時金谷御着後ニ至リ風雨ニ相成、大井川出水之景況縣官ヨリ追々申出有之、十六日曉ニ至リ同川出水平常ヨリ五尺餘も相增、假橋流損水勢暴漲御渡船難相成旨、縣官ヨリ上申之趣も有之候ニ付、本日金谷驛御旅館へ御滯留被遊候、尤本日晴天ニ付、追々減水ニ至リ候ハヾ、明十七日ハ御渡船可相成見込ニ有之候、此段申進候也、

十年五月十六日　皇太后宮供奉金谷驛ニ於テ

京都　　　　萬里小路宮內大輔
德大寺宮內卿殿

第一〇九號　還御次第御列

來廿一日皇太后宮還御ニ付、次第別紙之通取調御廻シ申入候條、御意見御申越有之度、此段申入候也、

明治十年五月十五日　　　　式部權助橋本實梁

宮內大丞山岡鐵太郎殿

追テ神奈川ヨリ何時之汽車ニ乘御被爲在候義、御分リ次第御申越有之度候也、

皇太后宮還御次第

五月七日西京御發輦、廿一日東京着御アラセラル、

一、當日午　　時、皇族大臣參議院省使藩府縣在京ノ勅奏任官麝香間詰及華族惣代各一人新橋停車場へ參集ス、

但、自餘ノ皇族以下ハ、其日ヨリ三日ノ間、宮內省參賀ス、

一、午　　時新橋停車場へ着御、供奉ノ諸員下車列立シ、畢テ下御、此時皇族以下奉迎ノ諸員欄廊ニ列立奉迎ス、

一、同所ニテ奉迎、諸員拜謁ス、

一、馬車乘御、東京府知事警視局官員先駈ス、鹵簿別册ノ如シ、

一、兵隊ノ奉迎幷道路巡査ノ警備等行啓ノ時ノ如シ、

一、還御、

一、便殿出御、供奉幷奉迎諸員拜謁、畢テ餔饌ヲ賜フ、

來廿一日皇太后宮還御、次第御取調御照會之趣致承知候、右者別段當省ニ於テ意存無之候得共、別紙附箋之廉御加へ有之度、依別紙返却此段及御回答候也、

明治十年五月十六日　　宮内大丞山岡鐵太郎
式部權助橋本實梁殿
追而、神奈川より汽車乘御刻限之義者、昨日及御通知置候間、此段御承知有之度候也、

第一一四號　還啓
皇太后宮、今廿二日午後五時御機嫌能還御被爲在候條、此段御屆申進候也、
明治十年五月廿二日　　宮内大輔萬里小路博房
右大臣岩倉具視殿

明治十年五月廿二日午後
京都出張　　東京
宮内省御中　　宮内省
コウタイコウグウゴキゲンヨクコンニジウニニチゴゴジクワンギョアラセラレタリ、

第一二二號　皇太后宮行啓日錄
明治十年五月十一日、
○中略　同○午後　三時五十五分熱田驛、濱野與右衞門方へ着御被遊候事、
十二日、此日曇夜ニ入雨、
午前六時二十分愛知縣大書記官國貞廉平、名古屋衞戍副官陸軍少尉林昭正拜謁被仰付、畢テ御供揃六時三十分熱田驛御發輿、同七時四十分熱田神社へ御參拜被爲在、

〔橋本實麗日記〕
明治十年五月七日庚辰、晴、今日太后西京御發云々、

二十一日甲午、陰、明日太后御歸京、午後二時神名川より蒸氣車乘御、同三時三十六分新橋停車場着御云々、
二十二日乙未、晴、午後一時斜著直垂到新橋停車場、爲太后御出迎也、同諸官省人々來集良久相待、○中略 三時卅九分斗太后着御則奉迎、小時御休息、臨期勅奏官無御對面、還御後於青山云々、乘御于御馬車邊ニテ奉送、須臾相見合爲還御恭賀三日之間兼日被觸、參離宮之處、赤坂喰違通御中也、了參宮内省中恭賀如例、

八月二十九日、宮内省官制改革アリ、更メテ皇太后宮大夫、同亮ノ二官ヲ置キ、宮内大輔萬里小路博房ヲ以テ、皇太后宮大夫ト爲ス、

〔皇太后宮職日記〕 青山御所御内儀掛
明治十年八月二十九日、晴、
一、本日宮内省御改革被仰出候事、
但一等侍輔以下何等侍輔、
皇太后宮大夫并亮等ヲ被置、大少丞ノ名目御廢止、大書記官ヨリ權少書記官等ノ名目替ニ相成、判任官ハ何等屬ト改名被申付候事、委細省達ニアリ、
八月三十日、晴、
一、本日ヨリ皇太后宮大夫萬里小路博房殿出仕之事、

〔布達錄〕 皇太后宮職
宮内省
其省中大少丞錄出仕筆生省掌侍從長侍從番長藥劑生ヲ廢シ、更ニ書記官屬侍補侍從試補醫院皇太后宮太夫皇太后宮亮ヲ被置、侍講侍從雜掌仕人直丁等級ヲ被改、職制及事務章程別冊之通被定候條、此旨相達候事、
但侍醫馭者等級及女官尙侍以下ハ從前之通タルベキ事、

明治十年八月廿九日

太政大臣三條實美

宮内省職制及事務章程

宮内省ハ皇室内廷皇族ニ關ル一切之事務ヲ管理スル所トス、

職制

○中略

皇太后宮大夫　三等相當

宮事ヲ總掌ス、

亮　四等相當

大夫ノ職掌ヲ輔ケ、大夫事故アル時ハ其事務ヲ代理スルヲ得、

一、

宮内省

皇太后宮大夫皇太后宮亮年俸左ノ通被定候條、此旨相達候事、

明治十年八月二十九日　太政大臣三條實美

皇太后宮大夫　年俸三千圓

皇太后宮亮　年俸千八百圓

宮内省

其省中女嬬權女嬬等級左ノ通被定候條、此旨相達候事、

明治十年八月二十九日　太政大臣三條實美

女嬬　十四等官

権女嬬　　　　　　　十五等官

宮内大輔萬里小路博房

任皇太后宮大夫

十月十八日、華族學校ニ行啓アラセラル、

〔皇太后宮職日記〕　青山御所御内儀掛

明治十年十月十八日、曇、

一、午後一時皇太后宮神田錦町華族學校江行啓被爲在、午後五時四十分還御、

供奉之人員

宮内少輔杉孫七郎

皇太后宮大夫萬里小路博房

宮内少書記官櫻井純造

二等侍醫池田謙齋

女官

御乘添　二位局

御供　萬里小路幸子

西洞院成子

唐橋婉子

鴨脚頼子

御先着　平松好子

女御藤原夙子

女御藤原夙子
　　生源寺政子
　　北大路忠子
　　山本峯子
御先着
御内儀掛　重見三等屬
　　松波雜掌
　　山本雜掌
○下略

〔橋本實麗日記〕
明治十年十月十五日辛酉、晴、出仕前實梁來、來十七日華族學校江親臨開業式、十八日皇太后行啓次第等持參及一覽了、
十八日甲子、晴、本日太后華族學校ぇ行啓内女房隱居幷薙髮之面々戸主有妻室之輩携帶參校、太后有御對面、被出酒饌
如昨日云々、

二十日、皇后ト共ニ上野公園地内教育博物館ニ行啓アラセラル、

〔皇太后宮職日記〕　青山御所御内儀掛
明治十年十月廿日、曇、
一、皇后宮本日行啓ニ付、正午十二時比ヨリ當御所へ被爲入候事、
一、午後一時御出門、兩皇后宮御同車ニ而文部省所轄教育博物館ぇ行啓被爲在候事、
供奉
　皇太后宮大夫萬里小路博房

宮内大書記官香川敬三
等侍醫岩佐純
女官
御乗添　典侍　萬里小路幸子
赤坂　權典侍植松務子
權掌侍錦織隆子
赤坂　同　唐橋貞子
命婦　松室伊子
赤坂　同　藤島朝子
赤坂　權命婦中東明子
赤坂　女嬬　岡本貨子
同　伊丹鹿子

一、午後第五時二十分還御、續テ皇后宮御庭ヨリ還御被爲在候事、

赤坂御内儀掛迄還御時限申入候也、

〔皇后宮職日記〕

明治十年十月廿日、曇、

一、皇后宮午十二時青山御所へ被爲成、皇太后宮御同車、午後一時上野公園地内教育博物館へ行啓、午後五時廿分青山御所へ、同六時十分當御所へ還御候事、供奉女官、權典侍植松務子、權掌侍唐橋貞子、命婦藤島朝子、權命婦中東明子、女嬬岡本貨子等當縣九等屬河端誼益、

女御藤原夙子

二十六日、天皇竝ニ皇后ト共ニ內國勸業博覽會ニ行啓アラセラル、

〔皇太后宮職日記〕　青山御所御內儀掛

明治十年十月廿六日、

一、午前七時皇太后宮赤坂御所え被爲成、八時御三方御同列ニ而內國勸業博覽場え行幸啓被爲在、午後五時四十五分赤坂え還御、六時三十分青山御所え還御、

供奉女官

權典侍　西洞院成子

掌侍　平松好子

權掌侍　唐橋娩子

命婦　松室琤子

御先着女官

權命婦　岡本保子

女嬬　森島祗子

權女嬬　小島秀子

御內儀掛御先着

重見三等屬

松波雜掌

〔皇后宮職日記〕

明治十年十月廿六日、晴、

一、聖上皇太后宮皇后宮午前八時御出門、上野勸業博覽會場へ行幸行啓、場中陳列品御展覽、午後五時三十分還幸、供奉女官權典侍西洞院成子、同植松務子、掌侍平松好子、權掌侍千種任子、同唐橋娩子、同樹下範子、命婦堀川武子、同松室琤子、權命婦吉田艶子、同岡本保子、女孀北大路盛子、森島祇子、東儀鶴子、土山松子、權女孀小島秀子等、當掛重見澤介、柴田昌長、

皇太后宮午後六時靑山へ還御候事、

十一月十九日、芝離宮ニ行啓アラセラル、

〔皇太后宮職日記〕　靑山御所御內儀掛

明治十年十一月十九日、晴、

一、本日午前九時三十分御出門ニ而、皇太后宮芝離宮江行啓被爲在候事、

供奉萬里小路大夫、竹內權少書記官、當掛伊藤七等屬、女官萬里小路幸子、錦織隆子、鳥居大路信子、岡本保子、

先着北大路忠子、市岡胡子、雜仕壹人、

一、還御午後四時三十分、

〔皇后宮職日記〕

明治十年十一月十九日、晴、

一、皇太后宮午前九時三十分御出門ニ而、芝離宮へ行啓被爲在、午後四時三十分還御被爲在之旨、彼御所より報知有之、候也、

二十七日、皇后ト共ニ東京女子師範學校附屬幼稚園ニ行啓アラセラル、

〔皇太后宮職日記〕　靑山御所御內儀掛

明治十年十一月廿四日、土曜、

女御藤原夙子

一、明後廿六日幼稚園行啓御出門、兩皇宮當御所御出門之達之處、御都合ニ寄赤坂御所ヨリ御出門ニ相成、就而者午前第九時比ヨリ皇太后宮ヨリ赤坂御所え被爲成候事ニ御治定、因而御輿ニ付、輿丁午前八時三十分揃ニ當御所え相廻候、掛合坂田承知、

十一月廿六日、雨、

一、本日幼稚園行啓雨天ニ付御延引

○中略

一、明廿七日午前十時假皇居ヨリ御出門、幼稚園行啓更ニ被仰出候旨、庶務課ヨリ申來候ニ付、奥え申上、萬里小路大夫殿え申入候、御手續書一冊、御同人え廻ス、

十一月廿七日、

一、午前十時御出門幼稚園え兩皇后宮行啓被爲在、午後三時三十分還御、

但午前九時赤坂御所へ御輿ニテ被爲成候事、

〔皇后宮職日記〕

明治十年十一月二十七日、晴、

皇太后宮皇后宮、本日午前第十時假皇居御出門ニ而、東京女子師範學校附屬幼稚園え行啓被爲在候事、

還御午後二時四十五分、

供奉女官

典侍高倉壽子、權掌侍税所敦子、命婦藤島朝子、權命婦吉田艶子、

御先着女嬬出鹿良子、古谷建子、

御內儀掛柴田昌長、

二十八日、皇后ト共ニ大藏省紙幣局ニ行啓アラセラル、

〔皇太后宮職日記〕 青山御所御内儀掛

明治十年十一月廿八日、

一、午前八時三十分皇后宮御輿ニ而當御所え被爲成、夫ヨリ御同車ニ而午前第九時三十分紙幣局え行啓、

御乗添 萬里小路幸子

錦織隆子

松室玶子

小島忠子

宮内省供奉

宮内少輔杉孫七郎

二等侍醫岩佐純

皇太后宮大夫萬里小路博房

二等侍補高崎正風

宮内少書記官櫻井純造

宮内權少書記官竹内節

御先着

三等屬 重見澤介

雜掌 山中安敬

一、本日御先導警部

女御藤原夙子

陸軍中尉兼二等警部
丸田近方
警視第一課外勤
二等警部芦澤直道
○中略

一、午後四時三十分還御、皇后宮ニも赤坂え續テ還御、

〔皇后宮職日記〕

明治十年十一月廿八日、晴、

一、皇后宮午前八時三十分青山御所へ被爲成、九時三十分青山御所御出門ニテ皇太后宮御同車紙幣局へ行啓被爲遊、午後四時三十五分青山御所へ還御候事、供奉女官權典侍柳原愛子、權掌侍壬生廣子、命婦堀川武子、權命婦平尾歌子、御先著女嬬入谷容子、小畑種子、當縣九等屬河端誼益、

明治十一年二月二十七日、府下龜戶村附近ニ行啓アラセラル、

〔皇太后宮職日記〕

明治十一年二月廿七日、

一、午前八時三十分御出門ニテ龜井戶天滿宮、其外臥龍梅、下木(マヽ)川村村越鐵久方え行啓被爲在、午後四時三十分還御被爲在候事、

供奉　萬里小路大夫
山岡大書記官

女官供奉

典侍　萬里小路幸子
權掌侍　唐橋娩子
命婦　松室伊子
權命婦　生源寺政子
女孺　中村誠子
權女孺　小島秀子
御內儀掛り
伊藤重光
其外雜掌六名、仕人供奉四人、御先着五人、女官附二人、輿丁八人
○中略
本日行啓之大略御次第
龜戶天神社御拜御小休無之、但御坐拜ニ付御半帖、
臥龍梅御小憩、安藤喜右衞門主人ヨリ梅ノ枝獻上、
臥龍梅ヨリ下木下川村迄御乘輿ニ相成候事、
但臨期御遊步ニ相成、女官ハ御乘輿ナレバ人乘車ノ處是又步行、
是處テ別段御思召ヲ以供奉一同え折詰酒肴ヲ賜
下木下川村村越鐵久方御晝食、
是間還御之節御乘輿女官人乘車
龜戶天神社家大鳥居良信方御小休、
是ヨリ青山御所え御馬車ニテ還御、
三月五日、四谷勸農局試驗場ニ行啓アラセラル、
女御藤原夙子

〔皇太后宮職日記〕

明治十一年三月五日、

一、本日九時御出門、皇太后宮四ッ谷勸農局試驗場へ行啓被爲在、午後三時還御、

供奉

岩倉右大臣

杉大輔

萬里小路大夫

櫻井少書記官

女官典侍　萬里小路幸子

權掌侍　鴨脚賴子

命婦　岡本保子

權命婦　生源寺政子

女嬬　伊丹鹿子

御內儀掛　伊藤重光

御先導

二等警部　藤井良淸

三等警部　吉崎椋一

雜掌御先着

松波雜掌

山中雜掌

其外　仕人七名

二十五日、日比谷陸軍操練場ニ行啓アラセラレ、近衛諸兵ノ練兵ヲ御覧アラセラル、天皇、皇后亦行幸啓アラセラル、

〔皇太后宮職日記〕
明治十一年三月廿五日、
一、聖上皇太后宮皇后宮午前九時日比谷操練所へ行幸行啓被爲在、練兵天覽被爲在、午後十一（マヽ）時還御被爲在、皇太后宮當御所へ十二時還御被爲在候事、
供奉女官　錦織隆子
　　　　　松室伊子
御内儀掛　重見澤介
其外雜掌　壹名
　仕人　　壹名
右當御所より相廻候事、其外供奉略之、

〔皇后宮職日記〕
明治十一年三月二十五日、曇、
一、午前第九時御出門、兩皇后宮御同車ニ而、日比谷操練場ニ於テ近衛諸隊練兵御覽トシテ行啓被爲在、
供奉女官
典侍四辻靖子　　權掌侍千種任子
命婦藤島朝子　　權命婦西西子

女御藤原夙子

女孺堀内素子　同　入谷容子

當掛御先著柴田八等屬

一、還御午前十一時三十分、

四月五日、神奈川縣金澤ニ行啓アラセラル、八日、還啓アラセラル、

〔皇太后宮職日記〕

明治十一年四月五日、微雨、

一、午前八時御出門、皇太后宮武州金澤え行啓被爲在候事、

供奉女官　典侍　萬里小路幸子

掌侍　平松好子

權掌侍　唐橋娩子

命婦　岡本保子

權命婦　生源寺政子

女孺　伊丹鹿子

權女孺　山下峯子

雜仕　牧長子

新橋迄奉送權掌侍　鴨脚頼子

女孺　多閑子

御內儀掛供奉

三等屬　重見澤介

女官世話掛仕人　鵜澤直房

右之外惣體供奉人名略之、

八日、晴、

一、皇太后宮本日午前八時金澤御出發、御道筋御出之節之通、正午十二時横濱離宮へ着御之後、同港海岸通御巡覽等被爲在、午後五時四分横濱發之汽車ニ被爲召、午後六時十分新橋停車場へ着御、六時五十分過益御機嫌克還御被爲在候事、

一、爲奉迎新橋停車場へ午後四時三十分より掌侍錦織隆子、權女嬬山口兼子等出張、當掛り伊藤重光同出張候事、

一、本省ヨリ爲奉迎堤權大書記官當御所へ參宮之事、

一、赤坂御所御內儀へ皇太后宮御機嫌克還御被爲在候ニ付、不取敢御機嫌御窺被仰進、御使誼益相勤命婦三上文子へ申入之事、

一、赤坂御所より典侍四辻淸子參宮相成候事、

〔皇后宮職日記〕

明治十一年四月五日、曇、

一、皇太后宮金澤へ行啓御發途之事、

八日、晴、

一、皇太后宮午後七時五十分御機嫌克還御候旨注進ニ付、卽刻御使トシテ典侍四辻淸子參向候事、

一、皇太后宮ヨリ聖上皇后宮御機嫌御伺御使、河端九等屬相勤、

〔布達錄〕　皇太后宮職

明治十一年三月二十六日、

皇太后宮、神奈川縣下武州金澤邊爲御遊覽、來月五日行啓被仰出候、依而御休泊割並ニ御列書、御道筋等左之通候、此段

相達候也、
追而供奉之輩、同日午前七時三十分青山御所へ參集可致候事、
四月五日午前第八時青山御所御出門、御馬車、同九時三十分新橋より汽車乘御、横濱停車場より御馬車乘御、同所離宮
より御輿ニ被爲召候事、
但還御之節モ同樣之事、

御小休　新橋　停車場
同　横濱　同
凡四丁
御晝　横濱　離宮
凡貳里四丁
御小休　笹下村　石川又七
凡壹里十六丁
御野立　金澤　能見堂
凡十八丁
御泊　金澤　一ノ瀨安右衛門
六日
同所御滯留
七日
同所御滯留

八日
午前第八時金澤御出輿、御野立御小休、御晝並御馬車へ御召替所等、行啓之節之通り、横濱停車場より午後五時四分之汽車ニテ還御之事、

御列

一、青山御所より新橋停車場迄之御列、平常府下行啓之節之通り、

一、横濱停車場より離宮迄御列、

警部騎馬　近衛士官騎馬　同　同
警部騎馬　近衛士官騎馬　同　同
御料女官陪乗
女官馬車
皇太后宮太夫
宮内書記官
侍醫
馬車

一、横濱離宮より金澤迄御列、

警部騎馬　近衛士官騎馬　雜掌　雜掌仕人
警部騎馬　近衛士官騎馬　雜掌　雜掌仕人
御板輿　輿丁仕人
供奉女官輿仕人
皇太后宮太夫騎馬
宮内書記官騎馬侍醫

青山御所より新橋停車場へ御道筋

青山御所より左へ青山通牛啼坂ヲ下り赤坂表壹丁目右へ田町通り同六丁目左へ折廻り葵坂新道工部省前通り左へ虎ノ御門外琴平町通り幸町御門外二葉町通り新橋停車場へ御順路、

横濱停車場より金澤へ御道筋

横濱停車場より直ニ右へ櫻木町壹町目右へ同四町目楓橋ヲ經テ宮崎町離宮へ著御、離宮より直ニ右へ野毛町四丁目左へ同三丁目右へ折廻り陸軍省出張所脇ヲ長者橋を經て右へ末吉町通り蒔田橋際左へ御順路、

十九日、南大路菅山第ニ行啓アラセラル、

〔皇太后宮職日記〕

明治十一年四月十九日、

一、午後十二時三十分比皇太后宮、管山邸え行啓、同三時廿分還御、

〔皇太后宮職日記〕　青山御所雑掌局

明治十一年四月十九日、曇折々微雨、午後七時雨、

一、午十二時五十分菅山え行啓、後三時二十分還御、

七月五日、新殿増築ノ功成リ、是日、天皇、行幸アラセラル、番能等ノ興アリ、親王已下諸臣、亦、参殿陪覧ス、

〔皇太后宮職日記〕

明治十一年六月廿四日、

一、新御殿引渡之爲内匠課出張、大夫殿言上ニ而御出來ヲ皇太后御覧被爲在候事、

　但シ重見本課ニ行向新御殿人員増之云々相談有之、明廿五日より仕人設置ニ可相成候事、

七月三日、

一、御車寄建築落成ニ付、明四日ヨリ奏任以上昇降被達候事、

七月五日、

一、本日表新御殿御落成ニ付被爲召候御客大略、

皇族　○朱書女官面謁所休處

御息所　○朱書奥御輿服所、伏見二品宮母御不參、
有栖川二品宮妃東伏見宮妃伏見宮妃華頂宮母、

大臣参議　○朱書新省次間

勅任官　○朱書新省

麝香間〇朱書 長廊下側 御用掛華族
奏任〇朱書 元省
華族〇朱書 元御物見
士官〇朱書 士官詰所
御用掛〇朱書 雑掌 侍従
部長〇朱書 屬休所
〇朱書 此分内匠 有之外省中判任諸課御用都合見斗御能物見ニ罷出候事、
一、十二時二十分聖上行幸、午後十一時比還幸、
一、皇后宮御不例ニ付行啓無之事、
一、奥向御客 智光院 西定子 柳澤保申室 細川護久室 中御門良子 冷泉永子 辻利子 生駒佳子 杉山絢子外ニ皇族御息所ニ従フ老女四人、

〔皇太后宮職日記〕 青山御所内膳課

明治十一年七月五日、
一、本日御能ニ付當御所ゑ午後第一時行幸、〇中略
一、御中入ニ付主上皇太后宮御皿盛六種御吸もの御飯、和酒ブドウ酒等、午後第六時拾分供進、
一、主上皇太后宮夕御喰壹汁七菜御吸もの、和酒ブドー酒等、午後第拾時三拾分供進、

〔番能録〕 皇太后宮職

明治十一年七月三日、
青山御所謁見所新築落成ニ付、來ル五日午後一時被爲召候間、同御所江御參内可有之旨御沙汰候條、此段申進候也、

十一年七月三日　　　宮內卿德大寺實則

各通
有栖川一品宮
北白川三品宮

追テ今般同所へ便宜假能舞臺御取建當日番能皇太后宮え被進候ニ付、御陪覽可有之此段申進候也、

右同文　文中被爲召候間、御息所御同伴御參內可有之旨云々ニ作ル、

各通
有栖川二品宮
東伏見二品宮

追書同文

右同文　文中被爲召候間、景子御方幷御息所御同伴御參內可有之旨云々ニ作ル、

伏見二品宮

追書同文

右同文　文中故三品宮御息所被爲召候間、御參內可有之樣可申上候、此段相達候也、

華頂宮御附
武田敬孝殿

追書同文　末文可有之樣此段も可申上候也、

右同文　末文申進候也ニ作ル、

各通
太政大臣三條實美殿
右大臣岩倉具視殿

追書同文
右同文末文御參内可有之此段申入候也ニ作ル、
參議大隈重信殿
同　大木喬任殿
同　寺島宗則殿
各通　同　伊藤博文殿
同　黑田清隆殿
同　西鄉從道殿
同　川村純義殿
追書同文末文申入候也ニ作ル、
右同文文中參內可有之此段申入候也ニ作ル、
○下略

八月三十日、天皇、北陸、東海地方御巡幸ノ爲、東京ヲ發セラル、仍チ皇后ト共ニ鳳輦ヲ送リテ板橋驛ニ行啓アラセラル、

〔皇太后宮職日記〕

明治十一年八月三十日、
一、午前四時御沙汰同六時御發輿赤坂御所ヘ行啓被爲在、七時三十分兩皇后宮御同車板橋驛被爲送候事、
一、御例供奉濱萩典侍蘆命婦女嬬伊丹鹿子之事、○中略
一、午後一時御迎參上之事、兩皇后午後二時還御相成、皇太后宮ニハ二時四十五分還御之事、

〔皇后宮職日記〕
明治十一年八月三十日、晴、
一、北陸東海御巡幸午前七時三十分御發輦被爲在候事、皇太后宮皇后宮板橋驛迄御奉送被爲遊、供奉女官二位局典侍
清子幸子掌侍輝子命婦文子玾子女孺鹿子松子等當掛屬澤介昌長、
還御午後二時、

九月二十八日、皇后ト共ニ工部大學校ニ行啓アラセラル、

〔皇太后宮職日記〕
明治十一年九月廿八日、
一、午前九時當御所ヨリ御出門、皇太后宮皇后宮工部大學校ゑ行啓、午後三時三十分還御、皇后宮當御所ヨリ午後四時
十分赤坂御所ゑ還御、
當御所女官奏任二人判任四人
典侍 萬里小路幸子
掌侍 平松好子
命婦 岡本保子
御先着 權命婦 生源寺政子
御先着 女嬬 森島祗子
御先着 權女嬬 小島忠子
御內儀掛重見澤介
雜掌 山中安敬

仕人

〔皇后宮職日記〕

明治十一年九月二十八日、晴、

一、午前第九時青山御所御出門、

皇太后宮皇后宮工部大學校ゑ行啓被爲在候事、

一、皇后宮青山御所江御板輿ニ而被爲成候事、

供奉女官典侍四辻清子　權掌侍唐橋貞子　壬生廣子內壹人先着ス、　命婦三上文子　御先著權命婦鳥居大路應子　女

女嬬鹿良子　小畑種子

當掛柴田八等屬

還御午後五時十分前、

十月三日、濱離宮ニ行啓アラセラル、

〔皇太后宮職日記〕

明治十一年十月二日、

一、皇太后宮明三日午前十時御出門、濱離宮ゑ行啓被仰出候事、

供奉女官　典侍　萬里小路幸子

右御乗添

權掌侍　唐橋娩子

同　鴨脚賴子

命婦　松室伊子

女御藤原夙子

右供奉
権命婦　鴨脚ハナ子
女嬬　北大路忠子
権女嬬　山口粂子
右御先着　外ニ雑仕牧長子
五等属　岡義亮
右御内儀掛

十月三日、
濱殿行啓、午前九時五十分御出門、
供奉　大夫　岡小書記官　侍医岩佐
還御午後五時四十分、〔以下御先着等ノ人名略ス〕

〔皇太后宮職日記〕　青山御所内膳課
明治十一年十月三日、
一、本日午前第十時御出門ニテ濱離宮江行啓被為在候事、
一、御定式御菓子・濱離宮中島御茶屋ニテ供進、
一、午後三時同断、塩見御茶屋ニ於テ御重詰四重壹組御吸物和酒梅酒等供進、
○中略
一、還御午後五時二十分、

十日、皇后ト共ニ巣鴨附近ニ行啓アラセラル、

〔皇太后宮職日記〕
明治十一年十月十日、
一、午前八時皇太后宮赤坂御所え御輿ニテ行啓、夫ヨリ午前九時假皇居御出門兩皇后宮巣鴨邊え行啓、
供奉女官　典侍　萬里小路幸子
　　　　　權掌侍　錦織隆子
　　　　　命婦　鳥居大路信子
御先着女官　命婦　岡本保子
　　　　　女嬬　市岡胡子
　　　　　同　伊丹鹿子
一、午後六時十分赤坂御所ヨリ還御被爲在候事、尤御輿也、
御鉢物　壹
金魚　壹桶
右本日行啓先ニ於テ有栖川宮獻上品赤坂ヨリ廻候ニ付奥え出、
〔皇后宮職日記〕
明治十一年十月十日、曇、
一、皇太后宮皇后宮午前第九時假皇居御出門ニ而、巣鴨邊え行啓被爲在候事、
還御午後五時二十五分、
供奉女官　典侍壽子　命婦武子
　　　　　女嬬岩子
十一月二十日、天皇、皇后ノ行幸啓ヲ迎ヘサセラル、午餐ヲ共ニセラレ、御揃ニテ番能ヲ御覽アラセラル、皇族已

下諸臣、亦、參殿陪覽シ、酒饌ヲ賜フ、

〔皇太后宮職日記〕

明治十一年十一月廿日、晴、

一、本日午前十一時聖上皇后宮當御所へ被爲成、皇族大臣參議勅任官奥御座敷ニ於テ御陪食被仰付、午後二時御能始リ拜見被仰付候、御巡幸供奉之勅奏官判任官迄御能拜見被仰付酒肴等下賜候事、

一、皇族御息所、

一、麝香間七人幷祗候華族貳人、

一、奥向御客二位局幷舊女官岩倉智光其外、〇以下人名略ス

一、供奉之外本省奏任官幷奏任女官へも酒肴等下賜候、判任官出張之面々へ晝夕貳度辨當被下候事、給事へも被下候事、

一、御能掛リハ先般之通リニ而太夫殿引受、堤權大書記官青木行方、手助林、幷(マヽ)小笠原加番仕人三十人、

一、聖上皇后宮午後七時前還幸御被爲在候事、

〔皇太后宮職日記〕青山御所内膳課

明治十一年十一月廿日、

一、本日當御所ニ於テ御巡幸供奉之判任官以上之各々え御能拜觀被仰付、依之兩御所當御所え行幸啓被爲在、御菓子鴨緑江幷菊の露供進候事、

一、聖上皇太后宮皇后宮御前ニ於テ、左之面々え御陪食被仰付、色目左之通リ、

〇中略

一、御陪食之人員左之通リ、

有栖川二品宮　　太政大臣三條實美

右大臣岩倉具視　参議大隈重信
参議大木喬任　参議寺島宗則
参議山縣有朋　参議伊藤博文
参議西郷従道　参議川村純義
参議井上馨　宮内卿徳大寺實則
副議長河野敏鎌　一等侍補佐々木高行
宮内大輔杉孫七郎　内務少輔林友幸
大警視川路利良　陸軍少輔大山巖
一等侍補土方久元　一等侍補伊藤方成

〆弐拾名

一、午後第三時三御所御一座、奥ニ於テ左之通リ供進、
一、鰻入巻玉子　一、葛掛鱚山葵
一、牡丹餅 小豆黄粉　一、擲き柚子 太白砂糖
一、御吸物鱈雪の上　一、和酒葡萄酒
一、右同刻勅任官え休所ニ於テ皿盛ヲ賜、色目御陪食之通リ、

此人員

有栖川一品宮　東伏見二品宮
伏見二品宮　北白川三品宮
吉井一等侍補　萬里小路皇太后宮太夫
女御藤原夙子

女御藤原夙子

元田皇后宮大夫

坊城式部頭

大給議官

秋月議官

岩下議官

山口議官

宍戸議官

黒田議官

佐野議官

中島議官

榎本全權公使

前島内務少輔

鳥尾陸軍中將

谷陸軍少將

津田陸軍少將

赤松海軍少將

神田文部少輔

大原從二位

中御門從二位

伊達從二位

長谷從二位

阿野正三位

佐竹從三位

壬生從三位

正三位前田齊恭

從二位中山慶子

御息所　四方

一、午後第三時奏任官ぇ賜色目、左之通り、

○中略

此人員

○中略

一、午後第三時判任官ぇ賜左之通り、

○中略

此人員

○中略

惣計

内

皇族

勅任

麝香間詰

奏任

判任

右惣人員ぇ午後第六時切飯煮染幷漬物ヲ賜、勅奏任ハ皿盛、判任ハ折詰也、色目ハ惣テ同様之事、

一、午後第六時三御所ぇ左之通供進、

一いり揚ます　一御温物鮓セリ

一味噌漬沖津　一御吸物ふくさ鯛袖

一蒲焼鰻　一御握飯

一和酒葡萄酒

一、皇族方御息所ヲ始二位局幷女官ぇ者、別段奥ニ於テ蒸菓子菊の下水梢の錦ぢまん頭等ヲ賜、

○中略

一、両御所還御午後第八時三拾分、

明治十二年四月十五日、皇后ト共ニ太政大臣三條實美第ニ行啓アラセラル、

〔皇太后宮職日記〕 青山御所屬

明治十二年四月十五日、

一、皇太后宮皇后宮午後二時御出門ニテ、太政大臣三條實美邸へ被爲成、午後七時五分還御被爲在候事、

但皇后宮午後一時三十分御輿ニテ當御所へ被爲成候事、

一、供奉人名

杉宮內大輔

萬里小路大夫

元田大夫

伊東一等侍醫

岩佐二等侍醫

建野權大書記官

女官供奉 四辻典侍

萬里小路典侍

平松掌侍

唐橋權掌侍

藤島命婦

岡本命婦

御先着 吉田權命婦

生源寺權命婦

堀内女孺

虫鹿女孺

東儀女孺

中村女孺

小嶋權女孺

内廷課津田七等屬

伊藤七等屬

同課御内儀掛リ

河端九等屬

一、午後八時三條實美代從四位河鰭實文、爲御禮參上候事、

〔皇太后宮職日記〕 青山内膳課

明治十二年四月十五日、

一、皇后宮御同車ニテ午後二時當御所御出門、太政大臣三條實美邸ゑ行啓被爲在候事、

一、三條邸ニ而供進之御茶菓御用意御辨當御重詰其外御食器類何も本課ニテ取調被差廻候事、

○中略

一、還御午後七時十分、

○中略

一、三條太政大臣獻上如左、

一生鯛　壹折　　一御菓子　壹折但杉大折詰

女御藤原夙子

一、御口取肴　壹折　但杉大折詰　一氷砂糖　壹箱

〔皇后宮職日記〕

明治十二年四月十五日、雨、

一、皇太后宮皇后宮午後二時青山御所御出門、三條太政大臣邸へ行啓被爲在候事、

還御八時十五分、

皇后宮供奉御先著女官典侍清子權掌侍範子命婦朝子艶子女嬬素子良子鶴子當掛河端九等屬、

十八日、皇后ト共ニ府下王子村印刷局抄紙部ニ行啓アラセラレ、御歸途、從四位前田利嗣ノ本郷第ニ御立寄アラセラル、

〔皇太后宮職日記〕　青山御所屬

明治十二年四月十八日、

一、午前七時皇后宮御輿ニテ當御所え被爲成候事、

一、午前七時三十分王子え御先着女官出張

權命婦　鴨脚八十子

女嬬　北大路忠子

權女嬬　岩波悅子

同　多閑子

右馬車壹輛付添仕人　高岡昆智

一、午前八時三十分皇太后宮皇后宮當御所ヨリ御出門、王子抄紙部え行啓、還御掛前田從四位邸え御立寄被爲在候事、

王子ニテ御晝、

供奉　陪乘　典侍　萬里小路幸子
同　高倉壽子
掌侍　錦織隆子
權掌侍　唐橋貞子
右馬車壹輛
命婦　三上文子
同　松室玶子
權命婦　中東明子
右馬車壹輛
宮內大輔杉孫七郎
皇太后宮大夫萬里小路博房
右馬車壹輛
皇后宮大夫元田永孚
二等侍醫岩佐純
右馬車壹輛
宮內權大書記官兒玉愛二郎
宮內權少書記官岡保義
右馬車壹輛
○中路

一、午後十一時五分兩皇后宮當御所え還御、引續キ皇后宮還御、
一、午後十一時二十分　前田利嗣
前田齊泰
右本日御立寄並ニ拜領物御禮參上、

〔皇后宮職日記〕
明治十二年四月十八日、晴、
一、皇太后宮皇后宮午前八時三十分青山御所より御出門ニ而、王子抄紙部へ行啓被爲在同所ニ而御晝饗(ママ)、還御之節從四位前田利嗣邸へ御立寄被爲在候事、
還御午後第十一時也、但當御所へ御輿ニ而還御午後十一時三十五分過也、
皇后宮供奉女官典侍高倉壽子權掌侍唐橋貞子命婦三上文子權命婦中東明子等、先着女嬬山口益子同寺島富子同古谷建子同岡本貨子等也、

二十八日、皇后ト共ニ横濱ニ行啓アラセラレ、軍艦扶桑ヲ御覽アラセラル、

〔皇太后宮職日記〕青山御所
明治十二年四月廿六日、
一、兩后宮來ル廿八日、横濱行啓被仰出候事、
四月廿八日、
皇太后宮皇后宮本日午前七時十五分三十分ニ及ブ、青山御所御出門、新橋八時三十分之汽車ニテ横濱鎭守府江行啓、扶桑艦御覽、夫ヨリ蒼龍丸江乘御、近海被爲渡直ニ鎭守府へ還御、横濱五時十五分之汽車ニテ七時青山御所え還御被爲在候事、

陪乗　典侍　四辻清子
典侍　萬里小路幸子
掌侍　錦織隆子
同　石山輝子
權掌侍　壬生廣子
命婦　堀川武子
同　松室伊子

一、横濱停車場ヨリ鎭守府迄之御列
陪乗　二位局
典侍　四辻清子
同　萬里小路幸子
掌侍　錦織隆子
掌侍　石山輝子
命婦　堀川武子
同　松室伊子
○中略
右女官惣貳拾名外ニ二位局
萬里小路博房
元田永孚

女御藤原夙子

右馬車一輛

池田侍醫

右馬車一輛

兒玉權大書記官

堤　權大書記官

四月廿九日、

一、從一位中山忠能

右昨日横濱行啓供奉被仰付御禮、

海軍卿河村純義名代海軍大佐林清康

右昨日横濱ぇ行啓新艦御覽竝艦中ノ者へ酒肴料下賜候御禮、

右赤坂ヨリ相廻候ニ付披露候事、

〔皇后宮職日記〕

明治十二年四月廿八日、晴、午後曇、

一、皇太后宮皇后宮午前七時十五分

青山御所御出門、横濱へ行啓、東海鎭守府ニ於テ御休憩、自夫扶桑艦御覽御晝餐後、蒼龍丸ニ被爲召灣內兩度御廻覽被爲在、再び鎭守府ニ而御休憩之上、横濱發瀛車乘御青山御所へ還御、午後七時自夫御輿ニ而七時四十分還御之事、

皇后宮供奉女官典侍四辻清子掌侍石山輝子權掌侍壬生廣子命婦堀川武子御先着權命婦鳥居大路應子平尾歌子

女嬬入谷容子小泉福子北大路盛子岡本貨子吉見德子當掛柴田八等屬河端九等屬等也、

六月二十六日、南大路菅山邸ニ行啓アラセラル、

〔皇太后宮職日記〕　青山御所屬

明治十二年六月廿六日、

一、皇太后宮午後一時頃ヨリ、青山殿居所え被爲成、三時三十分還御、

七月十七日、群馬縣伊香保溫泉ニ行啓ノ爲、東京ヲ發セラル、大宮、熊谷、高崎等ヲ經テ、二十日、伊香保ニ御著アラセラル、

〔皇太后宮職日記〕　青山御所屬

明治十二年七月十七日、晴、木曜日、

一、本日午前七時御出門、群馬縣下上野國伊香保溫泉場え行啓被爲在候事、男女供奉人名ハ布告留ニアリ、

右ニ付前六時三十分御奉送ノ爲皇后宮當御所へ被爲成、夫ヨリ御一列御別車ニテ板橋驛迄行啓被爲在、皇族方ハ昨日御暇乞御參之事、

大臣參議幷省中勅奏官ハ本朝參宮奉送相成候事、

二位局參宮板橋迄奉送相成候事、

十九日、晴、土曜日、

一、皇太后宮本日午後第四時三十分、高崎驛着御被爲在候電報被達候ニ付、直ニ奧向へ申入候事、

七月二十日、晴、日曜、

一、皇太后宮本日午後三時五十分、御機嫌能伊香保へ着御被爲在候旨唯今電報到來候旨、本省より被達候條、御內儀掛より申來ニ付、即時奧向へ申入候事、于時午後第十一時、

〔皇后宮職日記〕

明治十二年七月十七日、晴、

一、皇太后宮午前第七時御出門、群馬縣下上州伊香保溫泉場へ行啓被爲在候ニ付、皇后宮爲御奉送板橋驛迄御一列行啓被爲在候事、

還御十二時二十分、

皇后宮供奉左之通、

御陪乘二位局供奉典侍壽子權掌侍範子命婦朝子女嬬良子守子等也、當掛御先着昌長、

二十日、晴、

一、皇太后宮本日午後三時五十分、御機嫌克伊香保へ御著之旨電報到來ス、午後十時三十分早刻青山御所へも及通知、

〔幸啓錄〕明治十二年伊香保ノ部

第一〇號　日錄

七月十七日、晴、

皇太后宮午前七時青山御所御出門、皇后宮御奉送トシテ板橋驛迄行啓御一列、供奉騎兵一分隊、大臣參議本省奏任以上一同青山御所御門内ニ於テ奉送、宮内卿佐々木侍補山岡大書記官山口侍從長岡權少書記官藤波侍從試補板橋驛迄奉送、午前九時二十分板橋驛御着同十一時同驛御發正午十二時十五分蕨驛御着御小休、舊區務所、十二時四十五分同驛御發午後一時十八分浦和驛御着御小休、調神社々務所、同一時五十分同驛御發同二時四十分御泊所大宮驛山崎嘉右衛門方、御着、埼玉縣令白根多介蕨驛ニテ奉送、同所御小休所ニ於テ拜謁被仰付、夫ヨリ同人大宮御泊所迄供奉勤仕之上直ニ歸縣之事、但當節縣會之アルニ依テナリ、

○中略

浦和驛調神社々務所ニ於テ御小休被爲在候ニ付、同社ニ爲御備物料金三圓被供、

○中略

氷川神社ゑ爲御代拜萬里小路典侍被差遣候ニ付、御內儀懸伊東重光隨行仕人川崎孝顯、同所爲幣帛料金拾圓神官平山省齋へ相渡候事、○中略

明朝午前七時御發車之旨、各課幷縣官へ相達置候事、

十八日、晴、

大宮驛御機嫌能午前六時貳拾分御發車七時三十分上尾驛へ着御、二十分間御休憩、八時廿五分桶川驛へ(興川學校へ、)着御、○中略八時五十五分御發車九時五拾五分鴻巢へ御着、十一時三十分御發車十二時貳十分吹上村へ着御、二時四十分熊谷驛へ御着、○下略

十九日、晴、熱甚、

午前六時十八分熊谷驛御發車同七時四十七分深谷御着御小休、同九時四十五分本庄驛御着御晝、同十一時五十分同所御發午後一時十六分新町驛御着、同二時九分同所御發烏川々端途上ニテ御輿ニ召替假橋御渡リ、猶御輿之儘ニテ群馬縣勸農試驗場へ被爲成、御小休之上御馬車ニ召替同三時三十分倉ヶ野驛御着御小休、倉ヶ野御發同四時三十分高崎驛御泊所(郡役所、)へ御着、○下略

廿日、御着後雷雨、

午前六時高崎驛御發車、驛外鎭臺兵整列禮式ヲ行、金子村へ七時四十分御着車、(此間ニ福島村ニ於テ御馬車之儘御休、)八時貳拾分同所御發車九時廿五分上野田村着御、九時四十五分同所御發車十一時五分澁川驛御着、尤金子村ヨリ御輿へ召換御馬車ハ不殘高崎驛へ被着歸澁川驛ニ於テ御晝餐、十二時四十分同所御發輿山中ニ於テ御野立(此時一時二十分凡二十分間御小休、)二時三十分又御野立直御發輿三時二十分伊香保へ御着

二十一日、是日ヨリ八月一日ニ至ルマデ、伊香保ニ滯留アラセラル、御宿泊所ハ同所木暮八郎方ナリ、

〔幸啓錄〕 明治十二年 伊香保ノ部

第一〇號　日錄

七月廿一日、午後驟雨雷鳴、夜晴、

溫泉藥師別當伊香保村醫王寺住職

兼務　　田村亮淵

右之者蓮花獻上致度旨縣官ヲ以申出候ニ付、香川殿へ相伺候處御請相成不苦旨被申聞候ニ付、御內儀懸へ差出、

但金壹圓被下候筈出納課取斗之事、

群馬縣湯上村甲波宿禰神社祠掌

權少講義　　狩野利房

和歌一首差出候事、

○中略

本省へ溫泉場ニテ至極皇太后宮御意ニ叶候旨申通ズ、

廿二日、晴、午後驟雨雷鳴、

從五位　　一柳紹念

右爲伺御機嫌御旅館へ參上、

伊香保村用掛　　千明三郎

右御旅館へ出頭左之品々皇太后宮御慰ニ入御覽候趣ニテ差出候ニ付請取、萬里小路大夫殿へ差出置候事、

但縣官より村內ニ於テ珍物有之候ハヾ、供御覽候樣達有之候ニ付持參候趣ナリ、

黃仲祥山水　　壹幅

淸人齋猷鄉山水　　壹幅

芳齋山水　壹幅
無名之山水　壹幅
直墨畫
百人壹首畫二帖入　壹箱
十體和歌帖　壹
十二月花島和歌帖　壹
〆　七點
廿三日、晴、午後三時頃より驟雨雷鳴、
午前九時過御旅館御出門向山へ行啓、向山同所ニ於テ御中食之上正午十二時三十分還御、
但伊香保街離之途上ニ於テ御下輿、夫ヨリ御歩行還御之節亦之ニ準ズ、
廿四日、晴、午後驟雨雷鳴、
東京府下畫工豊原周春義當伊香保滯在中ニ有之候處伊香保眞景模寫候ニ付獻上致度旨願出候趣、縣官より申出御受納相成候事、
廿五日、晴、午後驟雨雷鳴、
御旅館詰内廷課より明後廿七日午前九時湯本爲御覽行啓被爲在候ニ付、其趣早々地方官へ庶務課より相達候樣、萬里小路大夫殿被申聞候旨申來候事、
前文、湯源へ被爲成候義縣官幷供奉一同へ相達候事、
○中略
御旅館主人木暮八郎より靑鷺五羽南瓜三ツ獻上致度旨願出候趣ニ而、縣官より現物差出候ニ付受取、萬里小路大夫

殿へ差出置候事、
群馬縣八等屬廣部昇三出頭、伊香保村人民ヨリ御慰之爲メ花火入御覽度旨願出聞届候ニ付、今夕向山ニ於テ打上候旨屆出ル、依萬里小路殿へ申入置候事、
但今夕ハ五本打上ゲ、廿八日ニハ數本打上候趣ナリ、
廿六日、晴、午後驟雨雷鳴、
聖上より皇太后宮伊香保御滯在中爲御見舞藤波侍從試補御差遣ニ相成、本日夕景到着即刻御使被相勤候事、
廿七日、晴、午後驟雨雷鳴、
群馬縣官より
上野國名所概略　壹冊
古器物圖　壹冊
古墳墓圖拔萃
伊香保起原其他調書　同
右供御覽度趣ヲ以差出候ニ付、御覽濟之上當課へ留置候事、
縣官より上野國山田郡桐生新町ニテ調製之織物類數品入御覽候事、
但內御買上相成候分ハ調度課へ留置、他ハ御覽濟之上縣官へ下渡候事、
白木綿壹反
右ハ群馬縣下上野國邑樂郡舞木村杉崎忠八祖母本年九十二歲ニシテ自カラ糸ヲ繰リ、而シテ玄孫ニ織ラシメタル品ニ付、其兩人ノ丹誠ヲ思ヒ、該村々吏ヨリ獻上仕度願出候趣縣官より申出候ニ付、御聞屆相成候事、
廿八日、

縣官より左之詩歌并畫、御慰ニ入御覽度旨村吏より申出候趣ヲ以差出ス、依テ預リ置、

東京下谷金杉村百六十七番地寄留

埼玉縣士族江草兎毛養父

江草善之助

二女　三才　辰

右蘭畫四枚

縣社伊香保神社祠官

堀口貞敬

右詩壹首

西群馬郡湯上村甲波宿彌神社祠掌

狩野利房

右歌貳首

西群馬郡高崎驛

矢島利平

右歌貳首

西群馬郡下室田村

關橋守

右歌壹首

西群馬郡澁川驛

女御藤原夙子

堀口貞歆

右歌壹首

○中略

本日午後三時頃より驟雨大雷數聲、夫ガ爲メ供奉一同御旅館へ相詰ル、揖取群馬縣令モ御旅館へ詰ル、午後十時頃ニ至リ雷止ム、依當番之外一同退出、

○中略

本省より電報達ス、昨日當地落雷之御見舞トシテ仙石侍從被差遣候ニ付、本日午後一時三十分東京出立相成候旨申來ル、

群馬縣出張官員より管下前橋女兒小學校外六校生徒之作文書圖裁縫類、供御覽度趣ヲ以差出候事、

但御覽濟之上縣官へ下付ス、

廿九日、晴、午後驟雨小雷兩三聲、

本省へ郵便出ス、仙石侍從本日午後二時三十分到着、直ニ御用相濟明朝出立之筈、且御內儀より油紙包壹皇后宮へ被進之御品入、差立候義及卿輔始一同より御機嫌伺之義、早速及言上候旨申通ズ、

○中略

群馬縣出張官員より同縣下上野國各所製糸幷繭類三十貳箱、供御覽候旨ニ而差出候事、

但御覽濟之上縣官へ下戾候事、

三十日、

來八月二日、當地御發輿還御被爲在候旨被仰出候趣、夫々相達ス、

前文還幸(マヽ)被仰出候義本省へ申通ス、

○中略

縣官より本日烟火供御覽候旨目錄相添屆出ル、

群馬縣七等屬大野和信出頭、管下物產其他寫眞等併テ十三種、供御覽度旨目錄書壹冊相添申出候事、

依現品後刻請取、供御覽候旨申聞置候事、

三十一日、

縣官より師範學校幷中小學校生徒畫圖裁縫等供御覽度旨申出候ニ付、香川殿へ伺之上左之通縣官より請取、御內儀掛伊藤重光へ相渡置候事、

師範學校附屬學校生徒

一、裁縫　壹箱　紙包十臺　品數卅三

師範學校生徒

一、畫帖　大二　小壹

中小學校生徒

一、畫帖　大四　小二

師範學校教師

一、絹地畫　三枚

同

一、唐紙地物畫　壹枚

一、林緯地女祝文　壹枚

右

女御藤原夙子

八月一日、晴、午後驟雨、

縣官より明二日還幸之節御覽相成候、前橋本町平民勝山宗三郎所有之製糸機械場沿革取調書六十六號之通差出相成候事、

伊香保御泊所木暮八郞へ、御浴室其他營繕箇所等其儘被下候ニ付、人民一般入浴ニ使用シ差支無之、且避雷鍼之義ハ、追而縣官ヨリ何分之義相達候迄其儘ニ可致置旨職綱より口達ス、

伊香保出張群馬縣令揖取素彥へ、木暮八郞島田平八郞幷村內一同用達等へ被下物之義、本日被下方取斗候旨目六相添申遣候事、

八月二日、伊香保ヲ發シテ還啓ノ途ニ就カセラル、前橋、熊谷等ヲ經テ、五日、東京ニ還啓アラセラル、

〔幸啓錄〕明治十二年 伊香保ノ部

第一〇號　日錄

八月二日、晴、

午前第四時三十分御發輿、伊香保山中字芝中、ニ於テ御野立一ヶ所、同六時澁川驛御小休同十一時樂水園ニ於テ御小休、園ハ舊前橋之城主松平某之別莊也、今縣官集會ノ場所ト　ナル、此所ニ於テ供奉一同幷縣官出張ノ者へ辨當下サル、正午十二時前橋驛御泊所社へ、御着、製絲會

縣官ヨリ御泊所へ避雷鍼取建候事、

三日、午前陰、午後晴、

午前六時前橋驛御出輿、

五日、晴、

太政官へ還御之御届書差出ス、

〔皇太后宮職日記〕青山御所藏

明治十二年八月二日、晴、
一、皇太后宮益御機嫌能今午前四時三十分伊香保御發輿、同十一時四十五分前橋驛着御相成タリ、
右之通本省當番より被達、直チニ奥へ申進并ニ各課へも回達ス、
八月三日、晴、
一、皇太后宮益御機嫌能午前五時四十分前橋御發輿、午後四時熊谷驛着御相成タリ、
右之通電報午後六時三十五分着候旨、本省當番より被達候旨御内儀掛り通達、即刻奥向へ申入也、
八月五日、晴、
一、本日皇太后宮還御ニ付爲御奉迎、皇后宮午前七時御出門板橋驛へ行啓被爲在候事、二位局陪乘也、
一、當御所より女官掌侍平松好子・權女嬬山下峯子等、同驛へ午前六時出行仕人壹人差添也、
一、皇太后宮板橋驛へ午前十時前着御相成候旨電報有之、同驛へ爲奉迎岩倉右大臣殿其外省中奏任官等も出張有之候由、當御所ハ去ル十七日御發車之時之通大臣參議并省中勅奏任官席相設置之事、
一、板橋驛ニ而御晝餐被爲在、兩皇后宮御一列御別車ニ而、御機嫌能正午十二時二十五分還御被爲在候事、
一、宮内卿以下奏任之輩參宮御車寄前ニ而奉迎、其後奥向ニ而皇太后宮御對面被爲在候事、
一、皇后宮御休息之上、御輿ニ而御庭より還御被爲遊候事、
一、供奉之近衛士官五名へ、炎暑頃格別苦勞ニ被思召候（マヽ） 御祝酒下賜候事、右之余者御祝酒無之事、
一、還御之後皇族參議麝香間詰其外各員爲恐悅參宮有之、人名別記ニアリ、

〔皇后宮職日記〕

明治十二年八月五日、晴、
一、皇太后宮上刕伊香保ヨリ御機嫌能還御ニ付、爲御迎皇后宮橋橋（マヽ）驛迄午前七時御出門行啓被爲在、正午十二時廿五

分青山御所ヘ還御、午後第二時御庭通リ御輿ニテ還啓候事、供奉女官二位局典侍清子権掌侍貞子命婦文子女孀盛子貨子等、掛リ柴田八等屬、

十九日、皇后ト共ニ右大臣岩倉具視第ニ行啓アラセラル、

〔皇太后宮職日記〕青山御所

明治十二年八月十九日、晴、

一、皇太后宮、午前八時貳十分御出門、假皇居ヱ行啓、皇后宮御一列ニ而岩倉右大臣邸ヘ行啓、午後九時三十五分還御之事、御先着重光雜掌信成也、

○中略

本日行啓ニ付

陪乘　典侍　萬里小路幸子

供奉　掌侍　平松好子

命婦　岡本保子

權命婦　生源寺政子

御先着　女孀　北大路忠子

同　中村誠子

權女孀　山口兼子

御內儀掛七等屬　伊藤重光

女官付　仕人　小畑維祥

〔皇后宮職日記〕

明治十二年八月十九日、晴、

一、本日前八時四十分皇太后宮當御所へ被爲成、前九時十分兩皇后宮御一列ニ而岩倉右大臣邸行啓、後七時二十分皇后宮還御、皇太后宮御跡ヨリ還御之事、

十一月二十七日、皇后ト共ニ吹上御苑ニ行啓アラセラル、天皇、亦行幸アラセラル、御揃ニテ從二位島津忠義供覽ノ犬追物ヲ御覽アラセラル、

〔皇太后宮職日記〕青山御所屬

明治十二年十一月廿七日、

一、正午十二時四十分皇后宮御乘輿ニ而被爲入候事、

一、午後一時御出門兩皇后宮御同車、吹上御庭ニ而島津忠義家傳犬追物御覽之爲行啓、午後四時還御、暫シテ四時五十分、皇后宮赤坂へ還御、

當御所供奉女官　典侍　萬里小路幸子

掌侍　錦織隆子

命婦　松室伊子

〔皇后宮職日記〕

明治十二年十一月二十七日、晴、

一、從二位島津忠義家傳之犬追物爲天覽、聖上ニハ午前八時三十分御出門、皇太后宮皇后宮ニハ午後一時青山御所御出門ニ而、吹上御苑へ行幸啓被爲在候事、

皇后宮還御五時十五分、

女御藤原夙子

供奉典侍清子、權典侍務子、權掌侍範子、命婦朝子、

御先着權掌侍敦子、權命婦應子、明子、女嬬良子、經子、十七等出仕鹿子、雇能布等也、當掛河端九等屬、

〔橋本實麗日記〕

明治十二年十一月二十七日甲寅晴、今日於吹上禁苑犬追物叡覽行幸、兩皇后行啓云々、但島津催云々、

十二月十九日、番能御催アラセラレ、天皇皇后ノ行幸啓ヲ迎ヘサセラル、皇族及ビ大臣已下諸臣、亦、參殿陪覽ス、

〔皇太后宮職日記〕　青山御所屬

明治十二年十二月十九日、

一、御能興行午前九時始リ午後八時三十分終ル、

一、行幸午前九時十分、

一、行啓右同斷、

一、還幸午後九時十五分、

一、還御同九時三十分、

〔皇太后宮職日記〕　青山御所雜掌局

明治十二年十二月十九日、晴、金曜日、

一、本日午前九時ヨリ番能御催被遊候ニ付、天覽として八時五十分行幸、引續皇后宮行啓、番能數番御覽畢而午後九時還幸、九時二十分還御、但御能番組別紙有之候事、

一、有栖川一品宮同二品宮東伏見宮伏見宮北白川宮御參、

一、三條太政大臣岩倉右大臣御參、

右布設方先例ノ通候事、

○中略

一、伏見宮有栖川宮北白川宮御息所御參、吳服ノ間ヲ休所ニ設置給、仕方女官ニテ御取扱ニ相成候事、

明治十三年二月二十七日、從一位九條道孝第ニ行啓アラセラル、

〔皇太后宮職日記〕 青山御所藏

明治十三年二月二十七日、

一、皇太后宮午前八時御出門、九條殿へ行啓、午後六時十分還御被爲在候事、

○中略

廿七日九條家へ行啓供奉女官

典侍　萬里小路幸子

右陪乘

掌侍　錦織隆子

權掌侍　唐橋婉子

命婦　松室琇子

右御列供奉

舊女官　西定子

命婦　岡本保子

權命婦　生源寺政子

女孺　北大路忠子

右御先着

女御藤原夙子

女嬬　中村誠子

　　　森島祗子

右御先着

○中略

九條家え賜物

一、三組銀盃　一、折詰二重　一、金三百圓

右家主え

一、羽織地　一、袴地

右優丸へ

一、緋シボリ縮緬一疋

右範姫へ

一、白縮緬壹疋

右中河え

一、金貳拾圓

右女中向七人え

一、金三拾圓

右家扶以下九人え

一、羽織地　一、袴地

右□□二條　伊木三人同様

一、白縮緬一疋

右二條奥方へ

以上

九條家ニテ獻上

一、御杉折三重　一、御菓子一箱　一、御鉢物壹共

右九條殿ヨリ

一、御菓子一折

右近衛一位殿

一、鯉一桶三尾

右池田ヨリ

一、朝鮮織物一巻　一、同團扇一本　一、下ゲ玉様ノ物

右宗ヨリ

一、備前焼御花生一對

右伊木ヨリ

一、姫路皮文匣三　一、御まな一折

右酒井久子ヨリ

三月十八日、濱離宮ニ行啓アラセラル、

〔皇太后宮職日記〕青山御所屬

明治十三年三月十七日、

一、明十八日午前九時三十分御出門ニ而、皇太后宮濱離宮え行啓之旨被仰出候事、

十八日、

一、皇太后宮本日午前九時三十分御出門、濱離宮へ行啓被爲在、午後五時四十分還御被爲在候事、

供奉女官　萬里小路典侍

平松掌侍

吉田權掌侍

松室命婦

鴨脚權命婦

〔皇太后宮職日記〕　青山御所内膳課

明治十三年三月十八日、

一、皇太后宮本日午前第九時三拾分御出門、濱離宮え行啓ニ付、左之通供進幷賜ル、

御菓子　御定式御手洗　御用意木之花

晝御辨當色目供進簿ニ詳

御吸物壹通　御食籠

午後御重詰色目前同斷

御吸物壹通　日本酒　練酒

臣下賜　菓子　重詰　日本酒葡萄酒

○中略

一、本日濱離宮ニテ御漁之鰻鯔いな幷ニ土筆鼓草等、聖上え被爲進ニ付本課え相廻ス、

二十二日、皇后ト共ニ吹上御苑ニ行啓アラセラル、天皇、亦行幸アラセラレ、御揃ニテ従四位松浦詮供覧ノ犬追物、騎射等ヲ御覧アラセラル、

〔皇太后宮職日記〕　青山御所屬

明治十三年三月二十二日、

一、皇太后宮午前九時三十分赤坂御所御出門、吹上御苑ニ被爲成、松浦詮犬追物騎射被遊御覧、午後四時四十分還御被爲在候事、　供奉　伊藤重光

松浦詮擧行小笠原流騎射並ニ犬追物等天覧、

聖上ハ午前九時三十分御出門、兩皇后者十時御出門御同車、

青山御所供奉女官　掌侍　平松好子

権掌侍　鴨脚頼子

命婦　岡本保子

女嬬　市岡胡子

伊丹鹿子

右付添仕人　今泉英三

付添仕人　竹内居易　九時吹上え出張

一、午前八時三十分輿丁相廻ル、赤坂迄御輿、

〔皇太后宮職日記〕　青山御所内膳課

明治十三年三月二十二日、

一、午前第十時御出門吹上御苑え行啓、同所ニ而犬追物騎射歩射松浦詮擧行入獻覧、紅葉御茶屋ニ而御辨當御吸物御

飯供進、午後御辨當ハ御所ヨリ被進候、午後五時還御之事、

四月八日、神奈川縣小金井村ニ行啓アラセラル、

〔皇太后宮職日記〕 青山御所屬

明治十三年四月八日、

一、本日午前八時御出門ニテ、皇太后宮小金井村え行啓被爲在、午後六時還御也、

供奉

杉宮內大輔	萬里小路大夫
香川大書記官	伊東侍醫
萬里小路典侍	唐橋權掌侍
松室命婦	生源寺權命婦
北大路女孺	山口權女孺
重見三等屬	松波雜掌
山本雜掌	外ニ仕人六名

〔皇太后宮職日記〕 雜掌

明治十三年四月八日、晴、木曜日、

一、皇太后宮午前八時御出門ニ而、小金井へ行啓、十時四十分着御、三時頃御發車、還御掛亥頭辨天へ御立寄暫時御休ニ而、第六時還御被遊候也、

二十一日、皇后ト共ニ吹上御苑ニ行啓アラセラル、天皇、亦行幸アラセラレ、御揃ニテ從三位山內豐範供覽ノ要馬術ヲ御覽アラセラル、

〔皇太后宮職日記〕 青山御所圜

明治十三年四月廿一日、

一、聖上兩皇后宮吹上御苑ヘ被爲成、山內豐範擧行之要馬術御覽被遊候事、

但皇后宮ニも本日正午當御所ヘ被爲成、午後一時御出門、同五時十分還御被爲在候事、

供奉

兩大夫　櫻井書記官

萬里小路幸子　錦織隆子

岡本保子　小島秀子

〔皇太后宮職日記〕 雜掌

明治十三年四月廿一日、晴、水曜日、

一、皇后宮本日午十二時二十分被爲成、午後一時、御同輦御出門吹上御苑え行啓、山內豐範擧行要馬術御覽、五時十分還御、皇后宮五時三十分當御所ヨリ御發輿被遊候事、

二十六日、番能御催アラセラレ、天皇皇后ノ行幸啓ヲ迎ヘサセラル、皇族及ビ大臣已下諸臣、亦、參殿陪覽ス、

〔皇太后宮職日記〕 青山御所圜

明治十三年四月廿六日、

一、當御所ニ於テ番能御興行、聖上皇后宮午前九時行幸啓被爲在、同三十分始リ午後十時終ル、同十五分還幸、同四十分還御被爲在候事、

〔皇太后宮職日記〕 雜掌

明治十三年四月廿六日、晴、月曜日、

一、本日御能御覽ニ付前々日より例之通布設、

一、聖上午前九時、皇后宮九時三十分行幸啓、即九時三十分より始り午後十時ニ相濟、十一時還幸還御、

今日拝見として有栖川一品宮同二品宮伏見宮東伏見宮北白川宮華頂宮之御息所、御參宮之事、

右之外三條太政大臣岩倉右大臣等也、宮内省は勅奏不殘麝香間等也、

六月十六日、天皇、山梨縣及ビ關西地方御巡幸ノ爲、是日、東京ヲ發セラル、仍チ皇后ト共ニ鳳輦ヲ送リテ新宿植物御苑ニ行啓アラセラル、

〔皇太后宮職日記〕 青山御所屬

明治十三年六月十六日、

一、聖上御巡幸御發輦ニ付、午前五時四十分御輿ニ而赤坂へ被爲成植物御苑まで御見送被遊、同九時同所より直ニ還御被爲在候事、被爲入掛御輿新御殿南練塀門ヨリ、

供奉女官　典侍　萬里小路幸子

權掌侍　鴨脚賴子

命婦　松室琈子

十月十二日、新宿植物御苑ニ行啓アラセラル、

〔皇太后宮職日記〕 雜掌

明治十三年十月二日、雨、土曜日、

一、本日植物御苑ゑ行啓可被爲在候處、雨天ニ付御延引、

十月十二日、雨、火曜日、

一、本日午前十時御出門、植物御苑ゑ行啓、午後二時五十分還御、

供奉萬里小路大夫兒玉權大書記官竹內侍醫、

〔皇太后宮職日記〕　青山御所屬

明治十三年九月三十日、

一、來ル十月二日午前十時御出門、皇太后宮植物御苑え行啓被仰出候事、

十月十二日、

一、午前第十時當御所ヨリ御出門、植物御苑え皇太后宮行啓被爲在、午後二時四十五分還御、

供奉女官　典侍　萬里小路幸子

掌侍　錦織隆子

權掌侍　吉田瀧

命婦　岡本保子

權命婦　鴨脚八十

女嬬　伊丹鹿子

同　岩波悅子

御先着女官無之候事、

表方供奉

大夫殿　兒玉權大書記官　竹內侍醫

御內儀掛屬　重見澤介

御先着仕人　四名

女官付仕人　二名

女御藤原夙子

三十一日、南大路菅山第ニ行啓アラセラル、
〔皇太后宮職日記〕 青山御所所蔵
明治十三年十月三十一日、
一、午後一時より皇太后宮菅山邸え行啓、同三時四十分比還御、
〔皇太后宮職日記〕 雑掌
明治十三年十月三十一日、晴、日曜日、
一、皇太后宮午後一時より菊花御覧被遊、其後菅山殿へ被為成、四時三十分還御被遊候事、
十一月五日、番能御催アラセラレ、天皇、皇后ノ行幸啓ヲ迎ヘサセラル、皇族及ビ大臣已下ノ諸臣、亦、参殿陪覧ス、
〔皇太后宮職日記〕 青山御所所蔵
明治十三年十一月四日、(五)
一、本日御能興行之事、
一、聖上八時三十分御成、
一、皇后宮八時御成、
一、九時御能初り午後六時ニ畢ル、
一、六時十五分還幸、三十分還御之事、
〔皇太后宮職日記〕 雑掌
明治十三年十一月五日、晴、金、
一、御能御覧ニ付聖上皇后宮午前八時三十分被為成、還幸還御午後七時、
〇中略

一、有栖川一品宮
一、同二品宮同御息所
一、東伏見宮
一、北白川宮
右御參宮之事、
一、太政大臣殿右大臣殿參宮、參議ハ不參、其外爵香間省中勅奏任官判任等拜見ニ參上之事、

明治十四年四月十六日、芝公園内能樂社ニ行啓アラセラレ、能ヲ覽サセラル、

〔皇太后宮職日記〕　青山御所屬

明治十四年四月十六日、晴、
一、本日午前八時御出門、芝能樂社え　皇太后宮行啓、午後六時十五分還御、
供奉御先着女官
陪乘　典侍　萬里小路幸子
供奉　權典侍　平松好子
權掌侍　鴨脚賴子
命婦　松室珥子
○朱書
御先着　午前七時三十分出門
權命婦　鴨脚八十
女嬬　中村誠子
女嬬　小島秀子

宮内省供奉 ○朱書 宮内卿者先キえ直ニ御先着

皇太后宮大夫　萬里小路博房

一等侍醫　池田謙齋

皇太后宮亮　香川敬三

内廷課　御内儀掛　河端誼益

雜掌　松波資之

同　山本直一

○中略

一、本日能樂社ニ於テ番能御覽之事、

〔皇太后宮職日記〕青山御所雜掌

明治十四年四月十六日、晴、土曜日、

一、皇太后宮本日午前八時御出門、芝公園内能樂社え行啓、番能五番幷仕舞御好ニテ數番御覽、畢而午後六時十五分還御、

二十二日、上野公園地内ニ開催セル内國勸業博覽會ニ行啓アラセラル、次イデ五月三日、又、行啓アラセラル、

〔皇太后宮職日記〕青山御所屬

明治十四年四月廿二日、晴、

一、皇太后宮午前九時御出門ニテ内國勸業博覽會場へ行啓被爲在候事、還御七時十分、

供奉幷御先着女官

陪乘　典侍　萬里小路幸子

供奉　　掌侍　　錦織隆子
　　　　權掌侍　吉田瀧
　　　　命婦　　岡本保子
御先着　權命婦　生源寺政子
　　　　女嬬　　北大路忠子
　　　　同　　　山下峯子
宮內省供奉　皇太后宮大夫　萬里小路博房
　　　　　　宮內權大書記官櫻井純造
　　　　　　三等侍醫　　伊東盛貞
內廷課御內儀係
　　　　　　七等屬　　伊東重光
　　　　　　十七等出仕　粟津清秀

五月三日、朝微雨後陰、
一、本日午前第九時御出門、皇太后宮內國勸業博覽會場え行啓被爲在候事、還御六時五十分、
供奉並ニ御先着女官
　陪乘　　權典侍　平松好子
　供奉　　掌侍　　錦織隆子
　　　　　權掌侍　鴨脚勅子
　　　　　命婦　　松室珒子

御先着　權命婦　鴨脚八十
女嬬　小島秀子
女嬬　多閑子
宮內省供奉　皇太后宮大夫　萬里小路博房
宮內權大書記官兒玉愛次郎
二等侍醫　岩佐純
御用掛　佐々木長淳
○下略

〔皇太后宮職日記〕　青山御所內膳課

明治十四年四月廿二日、
一、本日午前九時御出門、內國勸業博覽會場え行啓被爲在、左之通り供進、臣下賜物無之、辨當丈ケハ本課ニ詳、
晝御辨當御食籠御飯御吸物御茶御菓子貳種
○中略
一、本日供奉萬里小路大夫櫻井書記官始七人前七種取肴鮨吸物等、還御之上賜候事、
五月三日、
一、本日午前第九時御出門、內國勸業博覽會場え行啓被爲在、左之通り供進、臣下賜辨當ハ本課ニ記有之、
御茶御菓子貳種
晝御辨當御食籠御飯御吸物
一、午後第七時十分還御、

一、萬里小路大夫始供奉七人前、七種取肴鮨吸物等還御之上賜、

五月一日、南大路菅山第ニ行啓アラセラル、

〔皇太后宮職日記〕　青山御所屬

明治十四年五月一日、曇或微雨、

一、皇太后宮午後一時三十分より菅山邸へ行啓被爲在、櫻花御覧三時三十分斜還御之事、

〔皇太后宮職日記〕　青山御所雜掌

明治十四年五月一日、曇午後小雨、日曜日、

一、菅山どのへ行啓午後一時三十分、三時三十分還啓之事、

十三日、皇后ト共ニ從二位島津忠義第ニ行啓アラセラル、

〔皇太后宮職日記〕　青山御所屬

明治十四年五月十三日、晴、

一、皇太后宮皇后宮御同車ニテ、午前九時御出門、大崎村從二位島津忠義邸へ行啓被爲在候事、

先是八時三十分斜皇后宮御輿ニ而、當御所へ被爲成候事如例、

一、還御午後九時五十分斜、御歸路牛啼坂下表傳馬町迄御一列、夫ヨリ皇后宮ハ直ニ赤坂御所へ還御也、

一、供奉幷御先着女官

陪乘　典侍　萬里小路幸子

供奉　典侍　高倉壽子

掌侍　錦織隆子

權掌侍　樹下範子

命婦　堀川武子
同　松室伊子
御先着
権掌侍　税所敦子
権命婦　吉田艶子
同　生源寺政子
女孺　市岡胡子
同　伊丹鹿子
外ニ女孺三名赤坂御所より先着ス、
宮内省供奉
宮内大輔杉孫七郎
皇太后宮大夫萬里小路博房
皇后宮大夫元田永孚
宮内大書記官香川敬三
同　山岡鐵太郎
二等侍醫　岩佐純
醫員　宮内廣
○下略

〔皇太后宮職日記〕青山御所雜掌
明治十四年五月十三日、晴、午後曇入夜小雨、金曜日、
一、午前九時御出門ニ而大崎村島津忠義邸へ行啓、兩皇后宮御同車也、能樂并ニ琴三味線胡弓尺八等之合奏、琵琶之曲

等アリ、御機嫌麗敷午後九時四十分還御、

二十一日、皇后ト共ニ芝公園内能樂社ニ行啓アラセラル、

〔皇太后宮職日記〕 青山御所藏

明治十四年五月廿一日、晴、

一、皇太后宮皇后宮御同車ニ而午前八時當御所御出門、芝公園地能樂社へ行啓被爲在候事、但シ午前七時斜御輿ニ而皇后宮當御所へ被爲成候事如例、

一、還御午後七時五分前也、

但シ御歸路赤坂表傳馬町壹丁目迄御一列、夫より皇后宮ニハ直ニ假皇居へ還御相成候事、

一、供奉幷先着女官

陪乘典侍四辻清子　供奉權典侍平松好子
供奉權典侍小倉文子　同　權掌侍唐橋貞子
同　權掌侍吉田瀧　同　命婦藤島朝子
命婦岡本保子　同　權命婦鴨脚八十
當御所より同西定子 舊女官　當御所より先着 奏任取扱吉見光子
同　女孺北大路忠子　同　女孺森島祇子
同　權女孺山口兼子　此外赤坂御所より先着命婦女孺等出張人名略之、

一、宮内省供奉

皇太后宮大夫萬里小路博房
皇后宮大夫兼大書記官香川敬三

女御藤原夙子

女御藤原夙子

一等侍講元田永孚　二等侍醫岩佐純
醫員　宮內廣
〇下略

〔皇太后宮職日記〕　青山御所內膳課

明治十四年五月廿一日、
一、午前第八時御出門ニテ芝紅葉館能樂社え行啓被爲在、晝御膳代御辨當別記ニ色目記載、
一、還御午後六時五十五分、

六月十日、新宿植物御苑內華族養蠶場ニ行啓アラセラル、

〔皇太后宮職日記〕　青山御所屬

明治十四年六月十日、雨、
一、皇太后宮午後一時御出門、植物御苑華族養蠶場へ行啓被爲在候事、還御午後四時十分過、

供奉女官　陪乘　典侍　萬里小路幸子
供奉　權掌侍　吉田瀧
命婦　松室伊子
女孺　北大路忠子
同　岩波悅子

省供奉
皇太后宮大夫萬里小路博房
皇太后宮亮　堤正誼
三等侍醫　竹內正信

御用掛　佐々木長淳

○下略

七月六日、番能御催アラセラレ、天皇、皇后ノ行幸啓ヲ迎ヘサセラル、皇族及ビ大臣已下ノ諸臣、亦、參殿陪覽ス、

〔皇太后宮職日記〕　靑山御所屬

明治十四年七月六日、曇時々微雨、

一、皇太后宮番能御催ニ付、聖上午前九時被爲成、皇后宮同八時五十分御輿ニ而被爲成候事、

右ニ付皇族同御息所大臣參議麝香間祗候本省勅奏任官祗候、華族女官一同舊女官共拜見被仰付之事、

省中判任官御用見斗各局課人員三歩一ヅヽ拜見被許候事如例、御能組如左、

八嶋　金剛泰一郎　墨塗　三宅惣三郎　小督　觀世清孝　業平餅　三宅庄一　景清　寶生九郎　犬山伏　藤井芳松　道成寺　梅若實　唐人相撲　野村與作　熊坂　觀世鐵之丞　畢而御

好囃子　融　寶生九郎　クツロキ　能　羅生門　金剛氏重

右相濟午後八時三十分、聖上午後八時五十分還幸、皇后宮九時還御、

〔皇太后宮職日記〕　靑山御所雜掌

明治十四年七月六日、曇折々雨、水曜日、

一、御能爲御覽聖上皇后宮午前九時被爲成、午後九時還幸還御、

一、有栖川一品宮同二品宮伏見宮東伏見宮御參宮之事、

北白川宮御息所華頂宮御息所御參ノ事、

三十日、天皇、奧羽、北海道御巡幸ノ爲、是日、東京ヲ發セラル、仍チ皇后ト共ニ鳳輦ヲ送リテ千住驛ニ行啓アラセラル、

〔皇太后宮職日記〕　靑山御所屬

明治十四年七月三十日、
一、本日午前第八時御發輦ニテ、山形秋田兩縣及北海道御巡幸ニ付、午前七時ヨリ御乘輿ニテ皇太后宮御奉送ノ爲赤坂御所え被爲成、夫ヨリ午前八時三御所御別車御一列ニ而御發輦相成候、
○中略
千住迄御奉送供奉女官
陪乘　典侍　萬里小路幸子
掌侍　平松隆子
命婦　岡本保子
○中略
一、本日御巡幸御發輦ニ付、兩皇后宮御別車ニて聖上御一列、午前八時赤坂御所御出門千住驛迄被爲成御見送り被爲遊、同所より還御之節ハ皇后宮ニハ假皇居へ、皇太后宮ニハ靑山御所へ午後三時十分還御、

〔皇太后宮職日記〕　靑山御所雜掌

明治十四年七月三十日、晴、土曜日、
一、御巡幸御奉送として皇太后宮午前七時赤阪御所へ被爲成、第八時御同列ニ而千住驛へ行幸啓、午後三時十五分赤阪より御別列ニ而還幸之事、

八月三日、南大路菅山第ニ行啓アラセラル、

〔皇太后宮職日記〕　靑山御所屬

明治十四年八月三日、晴陰不定、或雨、
一、皇太后宮午前九時管山邸へ被爲成、十時十分前還御被爲在候事、

〔皇太后宮職日記〕　青山御所雑掌

明治十四年八月三日、朝雨其後晴、水曜日、

一、皇太后宮午前九時過萱山邸へ行啓、暫時にて還御、

十六日、御生母南大路萱山ノ逝去ニ依リ、是日ヨリ五十箇日間、御心喪アラセラル、

〔皇太后宮職日記〕　青山御所屬

明治十四年八月十六日、

○朱書
萱山死去、

十月五日、

一、皇太后宮先比より御内々御心喪被爲在候處昨日限、本日より御平常、

〔皇太后宮職日記〕　青山御所雑掌

明治十四年八月十六日、曇天、

一、萱山殿午後四時御病氣大切ニ而、九條家へ同夜八時被取候ニ付、附添山本屬河端其外仕人等ニ而御送申候也、

八月十九日、晴、

一、萱山殿葬送見送として、屬一人雑掌資之行向候事、

十二月五日、芝公園内能樂社ニ行啓アラセラル、

〔皇太后宮職日記〕　青山御所屬

明治十四年十二月五日、

一、午前八時御出門、皇太后宮芝能樂社え行啓、

供奉女官　御陪乗　典侍　萬里小路幸子

女御藤原夙子

供奉　掌侍　錦織隆子
権(掌)典侍　吉田瀧子
命婦　松室伊子
○中略
省供奉　萬里小路大夫
堤亮
竹内三等侍醫

〔皇太后宮職日記〕青山御所雜掌
明治十四年十二月五日、晴、午後曇天、月曜日、
一、本日午前八時御出門ニ而、皇太后宮芝能樂社ヘ行啓被爲在、○中略午後二(マヽ)十分還御、

〔皇太后宮職日記〕青山御所内膳課
明治十四年十二月五日、
一、本日午前第八時御出門、芝公園地内能樂社ゑ行啓、
○中略
一、午後五時三十五分還御之事、

十六日、番能御催アラセラレ、天皇、皇后ノ行幸啓ヲ迎ヘサセラル、皇族及ビ大臣已下ノ諸臣、亦、參殿陪覽ス、

〔皇太后宮職日記〕青山御所屬
明治十四年十二月十六日、晴、
一、御巡幸濟番能御催ニ付、聖上午前九時被爲成、皇后宮同時被爲成候事、

右ニ付皇族同御息所大臣參議并御巡幸供奉(勅)直奏判任官祗候、近衞當直之輩ぇ陪觀被仰付候事、

追加地方官知事縣令大書記官等同樣被仰付候事、

御能番組如左、

春永 金剛泰一郎 鉢木 梅若實 殺生石 寶生九郎 烏帽子折 觀世鐵之丞 狂言 素袍落 藤井寢(孝) 音曲 三宅庄市 不聞坐頭 野村與作

御好囃子 紅葉狩 九郎 同仕舞 玉之段 鐵之丞 鵜之段 泰一郎 碇潜 唯一 熊坂 清廉 昭君 實 項羽 龜太郎 春日龍神 清廉

右午後七時三十分相濟、

聖上午後八時五十分還幸、皇后宮同時還御、

〔皇太后宮職日記〕 青山御所雜掌

明治十四年十二月十六日、陰晴、金曜日、

一、御能爲御覽聖上皇后宮午前九時被爲成、御好仕舞等數番、畢而午後六時三十分還幸還御、

有栖川一品宮同二品宮伏見二品宮東伏見二品宮北白川二品宮御參、岩倉右大臣佐々木參議參內ニ相成候事、

○中略

御巡幸供奉之輩不殘本日供奉等ニテ拜見、但奥羽北海道御巡幸供奉不殘地方官上京、

朱書 知事縣令拜見被仰付候事、

明治十五年二月三日、芝公園內能樂社ニ行啓アラセラル、

〔皇太后宮職日記〕 青山御所宮內省

明治十五年二月三日、曇朝雪、

一、皇太后宮午前八時御出門、芝公園地能樂社ぇ行啓被爲在候事、還御午後七時五分過也、

一、供奉女官如左、

女御藤原夙子

陪乘　典侍　萬里小路幸子
供奉　權典侍　平松好子
權掌侍　吉見光子
命婦　岡本保子
御先着　舊女官　西定子
權命婦　生源寺政子
同　生源寺須賀子
女嬬　北大路忠子
同　市岡胡子
同　森島祇子
同　山下峯子
十七等出仕多益江

右御先着、午前七時三十分ヨリ出行、四人乘馬車二輛、仕人貳人隨行、

○中略

省中供奉　皇太后宮大夫萬里小路博房
皇太后宮亮　堤正誼
五等侍醫　高階經德

○下略

四月十九日、皇后ト共ニ芝公園内能樂社ニ行啓アラセラル、

〔皇太后宮職日記〕　青山御所宮内省

明治十五年四月十九日、晴、

一、芝公園地能樂社へ午前八時當御所御出門、皇太后宮皇后宮御同車ニ而行啓被爲在候事、

一、皇后宮午前七時三十分御輿ニ而被爲成候事、

一、皇太后宮午後六時四十五分還御之事、

但シ還御之節ハ御別車御同列、當御所御門前より皇后宮直ニ赤坂御所へ還御之事、

一、當御所供奉之女官幷御先着左之通、

陪乘　典侍　萬里小路幸子

供奉　掌侍　錦織隆子

同　權掌侍　吉田瀧

同　命婦　松室伊子

御出門之後出行　權命婦　鴨脚八十

○中略

省中供奉　皇太后宮大夫萬里小路博房

皇后宮大夫　香川敬三

四等侍醫　伊東盛貞

○下略

〔橋本實麗日記〕

明治十五年四月十九日戊子、晴、本日兩皇后行啓于芝公園内能樂堂、有御覽、依之予同見物向、前七時行向、后六時前歸家、

女御藤原夙子

實梁同伴也、

五月十六日、芝公園地內能樂社ニ行啓アラセラル、

〔皇太后宮職日記〕 青山御所宮內省

明治十五年五月十六日、晴、

一、皇太后宮午前九時御出門、芝公園地內能樂社え行啓被爲在候事、還御午後四時三十分、

一、供奉女官如左、

陪乘 典侍 萬里小路幸子

供奉 掌侍 錦織隆子

權掌侍 吉見光子

命婦 松室伊子

御先着 舊女官 西定子

舊女官 鳥居大路信子

舊女官 梨木持子

權命婦 生源寺政子

○中略

省中供奉 皇太后宮大夫萬里小路博房

皇太后宮亮 堤正誼

一等侍醫 伊東方成

○下略

十九日、皇后ト共ニ上野公園地内博物館ニ行啓アラセラル、

〔皇太后宮職日記〕　青山御所宮内省

明治十五年五月十九日、

一、皇太后宮午前八時二十分御出門ニ而赤阪御所ゑ被爲成、夫より兩皇宮御同車ニテ上野博物館ゑ行啓被爲在候事、

還御午後四時五十分、

但御同列御別車、赤阪御所御門前より皇太后宮ハ直ニ當所へ還御之事、

供奉女官　權典侍　平松好子

權掌侍　吉田瀧

權命婦　生源寺政子

○中略

省中供奉　大夫　萬里小路博房

權少記官（書記カ）床見義脩

二十二日、番能御催アラセラレ、天皇、皇后ノ行幸啓ヲ迎ヘサセラル、皇族及ビ大臣已下諸臣、亦、參殿陪覽ス、

〔皇太后宮職日記〕　青山御所宮内省

明治十五年五月廿二日、

一、本日正午十二時より番能御催ニ付、聖上午十二時被爲成、皇后宮十一時三十分被爲成、

右ニ付例之通夫々陪觀被仰付候事、

御能濟午後七時三十分、還幸八時三十分、還啓八時五十分、

〔番能録〕　皇太后宮職

女御藤原夙子

明治十五年五月十九日、
來ル廿二日午前八時ヨリ青山御所ニ於而番能御催ニ付、宮御方御所望ニ被爲在候ハヾ御參可被成樣御申上可有之旨、皇太后宮大夫申聞候間、此段申入候也、

十五年五月十九日　　書記官

有栖川一品宮御附藤井希璞

右同文、文中被爲在候ハヾ御息所并三品親王御息所御同伴御參可被成候樣以下同文、

有栖川二品宮御附藤井希璞

右同文、文中被爲在候ハヾ御息所御同伴御參可被成樣以下同文、

東伏見宮御附柴山典

伏見宮御附浦田長民

北白川宮御附三吉愼藏

右同文、文中御催ニ付故三品宮御息所御所望ニ被爲在候ハヾ御參可被成樣以下同文、

華頂宮御附武田敬孝　御不參之事申出ル、

來ル廿二日午前八時ヨリ青山御所ニ於テ番能御催ニ付、御所望ニ候ハヾ御參可被成樣皇太后宮大夫ヨリ申上度旨ヲ以、香川皇后宮大夫ヨリ左ノ向ヘ口上ニテ通知之事、

大臣　但令室令娘御同伴ノ事、

參議

來ル廿二日午前八時ヨリ青山御所ニ於テ番能御催相成候間、御都合次第御推參可被成旨、本省當番書記官ヨリ左ノ向ヘ口上ニテ通知之事、但掛リ屬官各局課ヘ相廻リ通知可致置候旨香川大夫殿被申聞候事、

近衛從一位
久我正二位
元田一等侍講
侍醫局勅奏任官
侍從局
文學御用掛奏任官
式部寮奏任官
來ル廿二日午前八時ヨリ青山御所ニ於テ畨能御催相成候間、御所望ニ候ハヾ御推參不苦候、御一列ヘモ御傳ヘ可有之、此段申入候也、
十五年五月十九日
皇太后宮大夫
從一位中山忠能殿
右同文御推參不苦候、此段申入候也、
正二位前田齊泰殿
御能拜見之義青山御所奥向ヨリ左ノ向ヘ通知之事、
兩御所女官判任官已上
隱居女官判任官已上
內掌典
同上之義掛リ屬官ヨリ口上ニテ當日左ノ向ヘ通知之事、
青山御所詰近衛士官

同詰祗候華族

來ル廿二日午前八時ヨリ青山御所ニ於テ番能御催相成候條、爲御心得此段及御通知候也、

宮內省

近衞局

追テ本文之義ニ付青山御所樂屋入口貳枚戸同日午前五時ヨリ開扉候ニ付テハ、同日ニ限リ別紙印紙ヲ以同所出入爲致候間、照準ノ爲壹葉御廻シ申候、尤右印紙携持無之者ハ總テ通行御差止メ有之度候也、

青山御所ニ於テ來ル廿二日午前八時ヨリ番能御催相成候ニ付テハ、省中判任官ハ同日御用見計同御所へ參上拜見不苦候旨御傳達可申樣書記官被申聞候間、此段及御通知候也、

但拜見人員ハ各局課判任官ノ五分一ニ候事、

本省庶務課

侍講局　侍醫局　出納課　內膳課

內匠課　調度課　內廷課　御厩課

諸規取調所　植物御苑

門監長　式部寮

追テ青山御所常詰幷當日御用ニテ出張ノ判任官以下へ蚤夕辨當被下候間人名御取調本日中當課へ御差出有之度、且當日拜見トシテ參上判任官人名明廿日中當課へ御差出有之度候也、

廿一日、

明廿二日午前八時ヨリ青山御所ニ於而番能御催相成候旨申入置候處、御都合有之、同日正午十二時ヨリ御催相成候間、此段更ニ申入候也、

十五年五月廿一日　書記官

有栖川一品宮御附

有栖川二品宮御附

東伏見宮御附

伏見宮御附

北白川宮御附

華頂宮御附

六月七日、皇后ト共ニ新宿植物御苑内華族養蠶場ニ行啓アラセラル、

〔皇太后宮職日記〕　青山御所宮内省

明治十五年六月七日、

一、本日植物御苑華族養蠶所え　兩皇后宮行啓ニ付、皇后宮御輿ニ而當御所え午前八時三十分被爲成候事、

一、午前九時當御所より御出門、本日ハ西通用御門ヨリ兩皇后宮御同車ニ而華族養蠶え行啓被爲在候事、

供奉女官　陪乘　四辻清子

青山御所女官　萬里小路幸子

錦織隆子

松室伊子

○中略

省供奉　萬里小路大夫殿

香川大夫殿

女御藤原夙子

附醫高階經徳

午後二時還御、

二十日、番能御催アラセラレ、天皇、皇后ノ行幸啓ヲ迎へサセラル、皇族及ビ諸臣、亦、參殿陪覽ス、

〔皇太后宮職日記〕　青山御所宮内省

明治十五年六月廿日、晴、

一、本日午前九時ヨリ當御所ニ於テ番能御催、八時三十分聖上御乗馬　皇后宮御輿被爲成、午後七時番能終リ、同八時還幸

還御、

番能組

知章　金剛唯一

夷大黒　山脇元清

吉野静　金春廣成

鼻取相撲　三宅庄市

鐵輪　梅若實

早鼓

蟬

石橋　觀世鐵之丞　梅若六郎

師資十二段之式

老武者　藤井芳松

鞍馬天狗　寶生九郎

御乞被爲在如左

藤戸　梅若實

歌占　寶生九郎

右御囃子

山姥　金剛唯一

田村　梅若六郎

照君　觀世鐵之丞

籠　金剛泰一郎

殺生石　觀世清孝

熊坂　金春廣成

右仕舞

望月　櫻間伴馬　寶生新作

右能

委敷別番組ニアリ、

一、皇族方

有栖川一品宮

北白川御息所

一、宮內卿以下拜見人別帳ニ記、

十月二十四日、皇后ト共ニ芝公園地內能樂社ニ行啓アラセラル、

女御藤原夙子

〔皇太后宮職日記〕　青山御所宮内省

明治十五年十月廿四日、晴、

一、皇太后宮午前八時御出門、芝公園地能楽社江行啓被為在候事、還御午後五時二十分也、

供奉女官如左

陪乗　典侍　萬里小路幸子

供奉　權典侍　平松好子

同　權掌侍　吉田瀧

同　命婦　松室伊子

御先着　權命婦　鴨脚八十

○中略

省中供奉

大夫　萬里小路博房

亮　堤正誼

侍醫　竹内正信

○下略

十一月十三日、番能御催アラセラレ、天皇、皇后ノ行幸啓ヲ迎ヘサセラル、皇族及ビ諸臣、亦參殿陪覧ス、

〔皇太后宮職日記〕　青山御所宮内省

明治十五年十一月十三日、

一、本日午前八時三十分より番能御催被爲在候事、

但御能番組別記、

右ニ付聖上午前九時、皇后宮午前八時三十分被爲成、御能午後九時三十分相濟、午後十時聖上皇后宮還幸啓ニ相成候事、但皇后宮者表東廂ヨリ、

〔番能錄〕　皇太后宮職

明治十五年十月三十日、

來ル十三日午前八時三十分ヨリ青山御所ニ於テ番能御催ニ付、宮御方御所望ニ被爲在候ハヾ御參可被成樣御申上可有之旨、皇太后宮大夫申聞候間、此段申入候也、

十五年十一月九日　　書記官

有栖川一品宮御附藤井希璞

右同文、文中二品宮御息所御所望ニ候ハヾ三品宮御息所御同伴御參可被成候樣已下同文

有栖川二品宮御附藤井希璞

右同文、文中宮御方御所望ニ被爲在候ハヾ御息所御同伴已下同文、

東伏見宮御附柴山

北白川宮御附三吉

右同文、文中景子御方井御息所御同伴已下同文、

伏見宮御附淺田

來ル十三日午前八時三十分ヨリ青山御所ニ於テ番能御催ニ付、御所望ニ候ハヾ御參可被成樣皇太后宮太夫ヨリ申上度旨ヲ以本省書記官ヨリ內閣ヘ口上ニテ御申入之事、

但　大臣ヘハ庶務課能掛ヨリ家令ヘ申入位ニテ可然候事、

右同上ニ付御都合次第御推參可被成旨、本省書記官ヨリ左ノ向ヘ口上ニテ御通知ノ事、
但例之通掛リ屬官各局課ヘ廻リ本文之趣申傳ヘ候事、
近衛從一位久野ヘ遣
久我正二位　山岡正五位
侍講勅任
侍醫勅奏任官　賀川ヘ
侍從局　高辻ヘ
文學御用掛奏任官　西尾ヘ　藤堂從四位
式部寮勅奏任官　丸岡ヘ
但副島伊地知宍戸辻等ノ御用掛幷各局課外奏任官御用掛等ヘハ、本年五月ノ通リ御通知不致事、
來ル十三日午前八時三十分ヨリ青山御所ニ於テ番能御催相成候間、御所望ニ候ハヾ御推參不苦候、御一列ヘモ御傳ヘ可有之、此段申入候也、
皇太后大夫
從一位中山忠能殿
右同文御推參不苦候、此段申入候也、
正二位前田齋泰殿

十八日、皇后ト共ニ上野公園地內ニ開催セル內國繪畫共進會ニ行啓アラセラル、
〔皇太后宮職日記〕　青山御所宮內省
明治十五年十一月十八日、晴、

一、皇太后宮皇后宮内國繪畫共進會場出品爲御覽午前九時三十分假皇居御出門、御別車御同列ニ而同所へ行啓被爲在候事、

一、皇太后宮午前九時五分前御輿ニ而假皇居へ被爲成候事、御同所へ還御午後四時、其後當御所へ御輿ニ而午後五時二十分前還御之事、

一、當御所供奉之女官

陪乘　權典侍　平松好子

供奉　掌侍　錦織隆子

命婦　松室伊子

○中略

右之外皇太后大夫殿供奉餘ハ略ス、

二十日、新宿植物御苑内華族製糸場ニ行啓アラセラル、

〔皇太后宮職日記〕　青山御所宮内省

明治十五年十一月廿日、晴、

一、皇太后宮午後一時御出門、植物御苑へ行啓、華族製糸場御覽被爲在候事、

一、還御三時二十五分過也、

一、右ニ付供奉女官

陪乘　典侍　萬里小路幸子

供奉　權掌侍　吉見光子

權命婦　生源寺政子

○中略

右

皇太后宮大夫萬里小路博房

同　亮堤正誼

二等侍醫　岩佐純

○中略

一、製糸場御覽御次第書別記且社長掛員幷男女就業人等へ御内儀より御菓子被下之事、昨年皇后宮同所へ被爲成候之通、

右之外被下物ハ本省ニ而取扱之事、

〔皇太后宮職日記〕雜掌

明治十五年十一月廿日、晴、月曜日、

一、皇太后宮午後一時御出門ニ而植物御苑へ行啓、製糸場御覽、午後三時十五分還御、

十二月五日、芝公園地内能樂社ニ行啓アラセラル、

〔皇太后宮職日記〕青山御所宮内省

明治十五年十二月五日、晴、

一、皇太后宮午前八時御出門、芝公園地能樂社え行啓被爲在候事、還御午後六時也、

供奉女官人名

典侍　萬里小路幸子

掌侍　錦織隆子

権掌侍　吉見光子
命婦　松室伊子
権命婦　生源寺政子
同　生源寺須賀子
○中略
省中供奉
大夫　萬里小路博房
亮　堤正誼
侍醫　竹内正信
○下略

明治十六年二月六日、芝公園地内能楽堂ニ行啓アラセラル、

〔皇太后宮職日記〕青山御所宮内省

明治十六年二月六日、晴、

一、皇太后宮午前八時三十分御出門芝公園地能楽堂ゑ行啓被爲在候事、還御午後六時五十分也、

供奉女官人名
陪乗　典侍　萬里小路幸子
供奉　権典侍　平松好子
権掌侍　吉田瀧
権命婦　生源寺政子

女御藤原夙子

御先着　權命婦　鴨脚八十

同　　梨木房榮

○中略

省中供奉

皇太后宮大夫　萬里小路博房

皇太后宮亮　堤正誼

五等侍醫　高階經德

○下略

三月二十七日、芝公園地內能樂堂ニ行啓アラセラル、

〔皇太后宮職日記〕　靑山御所宮內省

明治十六年三月廿七日、晴、

一、皇太后宮午前八時三十分御出門、芝公園地能樂堂へ行啓被爲在候事、還御午後七時十五分前也、

供奉女官

陪乘　典侍　萬里小路幸子

權掌侍　吉見光子

命婦　松室玶子

以下先着

權命婦　鴨脚八十

同　　生源寺須賀子

○中略

省中供奉

皇太后宮大夫　萬里小路博房

皇太后宮亮　堤正誼

三等侍醫　竹内正信

○下略

四月十八日、上野公園ニ行啓アラセラレ、園内ヲ御巡覽アリ、同所ニ開催セル水産博覽會ヲ覽サセラレ、尋イデ向ケ岡彌生園ニ行啓アラセラル、

〔皇太后宮職日記〕　靑山御所宮内省

明治十六年四月十八日、晴、

一、皇太后宮午前八時三十分御出門、上野公園地内櫻花御巡覽、次ニ水産博覽會場御通覽被爲在、其後公園地内山王臺東手農商務省官舎ニ而御小休被爲在、夫より向ケ岡彌生園等へ行啓被爲在候事、還御午後第四時也、

供奉女官

陪乘　典侍　萬里小路幸子

供奉　權掌侍　吉田瀧

同　命婦　松室伊子

同　權命婦　鴨脚八十

○中略

省中供奉

女御藤原夙子

皇太后宮大夫　萬里小路博房
一等侍醫　伊東方成
權少書記官　麻見義修
○下略

〔按〕本條ニ就キテハ明治十九年四月十二日ノ條ヲ參看スベシ、

五月二十三日、番能御催アラセラル、天皇、皇后ノ行幸啓ヲ迎ヘサセラル、皇族及ビ諸臣、亦、參殿陪覽ス、

〔皇太后宮職日記〕青山御所宮內省

明治十六年五月廿三日、薄曇、
一、本日午前九時ヨリ當御所ニ於テ番能御催相成、午後十時千秋樂、
一、聖上御乘馬ニ而午前九時被成、午後十時三十分還幸、
一、皇后宮午前八時三十分被爲成、午後十時四十分還御、

御能番組
○中略
右御能委敷ハ別紙有記、
一、皇族方
一、有栖川一品親王並御息所
一、有栖川二品親王並御息所
一、小松宮並御息所
一、伏見宮並御息所

右之通リ拜覽被爲在候事、

〔番能錄〕　皇太后宮職

明治十六年五月十四日、

來ル廿三日午前九時ヨリ青山御所ニ於テ番能御催ニ付、一品宮二品宮幷御息所、御所望ニ被爲在候ハヾ三品宮御息所御同伴御參可被成樣御申上可有之旨、皇太后宮大夫申聞候間、此段申入候也、

十六年五月十九日　宮內書記官

有栖川宮御附宛

右同文、文中宮御方御息所御所望ニ被爲在候ハヾ御參可被成已下同文、

小松宮御附

北白川宮御附

右同文、文中宮御方景子御方幷御息所御所望ニ被爲在已下同文、

來ル廿三日午前九時ヨリ青山御所ニ於テ番能御催ニ付御所望ニ候ハヾ御參可被成樣皇太后宮大夫ヨリ申上度旨御申上有之度、此段申入候也、

宮內省御能御用掛屬

三條太政大臣殿

岩倉右大臣殿

各通

御家令中

右同上ニ付御都合次第御推參可被成旨、御能御用掛屬左ノ局課ヘ廻リ口上ニテ申入レ之事、但奏任以上ノ向ヘ、

侍講局　侍醫局　侍從局

文學御用掛　宸翰取調所　諸規取調所
華族局　式部寮　襴衫委員長
東久世委員長
青山御所詰近衛士官參朝中入ル、
同　祗候華族　同上
山岡正四位書記官ヨリ書面ニテ申入、
床次　同上
右之外副島伊地知宍戸辻及各局課外奏任官幷御用掛之向ヘハ昨年十一月ノ節通リ御通知不致候事、
來ル廿三日午前九時ヨリ青山御所ニ於テ番能御催相成候間御所望ニ候ハヾ御推參不苦候御一列ヘモ御傳ヘ可有之此段申入候也、
萬里小路皇太后宮大夫
従一位中山忠能殿
右同文文中御推參不苦候間此段申入候也、
正二位前田齊泰殿

六月七日、新宿植物御苑内華族養蠶社ニ行啓アラセラル、

〔皇太后宮職日記〕　青山御所宮内省
明治十六年六月七日、
一、本日午後一時十分御出門、表御門皇太后宮植物御苑養蠶社ヘ行啓、午後三時三十分還御被爲在候事、赤坂御所え報知ス、
陪乘　權典侍　平松好子

供奉　權掌侍　吉見光子
同　命婦　松室玥子
○中略
本省供奉
萬里小路大夫
權少書記官　田邊新七郎
三等侍醫　伊藤盛貞
○下略

八日、芝公園地內能樂堂ニ行啓アラセラル、

〔皇太后宮職日記〕青山御所宮內省
明治十六年六月八日、朝雨夕曇、
一、皇太后宮本日午前八時三十分御出門、芝公園內能樂堂え行啓被爲在、午後六時三十分還御被爲成候事、
陪乘　典侍　萬里小路幸子
供奉　權典侍　平松好子
同　掌侍　錦織隆子
同　命婦　松室玥子
先着　舊女官　西定子
同　權命婦　生源寺政子
○中略

省中供奉
皇太后宮大夫萬里小路博房
權少書記官　田邊新七郎
侍醫　高階經德
同心得　猿渡盛雅
○下略

十二日、皇后ト共ニ芝離宮ニ行啓アラセラル、

〔皇太后宮職日記〕青山御所宮內省

明治十六年六月十二日、晴、
一、皇后宮午前十時五十分御輿ニテ被爲成候事、
一、兩皇后宮御別車御一列ニテ午前十一時二十分御出門、芝離宮ゑ行啓被爲在、午後六時四十分還御之事、但シ皇后宮還御之節ハ御別列也、
陪乘　典侍　萬里小路幸子
供奉　掌侍　錦織隆子
同　權命婦　生源寺政子
○中略
省中供奉
皇太后宮大夫　萬里小路博房
權大書記官　長田銈太郎

侍醫　伊東盛貞
同心得　猿渡盛雅

○下略

十一月八日、府下品川硝子製造所ニ行啓アラセラレ、硝子製造ノ狀ヲ覽給ヒ、尋イデ品川海岸ニ於テ漁業ヲ御覽アラセラル、

〔皇太后宮職日記〕青山御所宮內省

明治十六年十一月八日、晴、
一、本日皇太后宮午前九時御出門、品川硝子製造所ゑ行啓被爲成、夫ニ品川在大井村松澤吉五郎方ニ而御休憩御晝餐被召上午後五時還御、

供奉女官　陪乘　萬里小路幸子
供奉　吉見光子
同　松室伊子
同　生源寺須賀子

○中略

省中供奉　皇太后宮大夫　萬里小路博房
宮內權小書記官田邊新七郎
四等侍醫　高階經德
醫員　宮內廣

○下略

女御藤原夙子

〔皇太后宮職日記〕 青山御所雜掌

明治十六年十一月八日、晴、木曜日、

一、本日前九時御出門品川硝子製造所え行啓、製作方御巡覽、畢而同所松澤吉五郎方ニ於テ御晝食、品川海漁業御覽後、

四時五十分還御、供奉萬(里)小路大夫田邊書記官高階侍醫佐々木御用掛、○下略

十五日、皇后ト共ニ龍池會第四回觀古美術會ニ行啓アラセラレ、尋イデ從一位中山忠能第内ノ明宮嘉仁親王御殿ニ御立寄アラセラル、

〔布達錄〕 皇太后宮職

明治十六年十一月十日、

皇太后宮、皇后宮來ル十五日午後一時青山御所御出門、龍池會第四回觀古美術會場へ行啓、夫より麴町區有樂町壹丁目三番地明宮御住居へ御立寄被遊候旨被仰出候條、此段相達候也、

十六年十一月十日

追而御道筋別紙之通有之、且供奉之輩へ夕辨當被下候事、

〔皇太后宮職日記〕 青山御所宮内省

明治十六年十一月十五日、晴、

一、皇后宮本日正午十二時當御所へ被爲成、午後一時皇太后宮皇后宮御別車御一列ニ而日比谷御門内神宮教院觀古美術會場え被爲成、次ニ中山從一位邸明宮御殿エ御立寄被爲在、夫ヨリ御別列ニ而午後七時還御、

供奉女官

陪乘 典侍 萬里大路幸子

供奉 掌侍 錦織隆子

同　　權命婦　生源寺政子
○中略
省中供奉
皇太后宮大夫　萬里小路博房
皇后宮亮　　兒玉愛次郎
宮内權大書記官足立正聲
侍醫　　　　池田謙齋
○下略

十九日、番能御催アラセラレ、天皇、皇后ノ行幸啓ヲ迎ヘサセラル、皇族及ビ諸臣、亦、參殿陪覽ス、

〔皇太后宮職日記〕青山御所宮内省

明治十六年十一月十九日、晴、
一、本日於當御所番能御催、午前八時五十分被始、午後七時四十分相濟、
一、聖上午前八時三十五分御乘馬ニ而被爲成、御中殿より御昇降、還幸午後八時十分也、
皇后宮午前八時三十分御乘輿ニ而被爲成、同所ニ而御下乘之事、還御午後八時二十分也、
一、明宮午前九時御住所中山より御馬車ニ而被爲成、御車寄より御昇降、供奉中山忠能其外祗候華族御用掛り御附女等也、
一、伏見宮北白川宮等拜見參宮、其他宮幷御息所ニ參宮無之、
一、三條太政大臣幷他省勅奏任官ニシテ當省御用掛兼勤之人々麝香間祗候宮中祗候五六名之外前田利鬯藤堂高潔等拜見參宮、人名別記、

女御藤原夙子

一、本省幷式部寮勅奏任官准奏任御用掛之數名拜見、人名別記、外ニ供奉近衞士官當御所詰當直之士官等も拜見、右之輩へ晝辨當幷酒肴菓子等被下之事如每事、
一、當省判任官御用見斗拜見出頭被許如例、且判任官以下御用有之者へハ晝夕辨當被下之事、
○中略
一、本省より御能掛り屬青木行方山田永利等出頭之事、
一、午後一時斗明宮御苑之菊花爲御覽御庭へ被爲成、供奉中山從一位堤書記官其外祗候女官等暫時ニシテ還御相成候事、其後午後四時十分御住所へ還御相成候事、

二十八日、皇后ト共ニ學習院ニ行啓アラセラレ、生徒課業ノ狀ヲ覽サセラル、

〔皇太后宮職日記〕　青山御所宮内省

明治十六年十一月廿八日、晴、
一、皇后宮本日午前九時當御所え被爲成同九時三十分
一、皇太后宮皇后宮御別車御一列ニ而學習院え被爲成、生徒小學科體操唱歌插花料理等御覽被遊、御別列ニ而午後三時還御、
供奉女官
陪乘　典侍　萬里小路幸子
供奉　權掌侍　吉田瀧
同　命婦　松室琤子
○中略
省中供奉

皇太后宮大夫　萬里小路博房
皇后宮大夫　香川敬三
皇后亮　兒玉愛次郎
大書記官　足立正聲
侍醫　竹内正信
○下略

十二月三日、芝公園地内能樂堂ニ行啓アラセラル、

〔皇太后宮職日記〕　青山御所宮内省

明治十六年十二月三日、晴、
一、皇太后宮午前八時三十分御出門、芝公園地能樂堂え行啓被爲在、還御午後六時十分也、

供奉女官
陪乘　典侍　萬里小路幸子
掌侍　錦織隆子
權命婦　生源寺政子
同　梨木房榮
以下御先着
權掌侍　吉見光子
權命婦　鴨脚八十
○中略

省中供奉　大夫　萬里小路博房
亮　堤正誼
侍醫　竹内正信
○下略

明治十七年二月十六日、芝公園地内能樂堂ニ行啓アラセラル、

〔皇太后宮職日記〕青山御所宮内省

明治十七年二月十六日、晴、
一、皇太后宮午前八時三十分御出門、芝公園地内能樂堂へ行啓被爲在候事、
但シ皇后宮ニモ同時御出門、假皇居ヨリ御別列ニ而被爲成之處、昨日御都合有之無其儀旨被仰出之事、
還御午後六時三十分也、
供奉女官
陪乘　典侍　萬里小路幸子
權典侍　平松好子
權掌侍　吉田瀧
權命婦　生源寺政子
以下先着
權命婦　鴨脚八十
同　梨木房榮
○中略

省中供奉

皇太后宮大夫　萬里小路博房

權少書記官　麻見義修

一等侍醫　池田謙齋

○下略

三月二十四日、皇后ト共ニ神奈川縣杉田村邊ニ行啓アラセラル、

〔皇太后宮職日記〕青山御所宮内省

明治十七年三月廿四日、雨、

一、皇太后宮午前七時三十分御出門、皇后宮同時御出門、新橋より御同列、同八時拾五分同所發別仕立汽車乘御、横濱ヨリハ御別車御同列ニ而神奈川縣下杉田村邊ゑ行啓、即日還御午後八時也、

供奉女官　陪乘　錦織隆子

供奉　吉見光子

同　松室琤子

御先着　生源寺政子

市岡胡子

伊丹鹿子

省中供奉　堤亮

○下略

〔布達錄〕皇太后宮職

女御藤原夙子

明治十七年三月廿三日、

皇太后宮來ル廿四日午前七時三十分青山御所御出門、皇后宮同日同時假皇居御出門、新橋より御同列ニテ同八時前五分同所發別仕立汽車乘御、神奈川縣下下（マヽ）久良岐郡杉田村邊へ行啓、即日還御被爲在候旨被仰出候條、御休憩所下御道筋調書相添此段相達候也、

十七年三月廿三日

追而供奉御先著人名即刻庶務課へ可申出、且供奉御先着之輩へ晝夕兩度辨當被下候條此段相達候也、

三月廿四日

行啓御休憩所

御小休　新橋 横濱 停車場

御召換所

御小休　笹下村　石川喜右衛門

御輿寄場　杉田村　鈴木又右ェ門

御晝休　杉田村　妙法寺

青山御所より新橋停車場へ御道筋

青山御所より左へ青山通り牛啼阪ヲ下り赤坂表壹丁目右へ田町通り六丁目左へ折廻り葵坂ヲ新道右へ工部省表門通り右へ左へ折廻り右側明舟町 左舟琴平町通り北櫻橋ヲ渡り烏森神社前通り左へ右側日蔭町 左側烏森町通り右へ右側日蔭町 左側芝口一丁め新橋停車場へ御順路

横濱停車場より杉田村迄御道筋

横濱停車場ヨリ辨天橋ヲ渉リ斜ニ右へ吉田町馬車道右へ吉田橋ヲ渡リ斜ニ右へ福富町壹丁め左へ清正公前ヲ經

テ右へ長者町通リ假警察署前ヨリ左へ米吉町通リ吉田新田下大岡村上大岡村ヲ經テ笹下村石川善右衛門方

御小休

同所ヨリ左へ田中村栗木村ヲ經テ上中里村境ヨリ左へ杉田村妙法寺へ御順路同所

御小休

同所より上中里村境ヲ出テ栗木村等ヲ經テ笹下村石川善右衛門方

御小休

同所ヨリ前御道筋　還御

四月八日、皇后ト共ニ芝公園地内能樂堂ニ行啓アラセラル、

〔皇太后宮職日記〕　青山御所宮内省

明治十七年四月八日、微雨、

一、皇太后宮午前八時三十分青山御所御出門、芝公園内能樂堂ゑ行啓被爲成午後八時還御之事、

但シ皇后宮ニモ午前九時假皇居御出門、同所能樂堂ゑ行啓相成候事、

陪乘　典侍　萬里小路幸子

供奉　權掌侍　吉見光子

御用掛　竹屋作根

命婦　松室玶子

御先着午前八時出門、

權命婦　生源寺政子

同　生源寺須賀子

女御藤原夙子

○中略

省中供奉

香川宮内少輔

田邊權少書記官

○下略

二十四日、皇后ト共ニ神奈川縣小金井村ニ行啓アラセラル、

〔皇太后宮職日記〕　青山御所宮内省

明治十七年四月廿四日、晴、

一、本日午前七時御輿ニて皇后宮當御所え被爲成、

一、皇太后宮御別車御同列ニて午前八時當御所御出門、武藏國多摩郡小金井村え行啓、還御之節ハ小金井村より御別列ニて午後六時三十分過還御、

供奉女官

陪乘　典侍　萬里小路幸子

供奉　權掌侍　吉田瀧

權命婦　生源寺政子

御先着午前七時出門、

權命婦　梨木房榮

○中略

省中供奉

皇太后宮大夫　杉孫七郎
皇后宮亮　兒玉愛次郎
侍醫　高階經德
○下略

五月二十七日、芝公園地内能樂堂ニ行啓アラセラル、

〔皇太后宮職日記〕青山御所宮内省
明治十七年五月廿七日、晴、火曜日、
一、皇太后宮午前九時青山御所御出門、芝公園内能樂堂え行啓被爲成、午後六時五十五分還御、
供奉女官
陪乘　典侍　萬里小路幸子
供奉　權掌侍　吉田瀧
命婦　松室玶子
權命婦　生源寺須賀子
先着　權命婦　鴨脚八十
○中略
省中供奉
皇太后宮大夫　杉孫七郎
同亮　堤正誼
侍醫　竹内正信

女御藤原夙子

○下略

二十九日、上野公園地内ニ開催セル第二回内國繪畫共進會ニ行啓アラセラル、

〔皇太后宮職日記〕青山御所宮内省

明治十七年五月廿九日、曇或微雨、

一、皇太后宮午前九時三十分御出門、上野公園内繪畫共進會場へ行啓被爲在候事、還御午後五時二十分也、

供奉女官

陪乘 典侍 萬里小路幸子

供奉 權掌侍 吉見光子

權命婦 生源寺政子

先着 同 生源寺須賀子

○中略

皇太后宮大夫 杉孫七郎

一等侍醫 伊東方成

皇太后宮亮 堤正誼

○下略

〔幸啓錄〕明治十七年 二

第一五號 皇太后宮上野公園内繪畫共進會場へ行啓ノ件

明治十七年五月廿九日

第二回内國繪畫共進會皇太后宮行啓順序

一、本日午前九時農商務卿、本會幹事長、審査長、審査、御用掛、其他掛員幷各府縣委員一同フロックコート着用、羽織袴代用苦シカラズ参場、

午前第九時三十分

御出門、第十時四十分着御、本會奏任官以上博物館階段前ニ於テ奉迎、農商務卿御先導、同館樓上ニ於テ暫時御休憩、

農商務卿御先導ニテ會場ヘ出御、第一館陳列品御覽、

一、正午十二時博物館樓上ニ入御御晝餐、

一、午後第一時審査官揮毫御覽、

一、午後第二時會場ヘ出御、第二館陳列品御覽、

一、右了テ再ビ樓上ニ御休憩、

一、還啓諸員奉送奉迎ノ時ノ如シ、

六月五日、横須賀ニ行啓、造船所等ヲ御巡覽アラセラル、

〔皇太后宮職日記〕 青山御所宮内省

明治十七年六月五日、曇木曜、

一、皇太后宮本日午前五時四十分御出門、同六時三十分新橋別仕立汽車ニ乘御、東海鎭守府ヨリ御船ニて横須賀造船所ヘ行啓被爲在、同日午後七時四十分還御、但シ午後八時十五分横濱別仕立汽車え御乘車之處御都合ニ寄午後六時三十分ニ操揚ゲ相成候事、

陪乘　典侍　萬里小路幸子

供奉　掌侍　錦織隆子

同　命婦　松室玶子

先着　權命婦　鴨脚八十

○中略

省中供奉

皇太后宮大夫　杉孫七郎

同亮　堤正誼

侍醫　伊東方成

○下略

〔幸啓錄〕明治十七年六

第九號　皇太后宮横須賀造船所へ行啓ノ件

皇太后宮蒼龍艦へ乘御横須賀へ行啓、造船所御覽御順序、(朱書)朱書ハ現場ノ御順序ナリ、

一、當日午前第五時四十分御出門、

但鹵簿御遊行之事、(朱書)新橋停車場ニテ暫時御休憩、

一、同六時三十分新橋發別仕立汽車乘御、

一、同七時十五分横濱停車場へ着御、直ニ鎭守府へ被爲入、

但供奉騎兵一分隊御先導警部二騎、

一、御都合ヲ以テ鎭守府波戸場ヨリ端船ニ被爲召蒼龍艦へ乘御、(朱書)御召艦へハ御旗下士官一人ノミ供奉ス、

一、同十時頃横須賀港御着艦、直ニ造船所へ御上陸、暫時御休憩、

一、同十時三十分ヨリ職業御巡覽左ノ通リ、

第一　船渠

第二　船渠水入

第三　船渠
重荷昇降器械運轉
組立場
旋盤運轉ノ現業
鑄物ノ現業
製罐場
錬鉄ノ現業
一、午十二時造船所前ヨリ御召端船ニ召サセラレ行在所藤倉五郎兵衛方へ被爲成御晝餐、
一、御晝餐畢テ前灣捕魚御覽之事、
一、午後一時三十分再ビ端船ニテ造船所へ着御、官廳前ニ於テ水潜事業御覽、了テ左ノ通リ御巡覽、
摸型場
端船場
製綱場（朱書）御覽ナシ、
船臺場
鋸鉋場
一、午後二時五十分ニ至リ四拾馬力船進水御覽、
（朱書）右畢テ再ビ端船ニテ行在所へ被爲成暫時御休息中同所ヨリ第二船渠へ筑紫艦曳入ノ現業御覽、
一、右畢テ第二船渠へ筑紫艦曳入ノ現業御覽了テ再ビ端船ニテ行在所へ被爲成暫時御休息之事、
一、午後四時御召艦へ乗御港内配置ノ水雷發揚御覽、

（朱書）午後三時半御召艦へ乘御、

一、午後七時頃横濱御着艦直ニ端船ニテ鎭守府へ御上陸、同府ニ於テ御休息、（朱書）午後五時横濱御着艦、

一、同八時十五分横濱發別仕立汽車ニテ東京還御、

（朱書）午後六時三十分横濱發別仕立汽車ニテ東京還御、新橋停車場御着直ニ還御、

二十八日、皇后ト共ニ群馬縣高崎ニ行啓アラセラル、

〔皇太后宮職日記〕　青山御所宮内省

明治十七年六月廿八日、雨、土曜、

皇后宮ハ御別列御同汽車ニテ被爲成候也、

一、皇太后宮午前七時御出門、上野停車場御小憩午前八時發汽車ニテ高崎ゑ行啓、同所ニテ御晝餐即日還御午後八時五分前也、赤坂へ報知濟、

陪乘　典侍　萬里小路幸子

供奉　權掌侍　吉田瀧

命婦　松室伊子

權命婦　生源寺須賀子

○中略

省中供奉　杉大夫

堤亮

伊東方成

○下略

第五號　皇太后宮皇后宮群馬縣下上野國高崎へ行啓ノ件

十七年六月廿八日

兩皇后宮兼テ被仰出時刻御出門、上野停車場へ御着之事、吉井鐵道會社長御先導ス、

一、日本鐵道會社長吉井友實拜謁、首唱者初之人名簿ヲ獻ズ、

一、午前八時三十分上野御發車、同十時四十二分熊谷御着、

群馬縣令　揖取素彥

埼玉縣少書記官　笹田默介

同縣警部長　江夏喜藏

右三人拜謁被仰付候事、

一、埼玉縣大里郡熊谷驛平民竹井耕一郎母くにヨリ自製繭粒二十壹箱獻上候事、

一、午前十一時二分熊谷驛御着車、午十二時三十分高崎へ御着、

一、東京鎭臺高崎分營ノ歩兵高崎停車場傍へ整列敬禮ヲ行フ、但還御ノ節モ同上、

一、群馬縣下上野國西群馬郡高崎田町拾貳番地平民煉油渡世西岡半九郞ヨリ鑿付油幷摋油獻上之事、

一、鐵道會社ヨリ御菓子壹折ヅヽ獻上之事、

一、群馬縣下高崎鐵道會社發起人中島伊平ヨリ鮎凡拾籠ヅヽ兩皇后宮へ獻上願出御聞屆相成候事、

一、御晝餐濟御休憩所前ニ於テ太神樂ヲ供御覽度旨群馬縣令揖取素彥ヨリ申出、御差許相成候、

一、鐵道會社ヨリ供奉奏任官以上へ午餐差出シ、判任官へ酒肴差出候事、

一、午後二時三十分高崎御發車熊谷御着、暫時御休憩、同所御發車上野へ御着、同所ニ於テ式場幷ニ食堂等御巡覽直ニ

還御之事、
一、鐵道會社ヨリ供奉女官一同ヘ菓子差出候事、

十月七日、皇后ト共ニ芝公園地內能樂堂ニ行啓アラセラル、

〔皇太后宮職日記〕　青山御所宮內省

明治十七年十月七日、晴、
一、皇太后宮午前八時三十分御出門、芝公園地能樂堂ゑ行啓被爲在、午後六時二十五分還御之事、
但シ皇后宮ニモ同時假皇居御出門、同所能樂堂ゑ行啓被爲在候事、

陪乘　典侍　萬里小路幸子
供奉　權典侍　平松好子
權掌侍　吉見光子
命婦　松室玥子

○中略

省中供奉
皇太后宮大夫杉孫七郎
同亮　堤正誼
四等侍醫　高階經德

○下略

十一月十九日、番能御催アラセラレ、天皇、皇后ノ行幸啓ヲ迎ヘサセラル、皇族及ビ諸臣、亦、參殿陪覽シ、酒饌ヲ賜フ、

〔皇太后宮職日記〕　青山御所宮内省

明治十七年十一月十九日、晴、

一、本日於當御所番能御催、午前八時三十分始メ、午後八時四十分相濟、

一、聖上午前八時五十分御乘馬ニテ被爲成、還幸御馬車ニテ午後九時十分也、

一、皇后宮午前八時五十五分御輿ニテ被爲成、還御午後九時二十分也、

一、伏見宮北白川宮拜見參宮、有栖川御息所御貳方、伏見宮御息所、其外山縣參議夫人、山田參議夫人、伊藤宮內卿夫人、井上參議夫人、佐々木參議夫人、松方參議夫人、其他本省御書記官聞置候（朱書）勅奏任官准奏任御用掛數名拜見、

右之輩ヘ晝辨當并酒肴菓子等被下之候事、其外都テハ先例之通リ、尤此度ハ判任官拜見ハ無之候、本省御能掛青木行方山田永利出頭之事、

（朱書）大臣參議等拜見推參人ナシ、

○下略

二十一日、日比谷門内觀古美術會ニ行啓アラセラレ、尋イデ龍ノ口第一勸工場ヲ御巡覽アラセラル、

〔皇太后宮職日記〕　青山御所宮内省

明治十七年十一月廿一日、晴、金曜、

一、午前九時三十分御出門、皇太后宮觀古美術會場ヘ行啓、同所御晝餐、夫ヨリ龍ノ口第一勸工場御巡覽、午後四時五十分還御、

還御ノ旨赤坂御所ヘ報知、

供奉　陪乘　典侍　萬里小路幸子

供奉　掌侍　錦織隆子

權掌侍　吉見光子
權命婦　生源寺政子
御先着權命婦　梨木房榮
○中略
省中供奉　大夫　杉孫七郎
亮　堤正誼
侍醫　高階經德
○下略

〔幸啓錄〕明治十七年三

第二八號　皇太后宮日比谷門内觀古美術會場へ行啓竝龍ノ口第一勸工場へ御立寄ノ件、

明治十七年十一月廿一日

皇太后宮觀古美術會場御巡覽御次第

一、午前第九時三十分青山御所御出門、觀古美術會場へ着御、此時會頭以下諸員中仕切門内便宜ノ所ニ於テ奉迎、
一、會頭御先導御休憩所へ着御、暫時御休憩、
一、會頭御先導陳列場御巡覽、畢テ御休憩所へ復御、御晝餐、
一、同所御發シ、但奉送ハ奉迎ノ時ニ同ジ、

龍ノ口第一勸工場御巡覽御次第

一、午後龍ノ口第一勸工場へ着御、此時府知事以下諸員表門内外便宜ノ所ニ於テ奉迎、
一、府知事御先導陳列場御巡覽、畢テ御休憩所へ着御、

一、暫時御休憩、

一、還御、但奉送ハ奉迎ノ時ニ同ジ、

明治十八年三月十八日、芝公園地内能樂堂ニ行啓アラセラル、

〔皇太后宮職日記〕　青山御所御内儀掛

明治十八年三月十八日、晴、

一、皇太后宮午前八時三十分御出門、芝公園地能樂堂ゑ行啓被爲在、午後六時二十五分還御之事、

陪乘　典侍　萬里小路幸子

供奉　掌侍　中御門隆子

權掌侍　吉田瀧子

七等出仕　松室玶子

御先着　權命婦　生源寺政子

同　梨木房榮

○中略

省中供奉

皇太后宮大夫　杉孫七郎

大書記官　櫻井能監

四等侍醫　岡玄卿

○下略

四月七日、上野公園地内ニ開催セル繭絲織物陶漆器共進會ニ行啓アラセラル、

〔皇太后宮職日記〕　青山御所御内儀掛

明治十八年四月七日、微雨霽、

一、皇太后宮本日午前十時御出門、上野公園内繭糸織物陶漆器共進會場へ行啓、

陪乘　典侍　萬里小路幸子

供奉　權典侍　平松好子

權掌侍　吉田瀧子

七等出仕　松室玶子

御先着　權命婦　鴨脚八十

○中略

省供奉　大夫　杉孫七郎

書記官　兒玉愛次郎

侍醫　岡玄卿

御用掛　佐々木長淳

○中略

一、午前十一時斜共進會場第一室へ着御、直ニ同室陳列品不殘御通覽被爲在候上、博物館へ被爲成、御晝餐相濟、會員幹事農商務大書記官岩山敬義以下奏任官之輩へ拜謁被仰付候後、第二室陳列品不殘御通覽、此室內ニ御間一ヶ所設之臨時御小休被爲在候、右相濟再博物館へ被爲成、暫時御休憩之後還御五時二十分也、

十八日、痲疹ヲ病マセラル、五月十五日、御平癒、御床拂アラセラル、

〔皇太后宮職日記〕　青山御所御内儀掛

明治十八年四月十八日、晴、土曜、
一、皇太后宮少々御異例、亮殿ニモ御承知、
十九日、晴、日曜、
一、御所御内儀え御便　伊藤重光
今朝伊東池田竹内三侍醫拜診之處、御痲診ト拜診申上候ニ付、此段御内儀え被申入度、就而ハ御容體者一々侍醫ヨリ被申上候ニ付、御便リハ堅ク御斷被遊候旨濱荻典侍ヨリ紅梅典侍え被申入候事、
廿日、雨、
一、皇太后宮御容體今午前九時伊東竹内兩侍醫拜診之處、御熱候も不被爲在御發疹、御面部ニハ御相應ニ被爲入昨日御同様御增進不被遊候、御氣先ハ昨日よりも御宜敷奉伺候旨被申出候事、
廿一日、晴、火曜、
一、皇太后宮昨夜中御平穩御快寢被爲遊、今午前八時半拜診仕候處、今朝者御熱氣御減少、御面部之御發疹少く御消退之御氣味ニテ御色薄ク伺候得共、御四肢之御發疹者昨日御同様奉伺候、只今御湯煎御一椀被召上候、其外御異狀不奉伺候、此段上申仕候也、
四月廿一日　竹内正信
伊東方成
本省御中
廿二日、曇、
一、皇太后宮午前九時拜診仕候處、いまだ御熱候ハ少々被爲在候得共、御發疹ハ御同様之内御色薄ラギ、昨日ハ時々御腹痛被爲在候處、御手當テニテ大ニ御緩解被爲遊、昨夜御大便御多量御一行御通利被爲在、腸カタル之御容體爲差

御事ニ不被爲入候、この外昨日御同樣御異狀不奉伺候、此段上申仕候也、

四月廿二日　竹內正信
伊東方成

廿三日、薄曇、木曜、

一、皇太后宮昨夜御快寢御腹痛御熱候不被在、今午前九時拜診仕候處、今朝モ御熱氣不被爲入御發疹追々御減退、御氣先御宜敷御腹痛モ不被爲在、腸カタル之御容體御宜敷被爲成想而御順宜ニ奉伺候、此段上申仕候也、

明治十八年四月廿三日前十時
二等侍醫　竹內正信
一等侍醫　伊東方成

本省御當番御中

廿四日、晴、

一、皇太后宮昨夜御快寢、今午前九時前拜診仕候處、昨日來御引續御熱候も不被爲入、御發疹日增ニ御消散被遊、御食後御腹痛昨今少しモ不被爲在、腸カタル之御容體御宜敷、惣而御順宜ニ奉伺候、此段上申仕候也、

四月廿四日午前
二等侍醫　竹內正信
一等侍醫　伊東方成

一、前條之通追々御順宜ニ付、侍醫日々伺之儀者本日より朝壹名、晝貳名、夕刻ハ拜診無之事、
但シ伊東竹內ハ壹名ヅヽ宿直之事、且御容躰書夕壹度上申之事兩侍醫へ堤殿より被達候事、

廿五日、晴、

一、皇太后宮午後六時拜診仕候處、昨日御同樣御熱候不被爲在、御發シ物日增ニ御消散、御食氣も次第ニ御進被遊、追々

御順宜ニ奉伺候、此段上申仕候也、
四月廿五日
伊東方成
竹内正信
廿六日、晴、日曜、
一、皇太后宮昨日も御異狀不被爲在、追々御順宜、
廿九日、曇、
一、皇太后宮午後六時拜診仕候處、昨日御同樣御異狀不被爲在、御引續御順宜ニ奉伺候、此段上申仕候也、
四月廿九日
竹内正信
伊東方成
五月二日、晴、土曜、
一、皇太后宮益御機嫌能彌御平癒被遊候ニ付、本日より侍醫兩人宛朝夕奉拜診候而已ニて宿直並御診斷上申書等ハ
御差免相成候旨被申聞候事、
十五日、小雨、
一、皇太后宮過日來御痲疹之處、御全快ニ付、本日御床拂被仰出候事、

六月四日、芝公園地内能樂堂ニ行啓アラセラル、

〔皇太后宮職日記〕 青山御所御内儀掛
明治十八年六月四日、曇、
一、皇太后宮午前八時三十分御出門、芝公園地能樂堂え行啓被爲在候事、還御午後七時十五分也、
供奉　典侍　萬里小路幸子

権掌侍　吉見光子
同　竹屋津根子
権命婦　生源寺政子
御先着　権命婦　鴨脚八十
権命婦　生源寺須賀子

省中供奉
皇太后宮大夫　杉孫七郎
同亮　堤正誼
四等侍醫　高階經徳
奏任御用掛　猿渡盛雅

○下略

八日、新宿植物御苑内華族養蠶所ニ行啓アラセラル、

〔皇太后宮職日記〕青山御所御内儀掛
明治十八年六月八日、雨、
一、皇太后宮午後一時三十分御出門、植物御苑華族養蠶所え行啓被爲在、還御午後三時四十五分也、
陪乘　典侍　萬里小路幸子
供奉　権掌侍　吉見光子
同　命婦　松室伊子
同　権命婦　生源寺須賀子

○中略

省中供奉　杉大夫

堤　　亮

高階四等侍醫

佐々木御用掛

猿渡御用掛

○下略

九日、彰仁親王第ニ行啓アラセラル、皇后、亦行啓アラセラル、

〔皇太后宮職日記〕　青山御所御内儀掛

明治十八年六月九日、曇、或ハ雨、火曜、

一、皇太后宮本日午後一時弐拾分御出門、皇后宮と御別列ニ而小松宮邸ぇ行啓被遊、同九時三十五分還御、

陪乗　典侍　萬里小路幸子

供奉　掌侍　中御門隆子

同　七等出仕　松室玾子

先着　權掌侍　吉田瀧子

同　權命婦　生源寺政子

○中略

省中供奉　杉大夫

堤亮

池田一等侍醫

○下略

〔布達錄〕　皇太后宮職

明治十八年六月七日、

皇后宮明八日小松宮江行啓被爲在候處、御都合ニ依リ同日ハ御延引被仰出、來ル九日午後一時皇太后宮青山御所御出門、皇后宮假皇居御出門、御別列ニ而小松宮ヘ行啓被爲在候旨被仰出候條此段相達候也、

明治十八年六月七日　本省

追而鹵簿ハ御遊行ニ付且御道筋別紙之通、將又供奉一同ヘ夕辨當被下、御先着ノ向ヘハ晝辨當モ被下候事、

青山御所ヨリ小松宮邸ヘ御道筋

青山御所ヨリ左ヘ青山通リ左ヘ彈正坂ヲ下リ、斜メニ御厩東御門前通リ四ツ谷門ヲ入リ、麴町通リ半藏御門ヲ入リ、竹橋ヲ渡リ一ツ橋ヲ出右ヘ堀端通リ左ヘ學習院前通リ九條家前左ヘ、小川町通リ右ヘ左舊土屋邸右稻葉邸前通リ左ヘ右ヘ、駿河臺長興專齊邸角左ヘ土方久元邸前通リ巡査交番所前左ヘ、小松宮邸ヘ御順路、

十月二日、芝公園地內能樂堂ニ行啓アラセラル、皇后、亦行啓アラセラル、

〔皇太后宮職日記〕　青山御所御內儀掛

明治十八年十月二日、雨、午後より晴、

一、皇太后宮午前八時四十分御出門、皇后宮同時御出門、御別列ニテ芝公園內能樂堂え行啓被爲在、午後六時四十五分還御、

陪乘　典侍　萬里小路幸子

供奉　權典侍　平松好子

同　權掌侍　吉田瀧子
同　命婦　松室㺯子
先着　權命婦　鴨脚八十
○中略
堤亮
岡四等侍醫
○下略

十日、能久親王第ニ行啓アラセラル、皇后、亦行啓アラセラル、

〔皇太后宮職日記〕青山御所御內儀掛
明治十八年十月十日、晴、
一、皇太后宮午後二時三十分御出門、皇后宮同時御出門、御別列ニテ北白川宮ゑ行啓被爲在、午後十時十五分還御、
陪乘　典侍　萬里小路幸子
供奉　掌侍　中御門隆子
同　權掌侍　吉田瀧子
同　命婦　生源寺政子
先着　權命婦　鴨脚八十
○中略
省中供奉　杉大夫
高辻書記官

伊東一等侍醫

○下略

〔幸啓錄〕明治十八年三

第二二號　濟寧館ヘ御立寄、北白川宮邸ヘ行幸竝皇太后宮皇后宮同邸ヘ行啓ノ件

十月十日

兩皇后宮北白川宮御邸ヘ行啓手續

一、當日午後二時三十分

皇太后宮　御出門

皇后宮　御出門、御別列ニテ御順路宮御邸ヘ着御、

但着御ニ先ダチ宮方及御息所并各大臣以下夫人一同其他宮御附等奉迎、

一、便殿着御、宮方并御息所各大臣以下夫人等拜謁、尋デ賜物及獻上物アリ、

一、暫時御休憩ノ上、宮御先導ニテ馬場ヘ被爲成、同所ニ於テ馬術御覽、畢テ便殿ヘ復御、夫ヨリ踏舞室ヘ被爲成仕舞御覽、畢テ便殿ヘ入御、

但馬術并仕舞御覽之節宮方及御息所并各夫人等陪覽、

一、宮御先導ニテ食堂ヘ被爲成御會食、（朱書）日本料理

右畢テ還御、尋デ一同退散、

〔布達錄〕　皇太后宮職

明治十八年十月五日、

來ル十日午後二時三十分皇太后宮青山御所御出門、皇后宮假皇居御出門、御別列ニテ北白川宮ヘ行啓被爲在候旨被

仰出候條御道筋調書相添此段相達候也、

但鹵簿ハ御遊行ニ候且供奉一同へ夕辨當被下候事、

明治十八年十月五日　本省

青山御所ヨリ北白川宮御邸え御道筋

青山御所ヨリ左へ青山通リ牛啼阪ヲ下リ、赤坂御門ヲ入リ左へ折曲リ字諏訪阪ヲ上リ、北白川宮御邸へ御順路、

二十三日、築地本願寺ニ於ケル第六回觀古美術會ニ行啓アラセラル、皇后、亦行啓アラセラル、

〔布達錄〕皇太后宮職

明治十八年十月二十日、

皇太后宮來ル廿三日午前九時三十分青山御所御出門、皇后宮同日同時假皇居御出門、築地本願寺觀古美術會江御別列ニテ行啓被遊候旨被仰出候條此段相達候也、

追而御道筋調書別紙之通候事、

供奉一同へ辨當給與候事、

供奉奏任以上フロックコート高帽着用之事、

十八年十月二十日　本省

供奉人員早々庶務課江可申出事、

築地本願寺觀古美術會江御道筋

假皇居より右へ紀伊國坂ヲ下リ、左へ御堀端新道通リ右へ赤坂田町通リ左へ福吉町通リ左へ葵坂新道右へ工部省表門前通リ左へ、琴平町右へ久保町通リ左へ幸橋外右へ二葉町通リ左へ新橋ヲ渡リ新橋通リ尾張町壹丁目角右へ木挽橋ヲ渡リ、直行シテ采女橋ヲ渡リ左へ河岸通リ右へ萬年橋通リ左へ右へ、本願寺中觀古美術會へ御順路、

〔皇太后宮職日記〕　青山御所御内儀掛

明治十八年十月廿三日、晴、

一、皇太后宮午前九時三十分御出門、第六回観古美術會場へ築地本願寺ナリ、行啓被爲在候事、還御午後二時三十分、但シ皇后宮ニも同時御出門ニテ被爲成御別列之事、

陪乘　典侍　萬里小路幸子

供奉　權掌侍　吉見光子

七等出仕　松室琤子

先着　權命婦　梨木房榮

○中略

杉大夫

田邊書記官

岩佐一等侍醫

○中略

一、午前十時會場へ着御、會頭副會頭車寄へ奉迎、會頭御先導御座所へ着御、十時三十分より會頭御先導列品御覽、參照室ニ於テ御小憩、畢テ順路御通覽御座所へ復御、御晝餐、畢テ茶室御覽、次ニ御座所、次ノ間ニテ書畫揮毫御覽、次ニ再參照室へ出御、レース組方縫繍彫刻等御覽、次列品所東椽通リニ於テ鑄物形製造着色蠟形大理石彫刻陶器手捏等御覽、畢テ御座所へ復御、其後還御掛樓上之挿花御覽相濟直ニ會場御出門之事、

一、會頭佐野常民以下へ會場へ着御之節拜謁被仰付、且列品御巡覽畢御座所へ復御之節會頭其外へ御菓子被下、是ハ本省ニテ内膳課へ被申付折敷二盛ニシテ會頭以下へ被下之事、

一、金百圓　會場へ被下、但シ兩皇后宮より
一、金壹圓ヅヽ　書畫揮毫并技術之者へ被下之事、
右
一、本日會場より品々獻上品有之、申送り帳ニ委細、爰ニ略ス、

十一月十九日、鹿鳴館ニ於ケル婦人慈善會ニ行啓アラセラル、皇后、亦行啓アラセラル、

〔皇太后宮職日記〕　青山御所御内儀掛

明治十八年十一月十九日、曇、
一、皇太后宮午前十時御出門、鹿鳴館婦人慈善會え行啓被爲在、午後十二時四十分還御之事、
皇后宮同時御出門、御同所え行啓被爲在、御別列之事、
供奉女官　陪乘　萬里小路幸子
供奉　吉見光子
生源寺政子
先着　鴨脚八十
○中略
省中供奉　杉大夫
堤亮
岡侍醫
○下略

二十五日、芝公園地内能樂堂ニ行啓アラセラル、

〔皇太后宮職日記〕　青山御所御内儀掛

明治十八年十一月廿五日、晴、

一、皇太后宮午前八時三十分御出門、芝公園地能樂堂へ行啓被爲在、午後六時三十五分還御之事、

一、供奉女官陪乘典侍幸子供奉掌侍隆子七等出仕玾子權命婦房榮等、御先着命婦政子、〇中略

一、省中供奉杉大夫堤亮髙階侍醫、〇下略

十二月二十七日、熾仁親王第ニ行啓アラセラル、皇后、亦行啓アラセラル、

〔皇太后宮職日記〕　青山御所御内儀掛

明治十八年十二月廿七日、晴、

一皇太后宮午後一時御出門、皇后宮同時御出門、御別列ニテ有栖川宮御邸ゑ行啓被爲在、午後九時三十分還御之事、

供奉女官

陪乘　典侍　萬里小路幸子

供奉　權典侍　平松好子

同　權掌侍　吉見光子

同　命婦　松室玾子

先着　權命婦　梨木房榮

〇中略

省中供奉　杉大夫

堤亮

伊東一等侍醫

○中略

一、本日有栖川宮へ兩皇后宮行啓ニ而被爲進品左之通、

兩皇后宮より一品宮へ

御絹　五疋

生鯛　一折

同　二品宮へ

杉折　二臺

皇太后宮より二品宮へ

錦　三卷

皇后宮より　同　宮へ

料紙硯箱　壹組

兩皇后宮より三品宮へ

白羽二重　五疋

皇太后宮より二品宮御息所へ

白綾　三反

同　三品宮御息所へ

紅白綸子　三反

皇后宮より　二品宮御息所へ
　　　　　　三品宮御息所へ

白地純子　一卷
　　　　　宛

女御藤原夙子

女御藤原夙子
緋精好袴地但シ短尺 一反
皇太后宮より績宮へ
鳴海紋り緋 一疋
御手遊品々 一臺
皇后宮より 績宮へ
緋紋縮緬 一疋
臺人形 一筥
右

〔幸啓録〕明治十八年 五

第三六號 有栖川官邸へ行幸竝皇太后宮皇后宮同邸へ行啓ノ件

來ル二十七日午後一時皇太后宮青山御所御出門、皇后宮假皇居御出門、御別列ニテ行啓被爲在候趣畏入候、此段御請申上候也、

明治十八年十二月廿四日 二品熾仁親王

宮內大臣伯爵伊藤博文殿

明治十九年三月四日、芝公園地內能樂堂ニ行啓アラセラル、

〔皇太后宮職日記〕皇太后宮職屬

明治十九年三月四日、晴、

一、皇太宮宮午前八時三十分御出門、芝公園內能樂堂え行啓被爲在、午後六時五十五分還御、

陪乘　典侍　萬里小路幸子
供奉　權典侍　平松好子
同　權掌侍　吉見光子
同　命婦　生源寺政子
先着　權命婦　鴨脚八十
同　同　生源寺須賀子

○中略

省中供奉　杉大夫
兒玉亮
竹內侍醫

○中略

一金貳百圓也
右ハ能樂社ヘ前々之通被下、

〔皇太后宮職日記〕勤務所
明治十九年三月四日、
一、午前第八時三十分御出門、芝公園內能樂堂ヘ行啓、午後第六時五十分還啓、奉送迎如例候事、

二十二日、皇后ト共ニ神奈川縣杉田村邊ニ行啓アラセラル、

〔皇太后宮職日記〕皇太后宮職屬
明治十九年三月廿二日、午前曇、午後晴、

一、皇太后宮午前七時四拾分御出門、皇后宮同時御出門、御別列、新橋ヨリ御同列、同八時二十五分發別仕立汽車ヘ乘御、神奈川縣下杉田村邊ヘ行啓、妙法寺御晝休、即日還御午後八時貳拾五分之事、但笹下村ヨリ杉田村迄御輿

一、大夫亮伊藤侍醫供奉之事、

供奉女官

陪乘笹下村ヨリ人力車　萬里小路幸子

供奉横濱ヨリ人力車　平松好子

吉田瀧子

生源寺政子

御先着新橋迄馬車横濱ヨリ人力車　鴨脚八十

○中略

一、横濱停車場ヘ着御、暫時シテ凡三十分同所御發、笹下村ヘ御着午前十一時前、御小休、夫より御輿ニ被召換、供奉ハ大夫其外女官等人力車、杉田村妙法寺着御十二時三十分前、御晝食被爲濟、夫より御歩行ニ而八幡山近傍梅花御覽ニ而同山上假ニ設ノ御座ヘ被爲成、海岸ニ而漁船御覽之後再妙法寺ヘ還御、同寺より三時前御發輿、笹下村ニ而如元御馬車ニ被召換、横濱停車場ヘ御着五時前、同所ニ而御間之物被爲在供奉一同ヘも御料理被下候事、午後七時御豫定之通横濱御發車ナリ、

但シ女官供奉之外ハ不殘御先着、尤上下汽車ハ御召ニ乘車之事、

一、杉田村妙法寺ゑ杉田村中より同村名産梅干壹曲ヅヽ兩后宮ヘ獻上之事、

〔幸啓錄〕明治十九年六

第一號　皇太后宮皇后宮神奈川縣下久良岐郡杉田村邊ヘ行啓ノ件

來ル廿二日皇太后宮午前七時四十分青山御所御出門、皇后宮午前七時四十分假皇居御出門、新橋停車場ヨリ御同列ニテ同八時廿五分同所發別仕立汽車乘御、神奈川縣下久良岐郡杉田村ヘ行啓、卽日還御被爲在候旨被仰出候條別紙御發着時限割相添此段申進候也、

十九年三月二十日

皇后宮大夫

皇太后宮大夫

宮内大臣

追テ當日雨天ニ候ハヾ御延引ニ候也、

○中略

青山御所ヨリ新橋停車場ヘ御道筋

青山御所ヨリ左ヘ靑山通リ牛啼坂ヲ下リ赤坂表壹丁目右ヘ田町通リ六丁目左ヘ折廻リ、葵坂新道通リ左ヘ、琴平町右ヘ久保町通リ左ヘ折廻リ警察署前右ヘ、二葉町通新橋停車場ヘ御順路、

○中略

橫濱停車場ヨリ杉田村ヘ御道筋

停車場ヨリ大江橋ヲ渡リ、尾上町五丁目右ヘ吉田橋ヲ渡リ、伊勢崎町通リ右ヘ長者町左ヘ末吉町通リ吉田新田下大岡村上大岡村ヲ經テ笹下村ヘ、笹下村御小休所ヨリ左ヘ田中村栗木村ヲ經テ上中里村境ヨリ左ヘ、杉田村妙法寺ヘ御順路、

杉田村邊行啓御休憩所

御小休　新橋 橫濱 停車場、

女御藤原夙子

御小休　笹下村、石川善右衛門

此所ニテ御輿ニ御召替、

御晝休　杉田村、妙法寺

但供奉一同ヘ晝辨當被下、

御輿寄場　同村、鈴木又右衛門

御小休　笹下村、石川善右衛門

此所ニテ御馬車ニ御召替、

御小休　横濱新橋停車場、

但横濱停車場ニ於テ供奉一同ヘ夕辨當被下、

○中略

行啓御發着時限割

午前七時四十分　青山御所假皇居御出門、

同　八時二十五分　別仕立汽車ニテ新橋御發車、

同　九時十分　横濱御着、

（朱書）此間御輿

同　十一時（朱書）御召換　笹下村御小休、石川善右衛門

午　十二時　杉田村御晝休、妙法寺

（朱書）御晝休凡三時間餘、還御ノ節八幡山邊御歩行同所御野立、

（朱書）此間御輿

午後三時三十分　杉田村御發輿、（朱書）鈴木又右衛門

同　四時三十分（朱書）御召換　笹下村御小休、

同　六時三十分　　　　　　　　　　　　横濱御着、
午後七時　　　　別仕立汽車ニテ横濱御發車、
同　七時四十五分　　　　　　　　　　新橋御着、
同　八時四十分　　　　　　　　　　　還御、

○中略

梅干上覽願

一、梅干　　貳樽

右妙法寺ヨリ奉入上覽度候間、可然御執奏被成下度、此段奉願候也、

明治十九年三月二十二日

久良岐郡杉田村妙法寺檀家惣代

小泉　　半左衛門(印)

大須賀　　彌七(印)

小泉佐次右衛門(印)

神奈川縣令　沖守固殿

漁魚梅干上覽願

一、漁魚　　　若干、

一、梅干　　　貳樽、

右本村一同ヨリ奉入上覽度候間、可然御執奏被成下度、此段奉願候也、

明治十九年三月廿二日

久良岐郡杉田村人民惣代

小泉　吉藏(印)

間邊貞四郎(印)

鳥海太兵衞(印)

神奈川縣令　沖守固殿

海業上覽願

右ハ八幡山御野立中御見通シ海面ニ於テ漁業奉入上覽度候間、可然御執奏被成下度、此段奉願候也

明治十九年三月二十二日

久良岐郡杉田村人民惣代

間邊治右衞門(印)

小泉半左衞門(印)

神奈川縣令　沖守固殿

○中略

杉田村御晝所

金七拾五圓　　妙法寺無住檀家惣代

小泉半左衞門

小泉佐次右衞門、

大須賀彌七

○中略

金拾圓　杉田村一同
右梅干貳樽漁魚若干獻上ニ付
金七圓五十錢　同村一同
右漁業御覽ニ供シ候ニ付
○中略
右ハ行啓之節御晝休所以下ヘ爲御手當前書之通被下候事、

四月九日、上野公園地內ニ開催セル東洋繪畫共進會竝ニ水產共進會ニ行啓アラセラレ、尋イデ動物園ヲ御巡覽アラセラル、皇后、亦行啓アラセラル、

〔皇太后宮職日記〕皇太后宮職藏
明治十九年四月九日、晴、風、
一、皇太后宮午前十時御出門、上野公園地博物館ヘ行啓之上、東洋繪畫幷水產共進會等御覽被爲在候事、
但し皇后宮にも同時御出門、御別列に而行啓被爲在候事、
一、還御午後五時五十五分之事、
一、供奉杉皇太后宮大夫兒玉同亮田澤侍醫、
女官陪乘萬里小路典侍供奉中御門掌侍吉見權掌侍松室七等出仕、先着女官梨木權命婦、○中略
一、午前十時御出門、公園着御、博物館階上御少憩、
一、水產共進會場ヘ臨御、場內御覽濟博物館ヘ還御、御晝餐、
一、御晝餐後繪畫共進會場ヘ臨御、場內御巡覽御少憩、復博物館ヘ還御席畫御覽、臨期還御掛動物園御巡覽、夫より直に還御被爲在候事、

但席書御取締りに相成候事、

〔幸啓錄〕明治十九年 一

第五號　皇太后宮皇后宮上野公園へ行啓ノ件

十九年四月九日上野公園へ行啓日記

一、午前十時御出門、同十一時頃公園内博物館着御、關係ノ諸員皆館前ニ奉迎ス、

一、午前水産共進會場御巡覽、博物館ヘ御復坐(座)、御晝餐、

一、午後一時頃東洋繪畫共進會場御巡覽、場内ニ於テ御少憩、再ビ博物館へ御復座、跡見タキ外拾五名ノ席書ヲ御覽、

一、午後五時頃鹵簿ヲ具シテ御發館、動物園御覽、直ニ還御、時ニ午後六時四十分ナリ、

一、兩共進會へ各金五拾圓ヲ賜ヒ、席書奉仕ノモノニ酒肴料各金壹圓ヲ賜フ、

十二日、向ケ岡彌生園ニ行啓アラセラル、皇后、亦行啓アラセラル、

〔皇太后宮職日記〕皇太后宮職屬

明治十九年四月十二日、小雨、

一、皇太后宮午前十時三十分御出門、皇后宮同時御出門、御別列ニテ向ケ岡彌生亭ヱ行啓被爲在、午後六時還御之事、

供奉女官

陪乘　典侍　萬里小路幸子

供奉　權掌侍　吉田瀧子

同　命婦　生源寺政子

○中略

省中供奉　杉大夫

兒玉亮
高階經本
○中略
一、金參拾圓　彌生社へ
一、〻五拾錢酒肴料　判任壹人同社庶務掛、
一、〻〻壹圓貳拾錢　雇員四人但シ社番人一人門番一人給仕貳人、
右之通下賜之事
〔按〕本條ニ就キテハ明治十六年四月十八日ノ條ヲ參看スベシ、

二十九日、芝公園地內能樂堂ニ行啓アラセラル、皇后、亦行啓アラセラル、

〔皇太后宮職日記〕皇太后宮職屬
明治十九年四月廿九日、晴
一、皇太后宮午前八時三十分御出門、芝公園地能樂堂へ行啓被爲在候事、還御午後七時之事、
皇后宮にも午前九時御出門、同所へ行啓被爲在候事、
一、供奉杉大夫兒玉亮原田侍醫、女官陪乘萬里小路典侍供奉吉見權掌侍竹屋權掌侍松室七等出仕、先着鴨脚權命婦梨木權命婦、○中略
一、金貳百圓也
右能樂社へ被下候、

〔皇太后宮職日記〕勤務所
明治十九年四月廿九日、

一、皇太后宮午前八時三十分御出門、芝能樂堂ゑ行啓、午後七時還御、奉送迎如例、

五月十日、皇后ト共ニ群馬縣館林ニ行啓アラセラル、

〔幸啓錄〕明治十九年六

第四號　皇太后宮皇后宮群馬縣下館林躑躅岡へ行啓ノ件

明治十九年五月十日皇太后宮皇后宮群馬縣下館林躑躅岡へ行啓ノ件五月五日行啓アラセラル、旨仰出サレタルニ付、四月廿六日以來諸向へ通達、諸事準備整頓ノ處、當日雨天ニ付御延引、更ニ同月十日行啓ノ旨仰出サレタリ、

明治十九年五月十日皇太后宮午前七時十分青山御所御出門、皇后宮ニモ同時假皇居御出門、御別列ニテ御順路新宿停車場へ着御、直ニ別仕立汽車ニ乘御、七時四十分御發車、九時鴻ノ巣御着車、停車場脇鈴木半右衛門方御着、同所ニ奉迎ノ群馬埼玉兩縣令警部長等奏任官以上ニ拜謁仰付ラレ、御休憩ノ後御馬車ニ召サセラレ九時二十分御發車、十時廿五分行田驛橋本喜助方御着、御小休、此時埼玉縣鯉魚養育會社ヨリ養成鯉魚十尾ヲ御覽ニ供セシニ御留置相成リ、十時五十分行田御發車、利根川ヲ御渡船ニテ午十二時川俣渡船場堤上ノ御野立所ニ御着、利根川御渡船ノ際埼玉縣令ヨリ小鮎及ヒクキ魚ヲ獻上ス、十二時十五分同所御發車、午後一時十分館林躑躅岡へ着御アラセラル、躑躅岡躑躅樓上ニ於テ御休憩、御晝餐ノ後園內御逍遙漁獵等御遊覽、此時群馬縣知事ヨリ鯉魚六尾蓴菜壹籠、躑躅樓主ヨリ薇壹籠ヲ獻上ス、午後三時十五分躑躅岡御發車、四時十分川俣渡船場御着、同所ニ於テ群馬縣警部長へ謁ヲ賜ヒ、利根川御渡船、五時四十分行田御着、御休憩中宿主ヨリ絹製ノ足袋ヲ獻上ス、六時五分同所御發車、七時二十分鴻ノ巣御小休所へ着御、奉送ノ群馬埼玉兩縣令等奏任官以上へ拜謁仰付ラレ、御小憩ノ上別仕立汽車へ乘御、七時四十分御發車、九時十分新宿停車場御着、直ニ御馬車ニ御召換、御別列ニテ皇太后宮ハ九時四十五分青山御所、皇后宮ハ九時三十五分假皇居、へ還御アラセラレタリ、

○中略

明治十九年四月廿四日

來ル五月五日、皇太后宮午前七時十分青山御所御出門、皇后宮同時假皇居御出門、同七時三十分新宿停車場發別仕立汽車乘御、群馬縣下上州館林躑躅岡へ行啓、即日還御被爲在候旨被仰出候事、

一、當日雨天ノ節ハ翌六日行啓、尙同日雨天ニ候ハヾ御止メノ事、

一、鹵簿御遊行ノ事、

一、供奉員着服フロックコート奏任以上高帽ノ事、

一、供奉一同へ晝夕辨當給與ノ事、

兩皇后宮群馬縣下館林躑躅岡へ行啓御發着調

御出門　午前七時十分

新宿御發車同　七時三十分

鴻ノ巣　御着同　九時　御發同　九時十五分　御小休　停車場脇　鈴木半右衛門

凡二里廿六丁ヨ

行田　御着同　十一時三十分　御發同　十一時四十五分　御小休　橋本喜助

凡二里　利根川御渡船

川俣　御着午　十二時　御發午　十二時十分　御野立　川俣渡船場

凡二里

躑躅岡　御着午後一時　御發同　三時四十五分　御晝休　躑躅樓

凡二里

川俣　御着同　四時三十五分　御發同　四時四十五分　御野立　川俣渡船場

利根川御渡船　凡二里

行田　御着同六時　御發同六時十五分　御小休　橋本喜助
凡二里廿六丁ヨ
鴻ノ巢　御着同七時三十分　御發車同七時四十分　御小休　停車場脇鈴木半右衛門
新宿停車場御着　午後九時十分
還御　同　九時廿五分

○中略

明治十九年五月五日
供奉書記官　屬
今日ハ雨天ニ付、明日ヘ御順延ノ旨只今仰出サレタリ、
宮内省
埼玉縣
群馬縣
鴻ノ巢停車脇鈴木半右衛門方
宮内省出張官
館林ツヽヂ岡出張群馬縣官員
警視廳

○中略

本日モ雨天ニ付行啓御止メナリ、近日ノ内更ニ行啓仰出サルベシ、
十九年五月六日　宮内書記官
館林出張

森群馬縣大書記官

埼玉縣

○中略

來ル十日皇太后宮午前七時十分青山御所御出門、皇后宮同時假皇居御出門、群馬縣下館林躑躅岡へ行啓、即日還御被爲在候旨被仰出候條此段及御通達候也、

十九年五月八日　　兩大夫

近衛都督

追テ鹵簿及ビ御發着割御道筋其他共都テ去月廿六日申入候通ニ有之候、且當日雨天之節ハ翌十一日ニ御順延、尙同日雨天ニ候ハヾ御止メニ候也、

○中略

本日皇太后宮上州館林躑躅岡へ行啓被遊候處唯今九時四十五分還御被爲在候條此段及御通報候也、

十九年五月十日　　皇太后宮亮兒玉愛二郎

宮內書記官

御中

○中略

明治十九年五月廿六日

一、金參拾五圓　　鴻ノ巣　鈴木半右衞門

但往返御小休所ニ相充候ニ付手當トシテ被下、

○中略

一、白羽二重壹匹
金參拾五圓　行田町 橋本喜助
但往返御小休所ニ相充且自費修繕等致候ニ付旁手當トシテ被下、
○中略
一、金百圓　躑躅岡 躑躅樓
一、金貳拾五圓　躑躅岡公園
但御晝休所ニ相充候處諸事注意候ニ付手當トシテ被下、
○中略
一、金五圓　鯉魚養育會社
但行田御小休所ニ於テ鯉十尾差出候ニ付被下、
一、金拾五圓
但躑躅岡御晝休ノ節漁獵御覽ニ供候ニ付被下、
○中略
右ハ去ル十日兩皇后宮群馬縣下躑躅岡へ行啓ノ節被下候事、

〔皇太后宮職日記〕　皇太后宮職蔵

明治十九年五月十日、晴、月曜、
一、兩皇后宮本日午前七時十分御出門、上州館林躑躅岡へ行啓被爲遊、新宿停車場迄御別列、同所同七時三十分發別仕立汽車乘御被爲成候、
一、午後七時四十分鴻ノ巣御發車、同九時十分新宿停車場御着、同九時四十五分還御相成候事、
供奉　杉大夫

兒玉亮
新宿迄、同所より岩佐侍醫兼勤　原田侍醫
○中略
女官供奉　陪乘　權典侍好子
供奉　掌侍　隆子
同　權掌侍光子
同　命婦　琗子

十七日、從一位九條道孝第ニ行啓アラセラル、

〔皇太后宮職日記〕　皇太后宮職藏

明治十九年五月十七日、晴、

一、本日午後一時御出門、從一位九條道孝邸へ行啓被爲在、午後八時還御被遊候事、

供奉　杉大夫
兒玉亮
岡四等侍醫
○中略
女官　陪乘　典侍　萬里小路幸子
供奉　掌侍　中御門隆子
同　權掌侍　竹屋津根子
同　命婦　松室琗子

先着　權掌侍　吉田瀧子
　　　命婦　　生源寺政子
　　　權命婦　生源寺須賀子
　　　同　　　梨木房榮

○中略

一、九條邸ヘ御着、奥座敷ニ而御休息、此時被爲召候近衞從一位以下之輩ヘ拜謁、其後新築座敷以下所々御覽被爲在、暫時シテ表座敷ニ而囃子仕舞等數番御覽、五時相濟之後、茶屋ニ而御休息之後、奥座敷ニ而御陪食被仰付候人々左之通、

杉大夫九條道孝近衞從一位二條（マヽ）　一條總子同良子二條洽子近衞衍子鷹司順子九條道實同範子兒玉亮堤局長櫻井書記官岡侍醫吉井夫人杉夫人等也、

一、九條家ヘ爲御土產大杉折二重被下、其外種々賜物有之、奥向ニ而惣而取扱、依而爰ニ不記、又被召候輩ヘも夫々賜物有之候事、

二十二日、築地本願寺ニ於ケル第七回觀古美術會ニ行啓アラセラル、皇后、亦行啓アラセラル、

〔皇太后宮職日記〕　皇太后宮職

明治十九年五月廿二日、晴、

一、本日午後一時御出門、觀古美術會場ヘ行啓被爲遊候、同五時五十分還御、

　供奉　杉大夫
　　　　兒玉亮
　　　　竹內侍醫

○中略

女官供奉　陪乘　典侍　幸子
　　　　　供奉　權掌侍光子
　　　　　　　　命婦　政子
　　　　　御先着　權命婦須賀子

○中略

一、本日同時御出門、御別列ニ而同所ヘ皇后宮行啓被爲在候事、

〔幸啓錄〕明治十九年二

第一四號　築地本願寺ニ於テ開設ノ觀古美術會ヘ行幸並皇太后宮皇后宮同會ヘ行啓ノ件

觀古美術會え皇太后宮行啓之儀願

先般農商務省博物局ノ命ヲ奉ジ、例ニ依リ第七回觀古美術會ヲ築地本願寺ニ於テ本月一日ヨリ三十一日迄開設仕候處、諸家珍藏希有之美術品出陳相成、殊ニ今年ハ參照室ノ區域ヲ廣メ一層新製優逸品ヲ陳列致候、就テハ乍畏

皇太后宮

御行啓被爲在親シク

御覽ヲ奉仰度、右御許容被下置候ハヾ啻ニ本會ノ光榮ノミナラズ一般美術ノ奬勵ト可相成悃願ノ至ニ堪ヘズ、此段宜敷御執奏相成度謹デ奉願候也、

明治十九年五月十三日　　龍池會々頭
　　　　　　　　　　　　佐野常民(印)

宮內大臣伯爵伊藤博文殿

女御藤原夙子

五月廿二日觀古美術會へ行啓御次第書

一、午後第一時御出門、觀古美術會へ皇太后宮皇后宮御別列行啓、此時總會員一同奉迎、奏任官一同門内、其他門外、
一、會頭副會頭御車寄へ奉迎、
一、會頭御先導御休憩所へ著御、
一、會頭御先導御物陳列所東椽通ニ於テ陶器畫付幷製陶諸技御覽、畢テ古物陳列御巡覽、參照室南椽通リニ於テ御小憩、彫刻幷形打物御覽、畢テ新物品御巡覽、御休憩所へ復御、
一、還啓之節御先導奉送等行啓之節ノ通リ、

二十五日、皇后ト共ニ砲兵工廠ニ行啓アラセラル、

〔皇太后宮職日記〕　皇太后宮職屬

明治十九年五月廿五日、晴、
一、皇太后宮皇后宮本日午前九時三十分御出門、砲兵工廠へ行啓、同午後三時貳拾分還御被爲在候事、
但御別列ニ候事、

供奉　杉大夫
兒玉亮
侍醫玄卿

○中略

陪乘　權典侍　平松好子
供奉　掌侍　中御門隆子
權掌侍　吉田瀧子

七等出仕松室琸子
先着　權命婦　梨木房榮
○中略
一、各工場御巡覽ノ節貳ケ所御馬車乘御被爲在候事、

〔幸啓錄〕明治十九年
二

第一五號　皇太后宮皇后宮砲兵工廠竝砲兵第一方面ヘ行啓ノ件
五月廿五日當日雨天之節ハ御延引、日限更ニ被仰出、東京砲兵工廠幷砲兵第一方面ヘ行啓、
御巡覽次第書
一、當日午前第九時三十分御出門、臨御之節奏任官ハ表門內ニ奉迎、
一、提理御先導便殿ヘ入御、參廠ノ勅任官幷砲兵第一方面附東京砲兵工廠附奏任官拜謁、
一、右終テ暫時御休憩、
一、提理所轄內ノ圖面等ヲ御覽ニ供ス、
一、提理御先導各工場御巡覽、
第一　砲具庫
第二　眞鍮壓延場
第三　木工大鋸器械据付場
第四　鑄工場
第五　鍛工場
第六　木工場
女御藤原夙子

第七　鞍工場
第八　鍛工場
第九　銃包製造所
右終テ後樂園ニ御立寄涵徳亭ニ於テ御晝餐、
一、午後再ビ提理御先導、
第一　火工所
第二　藥莢製造場
第三　彈丸庫
第四　小銃製造所
第五　小銃庫
右終テ提理御先導便殿ヘ入御、暫時御休憩、尋デ還御、
一、諸官員奉送スル事奉迎ノ時ノ如シ、

二十九日、皇后ト共ニ高等師範學校ニ行啓アラセラル、

〔皇太后宮職日記〕　皇太后宮職屬

明治十九年五月廿九日、晴、
一、皇太后宮皇后宮午前九時三十分御出門、御別列ニ而高等師範學校ヘ行啓被遊候事、還御午後三時三十分之事、
一、供奉杉大夫兒玉亮高階侍醫、〇中略
一、供奉女官陪乘萬里小路典侍供奉中御門掌侍吉見權掌侍生源寺命婦、先着鴨脚權命婦、〇中略
一、御巡覽詳細之儀は御次第書に有之候事、

一、學校長以下ヘ酒肴料幷生徒ヘ半紙幼稚園幼兒ヘ菊形菓子等下賜相成候事、

〔幸啓録〕明治十九年 二

第一七號　皇太后宮皇后宮高等師範學校ヘ行啓ノ件

高等師範學校ヘ行啓御次第

一、五月廿九日午前九時三十分御出門、

一、師範學校御着、校長及勅奏任官ハ玄關前ニ於テ、其他職員及諸生徒等ハ校門前及校内體操場ニ於テ奉迎、

一、校長御先導ニテ便殿ヘ着御、暫時御休憩、

此間校長教頭教諭幹事等拜謁、

一、校長御先導ニテ教室及寄宿舍等左ノ順序ヲ以テ御通覽、

女兒第七年級　化學　○人名略、以下同之、

女兒第六年級　唱歌

男兒第五年級　畫學

女兒第四年級　地理

男兒第四年級　博物

女子師範學科

第一級前期　化學

第三級後期　唱歌

第四級後期　和漢文

女子師範生徒

寄宿舍
女兒第二年級　縫取
男兒第二年級　修身
同　第一年級　讀方
女兒第一年級　算術
男子師範學科
第四級後期　植物
小學師範學科第三級後期　漢文
第三級前期　和文
理科甲部第一年下級　物理
第二級後期　歷史
第二級前期　圖畫
男子師範生徒
寄宿舍
右凡一時四十分間
一、便殿ヘ入御御晝餐、
一、午後一時ヨリ校長御先導ニテ體操銃劍術幼稚園等左ノ順序ヲ以御通覽、
男兒八七六年級　柔軟
女兒八七六年級　徒手

女子師範生徒　啞鈴
體操專修科生　銃劍術
師範生徒　執銃柔軟
同　徒手柔軟
同　小隊運動
同　小隊柔軟
體操專修科生　輕體操
男兒八七年級　旗取競走
男兒一年級　同
幼稚園
五六ノ組　修身ノ話
三四ノ組　紙織
一二ノ組遊嬉室　遊戲
右凡一時間
右畢テ便殿ヘ入御、暫時御休憩ノ上還御、
但奉送ハ奉迎ノ時ニ同ジ、

六月一日、華族女學校ニ行啓アラセラル、

〔皇太后宮職日記〕　皇太后宮職屬

明治十九年六月一日、曇午後雨、

女御藤原夙子

一、本日午後一時御出門、華族女學校へ行啓被爲在候事、　還御同五時十分、

供奉　杉大夫

　　　兒玉亮

○中略

女官

陪乘　典侍　萬里小路幸子

供奉　權掌侍　吉田瀧子

　　　七等出仕　松室琤子

御先着　權命婦　生源寺須賀子

○中略

一、本日學校教場其他御覽之義ハ御次第書有之候ニ付略ス、

一、學校員學監以下廿八人へ七ツ宛一包及生徒等百五十七人へ五ツ宛壹包へ御菓子下賜相成候事、

〔幸啓錄〕明治十九年二

第一八號　皇太后宮華族女學校へ行啓ノ件

皇太后宮明一日午後一時御出門當校へ行啓左之教場御巡覽、

第一　凡十五分間　初等中學第二級　修身　○人名略、以下同之、

第二　凡十分間　初等中學第三級　和文

第三　凡二十分間　初等中學第一級　物理

第四　凡十分間　上等小學第三級　地理

第五 凡十分間 上等小學第一級 歷史
第六 凡五分間 上等小學第二級 英語
第七 凡十分間 下等小學第一級 讀法
第八 凡五分間 上等小學第二級 佛語
第九 凡十分間 下等小學第三級 算術
第十 凡十分間 下等小學第二級 實物
第十一 凡十分間 初等中學第二級 漢文

右畢テ音樂教場ヘ被爲成、

十四日、番能御催アラセラレ、天皇、皇后ノ行幸啓ヲ迎ヘサセラル、皇族及ビ大臣已下諸臣、亦、參殿陪覽シ、酒饌ヲ賜フ、

〔皇太后宮職日記〕 皇太后宮職屬

明治十九年六月十四日、雨、

一、本日於當御所番能御催、午前九時三十分被始午後六時二十分相濟、

一、聖上午前九時四十五分御乘馬ニテ被爲成、御馬車ニテ還御午後七時十分、

一、皇后宮午前九時二十五分御乘輿ニテ被爲成、還御午後七時三十分、

○中略

一、番能拜見參宮人名幷聖上供奉人名○中略

小松 二品宮

有栖川一品宮御息所

同　三品宮御息所
伏見　二品宮御息所
三條　内大臣
同　夫人
大山陸軍大臣
同　夫人
伊藤宮内大臣
森　文部大臣
○下略

〔皇太后宮職番能錄〕
明治十九年六月十日、
來ル十四日青山御所ニ於テ番能御催ニ付、同日參上之諸員ヘ酒飯被下、人員幷獻立等先例ニ依リ取調相伺候也、
皇族休所
親王　三人
同御息所休所
御息所　五人
大臣ノ夫人娘　八人
中山慶子
右ノ向ヘ差出獻立左ニ

一、盛菓子、粕庭羅、
一、晝食、皿物、煮物、汁、飯、香物、外ニ日本酒、
一、間ノ物、小皿盛、取肴、鮨、浸物、外ニ葡萄酒、日本酒、

(朱書)大臣休所
　各大臣　五人
(朱書)省中勅任官休所　拾三人
(朱書)省中奏任官休所　三拾人
(朱書)勅任官休所
(朱書)麝香間祗候休所　貳拾人
奏任官休所
青山御所勤務休所　貳拾壹人
侍醫休所　三人

右ノ向ヘ差出獻立左ニ
一、盛菓子、粕庭羅、

女御藤原夙子

一、畫辨當、片木重折、ニ取肴、飯、香ノ物、日本酒、

一、間ノ物、大皿盛、各休所へ盛分ケ出ス、取肴、鮨、日本酒、

七月九日、皇后ト共ニ新宿御料地ニ行啓アラセラル、

〔皇太后宮職日記〕皇太后宮職屬

明治十九年七月九日、晴、

一、皇太后宮皇后宮本日午後四時御出門、新宿御料地へ行啓被爲在候、先ヅ鴨場御茶屋へ着御、次ニ動物園御巡覽ノ上再ビ鴨場御茶屋ニ於テ御休息ノ後動物園ニ於テ幻燈御覽、午後十時十五分還御被遊候事、還御被爲在候旨本省書記官へ亮より例之通致通報候事、

一、供奉杉大夫兒玉亮竹内侍醫、○中略

一、供奉女官陪乘萬里小路典侍供奉平松權典侍吉見權掌侍生源寺命婦、先着梨木權命婦、○下略

十一月十一日、皇后ト共ニ貞愛親王第ニ行啓アラセラル、

〔皇太后宮職日記〕皇太后宮職屬

明治十九年十一月十一日、雨、

一、皇太后宮午後一時三十分御出門、皇后宮同時御出門伏見宮邸へ行啓被遊、午後九時四十五分還御被爲在候事、

供奉　杉大夫
　　　兒玉亮
　　　田澤侍醫

○中略

女官　陪乘　典侍　萬里小路幸子

供奉　掌侍　中御門隆子
同　権掌侍　吉田瀧子
同　七等出仕命婦　松室伊子
先着　権命婦　生源寺須賀子
○中略
一、兩皇后宮行啓ニ付被爲進品左之通、
兩皇后宮ヨリ　杉折　壹重、
皇太后宮ヨリ　二品宮へ　料紙硯箱　壹組、
皇后宮ヨリ　同　宮へ　棚
皇太后宮ヨリ　御息所へ　洋服地　二巻、
皇后宮ヨリ　御息所へ　洋服地　壹巻、
皇太后宮ヨリ　景子御方へ　白絹　二疋、
皇后宮ヨリ　同　方へ　切袴　綸子　壹反、
皇太后宮ヨリ　邦芳王へ　羽織袴地　鳥籠　壹箱、
皇后宮ヨリ　同　王へ　羽織袴地　毛植馬　一箇、
皇太后宮ヨリ　禎子女王へ　緋鳴海絞　一疋　手遊品　三個、
皇后宮ヨリ　同　女王へ　緋紋縮緬　壹疋　手あそび
外ニ金百圓　御家來中へ、
○中略

兩皇后宮伏見宮邸へ行啓手續

一、當日午後一時三十分皇太后宮青山御所御出門、皇后宮皇居御出門、御別列ニテ御順路伏見宮御邸へ着御、

但シ御先着ニ先チ殿下及御息所幷當日御招請ノ向同御附等奉迎、

一、便殿ニ於テ暫時御休憩、此ノ間謁見賜物及御獻上物アリ、夫ヨリ宮御先導ニテ左之通御覽、

第一　席畫、第二　能樂、

右畢テ便殿へ入御、

一、宮御先導ニテ食堂へ被爲成御會食、右畢テ便殿へ復御暫時御休憩之上還御、奉送ハ奉迎之時ノ如シ、尋デ一同退散、

十六日、芝公園地內能樂堂ニ行啓アラセラル、

〔皇太后宮職日記〕　皇太后宮職藏

明治十九年十一月十六日、晴、

一、皇太后宮午前八時三十分御出門、芝公園內能樂堂へ行啓被遊候事、　還御六時四十五分、

一、供奉杉大夫兒玉亮高階侍醫女官陪乘萬里小路典侍供奉平松權典侍中御門掌侍松室七等出仕、先着竹屋權掌侍生源寺命婦生源寺權命婦、○中略

一、金貳百圓也

右如例能樂堂へ被下、

十九日、築地曲馬場ニ行啓アラセラル、

〔皇太后宮職日記〕　皇太后宮職藏

明治十九年十一月十九日、晴、風、

一、皇太后宮午後五時御出門、築地曲馬場へ行啓被遊、同九時還御被爲在候事、

一、供奉杉大夫兒玉亮高階侍醫女官陪乘萬里小路幸子供奉平松好子吉見光子生源寺政子、先着竹屋津根子鴨脚八十梨木房榮、○中略
一、御陪覽伏見宮同御息所景子御方梨本宮(臨期御斷)郁子御方榮子御方薦子御方、○下略

十二月三日、番能御催アラセラレ、天皇、皇后ノ行幸啓ヲ迎ヘサセラル、皇族及ビ大臣已下諸臣、亦、參殿陪覽シ、酒饌ヲ賜フ、

〔皇太后宮職日記〕　皇太后宮職屬

明治十九年十二月三日、晴、風、
一、本日當御所ニ於て番能御催午前九時四十五分始り、午後四時三十分相濟候事、
一、聖上午前九時四十分御馬車ニ而柵門通御行幸被爲在候事、　還幸午後五時三十分之事、
一、皇后宮午前九時二十分御輿ニ而被爲成、午後五時五十分還御之事、
一、明宮御方午十二時四十分被爲成、午後四時廿五分還御之事、
一、御能拝見人名、
有栖川一品宮
三條　內大臣
同　令夫人
佐々木宮中顧問官
山尾　同　官
九條　從一位
久我　正二位

正親町正二位

○下略

〔皇太后宮職番能録〕

明治十九年十一月三十日、

來ル三日青山御所ニ於而番能御催ニ付、同日參上之諸員へ酒飯被下、人員幷ニ獻立先例ニ依リ取調相伺候也、

（朱書）皇族休所

親王　四人

（朱書）同御息所休所

御息所　五人

大臣ノ夫人娘　八人

中山慶子

右之向へ差出獻立左ニ

一、盛菓子、粕庭羅、

一、簀食、皿物、煮物、汁、飯、香之物、外ニ日本酒、

一、間之物、小皿盛、取肴、鮨、浸シ物、外ニ葡萄酒、日本酒、

（朱書）大臣休所

各大臣　五人

（朱書）省中勅任官休所

拾三人

(朱書)省中奏任官休所　三拾人
(朱書)勅任官休所
(朱書)麝香間祗候休所　貳拾人
(朱書)侍醫休所　三人

右之向へ差出獻立左ニ
一、盛菓子、　粕庭羅、
一、晝辨當重折、片木二　取肴、飯、香之物、日本酒、
一、間之物、大皿盛、各休所へ分ケ出ス　盛　取肴、鮨、日本酒、

四日、横濱ニ行啓アラセラレ、軍艦高千穂ヲ覽サセラル、

〔皇太后宮職日記〕　皇太后宮職藏

明治十九年十二月四日、晴、
一、皇太后宮本日午前八時二十分御出門、横濱港へ行啓、高千穂艦御覽被爲在候事、　午前九時新橋御發車、別仕立　九時四十五分横濱御着、同九時五十分御用邸へ御着、同十時十五分端舟乘御、同十一時横濱御發艦、御舟中御晝餐　午後二時横濱御歸艦、同二時三十分御用邸御着、同所御出門、三時十五分　三時廿五分横濱御發車、別仕立　四時十分新橋御着、四時四十分還御之事、右豫定ヲ記ス、
還御午後四時三十五分也、

女御藤原夙子

供奉女官

陪乘　典侍　萬里小路幸子

供奉　權典侍　平松好子

權掌侍　竹屋津根子

命婦　生源寺政子

先着　權命婦　梨木房榮

○中略

省中供奉　杉大夫

兒玉亮

伊東侍醫

山口書記官

毛利侍從

○下略

〔幸啓錄〕明治十九年七

第八號　皇太后宮橫濱港ヘ行啓高千穗艦御覽ノ件

十九年十一月三十日、

皇太后宮來月四日午前八時二十分青山御所御出門、同九時新橋發別仕立汽車乘御橫濱港ヘ行啓、高千穗艦御覽被爲在候旨被仰出候事、

一、鹵簿御遊行之事、

一、供奉奏任以上着服フロックコート高帽之事、
一、横濱停車場ヨリ御用邸間供奉騎兵一分隊之事、
一、御料御馬車一輛、臣下馬車三輛横濱ヘ差回之事、
一、端船御陪乘、海軍大臣次官之内一名、大夫、典侍二名、近衞將校一名、
一、諸達例文之事、
一、供奉一同ヘ晝夕辨當給與之事、
一、還御之節ハ午後三時二十五分横濱發別仕立之汽車乘御之事、
一、當日風雨之節ハ來ル六日行啓被爲在候事、

皇太后宮高千穗艦爲御覽横濱港ヘ行啓御次第書

十二月四日、

一、午前八時二十分　御出門、
一、同　九時　新橋御發車、別仕立汽車
一、同　九時四十五分　横濱御着、
一、同　九時五十五分　御用邸御着、
一、同　十時十五分　端船乘御、
一、同　十一時　横濱御發艦、
御船中　御晝餐
一、午後二時　横濱御歸艦、
一、午後二時三十分　御用邸御着、

一、同　三時十五分　御用邸御出門、

一、同　三時二十五分　横濱御發車、別仕立汽車

一、同　四時十分　新橋御着、

一、同　四時四十分　還御、

孝明天皇実録　巻八

孝明天皇實錄 巻八

稿本 孝明天皇實錄 卷八

孝明天皇實錄 卷八

明治二十年正月十三日、京都ニ行啓アラセラル、是日、東京ヲ發セラレ、横濱ヨリ軍艦浪速ニ乘御、翌十四日、神戸ニ御著、直ニ汽車ニテ京都ニ向ハセラレ、桂宮ニ入ラセラル、

〔皇太后宮職日記〕

明治廿年一月十三日、曇、

一、皇太后宮京都行啓午前七時御出門、同八時新橋發汽車立別仕乘御横濱御用邸御休憩、夫より浪速艦へ乘御、午前十時御發艦被爲在候事、

青山御所ヨリ新橋迄御列

警部 馬　騎兵半小隊

伍長 御旗 曹長　近衛士官 馬　同　近衛士官 馬

警部 馬　騎兵　近衛士官 馬　同　近衛士官 馬

皇太后宮御馬車　女官馬車　大夫馬車　亮

侍醫 馬車　伍

長 騎兵 騎兵

供奉女官

陪乘　典侍　萬里小路幸子

掌侍　中御門隆子

權掌侍　吉田瀧子

女御藤原夙子

同　　吉見光子
七等出仕兼命婦　　松室琲子
權命婦　　鴨脚八十
同　　生源寺須賀子

○中略

合奏任七人判任六人等外二人針女十人下女六人

一、皇族大臣及各廳勅任官ゾ一人新橋停車場ニテ奉送、

一、省中勅任官新橋停車場ニテ奉送、

一、同奏任官判任官青山御所御門前ニテ同斷、

○中略

一、御出門後海上平穩御出艦無差支旨横濱出張山口書記官より電報ヲ以本省へ申來、御途中へ上申候旨申來リ候事、

○中略

一、午前十時皇太后宮御發艦被遊候事、

十四日、雨、夕風、

一、皇太后宮今午前十一時神戸御安着、午後二時汽車ニテ御發車ノ旨電報、午後三時三十分本省より申來リ候事、

一、今午後五時御機嫌克京都御着被爲在候旨電報午後八時十五分到達候段内事課より申來リ候ニ付、皇后宮職明宮

久宮亮代理堤調度局長へ通知致候事、

〔幸啓錄〕明治二十年五　京都ノ部

第一號　行幸啓被仰出、

告示按

宮内省告示第三號

來二十年一月孝明天皇二十年御式年祭被爲行ニ付聖上皇太后宮皇后宮京都ヘ行幸行啓可被爲在旨仰出サレタリ、

但御發輦日限御道筋等ハ追テ告示スベシ、

明治十九年十二月一日　宮内大臣

第四號　皇太后宮御發輿日限御道筋

御日限御道筋告示按

宮内省告示第一號

皇太后宮京都ヘ行啓ノ節御發輿日限及御道筋ハ左ノ通リ、

明治二十年一月六日　宮内大臣

一月十三日東京御發横濱ヨリ海路神戸ヲ經テ京都ヘ御着、

還御之節ハ伊勢路ヲ經テ志州鳥羽港ヨリ海路還御、

第九號　皇太后宮神戸御著艦京都御著、

二十年一月十四日、神戸發電報、

只今前十一時神戸ヘ御安着、昨日前十時御發艦後海上平穩少シモ船ノ動揺ヲ覺ヘズ、皇太后宮別テ御機嫌宜シク女官中モ船ニ困リタル者少ナシ、船ノ進行ハ平均一時間十四海里四ニ當ル、實ニ機械ノ完全石炭ノ良質ニヨルナリ、午後二時當地汽車ニテ御發シナリ、此段宜ク奏上ヲ乞、

神戸ニテ　杉大夫

吉井宮内次官

○中略

明治二十年一月十四日、

皇太后宮益御機嫌克午後五時桂宮へ御安着在ラセラレタリ、

京都　杉大夫

吉井宮内次官

〔幸啓錄〕明治二十年十一月京都ノ部

第六九號　日記雜件

日記

明治二十年一月十三日、木曜日、晴、

一、左ノ通リ電報來ル、

十三日午前三時五分發

在横濱山口宮内書記官

當番書記官

海上平穩御發艦御差支ナシ、

一、皇太后宮ニハ午前七時青山御所御出門、同七時四十分新橋停車場へ御着、樓上ニ於テ御休憩、同八時汽車乘御、同八時四十五分横濱停車場へ御着、直ニ横濱御用邸へ、同邸ニ於テ暫時御小休ノ上同九時小蒸汽船ニテ浪速艦へ乘御遊バサレ同十時御發艦海上平安ナリ、

一、左ノ通リ電報發ス、

皇太后宮今午前十時浪速艦ニテ御出帆相成ル、

横濱出張　宮内書記官

各通
内海兵庫縣知事
北垣京都府知事
京都主殿寮出張所宇田淵此段御先着ノ官員ヘモ御通知アリタシ、

皇太后宮午前十時御出帆相成ル、

横濱 山口書記官

東京 宮内書記官

一、皇后宮ヨリ奉送トシテ新橋迄新樹典侍御遣シ相成リタリ、

一月十四日、金曜日、雪、

一、午前十一時神戸御着艦神戸御用邸へ御上陸、同十一時五十分神戸發別仕立汽車ニテ午後一時過ギ大阪停車場へ着御、三分間御停車ノ上午後四時二十分京都七條停車場へ御着、樓上ニ於テ御休憩アリ、午後五時桂宮へ御安着遊バサレタリ、

一、神戸ニ於テ午十二時四十五分左ノ電報ヲ發ス、

吉井宮内次官 杉大夫

只今前十一時神戸へ御安着、昨日前十時御發艦後海上平穏少シモ船ノ動揺ヲ覺エズ、皇太后宮別テ御機嫌宜シク、女官中モ船ニ困リタル者少ナシ、船ノ進行ハ平均一時間十四海里四ニ當ル、實ニ機械ノ完全石炭ノ良質ニ因ルナリ、當地午後二時汽車ニテ御發シナリ、此段宜シク奏上ヲ乞フ、

一、吉井次官ヨリ午後四時卅分發右ノ返信桂宮へ來ル、

一、桂宮ニ於テ午後六時四十五分左ノ電報ヲ發ス、

吉井宮内次官 京都桂宮ニテ

皇太后宮御機嫌克午後五時桂宮へ御安着在ラセラレタリ、
杉皇太后宮大夫

一、右ノ返信午後八時十五分發ニテ左ノ通リ來ル、
杉大夫
吉井次官

皇太后宮御安着ノ電報承知ス、早速言上セリ、

一、山階宮ヨリ鯛壹折御獻上相成リタリ、

二十六日、孝明天皇二十年式年祭ノ爲、天皇、皇后御西下アリ、是日、京都ニ著御アラセラレ、京都御所ニ入リ給フ、皇太后仍チ典侍萬里小路幸子ヲ七條停車場ニ遣シテ聖駕ヲ迎ヘシメラレ、二十七日、御所ニ行啓アラセラル、

〔幸啓錄〕明治二十年京都ノ部五

孝明天皇二十年御式年祭ニ付聖上皇太后宮皇后宮京都へ行幸啓ノ件

第一一號　兩陛下京都御着、

二十年一月廿六日

京都發電報寫

聖上皇后宮益御機嫌克午後五時御安着被遊タリ、

吉井次官

杉大夫

明治二十年一月十一日

聖上皇后宮京都へ御着之節當日七條停車場迄皇太后宮ヨリ典侍壹名奉迎トシテ七條停車場へ御遣シノ事、

翌日皇太后宮御參內之事、

〔幸啓錄〕明治二十年京都ノ部六

第一二號　皇太后宮御所へ被爲成、

皇太后宮明二十七日午後一時桂宮御出門、御所へ被爲成候旨被仰出候條、此段及御通知候也、

但御道筋別紙之通候事、

二十年一月廿六日　　　　皇太后宮職

○供奉各職
寮局宛、中略、

桂宮四脚門左へ朔平門前左へ右へ日ノ門前通リ建春門ヨリ塀重門ヲ經テ御學問所へ御順路、

〔幸啓錄〕明治二十年十京都ノ部

第六九號　日記雜件

一月二十六日、

一、神戸ヨリ左ノ電報來ル、

聖上皇后宮御機嫌克今十二時三十分御着艦午後二時汽車ニテ御入京相成ル、

一、午後　時聖上皇后宮京都御所へ御安着アラセラル、

右ニ付皇太后宮ニハ奉迎トシテ典侍萬里小路幸子ヲ七條停車場迄御遣相成リタリ、

○下略

一月廿七日、晴、

一、午後一時桂宮御出門、御所へ成ラセラル、

三十日、孝明天皇二十年式年祭ナリ、後月輪東山陵ニ陵祭ヲ行ハレ、天皇、皇后、行幸啓アラセラル、是日、皇太后、御微恙ノ爲、行啓アラセラレズ、

〔皇太后宮職日記〕

明治廿年一月三十日、雨、

一、孝明天皇二十年御式年祭之事、○中略

一、京都より左之通電報有之內事課より申來り候事、

寫

宮內省　　供奉
書記官　　宮內書記官
式部官　　掌典

電報譯

聖上皇后宮本日午前九時御出門、御陵御參拜御滯ナク濟セラレタリ、

皇太后宮少々御風氣ニ付御參拜不被爲在、併シ御風氣聊カノ御事ナレドモ天氣都合ニヨリ御參拜御見合相成度大夫より申上ニ寄リ御延引仰出サレタルナリ、

〔幸啓錄〕明治二十年六　京都ノ部

第一九號　後月輪東山陵御祭典兩陛下御參拜、

電報案

聖上皇后宮本日午前九時御出門、御陵御參拜御滯リナク濟セラレタリ、

皇太后宮少々御風氣ニ付、御參拜在ラセラレズ、併シ御風氣ハ聊ノ御事ナレドモ、天氣都合ニヨリ、御參拜御見合セ相成度、大夫ヨリ申上ニ依リ、御延引仰出サレタルナリ、

廿年一月三十日

供奉
宮內書記官
掌典

本省
書記官
御中
式部官

〔幸啓錄〕明治二十年十 京都ノ部

第六九號　日記雜件

日記

明治二十年一月三十日、

一、孝明天皇御祭典御當日ニ付、午十二時御出門、御參拜可被爲在筈ノ處、御風氣ニ付御延引仰出サレタリ、

一、聖上皇后宮ニハ御參拜御滯リナク濟マセラル、

二月七日、後月輪東山陵ニ行啓、參拜アラセラル、

〔皇太后宮職日記〕

明治廿年二月七日、螢、

一、本日午後五時四十五分內事課より寫到來、電報、

宮內省　　京都

吉井宮內次官　　杉大夫

皇太后宮本日十二時三十分御出門ニ而泉山御參拜濟セラレタリ、此段式部職ヘモ御通知ヲ乞フ、

〔幸啓錄〕明治二十年六 京都ノ部

第二五號　皇太后宮後月輪東山陵御參拜、

皇太后宮明七日午十二時三十分御出門、後月輪東山陵ヘ御參拜被爲在候旨被仰出候條此段及御通知候也、

二十年二月六日　　　　　　　書記官

近衞參謀

追テ將校五名騎兵半小隊供奉被仰付候、

且御道筋ハ桂宮四脚門ヨリ左ヘ朔平門前通リ左ヘ右ヘ建春門前通リ右ヘ建禮門前左ヘ堺町通左ヘ三條通右ヘ

寺町通リ左ヘ五條通リ右ヘ伏見街道泉涌寺ヘ御順路ニ有之候也、

○中略

明治二十年二月七日、

後月輪東山陵皇太后宮御拜次第

當日早旦陵前ヲ裝飾ス、

午後一時諸員幄舍ニ著ク、

次神饌ヲ供ス、

次祝詞ヲ奏ス、

同　時御休所出御掌典前行シ諸員御後ニ扈從ス、

次御手水ヲ進ル、女官奏任

次御拜ノ舍ニ進御、

次掌典御玉串ヲ執リ之ヲ進ル、

次御玉串ヲ奉リ給ヒ、御拜畢テ掌典ニ授ケ給フ、掌典之ヲ陵前ニ供ス、

次入御、

次神饌ヲ撤ス、

次各退出、

同日午後　時御近陵三帝御拜、次第總テ前ニ同ジ、

○中略

皇太后宮本日十二時三十分御出門ニテ泉山御參拜濟セラレタリ、此段式部職ヘモ御通知ヲ乞フ

明治二十年二月七日　　杉大夫

吉井宮內次官

〔幸啓錄〕明治二十年十京都ノ部

第六九號　日記雜件

日記

明治二十年二月六日、半晴、

一、明七日午十二時三十分御出門、後月輪東山陵御近陵三帝御參拜可被爲在旨仰出サレタリ、

二月七日、雨、

一、昨日被仰出タル通リ後月輪東山陵御近陵三帝御滯ナク濟マセラル、

二十一日、天皇、皇后、京都ヲ發セラレ、東還ノ御途ニ就キ給フ、仍チ皇太后、京都御所ニ行啓アラセラレ、又典侍萬里小路幸子ヲ七條停車場ニ遣シテ鳳輦ヲ送ラシメラル、

〔幸啓錄〕明治二十年十京都ノ部

第六九號　日記雜件

日記

明治二十年二月二十一日、

一、聖上皇后宮ニハ本日京都御出發ニ付、午前　時皇太后宮桂宮御出門御所ヘ御參內遊バサレタリ、

一、奉送トシテ七條停車場迄典侍萬里小路幸子ヲ御遣シ相成ル、

二十四日、泉涌寺竝ニ東福寺ニ行啓アラセラル、

〔皇太后宮職日記〕

明治廿年二月廿四日、晴、

一、電信寫、

皇太后宮本日午前十時四十五分御出門、泉涌寺幷東福寺等ヘ行啓、午後三時還御在セラレタリ、

右者午後九時本省ヨリ御達相成候ニ付、直ニ御內儀ヘ申入候事、

〔幸啓錄〕明治二十年 六 京都ノ部

第三四號　皇太后宮泉涌寺竝東福寺ヘ行啓、

明治二十年二月廿二日、

皇太后宮來廿四日午前十時御出門、泉涌寺幷ニ東福寺ヘ行啓可被爲在旨被仰出候條其旨東福寺ヘ御達有之度、此段及御通達候也、

大夫

京都府知事

追テ當日雨雪ノ節ハ來ル廿五日行啓被爲在候且御道筋ハ四脚門ヲ出テ左ヘ朔平門前通左ヘ右ヘ堺町門ヲ出堺町通リ左ヘ三條通右ヘ寺町通リ左ヘ五條通リ右ヘ伏見街道御順路ニ有之候條、御先導警部二名御差出可有之此段申添候也、

○中略

二月二十四日、
午前十時御出門、
泉山御陵御參拜、
雲龍院御陵御參拜、
御休憩雲龍院、
東福寺九條家廟御參拜、
御晝饌東福寺、

皇太后宮本日午前十時四十五分御出門、泉涌寺并ニ東福寺へ行啓、午後三時還御被爲在タリ、
明治二十年二月廿四日　兒玉皇太后宮亮
宮內書記官宛

〔幸啓錄〕明治二十年京都ノ部十

第六九號　日記雜件

日記

明治二十年二月二十四日、
一、午前十時四十五分御出門、泉涌寺東福寺へ行啓、午後三時還御アラセラル、

二十七日、新古美術會ニ行啓アラセラル、

〔幸啓錄〕明治二十年京都ノ部六

第三五號　皇太后宮新古美術會へ行啓、
皇太后宮來ル廿七日午後一時御出門、新古美術會へ行啓被爲在候旨被出候條此段及御通達候也、

女御藤原夙子

但御道筋別紙之通候事、

二十年二月廿五日　皇太后宮職

○供奉各寮局課宛

御道筋

桂宮四脚門ヲ出左ヘ斜ニ建春門前通新古美術會場裏門前斜ニ左ヘ同場表門ヘ御順路、

〔幸啓錄〕明治二十年京都ノ部

第六九號　日記雜件

日記

明治二十年二月二十七日、

一、午後一時御出門新古美術會ヘ行啓アラセラレタリ、

三月三日、還啓ノ御途ニ就カセラル、是日、京都ヲ發セラレ、六日、三重縣山田ニ御著、七日、伊勢神宮ニ參拜アラセラル、十一日、鳥羽港ニ於テ軍艦浪速ニ召サセラレ、翌十二日、横濱ニ御著港、直チニ御所ニ還啓アラセラル、

〔皇太后宮職日記〕

明治廿年三月三日、風、晴、

一、皇太后宮來ル九日午前九時三十分還御被爲在候旨且還御次第書本省より廻り候事、

一、本日午後五時廿五分水口驛ヘ着御之電報内事課より午後九時二十分申來り候事、

三月五日、晴、

三月五日午後三時四十分電報、

吉井宮内次官殿　津驛　杉大夫

皇太后宮益御機嫌能昨四日ハ午前八時水口御發輿、午後四時關ヘ御着、本日午前八時關御發輿、午後一時二十分津驛ヘ御安着在セラレタリ、

右之通電報到來候事、内事課より午後八時當御所へ申來候事、

三月七日、曇、

一、明治二十年三月七日午後三時五十分發電報寫

吉井宮内次官　二見御泊所ニテ　杉大夫

京都御立チ以來微雪或ハ曇天ニテ寒氣モツヨキ處、今日ハ最上ノ好天氣ニテ御參拜御都合能ク濟セラレ、別而御機嫌ウルハシク在セラレ、午後一時三十分二見ヘ御着相成タリ、且明日ハ海上穏ヤカニテ御豫定通リ御乘艦ノ筈ナリ、

三月八日、晴、

一、本八日午後二時二十分發電報寫

吉井宮内次官　鳥羽ニテ　杉大夫

皇太后宮益御機嫌能本日午後三時浪速艦乘御、同五時御發艦相成リ、

電信寫今八日午後八時五分發

吉井宮内次官　鳥羽　杉大夫

本日電報ノ通御發艦ノ處前日ノ風ニテ波高ク船ノ動揺甚シ、依テ一ト先鳥羽港ヘ御引戻シ、午後六時三十分投錨相成タリ、何レ天氣見定メ御發艦ニ決シ次第御報知ニ及ブベシ、御機嫌ハ少モ御障リ在ラセラレズ、

右之通午後十時本省ヨリ被達候事、

三月九日、風雨、

一、本日午前二時十分發

　　伊藤宮内大臣　　　　　　　　鳥羽港ニテ
　　　　　　　　　　　　　　　　三重縣知事石井邦猷

　皇太后宮ニハ一端御發艦成タレドモ、風波ノタメ御歸港成タリ、未ダ御上陸ハ出來ズ、

三月十日、晴、風、

一、皇太后宮昨日午後三時鳥羽港ヘ御上陸御泊被爲在候、御艦中別段御障モ不被爲在旨電報有之候間、此段及御通知候也、

　追而御發艦ハ未定ニ候也、

　　十日　　　　　　　本省

一、十日午後二時電報寫

　皇太后宮本日御發御延引ニ相成候事、

三月十一日、晴、

一、皇太后宮本日午後二時鳥羽港御發艦ノ筈ニ就而ハ明十二日午前七時横濱御着艦、同九時横濱發別仕立汽車ニ乘御被爲在候旨電報有之候段本省より達有之候事、

三月十二日、晴、午後風、

一、皇太后宮本日午前十時廿五分還御被爲在候事、

一、親王大臣宮内省勅任官及各廳勅任官毎廳一名ヅヽ、麝香間祗候等新橋停車場ヘ奉迎、同所ニ而拜謁

一、宮内省奏判任青山御所表門外ニ奉迎、着服フロックコート

一、還御ノ上供奉高等官御中殿ニ於テ拜謁、士官同所
一、供奉高等官ヘ立食下賜候事、〇中略
一、騎兵警部ヘ辨當被下候事、御祝酒料ハ無之候事、
一、供奉之判任官以下ヘ辨當幷酒肴料被下候事、〇中略
一、供奉女官奏任之分ヘ酒肴被下、判任幷雜仕ヘは辨當幷酒肴料被下候事、
一、東京御列

警部馬	警部馬
騎兵半小隊	騎兵
御旗	
近衛士官馬	近衛士官馬
同	同
同	同
近衛佐官馬	
皇太后宮御馬車	
女官馬車	
大夫馬車	
亮侍從馬車	侍醫
騎兵	騎兵

一、還御被爲在候旨宮内書記官ヘ亮より皇后宮職明宮久宮御殿ヘ屬より通知候事、
一、供奉之輩明十三日より三ケ日間休暇賜り候事、
〔幸啓錄〕明治二十年京都ノ部十
第六一號　京都御發輿被仰出、
告示案
宮内省告示第六號
皇太后宮來ル三月三日京都御發輿伊勢路ヲ經テ志州鳥羽港ヨリ海路還御仰出サル、
明治二十年二月二十八日
宮内大臣
第六二號　御休泊割
還御御休泊割
三月三日、〇以下御發着時間ハ全テ朱書、

御發		里程	場所	宿主	御着
午前七時三十分	京都御發輿				
		二里廿六丁餘			
午前九時四十五分	御小休		大谷町字走井	井口シズ	午前九時二十分
		一里十丁餘			
午前十時四十三分	御小休		錦町字膳所	小澤三右エ門	午前十時十三分
		三十五丁餘			
午前十一時十五分	御小休		鳥居川村	川村淸左エ門	午前十一時
		二里四丁餘			
午後二時二十分	御晝		草津驛	警察署	午十二時三七分
		一里廿一丁餘			
午後二時四十分	御小休		六地藏村	大角彌右エ門	午後二時廿五分
		一里七丁餘			
午後三時三十五分	御小休		石部驛	服部キヌ	午後三時十五分
		一里廿三丁餘			
午後四時四十分	御小休		三雲驛字田川	井上庄之助	午後四時二十分
		一里十七丁餘			
	御泊		水口驛	小島一治	午後五時二十五分
三月四日、午前八時水口御發					
		一里廿丁餘			

午前八時四十五分	御小休		大野村	渡邊伊三郎	午前八時廿五分
午前十一時七分	御晝	一里十二丁餘	土山驛	立岡長兵エ	午前十時
午十二時三十分	御小休	三十二丁餘	猪鼻村	中森武右エ門	午十二時十三分
午後一時三十五分	御小休	一里四丁餘	阪下村字鈴鹿峠	佐々木喜平	午後一時廿分
午後二時三十分	御小休	十九丁餘	阪下村	高家傳次郎	午後二時八分
午後三時卅分	御野立	一里三丁	市ノ瀨村字筆捨	倉田太藏	午後三時十五分
	御泊	十八丁餘	關驛	福藏寺	午後四時
三月五日、午前八時關驛御發					
午前九時	御小休	一里廿九丁ヨ	椋本村	駒田五郎造	午前八時三十分
午十二時三十分	御晝	二里廿七丁	一身田村	專修寺	午前十時三十分
	御泊	一里十五丁	津驛	願王寺	午後一時廿分

三月六日、午前八時津御發　二里五丁

午前九時三十分　御小休　島貫村　倉田唯介　午前九時十分

二里四丁

午前十一時四十分　御晝　松阪驛　長井久良左ヱ門　午前十時四十八分

二里十九丁

午後一時十五分　御小休　齋宮村　永島雪江　午後一時五分

二里八丁

午後二時廿分　御小休　小俣村　奥山迂吉　午後二時十分

凡二十丁餘

午後三時五分　御召換所　宮川町　清水太平　午後三時

凡一里三丁餘

御泊　山田　龍重光　午後三時卅分

三月七日、午前八時三十分山田御發　凡五丁

午前八時四十八分　御小休　外宮　參集所　午前八時四十分

凡二丁

午前九時　豐受太神宮　御參拜　午前八時五十六分

三十三丁

午前十時十五分　御小休　內宮　午前十時五分

凡三丁

午前十時三十五分　皇太神宮　御参拜　午前十時廿三分
凡三丁
午前十一時四十五分　御晝　内宮　参集所　午前十時四十分
一里廿七丁餘
三月八日、御泊　江村字二見浦　神苑會家屋　午後一時三十分
午前十一時四十五分　御晝　江村字二見浦　神苑會家屋
一里卅二丁餘
午後二時卅分　御小休　鳥羽港　常安寺　午後一時四十分
午後三時　浪速艦乘御、同四時御發艦、
三州神島邊迄進航ノ處、風波高ク再ビ鳥羽ヘ御引返シ相成、午後六時三十分投錨相成タリ、
三月九日、暴風甚敷、午後三時鳥羽港御上陸常安寺ヘ御泊、
三月十日、御滯留、
三月十一日、午十二時御發輿午後一時御乘艦同二時御發艦、
三月十二日、午前七時三十分横濱御着艦、御上陸、

御小休　横濱　御用邸、
汽車乘御午前九時御發車、
御小休　新橋停車場　午前九時四十五分
還御　午前十一時

第六九號　日記雜件
〔幸啓錄〕明治二十年 十 京都ノ部

日記

三月三日、
一、午前七時三十分桂宮御發輿、大谷町錦村鳥居川村ノ各御小休所ヲ經、草津驛ニテ御晝餐アラセラレ、其レヨリ六地藏村石部驛三雲驛ノ各御小休所ヲ經テ午後五時廿分水口驛御泊所ヘ御安着アラセラル、
一、滋賀縣知事中井弘ヨリ左記ノ通リ獻上、

江州名産　滋賀郡錦村
鮒甘露漬　貳箇　小澤三右衛門所製
湖水産　滋賀郡鳥居川村
ヒガイ魚　壹桶　川村清右衛門漁獲
勢田川産
蜆 黒赤二種　貳籠　同上
近江國甲賀郡土山村産
玉露製煎茶　壹斤入壹鑵

同郡南土山村製造人
竹島萬右衛門

同上　　同上

再製茶　　壹斤入壹罐　同人

三月四日、

一、午前八時水口驛御發輿、大野村御小休所ヲ經テ土山驛ニテ御晝餐アラセラレ、猪鼻村阪下村字鈴鹿峠及ビ阪下村市ノ瀬村ノ各御小休所ヲ經テ午後四時關驛御泊所ニ御安着アラセラル、

一、石井三重縣知事ヨリ左ノ通リ獻上、

御菓子 銘關乃戸　壹折

生椎茸 拝献　壹折

三月五日、

一、午前八時關驛御發輿、椋本村御小休所ヲ經テ一身田村ニテ御晝餐、午後一時廿分津驛御泊所ニ御安着アラセラル、

一、石井三重縣知事ヨリ左ノ通リ獻上、

鶉　壹籠

御菓子 銘老伴　壹折

一、結城神社宮司川口常文ヨリ左ノ通リ石井三重縣知事ヲ以テ傳獻、

孝子萬吉傳　壹冊

附 拙詠　一首

結城神社寫眞　貳枚

同社祭神傳記略　壹冊

三月六日、

一、午前八時津驛御發輿島貫村御小休所ヲ經テ板阪驛ニ於テ御晝餐、夫レヨリ齋宮村小俣村宮川町ノ各御小休所ヲ經テ午後三時山田御泊所ニ御安着アラセラル、

三月七日、

一、午前八時三十分山田御發輿、外宮參集所ニ於テ御小休アリ、夫ヨリ豐受太神宮御參拜アリ、畢テ宇治へ被爲成、內宮參集所ニテ御小休アリ、皇太神宮へ御參拜アリ、內宮ニテ御晝餐、午後一時三十分江村賓日館御泊所へ御安着アラセラル、

三月八日、

一、江村ニ於テ正午前御晝餐被爲在畢ハテ、午前十一時四十五分御發輿、午後一時四十分鳥羽港常安寺ニ於テ御小休アリ、同二時三十分御發輿、午後三時御乘組、同四時御發艦アラセラル、

此時天氣清朗ナリシモ、鳥羽ヲ離ルヽニ從ツテ浪荒ク、風勢次第ニ加ハリ來リ、漸ク三河國神島ノ沖迄進航セルニ、天氣忽チ變ジテ雨雪ヲ飛バシ、暴風激濤一時ニ起リ、爲メニ艦體ノ動搖甚シク、右舷三十二度、左舷四十五度ニ至ルヲ以テ、遂ニ鳥羽港へ御引戾相成リ、同夜同灣ニテ御滯泊在ラセラル、

三月九日、

一、午前暴風激浪益甚シク、迚モ進航難相成ニ付、午後三時一先御上陸、常安寺へ御滯在アラセラル、

三月十日、

一、本日モ風波强ク御滯在アラセラル、

三月十一日、

一、風波漸ク靜穩ニ歸シタルニ付、午十二時御發輿、午後一時御乘艦、午後四時御發艦相成リ、鳥羽港ヲ離ル、凡ソ一海里ニシテ遽然暗礁ニ觸レ、艦底第一區畫ヨリ第九區畫ニ至ル外底ヲ損壞セシモ、幸ニ御召浪速艦ハ二重底ナルヲ以テ內底ニ損所ナク其儘無事ニ進航ス、海上平穩ナリ、航路百七十八海里十四ニシテ十三時間

三月十二日、

一、午前七時三十分横濱港御着艦、直ニ横濱御用邸ニ御上陸、御小憩ノ上同九時横濱發別仕立汽車ニ乘御、直ニ御發車、同九時四十五分新橋停車場ヘ御着、其ヨリ御馬車ニテ同十一時青山御所ヘ御安着アラセラレタリ、

一、皇后宮ニハ御迎トシテ新橋停車場迄行啓被爲在タリ、

四月二十九日、外務大臣井上馨ノ麻布第ニ行啓アラセラル、

〔皇太后宮職日記〕

明治廿年四月廿九日、晴、

皇太后宮本日午後二時御出門麻布鳥居坂井上外務大臣邸ヘ行啓被爲遊、午後十一時十五分還御、

供奉　杉大夫

兒玉亮

竹內侍醫

○中略

女官

陪乘　典侍　萬里小路幸子

供奉　權典侍　平松好子

權掌侍　吉見光子

女御藤原夙子

權掌侍　竹屋津根子
七等出仕　松室伊予子
先着　命婦　生源寺政子
權命婦　生源寺須賀子
同　梨木房榮
○中略

皇太后宮行啓ニ付被下品左之通リ、
一、御小簞笥　壹個
右井上大臣へ
一、銀湯沸シ　壹個
一、テーブル掛　壹枚
右大臣夫人へ
一、白縮緬　壹疋ヅヽ
右大臣令嬢三人へ
一、金五拾圓
右家來中へ

〔幸啓錄〕一明治二十年一

第七號　皇太后宮井上外務大臣邸へ行啓ノ件
明治廿年四月廿九日外務大臣井上馨麻布鳥居坂邸へ皇太后宮臨御記事、

當日同邸裝飾幷休所割等總テ去廿七日行啓ノ節ノ通リ、午後一時三十分頃ヨリ主人ノ招キニ應ゼラレタル華頂故三品博經親王御息所、久邇榮子女王、其他赤坂御所女官及勅任官華族等夫人來着ス、午後二時青山御所御出門ニテ二時二十分同邸ニ臨マセラル、此時海軍樂隊ハ奏樂シ、主人夫婦着服總テ廿七日ニ同ジ、玄關前ニ奉迎、參會ノ御息所其他ノ夫人等モ此ニ奉迎ス、主人御先導ニテ便殿ヘ着御、御茶菓子廿七日ノ通リ、ヲ獻ズ、主人夫婦幷娘及夫人ノ妹等ヘ調ヲ賜ヒ、主人ヘハ蒔繪小簞笥壹個、夫人武子ヘ銀湯沸壹個、テーブル掛壹枚、娘貳人幷夫人ノ妹ヘ白縮緬壹ヅヽ、男女家來一同ヘ酒肴料金五拾圓ヲ下賜セラレタリ、被下方手續總テ二十七日ニ同ジ、尋イデ華頂宮御息所以下參會ノ高等官華族同夫人等ニ調ヲ賜フ、供奉高等官幷判任女官及參會ノ御息所以下ヘ休所ニ於テ茶菓子ヲ出ス、午後三時主人御先導ニテ茶室御覽、夫ヨリ御覽所ヘ成セラル、此時海軍樂隊奏樂ス、演劇勸進帳靱猿以上御好忠臣藏三段目同四段目等御覽、一曲ヲ終ル毎ニ海軍樂隊奏樂ス、午後七時三十分便殿ヘ入御、直ニ食室ニ入セラル、御晩餐日本料理華頂宮御息所、久邇榮子女王、近衞從一位、中山從一位、毛利從二位夫人、伊藤大臣夫人、杉皇太后宮大夫、元田宮中顧問官、萬里小路典侍、杉大夫々人、兒玉皇太后宮亮、平松權典侍、主夫人武子、竹內侍醫、吉見權掌侍、竹屋權掌侍、伊藤大臣娘、主人等陪食ス、此間海軍樂隊奏樂、○中略午後八時三十分便殿ヘ入御、同時四十分再御覽所ヘ成ラセラル、演劇義經記吉野山雪中ノ場六歌仙等御覽、畢テ午後十時四十分便殿ヘ入御、御小憩、本日ハ曇天ニテ風アレドモ降雨ニ至ラズ、誠好都合殊ニ御機嫌麗ハシク午後十一時同邸御出門、午後十一時二十分還御在ラセラレタリ、

五月八日、有栖川宮熾仁親王第ニ行啓アラセラル、

〔皇太后宮職日記〕

明治廿年五月八日、晴、日曜、

一、皇太后宮本日午後三時御出門、有栖川宮御邸ゑ行啓被爲在、午後十時十五分還御之事、

供奉女官

女御藤原夙子

女御藤原夙子

陪乘　御陪食　典侍　萬里小路幸子
供奉　同　權典侍　中御門隆子
　　同　權掌侍　吉田瀧子
　　　　命婦　生源寺政子
先着馬車貳輛　權命婦　鴨脚八十
　　　　同　生源寺須賀子
○中略

省中供奉
御陪食　杉大夫
同　兒玉亮
同　原田侍醫
○中略

一、着御ノ上庭園牡丹御覽、夫より西洋手品御覽、半ヨリ御晩餐被爲濟、再ビ出御、手品御覽被爲在候事、
一、金五拾圓家令以下へ被下候事、
　但宮へ被進品一切無之候事、

二十四日、上野公園地内ニ開催セル東京府工藝品共進會ニ行啓アラセラル、皇后、亦行啓アリ、御揃ニテ場内ヲ巡覽アラセラル、

〔皇太后宮職日記〕
明治廿年五月廿四日、晴、

一、皇太后宮本日午前十時御出門、東京府工藝品共進會へ行啓、第一陳列場中ニ而御休憩、夫より同場御覽、畢テ博物館ニテ御晝餐、夫より第二陳列場へ被爲成、御覽前同所ニ而御休憩、午後四時十分還御被爲在候事、

一、皇后宮御別列ニ而同所へ行啓同斷之事、

供奉　杉大夫
　　　兒玉亮
　　　原田侍醫
　　　○中略

女官
陪乘　権典侍　中御門隆子
供奉　権掌侍　吉田瀧子
同　竹屋津根子
七等出仕兼命婦　松室伊子
権命婦　梨木房榮
○下略

〔幸啓錄〕明治二十年二

第一〇號　聖上皇太后宮皇后宮東京府工藝品共進會へ行幸啓ノ件

行啓

五月廿四日、晴、午前十時御出門、工藝品共進會へ行啓、御下車御休憩所並ニ行幸ノ時ノ如シ、御休憩ノ上兩宮御同伴第一館御覽、午時博物館ニ於テ御餐在ラセラル、共進會場博物館ノ間御途上警部騎兵ハ供奉セズ但御旗ノミ從フ、午後更ニ第二館御覽、畢テ御休憩午後

三時還御、

六月一日、芝公園地內能樂堂ニ行啓アラセラル、皇后、亦行啓アラセラル、

〔皇太后宮職日記〕

明治廿年六月一日、微雨、

一、皇太后宮午前八時三十分御出門、皇后宮午前十時御出門、芝公園內能樂堂へ行啓被爲在、午後七時三十分還御、○中略

供奉　杉大夫

兒玉亮

高階經本侍醫

○中略

女官　陪乘　萬里小路典侍

供奉　平松權典侍

吉田權掌侍

生源寺命婦

先着　鴨脚權命婦

梨木權命婦

○中略

一、金貳百圓

右は能樂社へ例之通り被下、

十四日、公爵九條道孝第ニ行啓アラセラル、

〔皇太后宮職日記〕

明治廿年六月十四日、晴、

皇太后宮本日午後一時御出門、九條邸へ行啓被爲在、同十時還御、卽時宮內書記官へ報知ス、

供奉　杉大夫

　　　兒玉亮

　　　田澤侍醫

○中略

女官　陪乘　萬里小路典侍

　　　供奉　平松權典侍

　　　　　　吉見權掌侍

　　　　　　松室七等出仕

　　　先着　鴨脚權命婦

　　　　　　生源寺權命婦

○中略

右行啓之節九條家へ被下品ハ奥より御持參ニ相成候事、

〔幸啓錄〕明治二十年 二

第一五號　皇太后宮公爵九條道孝邸へ行啓ノ件

明治二十年六月八日、

皇太后宮來ル十四日午後一時御出門、赤坂區福吉町貳番地從一位公爵九條道孝邸へ行啓被爲在候旨被仰出候事、

一、鹵簿御遊行之事、

一、供奉員フロックコート高帽之事、

八月三十一日、朝廷、嘉仁親王ヲ儲君ト爲シ、是日、內廷ニ御內宴ヲ催サル、皇太后、亦赤坂假皇居ニ行啓アラセラレ、祝酒ヲ共ニセラル、

〔皇太后宮職日記〕

明治廿年八月三十一日、

一、明宮殿下儲君御治定ニ付、內廷ニ於テ御祝宴被爲在ニ付、皇太后宮午後六時御出門、御庭內ヨリ赤坂御所へ行啓被爲在、同十時還御、

○中略

一、女官ハ馬車ニテ御先着、

典侍幸子
權典侍隆子
權掌侍光子
命婦政子

〔皇太后宮職日記〕　青山大膳職

明治廿年八月三十一日、

一、明宮本日儲宮宣下ニ付、爲御禮御參內、當御所御一座ニ而御盃被爲在、

御重肴貳重壹組、黃染手鞠ふ　付燒すゞき黃拔手子

御盃白磨キ三度四枚、銀瓶酒入壹對、

御吸物、すまし鯛ヒレ

右午前十時過供進、

○中略

一、赤坂御所へ夕景ヨリ行啓之事、

一、還御、

○中略

雑記

一、聖上え

一、皇后宮え

生鯛壹折ヅヽ御獻進、

一、當御所へ明宮ヨリ御獻上、御誕辰ニ付、

生鯛壹折、小戴百枚一蓋、

一、當御所へ同宮儲宮宣下ニ付、御獻上、

生鯛壹折、

一、御所幷皇后宮ヨリ御獻進、

生鯛壹折ヅヽ、

一、御所へ行啓ニ付、御獻上、

鯉五口壹折、

十月三日、神奈川縣下蓮光寺村ニ行啓アラセラレ、翌四日、還啓アラセラル、

〔皇太后宮職日記〕

明治廿年十月三日、雨、月曜、

一、皇太后宮ニハ豫テ仰出サレシ如ク午前七時御出門、神奈川縣下南多摩郡蓮光寺村へ行啓遊バサレタリ、本夜同村富澤政恕方御一泊、明四日午前七時同所御出門還御可被遊御都合ナリ、

一、供奉員ハ左ノ如シ、

山口書記官富小路侍從〇中略

右之輩ハ昨二日ヨリ御先着、

杉大夫岩佐侍醫兒玉亮〇中略

女官

御陪乘萬里小路典侍供奉平松權典侍吉見權掌侍生源寺命婦鴨脚權命婦等ナリ、又當日御先着梨木權命婦、〇中略

御休泊割

十月三日、

午前七時　御出門

御小休　上高井戸村　並木伊兵衛（凡三里ヨ）

御小休　布田驛　粕屋照三郎（凡二里四丁三十五間）

御小休　府中驛　田中貫一（凡一里廿六丁五十八間）

御晝　多摩川端　御野立（凡一里廿丁ヨ）

御泊　蓮光寺村　富澤政恕（凡十丁ヨ）

同　四日、

午前七時　御出門

御小休　田中貫一

御小休　　粕屋照三郎
御小休　　並木伊兵衛
青山御所　還御

十月四日、雨、
一、昨三日神奈川縣下蓮光寺村邊ぇ行啓被爲在、御機嫌克午後十二時二十分還御之事、

七日、芝公園地内能樂堂ニ行啓アラセラル、

〔皇太后宮職日記〕
明治廿年十月七日、晴、風、午後四時比より雨、
一、皇太后宮午前八時三十分御出門、芝公園地能樂堂へ行啓被爲在、午後五時十分還御之事、
但シ還御之儀直ニ本省書記官宛ニ而亮一より通報如例、
一、供奉杉大夫兒玉亮岡侍醫、○中略
一、女官供奉陪乗萬里小路典侍中御門權典侍吉見權掌侍松室七等出仕等、先着竹屋權掌侍鴨脚權命婦生源寺權命婦、
○中略
一、金貳百圓
是ハ例之通能樂堂へ被下、則發起人へ相渡ス、

〔皇太后宮職日記〕勤務所
明治廿年十月七日、
一、午前八時三十分御出門、芝公園内能樂堂へ行啓居殘有仲奉送候、午後五時十分還啓奉迎候事、

十一月一日、皇后ト共ニ公爵徳川家達第ニ行啓アラセラル、

〔皇太后宮職日記〕

明治廿年十一月一日、雨、

皇太后宮午後一時御出門、皇后宮同時御出門、従三位公爵徳川家達邸へ行啓被為在、午後十一時十分還御御別列之事、

一、錦　弐巻　　公爵徳川家達

一、白縮緬　弐匹　紅白　壹疋　　同　夫人泰子

一、毛植虎　壹箱　鶏籠入　壹箱　　同　長男家正

一、毛植猫　壹箱　鼠籠入　壹箱　　同　長女松子

一、紺羅紗洋服地　壹着　　慶喜五男　博

右ハ皇太后宮より為御土産下賜、都テ本省ニおゐて取斗之事、

一、手鑑　壹帖

一、御料紙硯箱　壹組

但シ金蒔絵山水

一、御料理　壹折

右ハ皇太后宮え徳川家達より献上、

供奉女官

陪乗　典侍　萬里小路幸子

供奉　権典侍　中御門隆子

権掌侍　吉田瀧子

命婦　松室琤子

同　生源寺政子
先着　權命婦　生源寺須賀子
○中略
省中供奉
皇太后宮大夫　杉孫七郎
同亮　兒玉愛二郎
○下略

十二月十三日、芝公園地內能樂堂ニ行啓アラセラル、

〔皇太后宮職日記〕
明治廿年十二月十三日、晴、火曜、
一、同○午前八時三十分御出門、芝公園內能樂堂ヘ行啓、午後六時十分還御被爲在タリ、
供奉杉大夫兒玉亮萬里小路典侍平松權典侍吉田權掌侍松室七等出仕生源寺命婦梨木權命婦○中略
一、右行啓ニ付、例之通能樂社ヘ金貳百圓、翁屋ヘ金五圓ヲ下賜リタリ、

明治二十一年三月十五日、御惱アラセラル、四月十五日、御快癒、御床拂アラセラル、

〔皇太后宮職日記〕
明治二十一年三月十五日、晴、風、木曜、
一、皇太后宮今曉二時御異例、即時竹內侍醫御伺ニ相成、御容體ヲ亮出勤之上竹內ヨリ直ニ申入ル、
十八日、晴、日曜、
一、同○午前九時十五分池田竹內ノ兩侍醫拜診、其御容體ハ兩侍醫ヨリ亮ヘ面陳セラレタリ、故ニ亮ニ就テ之ヲ伺フニ

微ニ御快方ニ在セラルヽ趣ナリ、
十九日、晴、月曜、
一、午後五時二十分過池田岩佐原田之三侍醫拜診之處、過日來ニナキ今日ハ御快氣之御容體之旨ナリ、
廿一日、晴、
一、午後五時四十分池田侍醫原田侍醫拜診、御痛モ不被爲在御快方之旨ナリ、
廿六日、曇、月曜、
一、同後〇午九時五十五分竹内侍醫拜診、
但本日ハ氣候寒キ故カ少々御不出來ノ趣也、
廿七日、晴、
一、午前九時二十五分池田竹内之兩侍醫拜診、御容體昨日とは御快方ノ旨亮へ侍醫より直ニ被申入也、
廿九日、晴、木曜、
一、午後六時五十分池田原田兩侍醫御拜診ニ相成、御快方ナリ、
一、同十時竹内侍醫御伺之處、御快方ニ付、拜診ヲ被免タル由、
四月六日、雨、
一、過日來御異例ニ付、去月三十日後、晝壹人、夜ハ兩人ヅヽ宿直候處、昨今追々御快方ニヨリ既ニ侍醫拜診モ一度ニ而
餘ハ被免候間、兩人宿直ニ不及鵜澤屬忌引中ハ壹人ト兩人之當直ニ而可然旨亮より被達也、
十五日、晴、日曜、
一、皇太后宮先般來少々御不例ニ在セラレシ處、本日御床拂遊バサレタリ、
十六日、雨、月曜、

一、午前九時五十分竹内侍醫拜診、御容體益御宜敷御全快之旨申出ルナリ、

五月十五日、芝公園地內能樂堂ニ行啓アラセラル、

〔皇太后宮職日記〕

明治二十一年五月十五日、晴、火曜、

一、午前八時三十分御出門、芝公園內能樂堂行啓、午後六時十分還御被爲在、

供奉杉大夫兒玉亮高階侍醫經德萬里小路典侍平松權典侍吉見權掌侍生源寺命婦鴨脚權命婦、〇中略

一、右行啓ニ付例之通り能樂社へ金貳百五拾圓、供奉員休所翁屋へ金五圓被下候事、

但シ社へ下賜ハ此度より金五拾圓增ス、

十月一日、芝公園地內能樂堂ニ行啓アラセラル、

〔皇太后宮職日記〕

明治二十一年十月一日、曇、月曜、

午前八時三十分御出門、芝公園地能樂堂へ行啓被爲在、午後五時四十五分還御、

供奉ハ杉大夫兒玉亮高階侍醫〇中略女官ハ御陪乘萬里小路典侍供奉中御門權典侍吉田權掌侍松室命婦、御先着ハ

竹屋權掌侍生源寺權命婦梨木權命婦、〇中略

一、右例之通り能樂社へ金貳百五拾圓被下之事、

二十一日、群馬縣下太田町ニ行啓アラセラル、二十三日、還啓アラセラル、

〔皇太后宮職日記〕

明治二十一年十月廿一日、雨、日曜、

一、皇太后宮豫テ仰出サレシ如ク、午前六時二十分御出門、群馬縣下新田郡太田町金山へ行啓被爲在候事、

供奉員左ノ如シ、
杉大夫兒玉亮竹内侍醫
陸軍少佐富岡三造同大尉松屋吉統同大尉長屋尚緋同中尉千田貞幹○中略
同女官
御陪乘萬里小路典侍
供奉中御門權典侍吉田權掌侍松室命婦
御先着竹屋權掌侍生源寺權命婦梨木權命婦○中略
御休泊割
十月廿一日、
一、午前六時二十分青山御所御出門、新宿停車場へ御着、直ニ汽車乘御、別仕立汽車
一、午前六時五十五分御發車、同十時四十五分足利御着車、織物講習所前ニテ御停車、
御晝　足利町　織物講習所
御泊　太田町　二里十五丁餘大光院
同廿二日、
午前九時御發輿、
御晝　御野立金山ノ上字井戸
御晝餐前後松茸狩御覽、畢テ大光院へ還御、
同廿三日、
一、午十二時三十分太田町御發輿、

御小休　足利町　足利停車場《二里十五丁餘》

一、午後三時足利御發車、別仕立汽車　同六時五十五分新宿停車場御着、直ニ還御、

○中略

一、皇太后宮本日午後二時過御機嫌克御泊所大光院へ着御被爲在タル旨供奉屬ヨリ同十時三十分申來、直ニ奥へ申入候事、

廿二日、雨、午後曇、月曜、

一、本日午後金山ニテ茸狩被爲在、明廿三日還御相成候旨群馬縣より電報ヲ以申來ル旨内事課より電話ヲ以通知、其旨平松權典侍へ申入ル、

廿三日、晴、火曜、

一、皇太后宮本月廿一日より群馬縣下太田町金山へ行啓之處、本日午後七時三十分御機嫌克還御被爲在タリ、

〔行啓錄〕皇太后宮職　明治二十一年

第三號　群馬縣下太田町金山へ行啓ノ件

明治二十一年十月十八日、

皇太后宮來ル廿一日午前六時二十分御出門、同六時五十五分新宿發別仕立汽車乘御、群馬縣新田郡太田町金山へ行啓、同所ニ御二泊、同廿三日還御被爲在候旨被仰出候事、

一、鹵簿御遊行、近衞將校四名供奉

一、御休泊割別記ノ通、

一、供奉員着服フロックコート、

○中略

皇太后宮本月廿一日群馬縣下新田郡太田町金山ヘ行啓被爲在候處、本日午後七時三十分還御被爲在候間、此段及御通知候也、

明治廿一年十月廿三日　皇太后宮亮兒玉愛二郎

宮內書記官御中

○中略

明治廿一年十月廿四日　皇太后宮職屬

皇太后宮亮

一、金參拾圓　足利町　織物講習所

但御晝休一度ニ付被下

一、金貳百圓　太田町　太光院

但御旅館御二泊ニ付被下

一、金五圓　同所非常御立退所　高等小學校

但御二泊ニ付例規ニヨリ被下

○中略

一、金五圓　新田神社

但幣帛料トシテ御備、

十二月六日、鹿鳴館ニ於ケル婦人慈善會ニ行啓アラセラル、

〔皇太后宮職日記〕

明治二十一年十二月六日、晴、木曜、

一、皇太后宮本日午十二時三十分御出門、鹿鳴館ニ於テ開設ノ慈善會へ行啓被爲在、同所へ午後一時十分御着御休憩ノ上諸列品場御巡覽、畢テ御休憩、同所午後二時三十分御出門、同三時還御、

一、諸品御買上ノ物品調度局引受之事、

供奉杉大夫代リ香川大夫兒玉亮田澤侍醫○中略

女官御陪乘萬里小路典侍供奉平松權典侍吉田權掌侍松室七等出仕、御先着生源寺權命婦○下略

十七日、上野公園地内日本美術協會ニ行啓アラセラル、

〔皇太后宮職日記〕

明治二十一年十二月十七日、晴、月曜、

一、曩ニ仰出サレシ如ク午前十時十分御出門、上野公園内日本美術協會へ行啓、午後三時五十五分還御在セラレタリ、

御陪乘　平松權典侍

供奉　杉大夫　兒玉亮　竹内侍醫

吉見權掌侍　竹屋權掌侍

生源寺命婦　鴨脚權命婦

○下略

明治二十二年三月五日、靜岡縣下熱海村ニ行啓アラセラレ、御滯留アリ、三十一日、還啓アラセラル、

〔皇太后宮職日記〕

明治廿二年二月廿八日、

一、皇太后宮來ル三月五日午前十一時御出門、靜岡縣下豆州熱海へ行啓、凡三週間御逗留被遊候旨被仰出候事、

三月五日、晴、火曜、

一、皇太后宮本日午前十一時御出門、新橋停車場午前十一時五十分御發車、豆州熱海ヘ行啓被爲在候、

供奉　杉大夫林亮竹內田澤兩侍醫○中略

女官　萬里小路典侍平松權典侍吉田權掌侍吉見權掌侍松室七等出仕生源寺命婦梨木權命婦○中略

當御所ヨリ新橋停車場迄供奉富小路侍從廣幡侍從試補、○中略

一、新橋停車場ヘ御奉送小松二品宮同御息所土方宮內大臣吉井同次官香川大夫肥田御料局長宮內書記官ノ方々、麝香間祗候ノ方々其他略ス、○中略

皇太后宮御機嫌克午後四時小田原御泊所ヘ着御被爲在候旨電報ノ由、午後五時內事課ヨリ電話ヲ以テ申來ル、直ニ奥ヘ申入、

三月六日、晴、水曜、

一、皇太后宮本日午後二時三十分熱海ゑ御安着被爲在候旨電報有之候段、宮城內事課より電話ヲ以申來候ニ付直ニ奥ヘ申入候事、

三月三十一日、微雨、日曜、

一、皇太后宮本日午前六時三十分熱海御發輿、同午後三時十五分國府津停車場發別仕立汽車乘御還御被遊候事、新橋ヘ午後五時廿五分着御、

但午後六時十分當御所ヘ着御被爲在候事、

一、還御ノ上奏任以上ヘ立食下賜判任官以下ヘハ酒肴料被下候事、但女官ハ等外迄日本料理被下候事、

○中略

一、皇后宮新橋停車場ヘ行啓被爲在候事、

第一七號　靜岡縣下熱海村加茂第一御料地へ行啓ニ關スル件

皇太后宮來三月上旬頃、靜岡縣下加茂郡熱海村加茂第一御料地へ行啓可被遊御内意ニ候、就テハ來廿四日午前八時三十五分新橋發汽車ニテ下官等爲見分出張候間、御縣官員同日國府津停車場マデ御差出置有之度此段及御照會候也、

明治廿二年二月廿二日　皇太后宮亮

神奈川縣知事

追テ行啓之節ハ、小田原驛對鷗館ニ於テ御一泊之御都合ニ有之候、爲御承知此段申添候也、

○中略

皇太后宮來ル三月五日午前十一時御出門、同時五十分新橋停車場發別仕立汽車乘(御)、靜岡縣下豆州熱海へ行啓凡、三週間御逗留被遊候旨被仰出候ニ付、近衛將校五名騎兵一小隊供奉被仰付候條、御休泊割幷府内御道筋書相添此段及御通達候也、

明治廿二年二月廿八日　大夫

近衛都督

○中略

行啓御次第

三月五日、

一、午前十一時御出門新橋停車場へ同時二十五分御着、

一、同停車場二階ニテ凡二十分間御小休、

一、午前十一時五十分新橋御發車、午後二時國府津停車場へ御着、
一、同所鐵道局第一號官舍ニテ御小休、
一、凡午後二時二十分頃同所御發輿、
一、凡午後三時三十分小田原驛御泊所國府津ヨリ一里二十四丁ヨ鴎盟館へ御着ノ上御泊所前海岸ニ於テ網引魚漁御覽、
同六日、
一、午前八時鴎盟館御發輿凡午前十時江ノ浦村御小休鴎盟館ヨリ二里十丁ヨ富士屋増大郎方へ御着、同時二十分御發輿、
一、凡午十二時吉濱村御晝所江ノ浦ヨリ二里ヨ橋本三平方へ御着、御晝餐凡一時間ニテ午后一時御發輿、
一、凡午后一時三十分臨期泉村御野立吉濱村ヨリ凡二十丁ヨ字見晴シニテ御板輿ノ儘凡五六分間御小休、
但雨天ナレバ御止メ、
一、凡午后三時熱海御泊所吉濱村ヨリ二里廿二丁ヨ御料地へ御着、
一、御逗留、

○中略

明治廿二年三月五日、

電報案

皇太后宮午後四時、小田原御泊所へ御機嫌能御着、右上申ス、

小田原行啓先　杉大夫

宮內大臣

○中略

皇太后宮熱海へ午后二時三十分御機嫌能御着右上申ス、

熱海ニテ　杉大夫

宮内大臣

○中略

明治廿二年三月十九日、

一、金五圓也、

右者當熱海溫泉寺什物萬里小路藤房卿之像、其外品々入御覽候ニ付、右寺へ被下相成可然哉相伺候也、

○中略

明治二十二年三月廿八日、

皇太后宮來ル卅一日午前六時卅分熱海御發輿同午後三時十五分國府津停車場發別仕立汽車乗御還御被遊候旨被

仰出候條、別紙御小休割相添此段及上申候也、

明治廿二年　　皇太后宮大夫子爵杉孫七郎

宮内大臣子爵土方久元殿

追テ新橋停車場御着之御豫定ニ有之候、此段副申候也、

○中略

還御御次第

三月三十一日、

一、午前六時三十分熱海御發輿、

一、同　八時四十分吉濱村御小休所（熱海ヨリ二里廿二丁ヨ）橋本三平方へ御着、　（朱書）御小休十五分間、

同　八時五十五分御發輿、

一、同　十時四十分江ノ浦御小休所吉濱ヨリ二里ヨリ富士屋増太郎方へ御着、（朱書）御小休十五分間

同　十時五十五分御發輿、

一、正午十二時四十五分小田原驛御晝所江ノ浦ヨリ二里十丁ヨリ鷗盟館へ御着、（朱書）御晝四十分間

午後一時二十五分御發輿

一、同　三時國府津御小休所小田原驛ヨリ一里廿四丁ヨリ鐵道局官舎御着、（朱書）御小休拾五分間

一、同　三時十五分御發車、別仕立汽車

同　五時二十五分新橋停車場へ御着、

還御、

明治廿二年三月三十一日、

電報案

皇太后宮當地午前六時三十分御機嫌克御發輿右上申ス、

熱海ニテ

杉大夫

宮内大臣

四月十三日、南豐島第七御料地ニ行啓アラセラル、

〔皇太后宮職日記〕

明治廿二年四月十三日、晴、風、火曜、

一、皇太后宮本日午前十一時三十分御出門、南豐島第七御料地へ行啓被爲在、還御午後三時四十五分、

供奉御陪乘權典侍中御門隆子杉大夫林亮岩佐四等侍醫〇中略

先着女官吉見權掌侍生源寺命婦鴨脚權命婦〇下略

十六日、上野公園地内日本美術協會美術展覽會ニ行啓アラセラル、

〔皇太后宮職日記〕

明治廿二年四月十六日、晴陰不定、又微雨、火曜、

一、皇太后宮正午十二時三十分御出門、上野公園内ニ於テ開設之美術展覽會へ行啓被爲在候事、鹵簿ハ御遊行從前之通ナリ、

供奉杉大夫、林亮相礒侍醫等、女官御陪乘萬里小路典侍、供奉中御門權典侍竹屋權掌侍松室命婦、先着富田權命婦、

○中略

一、還御午後六時三十分也、

一、金百圓美術協會へ　一金五拾圓畫家舞典者へ

右ハ皇太后宮、前同所へ行啓之節下賜相成候事、

〔行啓錄〕皇太后宮職 明治二十二年

第四號　上野公園內美術展覽會へ行啓ノ件

四月十六日行啓御次第書

一、皇太后宮午十二時三十分御出門本會へ行啓、

一、着御之節總會員一同奉迎、

但會頭副會頭御車寄ニテ其他役員會員ハ豫テ定ノ場所ニテ奉迎ノ事、

一、會頭御先導御休憩所へ入御、

一、御休憩所ニ於テ會頭副會頭拜謁仰付ラル、會頭ヨリ本會掛員人名錄出品目錄及日本美術協會役員人名錄ヲ奉呈ス、

一、二ノ間ニ出御會員ノ女史幷職業學校女生徒ノ繪畫揮毫御覽、夫ヨリ會頭御先導列品御巡覽、廊下通御之節役員掛員會員一同々所ニ於テ拜謁、

一、北館ヨリ第一第二室ノ古物御巡覽、續テ第二第三室ノ新製品及南館新畫御覽、畢テ復御、暫時御休憩、

一、次ニ二ノ間出御、紅葉舞御覽幷三曲尺八合奏御聽ニ達シ畢テ復御、

一、還啓ノ節奉送ハ奉迎ノ時ニ同ジ、

五月一日、芝公園地内能樂堂ニ行啓アラセラル、皇后、亦行啓アラセラル、

〔皇太后宮職日記〕

明治廿二年五月一日、曇、水曜、

皇太后宮本日午前八時三十分御出門、芝能樂堂へ行啓被爲在、午後八時二十分還御、

供奉杉大夫代理兒玉大夫田澤侍醫、御陪乘萬里小路典侍、供奉平松權典侍吉見權掌侍生源寺命婦、御先着鴨脚富田兩權命婦、○中略

一、皇后宮同午前九時三十分宮城御出門、同所へ行啓被爲在候、○中略

一、金貳百五拾圓也、

右ハ例之通能樂社へ下賜相成、

○中略

一、本日ノ御能組ハ

難波、巴、熊野、西行櫻、野守、墨塗、薩摩守、饅頭等、

西行櫻ノ次ヘ御好仕舞

笠ノ段 文十郎 放生川 九郎 鳥追舟 實 鐵輪 淸康 善知鳥 廣成 歌占 氏重 春日龍神 左門治 雷電 鈴之助 金五郎 花月 六郎

七日、濱離宮ニ行啓アラセラル、

〔皇太后宮職日記〕

明治廿二年五月七日、晴風、火曜、

一、皇太后宮本日午前十時三十分御出門、濱離宮へ行啓被遊、午後四時十分還御被爲在候事、但鹵簿ハ御略式、

供奉杉大夫代理兒玉大夫竹内侍醫、御陪乘萬里小路典侍、○中略

先着吉田權掌侍松室七等出仕生源寺權命婦、○中略

一、本日御漁之魚宮城及明宮殿下へ被進、

二十七日、皇后ト共ニ海軍大臣西郷從道ノ府下上目黑村ノ別邸ニ行啓アラセラル、

〔皇太后宮職日記〕

明治廿二年五月廿七日、晴、月曜、

一、皇太后宮午前十時御出門、上目黑村西郷海軍大臣別邸へ行啓、午前十一時同邸着御ノ上、同大臣夫婦并家族、夫より

熾仁親王妃、各大臣夫人等拜謁相濟、天一ノ手品御覽、午十二時會食所ニ於テ御晝餐、左之人員御陪食被仰付候、

熾仁親王妃、能久親王妃、各大臣夫人、吉井次官并同夫人、不參杉夫人、兩御所女官、奏任十一人、樺山夫人、仁禮夫人、中牟田夫人、

赤松夫人、寺島夫人、吉田夫人、三宮夫人、杉香川兩大夫、三宮林兩亮、西郷大臣并同夫人、

右相濟再ビ手品御覽所へ出御手品御覽、再ビ會食所へ出御、花柳藤間ノ手踊御覽相濟、午後六時還御掛御歩行ニ而

養蠶所へ被爲成、御覽相濟同所より直ニ御馬車乘御、午後六時三十分還御被爲在候事、

但本日皇后宮ニモ行啓、諸事御同樣之事、

供奉杉大夫林亮、

御陪乘萬里小路幸子、平松好子、吉見光子、生源寺政子、先着梨木房榮、○中略

兩皇后宮陛下ヨリ被下物左之通

手箪笥　一個
紫檀棚　一個
テーブル掛　二枚
紋縮緬　二疋
腕環　壹
ブローチ　壹
白縮緬　壹疋
同
同
同
緋縮緬　壹疋
白羽二重　壹疋
同
同

伯爵西郷従道
同　清子
長男従徳
十一年十月生
次男従義
十四年一月生
三男従志
十六年一月生
四男従親
(マヽ)十四年一月生
長女櫻子
西郷隆盛男 西郷午次郎
同　酉三
甥 従道ノ兄吉次郎男 西郷隆準

同　　市來琴

同　　同 大山安

外ニ男女家來ヘ酒肴料金百圓被下候事、

一、金百圓　　諸藝人ヘ被下、

二十九日、上野公園地内ニ開催セル日本美術協會美術展覽會ニ行啓アラセラル、

〔皇太后宮職日記〕

明治廿二年五月廿九日、

一、皇太后宮本日午後零時三十分御出門、上野公園内ニ於テ開設之美術協會ヘ行啓被遊、陳列丸山應擧畫幅類御覽、午後四時廿分還御被爲在候事、

鹵簿御略式　先着馬車壹輛　女官三人

列外　同壹輛　女官貳人

供奉杉大夫林亮田澤侍醫、

御陪乘萬里小路典侍、

御先着及列外馬車女官竹屋權掌侍松室七等出仕鴨脚權命婦、〇下略

六月十五日、芝離宮ニ行啓アラセラレ、宮内省高等官竝ニ華族ノ演ズル仕舞等ヲ御覽アラセラル、

〔皇太后宮職日記〕

明治廿二年六月十五日、晴、土曜、

一、午前十時御出門芝離宮ヘ行啓、同所ニ於テ宮内省高等官幷華族之輩仕舞等御覽、午後六時二十分還御遊バサレタリ、

御陪乘萬里小路典侍、
供奉杉大夫林亮桂侍醫、○中略
供奉女官中御門權典侍吉田權掌侍生源寺命婦生源寺權命婦、○下略

〔行啓錄〕皇太后宮職 明治二十二年

第九號　芝離宮竝南豐島第七御料地へ行啓ノ件

皇太后宮來ル十五日、芝離宮へ行啓可被遊御內意ニ有之、而シテ行啓之節魚漁及蛤蜆等爲御捕之義ニ付、林皇太后宮亮昨日參局委細及御談置候條、可然御取計有之度此段及御照會候也、

明治廿二年六月十二日　職

主獵局

○中略

明治二十二年六月十五日、芝離宮へ皇太后宮行啓之節、宮內高等官及華族之輩被召出御覽、左之通、

仕舞

（朱點）西王母　所勞ニ付不參（朱書）　池田政禮

半蔀　大隈英麿

是我意　慈光寺有仲

囃子

杜若　前田利鬯　南部利剛　毛利元敏
松平忠恕　毛利元功

獨吟

土車　川田剛
鷺　立花種恭
仕舞
田村　中川久成
實盛　津輕承昭
鉢木　松平忠恕
囃子
山姥　久我通久
櫻井能監　黒川長知
白川勝文　毛利元功
仕舞
護法　大岡忠貫
楊貴妃　永井直諒
蟬丸　井伊直憲
獨吟
笠ノ段　股野琢
盛久　白川勝文
忠度　田邊新七郎
囃子

熊坂　穂波經度　南部利剛　毛利元敏
藤堂高潔　毛利元功

仕舞

玉ノ段　上杉勝道
三山　池田茂政
弱法師　飯田巽
富士太鼓　毛利元敏
船辨慶　藤堂高潔

一調

松山鏡　前田利鬯　黒田長知
鳥追舟　藤堂高潔　南部利剛

獨吟

竹生島　川村傳藏
和國　三井武之助

仕舞

葵上　櫻井能監
高砂　南部利剛

御好

柏崎　前田利鬯

鱗形　藤堂高潔
隅田川　林　直庸
松風　三井武之助
鵺　穗波經度
連吟
小原御幸　飯田　巽
林　直庸
右畢テ離宮食堂ニ於テ本日仕舞ノ間、酒肴下賜、

二十七日、南豐島第七御料地ニ行啓アラセラル、皇后、亦行啓アラセラル、

〔皇太后宮職日記〕
明治廿二年六月廿七日、晴、木曜、
皇太后宮本日十二時三十分御出門ニテ、南豐島第七御料地へ行啓被爲在、午後五時十分還御、
但供奉ハ杉大夫林亮桂侍醫、萬里小路典侍吉見權掌侍竹屋權掌侍松室七等出仕富田權命婦、○中略
皇后宮十二時御出門、同所へ行啓被爲在、午後五時六十五分還御之旨電話ヲ以通知、

九月二十五日、華族女學校ニ行啓アラセラル、

〔皇太后宮職日記〕
明治廿二年九月廿五日、晴、水曜、
一、皇太后宮午前九時御出門、華族女學校へ行啓被爲在、着御ノ上校長及御用掛高等官教授等拜謁被仰付、夫より諸教場御巡覽相濟御晝餐、午後唱歌洋琴等被聞食、夫より諸室體操場等御巡覽、畢テ午後三時還御、

一、供奉杉大夫林亮侍醫岩佐登彌太、
陪乘萬里小路典侍、
御先着鴨脚權命婦、○中略
御跡馬車吉田權掌侍生源寺命婦、○中略
一、鹵簿ハ將校供奉ノ事如事、(マヽ)
一、供奉一同ヘ晝辨當被下候之間、寮人員モ一ト纏ニ職ヨリ請求候事、
一、校長始生徒迄御菓子被下候事、
一、生徒自製ノ西洋料理等入御覽、御取賄ニ相成、女官始表ヘモ被下ニ相成候事、

〔行啓錄〕皇太后宮職 明治二十二年

第一〇號 華族女學校ヘ行啓ノ件

御覽授業表

第三時間 自十時 至十時五十分
第一 高等中學第二級 理科 烏山 啓
第二 高等中學第一級 國文 關根正直
第三 高等中學第三級 英語 ホールブルツク
第四 初等中學第一二級 修身 川田 剛
第五 初等中學第三級 習字 若林常猛
第六 高等中學第三級 佛語 オールドリツチ
第四時間 自十一時 至十一時五十分

第七　高等小學第一級　歷史　秋山四郎
第八　高等小學第二級　國文　木村貞
第九　高等小學第三級　修身　鵜飼信
第十　初等小學第一級　理科　淸岡貢
第十一　初等小學第二級　習字　塙濱
第十二　初等小學第三級　數學　北條亮
第五時間自一時至二時
第十三　唱歌
第十四　唱歌
第十五　洋琴
第十六　洋琴
第十七　箏
第十八　箏

時間外特別諸教場御覽

第一　書籍室
第二　手藝教場
第三　博物室
第四　體操教場
第五　料理教場

第六　理化學器械室

第七　理化學教場

十月九日、芝公園地內能樂堂ニ行啓アラセラル、

〔皇太后宮職日記〕

明治廿二年十月九日、雨、水、

一、皇太后宮午前八時三十分御出門、能樂堂ヘ行啓、午後七時十分還御、

御陪乘典侍幸子、

供奉杉皇太后宮大夫侍醫岩佐登彌太權典侍好子權掌侍吉田瀧子同津根子命婦玶子權命婦須賀子同房榮、〇下略

十二日、栃木縣佐野町、群馬縣太田町ニ行啓アラセラル、是日、東京ヲ發セラレ、十六日、還啓アラセラル、

〔皇太后宮職日記〕

明治廿二年十月十二日、曇天、土曜、

一、皇太后宮本日午前七時三十分御出門、新宿停車場同八時十六分發別仕立汽車乘御、栃木及ビ群馬縣下ヘ行啓被爲在候事、

供奉人員左ニ

杉大夫林亮竹內侍醫、〇中略

二位局、

女官萬里小路典侍平松權典侍吉見權掌侍生源寺命婦鴨脚權命婦富田權命婦、〇中略

一、新宿停車場ヘ奉送員伏見小松宮兩御息所、伊東岩佐兩侍醫堤內匠頭兒玉圖書頭堀川片岡萬里小路侍從麻見調度局長飯田內藏頭中山書記官田澤侍醫小笠原主殿助手塚書記官廣幡侍從試補、〇中略宮城女官、紅梅典侍壹名、其他ハ

略ス、

○中略

一、皇太后宮本日午十二時廿分佐野御泊所へ御機嫌克御安着被爲遊候旨大夫より電報有之候段、内事課より電話ヲ以テ申來リ直ニ奧え申入候事、

十四日、晴、月、

一、皇太后宮午前八時二十分佐野町御發シ、午前十一時四十五分太田町へ御安着被爲遊候、電報、宮城ヨリ、

十五日、曇、午後雨、火曜、

一、今日午前九時ヨリ松茸狩アリ、十一時より細雨ナレド御都合ヨク被爲濟、明日ハ御豫定之通還御被仰出、太田町御旅館杉大夫ヨリ午後七時五分發シ電報内事課より申來候事、

十六日、曇、水、

一、皇太后陛下午後四時三十分新宿御着、五時御機嫌能還御被爲遊候也、

○中略

一、新宿へ奉迎之方々、

皇后宮明宮殿下

堤内匠頭兒玉圖書頭西口(ヤヽ)辻侍從五辻大膳大夫北條侍從櫻井内事課長田邊書記官伊東侍醫池田侍醫田澤侍醫麻見調度課長廣幡侍醫試補岩倉爵位局長川端警(察脱カ)署長、

〔行啓錄〕皇太后宮職 明治二十二年

第一八號 栃木縣佐野町及群馬縣太田町へ行啓ニ關スル件

一四、記事、

明治二十二年十月十二日、皇太后陛下栃木縣下佐野町群馬縣下太田町へ行啓之件

十月十二日、曇、

一、午前七時三十分青山御所御出門、御順路、同八時五分新宿停車場著御、直ニ別仕立汽車乘御、○中略同八時十六分御發車、○中略同時五十八分浦和停車場御著車三分間停車ス、埼玉縣官等同所ニ奉迎ス、栃木町人民煙火ヲ揚テ奉祝ス、同十一時五十分栃木縣下佐野停車場著御、栃木縣官等此處ニ奉迎ス、佐野町人民煙火ヲ揚テ奉祝ス、同所ニ於テ御板輿ニ被爲召、午十二時二十分佐野町御旅館正田利一郎方へ著御、

一、御著輿、即刻宮內大臣へ御安着ノ旨電報ヲ以テ上申ス、

一、午十二時三十分供奉高等官及佐野樞密顧問官佐藤群馬縣知事樺山栃木縣知事以下栃木縣高等官裁判所長上席檢事等拜謁被仰付、

一、午十二時四十分御晝餐供御、

一、樺山栃木縣知事ヨリ松蕈三籠獻上、

一、右獻上ノ松蕈壹籠、聖上皇后宮へ被進候旨被仰出、林亮ヨリ書記官宛ノ書面ヲ添付シ送致方縣官ニ托ス、

一、午後五時三十分御晩餐供御、

一、御格子、午後九時三十分、

一、御旅館詰ノ騎兵へ、夜食料壹人金八錢宛、ヲ給スル例ノ如シ、

十月十三日、快晴、

一、午前七時御朝餐供御、

一、午前八時御旅館御發輿、同九時四十分御晝御野立所唐澤山字富士山へ著御、暫時御休憩ノ後松蕈狩御覽、

一、午前十一時二十分御晝餐供御、

一、午後再松蕈狩御覽、

一、東明會ヨリ松蕈壹籠獻上ス、

一、聖上皇后宮へ松蕈三籠、明宮へ同壹籠被進、青山御所へ同三籠相廻シ候様御野立所ニ於テ被仰出、午後四時二分發ノ汽車ニテ差立、宮丁早川義太郎へ付添ノ義相達ス、

○中略

一、午後二時廿五分御野立所御發輿、同三時五十分佐野町御旅館へ還御、

一、午後六時御晩餐供御、

一、別紙ノ通樺山栃木縣知事へ白縮緬壹疋ヲ賜ヒ、其他夫々被下金有之候事、

一、樺山栃木縣知事へ酒肴ヲ賜フ、但本人下宿へ廻ス、

一、御格子、午後十時、

十月十四日、快晴、

一、午前六時三十分御朝餐供御、

一、午前八時二十分佐野町御旅館御出門、同時三十分停車場へ著御、同所迄御板輿、御先導警部近衛將校ハ徒歩ニテ供奉ス、騎兵ハ足利へ馬匹差廻ノ都合ニヨリ供奉ナシ、御旗捧持ノ下士ハ徒歩ニテ供奉ス、同所ニ於テ直ニ汽車乘御、此處ニ佐野樞密顧問官川村主獵官栃木縣官等奉送ス、同縣知事書記官等太田町迄供奉ス、同時五十五分御發車、同九時十五分足利停車場へ御著車、栃木縣官群馬縣官等此處ニ奉迎、佐藤群馬縣知事等供奉ス、同所ニ於テ御板輿ニ被爲召、近衛將校ハ此處ヨリ騎馬ニテ供奉シ騎兵モ同所ヨリ供奉ス、足利ヲ出ル所ニ渡良瀬川ノ船橋アリ、危險ニ付、御列前後ノ供奉員御輿ヲ隔テ通行ス、午前十一時四十五分群馬縣下太田町御旅館大光院へ御著輿、

一、午前十一時五十分供奉高等官及佐藤群馬縣知事樺山栃木縣知事以下兩縣高等官へ謁ヲ賜フ、

一、午十二時御晝餐供御、

一、午後二時三十分御旅館ノ庭ヨリ西山ヘ御徒歩ニテ被爲成、騎兵供奉無之、御休憩モ無之、接近ノ場所ニ付供進課モ供奉ナシ、同三時二十分還御、

一、群馬縣ヨリ差出タル織物、御旅館入側ヘ陳列、御買上有之、

一、午後四時大夫亮侍醫侍從同試補近衞將校四名佐藤知事ノ拾名ヘ、御旅館ニ於テ酒肴ヲ賜フ、但七種、

一、午後五時三十分御晩餐供御、

一、明十五日午前九時御出門、金山ヘ被爲成候旨被仰出夫々相達ス、

一、御格子、午後九時三十分、

十月十五日、曇、午前十一時ヨリ雨、

一、午前七時三十分御朝餐供御、

一、午前九時御旅館ノ庭ヨリ御出門、御板輿ニテ金山麓迄被爲成、同所ヨリ御徒歩ニテ同山中松蕈狩御覽、同十一時字井戸ノ上御野立所ヘ著御、

一、午前十一時三十分御晝餐供御、

○中略

一、午十二時十分井戸ノ上御野立所ヨリ御徒歩ニテ金山麓迄被爲成、同所ニ於テ御板輿ニ被爲召、午後一時二十分御旅館ヘ還御、

一、佐藤群馬縣知事ヨリ鶫弐百羽蕈蘋五十本、大光院住職乾學愍ヨリ御所柿一籠獻上、其他柿梨海苔眞綿及和歌等佐藤知事ヨリ傳獻ス、

一、佐藤知事ヘ白縮緬壹匹下賜、其他先例ニヨリ夫々被下金有之候事、

一、明十六日還御ノ義、大臣ヘ電報ヲ以テ上申ス、
一、松蕈其他獻上品等青山御所ヘ相廻候樣被仰出、夫々申達シ、宮丁武田茂一ヘ附添ノ義相達ス、
一、午後五時三十分晚御餐供御、
○中略
一、皇后宮大夫ヨリ明十六日、皇后宮新宿停車場ヘ爲御迎行啓被爲在候旨電報到達ス、
一、明十六日午前七時三十分太田町御旅館御發輿還御ノ旨夫々相達ス、
一、輿ヨリ佐藤知事以下屬官ヘ菓子ヲ賜フ、
○中略
一、御格子、午後九時三十分、
十月十六日、曇、
一、午前六時三十分御朝餐供御、
一、午前七時三十分太田町御旅館御發輿、同所人民煙火ヲ揚テ奉祝ス、渡良瀨川通御行啓ノ節ニ同ジ、同九時三十分足利町織物講習所ヘ著御、
一、午前十時御晝餐供御、
一、織物講習所ニ於テ供奉一同ヘ晝辨當ヲ支給ス、
一、午前十一時二十分群馬栃木兩縣高等官ヘ拜謁被仰付、
一、御晝休所ニ於テ下賜金夫々相達ス、
一、晝休所ヘ陳列ノ織物御買上有之候事、
一、足利町御晝休所正午十二時御發輿、同町停車場ヘ同時二十分著御、直ニ別仕立汽車乘御、同時四十分御發車、群馬栃木兩縣

官此處ニ奉送、佐藤知事ハ大宮迄樺山知事ハ新宿迄供奉、
各屬官ヲ隨フ、大宮停車場ヘ埼玉縣官ノ奉送囊ニ同ジ、

一、午後四時三十分新宿停車場ヘ著御、皇后宮明宮爲御迎被爲成、宮內高等官等奉迎ス、暫時御休憩ノ后御馬車ニテ同

五時青山御所ヘ還御、

一、供奉高等官孰モ拜謁被仰付、

一、供奉一同ヘ夕辨當ヲ支給ス、

一、日本鐵道會社ヘ先例ニヨリ別紙ノ通酒肴料被下候事、

十一月八日、上野公園地內日本美術協會美術展覽會ニ行啓アラセラル、

〔皇太后宮職日記〕

明治廿二年十一月八日、晴、金、

一、皇太后陛下本日午後一時御出門、上野公園內美術協會ヘ行啓被爲在、陳列ノ美術品御覽、午後四時四十分還御被遊候事、

一、鹵簿御遊行、

○中略

一、御陪乘權典侍平松好子、

一、供奉杉大夫林亮竹內侍醫竹屋權掌侍松室七等出仕兼命婦梨木權命婦、○下略

〔行啓錄〕 皇太后宮職 明治二十二年

第一三號　上野公園內美術協會ヘ行啓ノ件

新聞原稿

皇太后陛下豫テ仰出サレシ如ク、昨八日午後一時御出門、日本美術協會ヘ行啓遊サレ、列品御巡覽、且東京女子職工學

校生徒刺繡及剪綵花ノ製造等御覽、畢テ午後四時同所御出門、同時四十分還御遊サレタリ、

○中略

右及御通牒候也

明治廿二年十一月九日

皇太后宮職

内事課官報掛

○中略

行啓之儀ニ付願

本月三日ヨリ十日間、上野公園櫻ケ岡本會列品館ニ於テ美術展覽會開設、諸家珍藏ノ美術品陳列仕候、右ハ來廿三年第三回內國勸業博覽會御開設ニ付、美術工藝者卽今出品製造着手中ニ有之、此時ニ當リテハ精妙之物品ヲ蒐集候テ之レガ參攷ニ供シ、技術ノ進歩ヲ幇助可致義本會ノ義務ト存候ヨリ、右所藏家ニ依賴候處奮テ出品致吳候次第ニ御座候、乍畏皇太后陛下行啓被爲在親ク御覽ヲ賜リ候ハヾ、出品主ノ光榮ハ申迄モ無之、將來出品誘導之爲メ又美術工藝奬勵之爲メ、著シク影響ヲ及ボシ候義ニ付、特殊ノ譯ヲ以テ御臨勸奉仰度悃請之至ニ不堪候、此段宜敷御執奏之儀謹テ奉願候也、

明治廿二年十一月三日

日本美術協會々頭

樞密顧問官子爵佐野常民(印)

皇太后宮大夫子爵杉孫七郎殿

二十五日、參內アラセラル、嘉仁親王立太子ノ祝宴ヲ內廷ニ催サルルヲ以テナリ、

〔皇太后宮職日記〕

明治廿二年十一月廿五日、晴、月、

女御藤原夙子

一、皇太后陛下午後四時廿五分御出門、宮城ヘ行啓被遊、九時四十五分還御、
御陪乘平松權典侍、
供奉杉大夫林亮侍醫田澤敬輿吉田權掌侍命婦生源寺政子、○下略

〔皇太后宮職日記〕大膳職
明治廿二年十一月廿五日、月、晴、
一、皇太后宮本日午後四時御出門ニテ宮城ヘ行啓之事、
一、還御午後九時三十五分、
○中略
一、本日ハ皇后宮ヨリ、東宮宣下之御內祝宮城ニ於テ被爲在候旨ナリ、
○中略
一、聖上ヘ生鯛壹折
一、皇后宮ヘ生鯛壹折
一、東宮ヘ生鯛壹折
一、兩御所ヘ七種交肴壹折
右當御所ヨリ被爲進、

二十八日、芝公園地內能樂堂ニ行啓アラセラル、皇后、亦行啓アラセラル、

〔皇太后宮職日記〕
明治廿二年十一月廿八日、晴、木、
一、皇太后宮午前八時四十五分御出門、能樂堂ヘ行啓被爲遊、午後五時四十分還御、

皇后宮モ御別列ニテ被在爲タリ、
御陪乘典侍萬里小路幸子、
供奉杉大夫林亮侍醫岩佐登彌太權典侍中御門隆子權掌侍吉見光子命婦生源寺政子權命婦富田算權命婦鴨脚八十、〇下略

明治二十三年二月二十六日、靜岡縣熱海村ニ行啓アラセラレ、御滯留アリ、三月二十日、還啓アラセラル、

〔皇太后宮職日記〕庶務課

明治二十三年二月廿四日、雨、月、
明廿五日熱海ヘ行啓之處、雨天ニ付御延引被仰出タリ、
二月廿五日、晴、火、
明廿六日熱海ヘ行啓被仰出候事、
二月二十六日、晴、水、
皇太后陛下本日午前五時五十分御出門、新橋停車場同六時三十分御發車、豆州熱海ヘ行啓被爲在候、
供奉　杉大夫林亮竹內侍醫田澤侍醫、〇中略
女官　萬里小路典侍中御門權典侍吉見竹屋兩權掌侍松室命婦鴨脚生源寺兩權命婦、〇中略
皇太后陛下午後四時十五分熱海ヘ御安着ノ旨、同八時電報內事課ヨリ申來、直ニ奧ヘ申入、
三月二十日、晴、木、
皇太后陛下本日午前七時熱海御發輿、午後三時三十分國府津發別仕立汽車乘御、同六時十五分還御被爲在候事、
但御小休割等詳細行啓錄ニアリ、
〇中略

皇后陛下御迎トシテ、新橋へ行啓被爲在候事、
常宮御方同所へ同斷、二位局奉迎、
當御所より平松權典侍隨從、山口女孺奉迎トシテ同所へ出向、夫より宮城へ參向候事、
彰仁親王能久親王、土方宮內大臣德大寺侍從長杉夫人等奉迎、其外人名略ス、外九條從一位鷹司正四位等、

○中略

五種交肴一折　聖上皇后宮ヨリ被進、
三種交肴一折　皇太子殿下より同斷、

〔行啓錄〕皇太后宮職 明治二十三年

第一八號　靜岡縣下熱海へ行啓ニ關スル件

明治廿三年二月十九日

皇太后陛下來廿五日午前五時五十分御出門、同六時三十分新橋發別仕立汽車乘御、靜岡縣下豆州熱海へ行啓、凡三週間御逗留可被遊旨被仰出候事、
一、鹵簿御遊行、
一、近衞將校五名供奉、
一、御休泊割別紙ノ通、
一、供奉高等官通常服着用、

○中略

御休泊割

明治廿三年二月廿五日、

午前五時五十分
午前六時三十分
同八時四十分
同八時四十五分
同十時五分（朱書）十一時
同十一時五分（朱書）十一時五十分
午後二時三十分（朱書）二時十分
同二時四十五分（朱書）二時卅五分
同四時十分（朱書）四時廿五分

青山御所　御出門
御小休　新橋停車場
（朱書）凡拾五分間
新橋　御發車
（朱書）同二時十分間
國府津　御着車
（朱書）同五分間
同所　御發輿
（朱書）同一時廿五分間　一里廿四丁ヨ
御晝　小田原驛片岡永左ェ門方　御着輿
（朱書）同一時間
同所　御發輿
（朱書）同三時廿五分間　四里拾丁ヨ
御小休　吉濱村橋本三平方　御着輿
（朱書）同拾五分間
同所　御發輿
（朱書）同一時廿五分間　一里廿二丁ヨ
熱海御料地　御着輿
御迎留

(朱書)同三週間
(朱書)朱書時限ハ實際ノ分ナリ、

○中略

皇太后陛下、明廿五日午前五時五十分御出門、静岡縣下豆州熱海ヘ行啓御延引、御日限ハ追テ被仰出候條此段申進候也、

明治廿三年二月廿四日　大夫

宮內大臣

○中略

皇太后陛下静岡縣下豆州熱海ヘ行啓御延引被仰出置候處明廿六日午前五時五十分御出門、同六時三十分新橋發別仕立汽車乘御、行啓被爲在候旨、被仰出候條此段申進候也、

明治廿三年二月廿六日　大夫

宮內大臣

追テ鹵簿御休泊割、府內御道筋等總テ最前ノ通ニ候也、

○中略

聖上皇后兩陛下皇太子殿下益御機嫌能被爲涉恐悅至極ニ奉存候、皇太后陛下益御機嫌能昨廿六日午後四時二十五御着、爾後益御機嫌能御入浴被遊、是亦恐悅ニ奉存候、其地ハ昨日烈風之趣ニ候得共御途中幷當所ハ好天氣ニテ、道路泥濘之ケ所ハ少々御座候得共、御發着等ハ御豫定ト爲指違モ無之、諸事御都合能御着被遊候、此段不取敢申進候也、

明治廿三年二月廿七日　熱海行啓先　大夫

宮內大臣

○中略

明治廿三年三月五日

本日午十二時三十分御出門、第三御料地ヘ行啓可被遊旨被仰出ノ件、

右夫々通達之事、

○中略

皇太后陛下來廿日午前七時豆州熱海御發輿、午後三時卅分國府津發別仕立汽車乘御、還御可被遊旨被仰出候條、別紙

御小休割相添此段申進候也、

明治廿三年三月十七日

大夫

宮內大臣

追テ新橋停車場ヘ午後五時卅七分、御着之御豫定ニ候、此段申副候也、

○中略

官報原稿

皇太后陛下來ル廿日午前七時豆州熱海御發輿、午後三時三十分國府津發別仕立汽車乘御ニテ還御ノ旨、行啓先ニ於テ仰出サレタリ、御發着割幷府內御道筋ハ別紙ノ通リ、

調査課　　職

御小休割

明治廿三年三月廿日

午前七時　　熱海　　御發輿

(朱書)凡一時廿五分間

女御藤原夙子
同八時廿五分（朱書）八時五十五分　御小休　吉濱村橋本三平方　御着
（朱書）同三十分間
同八時五十五分（朱書）九時廿分　同所　御發輿
（朱書）同三十五分間
午十二時廿分（朱書）一時八分　御晝　小田原驛片岡永左ヱ門方　御發
（朱書）同一時三十分間
午後一時五十分（朱書）二時　同所　御發輿
（朱書）同一時廿五分間
午後三時十五分（朱書）三時十分　國府津停車場　御着輿
（朱書）同十五分間
同三時三十分　同所　御發車
（朱書）同二時七分間
同五時三十七分　新橋停車場　御着車
（朱書）同三十分間
同六時七分　同所　御發
（朱書）同三十分間
同六時三十七分（朱書）六時十五分　青山御所　還御
（朱書）朱書時限ハ實際ノ分ナリ、

三月三十一日、上野公園地內日本美術協會美術展覽會ニ行啓アラセラル、

〔皇太后宮職日記〕　庶務課

明治二十三年三月三十一日、雨、月、

皇太后陛下正午四十三分御出門、美術協會へ行啓被遊候事、

御陪乘　萬里小路典侍、

供奉　林亮川澤侍醫竹屋權掌侍松室七等出仕富田權命婦、○中略

午後四時三十分還御被遊候也、

〔行啓錄〕皇太后宮職　明治二十三年

第五號　上野公園內美術協會へ行啓ノ件

美術展覽會ヘ行啓之義ニ付願

本月廿五日ヨリ五月三十一日迄、上野公園櫻ケ岡本會ニ於テ、例ニ依リ美術展覽會相開諸家珍藏之美術品夥多出品相成候、尤本年ハ內國勸業博覽會之盛擧有之、新製品ハ渾テ同會出陳ニ付而ハ、本會ハ本年ニ限リ古製ノ優等品而已陳列、私ニ博覽會出品ト新古對照考古利今之會旨ヲ一層相貫度微意ニ御座候、抑本會之義ハ美術工藝之進步ヲ期候譯ヲ以、每會行啓之榮ヲ蒙リ會員擧テ感奮罷在候、就而者何卒今會ニ於テモ、乍畏別段之御思召ヲ以テ皇太后宮行啓被爲在、親ク御覽ヲ奉仰度悃願之至ニ不堪奉存候、右御允許被成下候上ハ、會員一同無量之洪恩ニ浴シ候而已ナラズ、美術勸奬之規模モ相立候次第、本會之光榮不過之儀ニ御座候、此段宜敷御執奏之儀謹而奉願候也、

明治二十三年三月　日本美術協會々頭

樞密顧問官子爵佐野常民(印)

皇太后宮大夫子爵杉孫七郎殿

三月三十一日行啓御次第書

女御藤原夙子

一、皇太后陛下午後零時三十分御出門、本會ヘ行啓、
一、着御ノ節本會役員會員奉迎、
　但會頭副會頭御車寄ニテ其他ハ兼テ定ノ場所ニテ奉迎ノ事、
一、會頭御先導御休憩所ヘ入御、
一、御休憩所ニ於テ會頭副會頭有爵有位ノ輩拜謁、會頭ヨリ本會掛員人名錄及日本美術協會役員人名錄ヲ奉呈ス、
一、列品館ヘ出御ノ節、會頭御先導一ノ間御物列品處二ノ間三ノ間及北館列品御巡覽、夫ヨリ南館ヘ廊下通御ノ節役員掛員會員同所ニ於テ拜謁、
一、南館御巡覽、畢テ復御暫時御休憩、
一、還啓ノ節奉送ハ奉迎ノ時ニ同ジ、

四月二十四日、上野公園地內ニ開催セル第三回內國勸業博覽會ニ行啓アラセラル、五月十二日、同二十七日、又行啓アラセラル、

〔皇太后宮職日記〕　庶務課
明治二十三年四月廿四日、曇、木、
皇太后陛下本日午前八時三十分御出門、第(回脫カ)三內國勸業博覽會場ヘ行啓被爲在、午後六時十五分還御、
御陪乘　典侍萬里小路幸子、
供奉ハ　杉大夫林亮岩佐侍醫平松權典侍吉見權掌侍生源寺命婦梨木權命婦、○下略
五月十二日、晴、月、
皇太后陛下午前八時三十分御出門、內國勸業博覽會ヘ行啓被爲在、午後五時三十五分還御、
御陪乘　典侍萬里小路幸子、

供奉　杉大夫林亮竹內侍醫權典侍中御門隆子權掌侍竹屋津根子權命婦鴨脚八十同生源寺須賀子、○下略

廿七日、晴、火、

皇太后陛下午前八時三十分御出門、上野公園內國勸業博覽會ヘ行啓、午後五時還御、

御陪乘　萬里小路典侍、

供奉　杉大夫林亮侍醫岩佐登彌太平松權典侍吉田掌侍生源寺命婦、

先着　富田權命婦、○下略

六月二十七日、皇后ト共ニ司法大臣山田顯義ノ別邸ニ行啓アラセラル、

〔皇太后宮職日記〕庶務課

明治二十三年六月廿七日、曇、金、

皇太后陛下本日午後一時三十分御出門、山田司法大臣別邸ヘ行啓被爲在、同九時三十五分還御、皇后陛下ニモ同時御出門行啓、

御陪乘　萬里小路典侍、

供奉ハ　杉大夫林亮竹內侍醫錦織權典侍吉見權掌侍松室命婦梨木權命婦、○中略

午後二時過大臣邸ヘ着御、樓上ニテ御休息之後兩皇后陛下ヘ大臣夫婦其外家族拜謁、畢而參邸之御息所及各大臣其外ノ夫人拜謁被仰付、而シテ番能入御覽、海人梅若實盛久寶生九郎狂言釣針等相濟、再樓上ニテ御休息之後、樓下ニ而講談師如燕之軍談被聞召相濟、午後七時より御陪食、此間觀世流寶生流ノ謠又薩摩琵琶等被聞召アリ、

○中略

兩陛下より大臣夫婦其外家族之者ヘ夫々賜物有之、其品目ハ別記ニアリ、

〔行啓錄〕皇太后宮職 明治二十三年

第一一號　山田司法大臣別邸ヘ行啓ノ件

六月廿七日山田大臣邸へ皇太后宮皇后宮行啓兩陛下ヨリ賜物、

一、紫檀書棚　壹個
一、料紙硯箱　壹組　　山田大臣
一、卓被御紋付　貳枚
一、紅白縮緬　貳疋　　同母鶴子
一、紋縮緬　貳疋
一、腕環　壹個　　夫人龍子
一、胸飾　壹個
一、羽織地絽　壹反　　養子久雄
一、袴地仙臺平　壹反
一、白縮緬　壹疋　　妹河野マス
一、酒肴料百圓　　男女家來中
一、金百圓　　能役者中
一、金拾五圓　　講談師如燕
一、金　　琵琶彈奏 西幸吉

右之通

十月三十一日、皇后ト共ニ陸軍大臣大山巖ノ赤坂ノ別邸ニ行啓アラセラル、

〔皇太后宮職日記〕庶務課

明治二十三年十月三十一日、晴、金、

皇太后陛下午後一時三十分御出門、青山北町六丁目大山陸軍大臣別邸へ行啓被爲在、同十時還御、

御陪乘　萬里小路典侍、

供奉　杉大夫林亮田澤侍醫平松權典侍竹屋權掌侍生源寺命婦鴨脚權命婦、○中略

皇后陛下ニハ、午後一時御出門同邸え行啓被爲在候事、○中略

大臣邸へ着御之後次第八、惣而去月廿七日山田大臣邸へ兩陛下行啓之節之通ニ而、番能相濟便殿ニ而御休息之後御陪食、其後樓下ニ而西幸吉之薩摩琵琶及講談師如燕之軍談被聞召之事、且兩陛下より大臣以下へ被下物ハ山田大臣へ被下ト凡同律臣細別記ニアリ、

〔行啓錄〕皇太后宮職　明治二十三年

第一二號　大山陸軍大臣別邸へ行啓ノ件

立案明治廿三年十月日

來ル三十一日、兩皇后宮大山陸軍大臣邸へ行啓ニ付、下賜品左ニ相伺候也、

大山大臣

一、紫檀書棚　壹脚

一、蒔繪手箱　壹個

一、卓被　貳枚

〆

同人妻　捨松

一、紋縮緬　貳匹

一、腕輪　壹個

女御藤原夙子

女御藤原夙子

一、胸飾　壹個

〆

一、紅縮緬　壹匹ヅヽ

一、白縮緬　壹匹ヅヽ

〆

一、白羽二重　壹匹ヅヽ

〆

○中略

同長女　信子

同二女　芙蓉子

同三女　トメ子

同四女　久子

同長男　高

同二男　柏

同姉　國子

同姉　安子

同姪(ママ)　大山武次郎

同姪　雪子

同姪　峯子

證

一、金壹百圓也

但大山僕婢え下賜

一、金壹百圓也

但能役者え下賜

前記之通奉拜受候也、

明治廿三年十月三十一日

大山巖執事小倉壯平(印)

宮內省御中

證

一、金拾圓也　琵琶彈ヘ下賜

一、金拾圓也　講談師ヘ下賜

右奉拜受候也、

十月三十一日

大山巖執事小倉壯平(印)

宮內省御中

十一月十八日、宮內省高等官等ノ獻能ヲ御殿內ニ於テ御覽アラセラル、皇后、行啓アラセラレ、大臣已下ノ諸臣、亦、參殿、陪覽ス、

〔皇太后宮職日記〕　庶務課

女御藤原夙子

明治二十三年十一月十八日、雨、火、
宮内高等官及華族獻上能、當御所ニ於テ被遊御覽、本日午前八時二十分始リ午後五時十分終ル、
皇后陛下午後一時廿分當御所へ行啓、午後六時五分還御、供奉香川大夫三宮亮侍醫女官等例ノ通、
三條内大臣九條從一位其外土方大臣夫人吉井次官并同夫人林亮夫人等參宮、
○中略
兒玉圖書頭及宮内高等官拜見トシテ出頭、酒肴等同斷、但鉢盛肴ノ事、
宮内判任官拜見許可出頭人名略ス、別紙ニアリ、
當詰屬以下小者ニ至迄、晝夕兩度辨當被下候事、
宮内省雇外國人壹名參觀、
能樂人黑田長知以下宮内高等官金五十圓、能役者寶生九郎以下へ同五十圓、
右皇后陛下より被下、

二十五日、上野公園地内ニ開催セル日本美術協會繪畫展覽會竝ニ明治美術會美術展覽會ニ行啓アラセラル、

〔皇太后宮職日記〕庶務課
明治二十三年十一月廿五日、晴、火、
皇太后陛下本日午前九時御出門、上野公園内繪畫展覽會及明治美術會へ行啓被爲在、繪畫御覽濟御晝（食カ）後、席畫御覽之上同所還御、午後二時四十分ヨリ明治美術會え被爲成、御覽濟之上午後三時三十分還御被遊候事、
御陪乘典侍萬里小路幸子、供奉杉大夫林亮岩佐侍醫錦織權典侍吉見權掌侍松室七等出仕生源寺權命婦、○下略

〔行啓錄〕皇太后宮職　明治二十三年
第一四號　上野公園内繪畫展覽會及明治美術會へ行啓ノ件

行啓之儀ニ付願

美術上ノ儀ハ多年其筋ノ厚キ御奬勵モ被爲在、社會一般漸次其必要ヲ感ジ追々奮起ノ色相顯レ、就中美術ノ基本タル畫家有志輩ハ研磨ノ念慮熾盛ニ相見候ニ付、此機ヲ失セズ繪畫展覽會相開候ハヾ、其素志ニモ相副ヒ一層進歩ノ實効ヲ可奏ト存ジ、本月一日ヨリ右繪畫展覽會開設仕候處、府下ハ勿論京都府大阪府愛知縣ヲ首メ各地方ヨリノ出品豫想外ニ多ク、殊ニ近來老衰ト稱シ博覽會美術會等ヘ出品不致老畫師迄モ奮テ出品仕候中ニハ優逸ト認候畫モ不少被存候間、美術御奬勵之御趣意ヲ以、乍畏今回モ行啓被仰出、親ク御覽ノ榮ヲ蒙リ度懇願ノ至リニ不堪奉存候、右御許容被成下候ハヾ出品畫家一同洪恩ニ浴シ候ノミナラズ、本會ノ光榮不過之ノ儀ニ御座候、此段御執奏之儀謹テ奉願候也、

明治廿三年十一月

日本美術協會々頭

樞密顧問官子爵佐野常民(印)

皇太后宮大夫子爵杉孫七郎殿

本月十五日ヨリ向二十日間、上野公園内舊華族會館ニ於テ本會秋季美術展覽會相開キ、美術之進歩ヲ圖リ會員相互ノ技術研磨ヲ目的トシ、會員ノ製品ヲ始メ參考品トシテ海外人之作ニ係ル著名ノ油畫彫刻等蒐集展列仕候ニ付テハ、本會之旨趣御聽納被爲在、皇太后宮陛下之御親臨ヲ辱フセバ、本會之光榮不過之、會員ハ勿論一般美術奬勵之基ト相成候儀ニモ有之候條、行啓被仰出候樣懇願之至ニ不堪候、敬具、

明治美術會々頭子爵田中不二麿

明治廿三年十一月十四日

皇太后宮大夫子爵杉孫七郎殿

十二月十三日、芝公園地内能樂堂ニ行啓アラセラル、

〔皇太后宮職日記〕　庶務課

女御藤原夙子

明治二十三年十二月十三日、午後、雨、土、
皇太后陛下、本日午前八時御出門、芝公園内能樂堂へ行啓、午後五時十五分還御、鹵簿將校供奉、
御陪乘　權典侍平松好子、
供奉　杉大夫林亮岩佐侍醫列外供奉掌侍吉田瀧子權掌侍竹屋津根子命婦生源寺政子、
先着　權命婦生源寺須賀子梨木房榮、〇中略
金貳百五拾圓　能樂社へ
金　供奉員休所翁屋へ
右之通被下候事、

二十三日、御所改築ノ功成リ、是日、新殿ニ移御アラセラル、

〔皇太后宮職日記〕庶務課
明治二十三年十二月十六日、晴、火、
御新殿落成、堤内匠頭木戸淸敬出張引渡相成候、〇中略
皇太后陛下午十二時後、御新殿御覽、
廿日、晴、土、
御新殿御改築落成ニ付、本日土方大臣吉井次官堤内匠頭等被召、午十二時參宮相成、右三名及杉大夫林亮等御新殿ニ而御陪食被仰付、右三名へ賜物有之、且御改築ニ關係之内匠技師木子（マヽ）淸敬ハ表高等官ノ間ニ而酒肴ヲ賜リ、御内儀より賜物有之、其他判任官及雇等へも酒肴ヲ下賜、
二十三日、晴、火、
御改築之御新殿へ、本日御移リ被爲在候事、

明治二十四年四月六日、芝公園地内能樂堂ニ行啓アラセラル、

〔皇太后宮職日記〕 庶務課

明治二十四年四月六日、雨、月、

皇太后陛下午前八時三十分御出門、芝能樂堂へ行啓被爲在、午後六時三十五分還御、

御陪乘　萬里小路典侍、

供奉ハ　杉大夫林亮岩佐侍醫平松權典侍吉見權掌侍松室命婦鴨脚權命婦富田權命婦、○中略

御能ハ右近　小袖曾我　二人靜　櫻川　絃上

間　張蛸　法師ガ母　二人長者

右近ノ次　仕舞　箙　巴　藤戸　鵜飼　葵ノ上　照若　富士太鼓

金貳百五十圓、如例能樂堂へ被下、

十一日、皇后ト共ニ樞密顧問官川村純義ノ第ニ行啓アラセラル、

〔皇太后宮職日記〕 庶務課

明治二十四年四月十一日、晴、土、

皇太后陛下午後一時三十分御出門、川村樞密顧問官邸へ行啓被爲在、午後十時四十分還御

陪乘　萬里小路典侍、

供奉　杉大夫林亮竹内侍醫女官供奉ハ吉田掌侍松室命婦、

先着　錦織權典侍富田權命婦、○中略

皇后陛下午後一時三十分御出門、同邸へ行啓被爲在候事、

○中略

川村樞密顧問官邸へ着御ノ上、御次第都テ山田大臣、大山大臣邸へ行啓之節同樣也、番能御覽、能組ハ左ニ、

山姥　梅若實　船辨慶　寶生九郎　狂言　六地藏　三宅惣三郎

右相濟後御陪食、其後夜ニ入踊リ五番御覽、番組左ニ、

道成寺　川村常子　京萬歲　西鄉櫻子　子寶三番叟　川村常子　宮澤泰子　御所櫻　西鄉櫻子　花笠　川村常子　宮澤泰子

同人幷家族へ被下品ハ別記ニ委シ、

川村樞密顧問官より獻上物、薩摩燒大花瓶壹對、

同邸御出門午後十時二十分頃、

〔行啓錄〕皇太后宮職　明治二十四年

第四號　川村樞密顧問官邸へ行啓ノ件

立案明治廿四年四月六日

皇太后皇后兩陛下來十一日川村樞密顧問官邸へ行啓ノ節、被下品左ニ相伺候也、

川村樞密顧問官
一、文臺硯箱　壹組
一、紫檀書棚　壹箇

同母　由嘉子
一、卓掛
一、紅白縮緬　貳疋

同夫人春子
一、紋縮緬　貳疋
一、腕環　壹箇
一、胸飾　壹箇

同四男辰之助
一、白縮緬　壹疋

一、紅縮緬　壹疋ツヽ　同長女常子
　　　　　　　　　　　　次女花子
一、袴地　壹反
一、羽織地　壹反　弟川村助次郎
一、白羽二重　壹疋　同人妻　千代
一、袴地　壹反
一、羽織地　壹反　弟宮里正助
一、白羽二重　壹疋　同人妻　ナカ
一、白縮緬　壹疋　川村夫人父椎原與右衞門
酒肴料
一、金百圓　男女家來中
一、金百圓　能役者

十五日、上野公園地内日本美術協會美術展覽會ニ行啓アラセラル、

〔皇太后宮職日記〕庶務課

明治二十四年四月十五日、曇、水、
皇太后陛下本日午前十時御出門、上野公苑内美術展覽會へ行啓被爲在、午後三時五十五分還御、
御陪乘　萬里小路典侍、
供奉　杉大夫林亮竹內侍醫近衞將校四人下士官壹人、御跡より吉田掌侍生源寺命婦、
御先着　平松權典侍梨木權命婦、○中略
展覽會場へ着御之上御休息、會頭佐野常民及高等官之輩へ拜謁被仰付、相濟直ニ佐野會頭御先導ニ而先陳列品之新

古書御覽被爲在、畢而入御御晝餐、再列品御覽濟之後御休息、而シテ演藝俗ニ紅葉踊リト云、御覽被爲在候事、

金百圓也　美術展覽會場ヘ下賜、

金參拾圓也　演藝之者ヘ被下會場ヘ渡ス、

二十八日、公爵九條道孝第ニ行啓アラセラル、

〔皇太后宮職日記〕庶務課

明治二十四年四月二十八日、晴、火、

皇太后陛下午前十時御出門、九條從一位邸ヘ行啓被爲在、午後八時十分還御、

御陪乘　萬里小路典侍、

供奉　杉大夫林亮田澤侍醫平松權典侍吉見權掌侍生源寺命婦鴨脚權命婦生源寺權命婦、○中略

同邸庭上ヘ被爲在、福引及長老ケン等御覽、○中略夫ヨリ能囃子狂言等御覽被爲在、其後御陪食アリタリ、

九條從一位同從五位鷹司正四位二條正四位同夫人鶴殿從五位同夫人杉大夫萬里小路典侍林亮等御陪食候事、

〔行啓錄〕皇太后宮職 明治二十四年

第六號　公爵九條道孝邸ヘ行啓ノ件

立案明治廿四年四月廿八日

一、金參百九拾圓也

内

金參百圓也

但公爵九條道孝邸ヘ行啓ニ付同家ヘ下賜、

金五拾圓也

但同上ニ付家扶伊藤可宗以下ヘ下賜、

金四拾圓也

但同上ニ付侍女中川以下ヘ下賜、

右相伺候也、

明治廿四年四月廿八日

御囃子

松尾　寶生九郎　石井一齋　三須金吾　金春五十男　一噌幸太郎

入間川　三宅惣三郎　吉野德三郎　山脇元清

御能　袴

熊野　寶生金五郎　津村又喜　三須金吾　森田登喜

ツレ　矢田八太郎　寶生九郎

ツレ　尾上新治

水汲　高島彌五郎　野村捨五郎

御囃子

山姥　紫鳳　石井一齋　幸泰次郎　金春五十男　森田登喜

柑子俵　野村與作　三宅惣三郎　本間義恭

千引　松本金太郎　津村又喜　幸泰次郎　松村末男　一噌幸太郎

五月十一日、日本赤十字社病院ニ行啓アラセラル、

〔皇太后宮職日記〕　庶務課

明治二十四年五月十一日、晴、月、
皇太后陛下午後一時御出門、赤十字社病院行啓、三時四十分還御、
御陪乘　萬里小路典侍、
供奉　杉大夫林亮岩佐侍醫、
竹屋權掌侍松室七等出仕、〇中略
御先着　富田權命婦、〇下略
皇太后宮職明治二十四年〔行啓錄〕
第七號　日本赤十字社病院ヘ行啓ノ件
病院行啓ノ次第
一、當日着服ハ男フロツクコート羽織袴、女ビジチングドレス白襟紋付隨意ノ事、
一、午前十一時本社及ビ病院職員參着、
一、午十二時半參觀者來集、
一、午後一時皇后陛下御代覽トシテ皇后(宮)大夫及ビ典侍ヲ差下ル、社長及病院長按內休憩所ニ延ク、
一、午後一時半皇太后陛下着御、總員門內左右ヘ奉迎、社長及病院長御先導便殿ニオキテ御休憩、
一、篤志看護婦人會幹事長及副幹事長殿下幹事等便殿ニオキテ拜謁、
一、社長副社長病院長副病院長等同斷、
一、本社監督官同斷、
一、社長及病院長ヨリ職員人名書社員統計書等ヲ上リ本社及病院ノ現況ヲ奏上ス、
一、午後二時社長及病院長御先導管理室病室等御巡覽、此時本社幹事病院醫員篤志看護婦人會員等廊下ニ並列拜謁、皇后陛下御代覽、各御息所殿下

及ビ篤志看護婦人會員等陪觀、
一右畢テ便殿ニオキテ御休憩茶菓ヲ上ル、
一、各御息所殿下其他參觀者江休憩所ニ於テ茶菓ヲ供ス、
一、還御、總員門內左右へ奉送、
一、總員退散、

〇中略

立案明治廿四年五月十日

一、金五百圓也　日本赤十字社病院へ
一、金四拾參圓也　同院入院病者四拾三人へ

右ハ本月十一日、日本赤十字社病院へ行啓被爲在、思召ヲ以頭書之通被下ニ相成可然哉相伺候也、

行啓之儀上願書

南豊島第二御料地內ニ建築致候本社病院落成、過ル一日移轉致候ニ付而ハ、本社ハ帝室御眷護之下ニ立候儀ニ付、先以皇太后陛下御覽ヲ奉仰度、畏クモ行啓被仰出候ニ於テハ、慈仁之聖旨一般ニ光被シ、本社病院之幸榮不過之、此段上願仕候也、

明治廿四年五月五日

日本赤十字社長
子爵佐野常民(印)

皇太后宮大夫子爵杉孫七郎殿

十月八日、京都ニ行啓アラセラル、是日、東京ヲ發セラレ、靜岡縣濱松町ニ御一泊アリ、翌九日、京都ニ御著アラセラル、

〔皇太后宮職日記〕　庶務課

明治二十四年十月八日、晴、

皇太后陛下京都行啓、本日午前七時廿分御出門、同八時發汽車乘御、同日午後三時三十五分濱松御泊所へ御安着被爲在候電報、内事課より電話ヲ以申來ル、

青山御所より新橋停車場迄鹵簿御遊行例之通、外ニ侍從米田同試補日ノ西兩名新橋迄供奉被仰付候事、

皇后陛下新橋停車場迄御見送トシテ行啓被爲在候事、

皇太子殿下當御所へ御見送リトシテ被爲成、御玄關ト御本門トノ間左側ニ而御送リ被爲在候事、

○中略

九日、晴、金、

本日午後三時三十五分、濱松御泊所へ御安着ノ電報、内事課より皇后宮職東宮職高輪御殿へ電話ヲ以通知爲致候事、

御豫定之通濱松御發車被爲在候旨、電話ヲ以内事課より通知有之候通知ハ午前十時三十分、

皇太后宮本日午後四時三十分、御機嫌京都御所へ御安着被爲在候旨、電話ヲ以内事課より通知有之、通知七時三十分也、

〔皇太后宮職布達錄〕

皇太后陛下來十月八日御發輿、京都へ行啓仰出サレタリ、

明治廿四年九月十四日　本職

皇太后陛下來十月八日午前七時廿分御發輿、別紙ノ通夫々相達ス、

明治廿四年九月三十日　本職

職中一般

青山御所新橋間御列

警部　馬　騎兵一分隊　　　　　　　　　　大夫　騎兵
御旗　下士官　皇太后宮御馬車女官陪乘　女官馬車　亮　馬車
警部　馬　騎兵　　　　　　　　　　　　　侍醫　騎兵

京都ヘ供奉近衛將校ハ新橋停車場ニ御先着、

青山御所ヨリ新橋迄御道筋

青山御所ヨリ左ヘ、青山通牛啼坂ヲ下リ傳馬町右ヘ、田町通桐畑橋ヲ渡リ福吉町榎町ヲ經テ海軍省裏通リ左ヘ、琴平町右ヘ、久保町通リ左ヘ、幸橋外右ヘ、二葉町通新橋停車場、

御休泊割

十月八日

午前七時廿分　御發輿

御小休　新橋停車場

同八時　御發車　同　所

別仕立汽車

午十二時　御晝餐　汽車中

午後三時廿五分　御著車　濱松停車場

直チニ御乘輿御發

御泊　濱松町　鶴見新平方

同九日

女御藤原夙子

午前八時　御發輿　濱松御泊所

同八時十分　御發車　濱松停車場

別仕立汽車

午十二時　御晝餐　汽車中

午後三時五十分　御着車　京都停車場

御小休　同所

御泊　京都御所

御滯在

汽車乗組割

前 御板輿	下等 小者	下等 等外從者	中等 判任官	上等 高等官 近衛將校	皇太后宮大夫 亮 女官	上等 女官奏任判任	下等 雜仕 從夫
小荷車 手荷物	荷車 御料御用長持						

濱松停車場ヨリ同御泊所間　御往返　御列

警部馬　近衛將校歩　同　同　皇太后宮屬歩
御旗下士官歩　同　同　皇太后宮御板輿　女官人力車　同　同　同　同　皇太后宮大夫歩　皇太
警部馬　近衛將校歩　同　同　皇太后宮屬
后宮亮歩　侍醫歩
京都七條停車場ヨリ京都御所迄御道筋
七條停車場ヨリ烏丸通右ヘ三條通堺町通堺町門ヲ入建春門ヲ入リ御順路、
警部馬　騎兵一分隊　近衛將校馬　大夫　騎兵
御旗下士　皇太后宮御馬車女官陪乘　女官馬車　亮　馬車
警部馬　騎兵　近衛將校馬　侍醫　騎兵

十一日、後月輪東山陵ニ參拜アラセラル、

〔皇太后宮職日記〕庶務課
明治二十四年十月十一日、晴、日曜、
皇太后陛下午前九時御出門、後月輪御陵ヘ御參拜被爲在候旨、電話ヲ以內事課通知、奥ヘ申上、

〔行啓錄〕皇太后宮職 明治二十四年
第一三號　京都ヘ行啓ニ關スル件
皇太后陛下明十一日午前九時御出門、後月輪東山陵ヘ御參拜可被爲在旨被仰出候條、御先導警部貳名時限前御差出可有之、此段及御通達候也、
明治廿四年十月十日　大夫
京都府知事

追テ御道筋ハ別紙之通ニ候也、

○中略

御道筋

建春門ヨリ清和院門ヲ經テ右ヘ寺町通左ヘ、五條橋通リ右ヘ伏見街道左ヘ泉涌寺ヘ御順路、

御列

警部馬　騎兵　近衛將校馬　同　同　大夫馬車　騎兵

御旗　同　同　皇太后宮御馬車女官陪乘　女官馬車　亮

警部馬　騎兵　近衛將校馬　同　同　侍醫　騎兵

明治廿四年十月十一日

後月輪東山陵御拜次第

當日早旦陵前ヲ裝飾ス、

午前八時諸員幄舍ニ著ク、

次神饌ヲ供ス、主殿寮出張所奏任官以下奉仕、

次御幣物ヲ供ス、同上、

次祝詞ヲ奏ス、同上、

同九時三十分御休所出御、御板輿乘御、主殿助前行シ諸員御後ニ扈從ス、

次石磴下ニ至リ下御、

次御歩、

此時著床ノ諸員奉迎ス、

次御手水ヲ進ル、
次御拜ノ舍ニ進御、
次主殿助御玉串ヲ執リ之ヲ進ル、
次御玉串ヲ奉リ給ヒ、御拜畢テ主殿助ニ授ケ給フ、主殿助之ヲ陵前ニ供ス、
此時供奉諸員拜禮、
次入御、
次御幣物及神饌ヲ撤ス、
次各退出、

十五日、北野神社、二條離宮竝ニ淸水寺ニ行啓アラセラル、

〔幸啓錄〕明治二十四年 三

第三六號　皇太后宮京都大阪二府及奈良兵庫兩縣へ行啓ノ件

聖上、皇后兩陛下、益御機嫌能被爲涉御同意恐悦之至奉存候、此地皇太后陛下御著京後益御機嫌能御滯在被遊、〇中略別紙之通行啓被爲在、〇中略不取敢此段御報申進候也、

明治二十四年十月十九日　　皇太后宮大夫子爵杉孫七郎

宮內大臣子爵土方久元殿

〇中略

同月〇十十五日、
午前九時三十分御出門、北野神社及二條離宮え行啓、還御掛淸水寺え御立寄、午後二時五十五分還御、

〔行啓錄〕皇太后宮職 明治二十四年

第一三號　京都ヘ行啓ニ關スル件

皇太后陛下明後十五日午前九時三十分御出門、北野神社及二條離宮ゑ行啓、還御掛清水寺ヘ御立寄可被爲在旨被仰出候條、御先導警部二名時限前御差出可有之、此段及御通達候也、

明治廿四年十月十三日　大夫

京都府知事

追テ御道筋ハ別紙ノ通ニ候、且北野神社及清水寺ヘ御達置有之度候也、

○中略

御道筋

建春門ヨリ下立賣門ヲ經テ右ヘ、烏丸通左ヘ、下(立脱カ)賣通右ヘ、御前通北野神社ヘ御順路、

同社門前左ヘ御前通左ヘ、下立賣通右ヘ堀川通二條離宮ヘ御順路、

同宮門前右ヘ西堀川左ヘ三條通右ヘ、寺町通左ヘ四條通右ヘ大和大路通左ヘ、松原通清水寺ヘ御順路、

同寺門前松原通右ヘ廣道通右ヘ安井門前通左ヘ、下河原通八坂神社前右ヘ神幸道右ヘ石壇下左ヘ四條通右ヘ、大和大路通左ヘ三條通右ヘ東川端左ヘ荒神橋通右ヘ、寺町通左ヘ清和院門ヲ經テ建春門ヘ御順路、

十六日、桂離宮ニ行啓アラセラル、

〔幸啓錄〕明治二十四年三

第三六號　皇太后宮京都大阪二府及奈良兵庫兩縣ヘ行啓ノ件

聖上、皇后兩陛下益御機嫌能被爲渉御同意恐悅之至奉存候、此地皇太后陛下御著京後益御機嫌能御滯在被遊、○中略別紙之通行啓被爲在、○中略不取取此段御報申進候也、

明治二十四年十月十九日　皇太后宮大夫子爵杉孫七郎

宮內大臣子爵土方久元殿

○中略

同月○十十六日、

午前十時御出門桂離宮え行啓、午後二時四十分還御、

〔行啓錄〕皇太后宮職 明治二十四年

第一三號　京都へ行啓ニ關スル件

皇太后陛下明十六日午前十時御出門、桂離宮へ行啓可被爲在旨被仰出候條、御先導警部二名時限前御差出可有之、此段及御通達候也、

明治廿四年十月十五日　　大夫

京都府知事

追テ御道筋ハ別紙ノ通ニ候也、

○中略

御道筋

建春門ヨリ下立賣門ヲ經テ左へ烏丸通リ右へ、三條通左へ大宮通リ右へ七條通桂離宮へ御順路、

同離宮門前七條通左へ油小路通右へ、丸太町通左へ堺町門ヲ經テ建春門へ御順路、

十八日、賀茂御祖神社竝ニ賀茂別雷神社ニ行啓アラセラレ、御歸途、三井八郎右衛門所有ノ西賀茂ノ蕈山ニ御立寄アラセラル、

〔幸啓錄〕明治二十四年 三

第三六號　皇太后宮京都大阪二府及奈良兵庫兩縣へ行啓ノ件

聖上、皇后兩陛下益御機嫌能被爲涉御同意恐悅之至ニ奉存候、此地皇太后陛下御着京後益御機嫌能御滯在被遊、是亦御同意奉悅候、陳者嚢ニ東京御發輿以後一日モ降雨無之、去十一日御陵御參拜ヲ始別紙之通行啓被爲在、中ニモ三井蕈山ヘ被爲成候節ハ至極之御慰ト奉恐察候、不取敢此段御報申進候也、

明治二十四年十月十九日　皇太后宮大夫子爵杉孫七郎

宮內大臣子爵土方久元殿

○中略

同月○十十八日、午前八時三十分御出門、加茂御祖神社及加茂別雷神社ヘ行啓、還御掛字西加茂三井八郎右衞門所有蕈山ヘ御立寄、午後五時三十分還御、

〔行啓錄〕皇太后宮職 明治二十四年

第一三號　京都ヘ行啓ニ關スル件

皇太后陛下來ル十八日午前九時御出門、加茂御祖神社及加茂別雷神社ヘ行啓、還御掛字西加茂三井八郎右衞門所有蕈山ヘ御立寄可被爲在旨被仰出之件、

一、供奉一同ヘ晝辨當被下ノ事、

○中略

御道筋

建春門ヨリ淸和院門ヲ經テ廣小路通左ヘ御車道出町右ヘ、升形通左ヘ葵道右ヘ葵橋加茂御祖神社ヘ御順路、

同社前葵橋右ヘ加茂川堤右ヘ御園橋加茂別雷神社ヘ御順路、

同社前御園橋右ヘ西加茂三井山ヘ御順路、

同山ヨリ加茂川堤右ヘ加茂口左ヘ出町通右ヘ今出川通左ヘ寺町通右ヘ清和院門ヨリ建春門ヘ御順路、

明治廿四年十月十七日

皇太后陛下明十八日加茂兩社え行啓、御出門時刻午前八時三十分ニ御改正ノ件

京都府知事　近衞副官　主殿寮出張所長　供奉各部

右例文ヲ以テ通達ノ事、

京都府知事ヘハ加茂兩社及三井八郎右エ門ヘ達ノ義申添、

明治廿四年十月十八日賀茂御祖神社ヘ行啓次第

一、早旦神殿ヲ裝飾ス、

一、御拜ノ座ヲ幣殿ノ中央ニ設ク、

但御帖ハ宮内省廻リ荒薦ハ當社用意、

一、御手水ノ具ヲ設、幣殿ノ階下東ニ設、

但御手水ノ具宮内省廻リ、

一、御玉串案并同筒等ヲ御座ノ前ニ設、

一、御玉串ノ假案ヲ幣殿ノ東ニ設、

但御玉串宮内省用意、

一、御休憩所鋪設、

但宮内省鋪設、

一、供奉員休所回廊ニ床机ヲ設、

但當社用意、

女御藤原夙子

一、開扉、

一、神饌ヲ供ス、

一、行啓御休憩所ヘ入御、

此時宮司以下南鳥居外ニ奉迎ス、

一、幣物ヲ供ス、宮司奉仕、

一、幣物供了ノ由ヲ供奉員ニ申ス、

一、御參拜、

此時宮司以下中門外ニ列立、通御ノ節立禮、

一、御拜了テ井上社ヘ御參拜、宮司御先導、

一、撤却內陣神寶御覽、同上、

一、御藤祭神寶御覽、同上、

一、柊社ヘ御參拜、同上、

一、御休憩所ヘ入御、同上、

一、還御、

此時宮司以下南鳥居外ニ奉送ス、

一、神饌ヲ撤ス、

一、閉扉、

二十日、修學院離宮、銀閣寺等ニ行啓アラセラル、

〔幸啓錄〕明治二十四年三

第三六號　皇太后宮京都大阪二府及奈良兵庫兩縣ヘ行啓ノ件

聖上、皇后兩陛下益御機嫌能被爲渉御同意恐悅ノ至ニ奉存候、此地皇太后陛下益御機嫌能御滯在被遊、是亦御同意奉恐悅候、陳者曩ニ御報申進候後別紙ノ通行啓被爲在候條此段申進候也、

明治廿四年十月廿八日

皇太后宮大夫子爵杉孫七郎

宮內大臣子爵土方久元殿

十月廿日

午前九時御出門修學院離宮ヘ行啓、銀閣寺ヘ御立寄、午後四時五十五分還御、

〔行啓錄〕（皇太后宮職　明治二十四年）

第一三號　京都ヘ行啓ニ關スル件

明治廿四年十月十九日

皇太后陛下明廿日午前九時御出門修學院離宮ヘ行啓、銀閣寺ヘ御立寄可被爲在旨被仰出ノ件、

一、供奉一同ヘ晝辨當被下ノ事、

一、御列及御道筋別紙ノ通、

（京都府知事其他宛）

○中略

御道筋

建春門ヨリ淸和院門ヲ經テ右ヘ寺町通左ヘ、荒神橋通右ヘ川端左ヘ聖護院町左ヘ、吉田山南阪ヲ經テ銀閣寺御順路、

同寺門前左ヘ吉田山南阪ヲ經テ右ヘ、吉田町左ヘ白川道通右ヘ、川端高野河原ヲ經テ山端右ヘ修學院離宮ヘ御順路、

同離宮前左ヘ山端高野河原ヲ經テ川端右ヘ出町橋通左ヘ、出町御車道右ヘ淸和院門ヨリ建春門ヘ御順路、

二十二日、衣笠山及ビ等持院ニ行啓アラセラル、

〔幸啓錄〕明治二十四年三

第三六號　皇太后宮京都大阪二府及奈良兵庫兩縣へ行啓ノ件

聖上、皇后兩陛下益御機嫌能被爲涉御同意恐悅ノ至ニ奉存候、此地皇太后陛下益御機嫌能御滯在被遊、是亦御同意奉恐悅候、陳者叢ニ御報申進候後別紙ノ通行啓被爲在候條此段申進候也、

明治廿四年十月廿八日　皇太后宮大夫子爵杉孫七郎

宮內大臣子爵土方久元殿

○中略

十月廿二日、

午前九時御出門衣笠山へ行啓、等持院へ御立寄、午後四時廿分還御、

〔行啓錄〕皇太后宮職明治二十四年

第一三號　京都へ行啓ニ關スル件

明治廿四年十月廿一日

皇太后陛下明二十二日午前九時御出門、衣笠山へ行啓、等持院へ御立寄可被爲在旨被仰出ノ件、

一、供奉一同へ晝辨當被下ノ事、

一、御列及御道筋別紙之通、

〔京都府知事其他宛〕

御道筋

建春門ヨリ蛤門ヲ經テ左へ烏丸通右へ下立賣通右へ御前通左へ、一條通字大將軍ヲ經テ妙心寺北門前右へ字谷

ロ右ヘ等持院ヲ經テ衣笠山ヘ御順路、
還御ノ節前同路
此御道筋ハ京都府ヨリ差出タル分ニ相改達濟、

二十四日、東西兩本願寺及ビ京都織物會社ニ行啓アラセラル、

〔幸啓錄〕明治二十四年 三

第三六號　皇太后宮京都大阪二府及奈良兵庫兩縣ヘ行啓ノ件

聖上、皇后兩陛下益御機嫌能被爲涉御同意恐悅ノ至ニ奉存候、此地皇太后陛下益御機嫌能御滯在被遊、是亦御同意奉恐悅候、陳者義ニ御報申進候後別紙ノ通行啓被爲在候條此段申進候也、

明治廿四年十月廿八日

皇太后宮大夫子爵杉孫七郎

宮內大臣子爵土方久元殿

○中略

十月廿四日、
午前九時御出門、兩本願寺ヘ行啓、京都織物會社ヘ御立寄、午後五時廿五分還御、

〔行啓錄〕皇太后宮職 明治二十四年

第一三號　京都ヘ行啓ニ關スル件

明治廿四年十月廿二日

皇太后陛下來ル廿四日午前九時御出門、兩本願寺ヘ行啓、京都織物會社ヘ御立寄可被爲在旨被仰出ノ件、
一、供奉一同ヘ晝夕辨當被下ノ事、

一、御列及御道筋別紙ノ通

（京都府知事其他宛）

御道筋

建春門ヨリ清和院門ヲ經テ右ヘ荒神橋通川端京都織物會社ヘ御立寄、同會社門前左ヘ川端右ヘ三條通左ヘ烏丸通大谷派本願寺ヘ御順路、

同寺門前左ヘ七條通右ヘ本派本願寺ヘ御順路、

同寺門前左ヘ七條通左ヘ油小路通右ヘ三條通左ヘ、室町通右ヘ中立賣通中立賣門ヲ經テ建春門ヘ御順路、

三十日、後月輪東山陵ニ參拜アラセラレ、尋イデ雲龍院及ビ東福寺ニ行啓アラセラル、

〔行啓錄〕皇太后宮職　明治二十四年

第一三號　京都ヘ行啓ニ關スル件

明治廿四年十月廿八日

皇太后陛下明後三十日午前九時御出門、後月輪東山陵ヘ御參拜、雲龍院及東福寺ヘ行啓可被爲在旨被仰出ノ件、

一、供奉一同ヘ書辨當被下、

一、御列及御道筋別紙ノ通、

（京都府知事其他宛）

御列

警部馬		警部馬
騎兵		騎兵
	御旗	
近衛將校馬		近衛將校馬
	同　同	
	皇太后宮御馬車　女官陪乘	
近衛將校馬		近衛將校馬
	女官馬車	
大夫馬車	亮	侍醫
騎兵		騎兵

御道筋

建春門ヨリ清和院門ヲ經テ右ヘ寺町通左ヘ五條橋通右ヘ、伏見街道左ヘ、泉涌寺并雲龍院ヘ御順路、同寺門前左ヘ伏見街道第三橋ヲ經テ左ヘ東福寺ヘ御順路、還御御道筋前同斷、

明治二十四年十月三十日

後月輪東山陵御拜次第

當日早旦陵前ヲ裝飾ス、

午前八時諸員幄舍ニ着ク、

次神饌ヲ供ス、主殿寮出張所奏任官以下奉仕、

次御幣物ヲ供ス、同上

次祝詞ヲ奏ス、同上

同九時三十分御休所出御、御板輿乘御、主殿助前行シ諸員御後ニ扈從ス、

次石磴下ニ至リ下御、

次御歩、

此時着床ノ諸員奉迎ス、

次御手水ヲ進ル、

次御拜ノ舍ニ進御、

次主殿助御玉串ヲ執リ之ヲ進ル、

次御玉串ヲ奉リ給ヒ、御拜畢テ主殿助ニ授ケ給フ、

主殿助之ヲ陵前ニ供ス、

女御藤原夙子

此時供奉諸員拜禮、
次入御、
次御幣物及神饌ヲ撤ス、
次各退出、

十一月四日、京都ヲ發セラレ、奈良縣奈良町ニ御著アラセラル、

〔皇太后宮職日記〕庶務課
明治二十四年十一月四日、晴、水、
皇太后宮兼テ御豫定之通御機嫌能京都御發輿被遊候旨、電話ヲ以內事課より通知、
午後三時三十分、御機嫌能奈良へ御安着之旨、電話ヲ以通知、

〔行啓錄〕皇太后宮職 明治二十四年
第一三號　京都へ行啓ニ關スル件
皇太后陛下還御之節、大阪府及奈良兵庫兩縣へ行啓可被爲在旨被仰出候、此段申牒候也、
明治廿四年十月十五日　大夫
宮內大臣
御發輿日時幷御休泊割等ハ追テ御治定可相成候也、
○中略
皇太后陛下來十一月四日京都御發輿還御可被爲在旨被仰出候條、別紙御休泊割相添此段申牒候也、
明治廿四年十月十九日、皇太后宮大夫
宮內大臣

○中略

皇太后陛下來四日京都御發輿、御休泊割別紙之通更正相成候條此段申牒候也、

明治廿四年十一月一日　皇太后宮大夫

宮內大臣

御休泊割

十一月四日、

京都　御發輿　午前七時三十分

三里

伏見　御小休　工兵第四大隊營所

壹里廿四丁

宇治　御晝　上田俊造

二里

長池　御小休　辻本九兵衞

二里廿八町

木津　御小休　飯田房次郞

二里四町

奈良　御泊　倶樂部

同五日、

同六日、

奈良　御滞在　御滞在中諸所御巡覧

同七日、

奈良　御發輿　午前八時

　三重

丹波市　御小休　中山平八郎

　三里廿八町

初瀨　御晝泊　小池坊

同八日、

初瀨　御發輿　午前七時

　三里廿八町

多武峯　御小休　談山神社大廣間

　壹里廿七町

櫻井　御晝　來迎寺

　壹里三十町

今井　御泊　順明寺

同九日、

今井　御發輿　午前八時

　廿七町ヨ

畝火　御小休　勅使館

壹里廿町
高田　御小休　停車場
同所　御發車別仕立汽車、午前十一時
九哩ヨ
法隆寺停車場　御着車直ニ御板輿乘御、　午前十一時三十七分
十二町
法隆寺　御晝泊　中宮寺
同十日、
法隆寺　御發輿法隆寺停車場御着直ニ御乘車、午前七時
十二町
法隆寺停車場　御發車別仕立汽車、午前七時廿四分
三哩ヨ
稻葉山停車場　御着車直ニ御板輿乘御龜瀨停車場御着直ニ御乘車、午前七時三十六分
八町
龜瀨停車場　御發車別仕立汽車、午前八時九分
十三哩ヨ
大坂湊町停車場　御着車直ニ御馬車乘御、　午前八時五十一分
廿六町ヨ
大坂　御小休　博物館

十六町ヨ

同　御覧　第四師團司令部

十二町ヨ

同　御泊　泉布観

同十一日、

泉布観　御發輿　午後一時

廿六町

梅田　御小休　停車場

同所　御發車別仕立汽車、午後二時十分

廿哩ヨ

神戸停車場　御着車、暫時御小休、　午後三時十四分

凡十町

神戸　御泊　御用邸

同十二日、

同十三日、

神戸　御滯在御滯在中舞ヶ濱へ行啓、

同十四日、

東京還御、々休泊割ハ追テ御治定、

○下略

五日、春日神社ニ行啓アラセラル、
〔皇太后宮職日記〕庶務課
明治二十四年十一月五日、晴、木、
午後〇時廿五分着電報、昨日御機嫌克奈良へ御着輿、本日春日神社御参拜濟セラル、
六日、正倉院ニ行啓アラセラル、
〔皇太后宮職日記〕庶務課
明治二十四年十一月六日、晴、金、
杉大夫より兒玉圖書頭宛電信、午後三時到來、寫左ニ記ス、
皇太后陛下、〇中略本日ハ正倉院御覽スマセラレ諸事御都合ヨロシ、
七日、奈良町ヲ發セラレ縣下各地竝ニ大阪市ヲ巡遊アラセラレ、十一日、神戸市ニ御著、神戸御用邸ニ入ラセラル、
〔皇太后宮職日記〕庶務課
明治二十四年十一月八日、晴、日、
昨七日午前十一時四十分、長谷へ御安着、
今朝長谷御發輿、談山へ御安着、
右之通本日午後六時四十分電報着、本省ヨリ電話アリ、
九日、晴、月、
本日午前八時今井御發輿、同十一時三十分法隆寺御泊所へ御着輿、
右之通午後四時電報着ノ旨、本省ヨリ電話アリ、

十日、晴、午後四時ヨリ雨、

本日之電報寫内事課ヨリ通知左ノ通、

前七時法隆寺御發シ、后一時廿分大阪泉布觀ヘ御安着相成タリ、

十一日、晴、水、

本日午後一時大阪御發輿、同午後四十分神戸ヘ御着輿ノ旨電報、内事課ヨリ電話アリ、

〔幸啓錄〕明治二十四年三

第三六號　皇太后宮京都大阪二府及奈良兵庫兩縣ヘ行啓ノ件

十一月十一日午後四時三十二分發

神戸御旅館

土方大臣

香川大夫

杉皇太后宮大夫

午後一時大阪御發、三時四十分神戸御用邸ヘ御着、

十二日、神戸市西郊垂水村舞子濱ニ行啓アラセラル、

〔幸啓錄〕明治二十四年三

第三六號　皇太后宮京都大阪二府及奈良兵庫兩縣ヘ行啓ノ件

十一月十二日午后七時六分發

神戸御用邸

土方宮内大臣

杉皇太后宮大夫

本日舞子ヘ行啓午後六時還御、

十四日、神戸市御發輿、御途中三重縣桑名町、靜岡縣濱松町ニ夫々御一泊アラセラレ、十六日、東京ニ還啓アラセ

ラル、

〔皇太后宮職日記〕　庶務課

明治二十四年十一月十四日、晴、土、

本日午後四時二十分桑名驛へ御安着相成タリ、

右內事課ヨリ電話ヲ以通知、

十五日、晴、日、

午後八時四十分本省ヨリ電話ヲ以左之通、

本日桑名御發御豫定之通午後六時廿分濱松へ着御在セラレタリ、

十六日、晴、月、

皇太后陛下本日勢州桑名ヨリ別仕立汽車乘御、御機嫌能午後四時還御被爲在候事、

皇后陛下、皇太子殿下新橋停車場へ御出迎トシテ行啓被爲在候事、

本省勅奏任官共他田中司法大臣二位局各大臣夫人新橋停車場へ奉迎、同所ニおいて拜謁被仰付、還御之上供奉高等官御中殿ニおいて拜謁、近衛士官同樣、

供奉高等官參賀、高等官日本料理立食下賜、供奉幷御留守之判任官等外給仕小者ニ至ル迄酒肴料下賜ル、

〔幸啓錄〕　明治二十四年 三

第三六號　皇太后宮京都大阪二府及奈良兵庫兩縣へ行啓ノ件

明治廿四年十一月十四日午後五時發

桑名御旅館

土方宮內大臣

杉皇太后宮大夫

香川皇后宮大夫

女御藤原夙子

御豫定通リ神戸御發シ、後四時二十分桑名ヘ御着、

十一月十五日午後七時發

宮內省　　濱松御旅館

土方宮內大臣

香川皇后宮大夫　　杉皇太后宮大夫

今十五日御豫定ノ通桑名御發、震災地御差支ナク熱田ヨリ汽車ニテ午後六時二十分、濱松ヘ御機嫌能着御アラセラレタリ、

〔行啓錄〕皇太后宮職 明治二十四年

第一三號　京都ヘ行啓ニ關スル件

皇太后陛下來ル十四日神戸御發輿還御、御休泊割別紙之通候條此段申牒候也、

明治廿四年十一月九日　　皇太后宮大夫

宮內大臣

御休泊割

十一月十四日、

神戸御用邸　御發輿　(朱書)十五分間　午前五時四十五分神戸停車場着御直ニ御乘車、

神戸停車場　御發車別仕立汽車、午前六時

百十四哩　(朱書)六時二分間

御晝餐汽車中

四日市停車場　御着車　午十二時二分直ニ御板輿乗御、
四日市停車場　御發輿
二里半　(朱書)二時三十分間
小向村　御小休　伊藤傳八郎
一里半　(朱書)一時三十分間
桑名　御泊　桑名町太一丸 諸戸清六
(朱書)五時御着

十一月十五日、
桑名　御旅館御發　午前六時御旅館門前ヨリ御乗船、但棧橋迄御歩行、
揖斐川　御渡船
七百二十間　(朱書)十五分間
長島　御着船　棧橋脇ヨリ御板輿乗御、
三十町　(朱書)一時間
木曾川　御渡船　棧橋ヨリ直ニ御乗船御着船ノ上直ニ御板輿乗御、
五百八十間 凡五町　(朱書)十二分間 (朱書)十五分間
前ケ須　御晝 (朱書)一時間　佐藤讓
三里　(朱書)三時間
福田村　御小休　鬼頭勘之助

（朱書）二十分間
三里　（朱書）三時間
熱田　御小休　停車場
（朱書）十五分間
熱田停車場　御發車　午後三時二十分
六十三哩　（朱書）貳時五十五分間
濱松停車場　御著車　午後六時三十分直ニ御板輿乘御
（朱書）十五分間
濱松　御泊　鶴見新平
（朱書）六時十五分御着

十一月十六日、
濱松　御發輿　午前七時三十分濱松停車場着御直ニ御乘車、
濱松停車場　御發車別仕立汽車、午前八時
百六十七哩ヨ　（朱書）七時十三分間
新橋停車場　御着車　午後三時十三分
停車場内ニテ御小休
青山御所　還御

二十日、皇后ト共ニ侯爵池田章政ノ芝區白銀猿町ノ第ニ行啓アラセラル、

〔皇太后宮職日記〕　庶務課
明治二十四年十一月廿日、晴、金、

皇太后陛下本日午前九時三十分御出門、白銀猿町池田侯爵邸へ行啓被爲在、午後六時十五分還御、

皇后陛下同日御別列ニテ同邸へ行啓、

但今度ハ御列御同様ニ相成、警部二名騎兵下士二人騎兵三人供奉、馬車ハ二輛例之通、御列書行啓錄ニアリ、略ス、

御陪乘　萬里小路幸子、

供奉　杉大夫林亮竹內侍醫錦織權典侍松室七等出仕、

先着　吉見權掌侍生源寺權命婦、○中略

同邸へ着御ノ上番能御覽、午十二時高等官幷同夫人女官華族夫人池田章政等へ御陪食被仰付候事、

右畢テ再ビ御覽所へ出御、番能終リ池田茂政始七名ノ仕舞御覽、引續球乘ノ技藝等御覽、晝夜煙火打揚ル、

但着御ノ上池田家族拜謁、拜領物幷獻上物等有之、詳細行啓錄ニアリ、略之、

明治二十五年二月十二日、芝公園地內能樂堂ニ行啓アラセラル、

〔皇太后宮職日記〕庶務課

明治廿五年二月十二日、雨、金、

皇太后陛下午前八時三十分御出門、芝公園能樂堂へ行啓被爲在、午後五時二十分還御、但シ御省略ノ御道筋ナリ、

陪乘　萬里小路典侍、

供奉　杉大夫林亮田澤侍醫錦織權典侍吉田掌侍生源寺命婦、

先着　竹屋權掌侍生源寺權命婦梨木權命婦、○中略

番能ハ鶴龜金剛鈴之助仲光梅若實三輪觀世鐵之丞鉢木寳生九郎亂櫻間伴馬狂言二千石山本東次郎口眞似野村與作三人長者三宅惣三郎此外御好仕舞數番、

四月十五日、芝公園地內能樂堂ニ行啓アラセラル、皇后、亦行啓アラセラル、

〔皇太后宮職日記〕 庶務課

明治廿五年四月十五日、曇、

皇太后陛下午前八時三十分御出門、芝能樂堂え行啓被爲在、午後六時三十分還御、

御陪乘　萬里小路典侍、

供奉　杉大夫林亮竹内侍醫平松權典侍吉見權掌侍松室七等出仕鴨脚權命婦富田權命婦、○中略

御能組

邯鄲　梅若六郎　歌占　寳生九郎　小鹽　金春廣成

柏崎　梅若　實　鐘馗　觀世清廉

其他御好仕舞モ有之候事、

皇后陛下午前九時三十分御出門、同所へ行啓被爲在、

五月九日、芝離宮ニ行啓アラセラル、御途次、芝彌生社ニ開催セル油繪彫刻展覽會ニ臨マセラル、

〔皇太后宮職日記〕 庶務課

明治廿五年五月九日、晴、

皇太后陛下午前九時御出門、芝離宮へ行啓、御途次芝彌生社ニ於テ開設ノ油畫彫刻展覽會へ御立寄被爲在、午後二時三十分還御、

御陪乘　錦織權典侍、

供奉　杉大夫林亮田澤侍醫吉見竹屋兩權掌侍松室七等出仕鴨脚權命婦、○下略

〔行啓錄〕 皇太后宮職 明治二十五年

第六號　芝離宮へ行啓ノ節、芝彌生社ニ於テ開設ノ油繪彫刻展覽會へ御立寄ノ件

皇太后陛下來九日午前九時御出門、芝離宮ヘ行啓、同離宮ニ於テ打網漁獵御覽可被遊御內意被爲在候ニ付、獵師其他可然御順備置有之度、此段及御照會候也、

明治廿五年五月六日　　職

主獵局

二十六日、上野公園地內日本美術協會美術展覽會ニ行啓アラセラル、

〔皇太后宮職日記〕庶務課

明治廿五年五月廿六日、晴、木、

皇太后陛下本日午十二時三十分御出門、上野公園內美術協會ヘ行啓被爲在、午後四時四十分還御、

御陪乘　萬里小路典侍、

供奉　杉大夫林亮竹內侍醫吉田掌侍生源寺命婦富田權命婦、○下略

〔行啓錄〕皇太后宮職　明治二十五年

第七號　上野公園內日本美術協會ヘ行啓ノ件

行啓之儀ニ付願

四月二十一日ヨリ五月二十日マデ、上野公園內櫻ケ岡本會列品館ニ於テ美術展覽會相開、諸家珍藏ノ古物品及美術工藝上ノ新製品併列仕候處、追々新古優等ノ物品モ出陳相成候ニ付、美術御奬勵ノ御趣意ヲ以テ今回モ行啓被仰出、親ク御覽ノ榮ヲ蒙リ度懇願ノ至リニ不堪候、右御許容被成下候ハヾ出品人一同洪恩ニ浴スルノミナラズ、本會ノ光榮不過之儀ニ御坐候、此段御執奏之儀謹テ奉願候也、

明治二十五年五月　　日本美術協會々頭

女御藤原夙子

枢密顧問官子爵佐野常民(印)

皇太后宮大夫子爵杉孫七郎殿

皇太后陛下行啓御次第書

一、午十二時三十分御出門、
一、着御ノ節本會役員美術展覽會掛員及參會ノ會員定メノ場所ニ整列奉迎、
一、會頭御先導御休憩所江入御、
一、御休憩所ニ於テ會頭副會頭有爵有位ノ輩拜謁被仰付會頭ヨリ本會役員人名錄、美術展覽會掛員人名錄既刷ノ出品目錄幷ニ御菓子ヲ奉呈ス、
一、會頭御先導北館江通御ノ節高等官及ビ同待遇ノ會員拜謁北館入口傍ニ於テ參會ノ會員奉拜、
一、北館幷第一室ノ古製品第二室第三室及ビ南館ノ新製品御巡覽了リテ復御、
一、暫時御休憩、
一、還啓之節奉送ハ奉迎ノ時ニ同シ、

三十一日、神奈川縣鎌倉町ニ行啓アラセラル、

〔皇太后宮職日記〕庶務課

明治廿五年五月三十一日、晴、火、

皇太后陛下本日午前六時三十分御出門、鎌倉ヘ行啓被爲在、午後六時五十分還御、

御陪乘　萬里小路典侍、

供奉　杉大夫林亮橋本御用掛岩佐侍醫錦織權典侍吉田掌侍生源寺命婦生源寺權命婦富田權命婦〇下略

〔行啓錄〕皇太后宮職明治二十五年

第一四號　江ノ島行啓御延引並鎌倉行啓ニ關スル件

決裁明治廿五年四月廿二日

皇太后陛下來廿六日神奈川縣下江ノ島ヘ行啓、即日還御ノ旨被仰出ノ件、

一、鹵簿御遊行、新橋マデ御往返、

一、御發着割別紙ノ通、

一、近衛將校五名供奉、

一、雨天大風ノ節ハ御延引、

江ノ島行啓御發着割

午前六時卅分　御出門

（朱書）三十分間

同七時　新橋停車場　御着（御小憩）

（朱書）二十分間

同七時二十分　同所　御發車（別仕立汽車）

（朱書）一時二十分間　三拾二哩ヨ

同八時四十分　藤澤停車場　御着車（御下車直ニ御乘輿、御發）

（朱書）一時三十分間　壹里九町

同十時十分　江ノ島岩本タケ方御晝休　御着輿（島内御巡覽）

（朱書）六時二十五分間

午後四時三十五分　同所　御發輿

（朱書）一時十分間　壹里九町
同五時四十五分　藤澤停車場　御着輿　御下輿直ニ御乗車
（朱書）十分間
同五時五十五分　同所　御發車　別仕立汽車
（朱書）一時二十分間　三拾二哩ヨ
同七時十五分　新橋停車場　御着車　御小憩
還御

決裁明治廿五年四月廿六日
皇太后陛下本日江ノ島行啓御巡延ト被仰出、
宮内大臣
○以下各宛名略ス

決裁明治廿五年四月廿八日
皇太后陛下江ノ島行啓御延引被仰出、
宮内大臣
○以下各宛名略ス

決裁明治廿五年四月三十日
皇太后陛下來五月二日江ノ島ヘ行啓ノ旨更ニ被仰出ノ件、
但雨天大風ノ節ハ翌三日ニ御順延、尚同日同様ナレバ御延引、且御發着割其外總テ曩ニ御治定ノ通リ、
宮内大臣

○以下各宛名略ス

決裁明治廿五年五月二日

皇太后陛下本日江ノ島行啓御順延被仰出、

鐵道廳　同運輸課

決裁明治廿五年五月三日

皇太后陛下本日江ノ島行啓御延引被仰出候、以下例文、

明治廿五年五月三日

鐵道廳

同運輸課

（朱書）巻紙認

拜啓、曩ニ被仰出候江ノ島行啓ハ御差止被爲遊候御都合ニハ無之、追而可被仰出御内意ニ被爲在候條此段内々申進置候也、

明治廿五年五月九日　大夫

神奈川縣知事

決裁明治廿五年五月十一日

皇太后陛下來十三日神奈川縣下鎌倉へ行啓、卽日還御ノ旨被仰出ノ件、

一、鹵簿御遊行、新橋マデ御往返、

一、御發着割別紙ノ通、

一、近衛將校五名供奉、

女御藤原夙子

一、雨天大風ノ節ハ御延引、

鎌倉行啓御發着割

午前六時三十分　御出門

同　七時　新橋停車場　御着（御小憩）

同　七時二十分　同所　御發車（別仕立汽車）

三十二哩ヨ

同　八時四十分　鎌倉停車場　御着車（御下車直ニ御乘輿御發）

凡六町

同　九時　鎌倉晝休　御前田侯爵別邸　御着輿

午後四時二十分　同所　御發輿

凡六町

同　四時三十五分　鎌倉停車場　御着輿（御下輿直ニ御乘車）

同　四時四十分　同所　御發車（別仕立汽車）

三十二哩ヨ

同　六時五分　新橋停車場　御着車（御小憩）

還御

決裁明治廿五年五月十二日

皇太后陛下明十三日鎌倉行啓御都合ニヨリ御延引ノ旨被仰出ノ件、

宮内大臣

○以下各宛名略ス

決裁明治廿五年五月廿七日

皇太后陛下曩ニ神奈川縣下鎌倉へ行啓御延引之旨被仰出置候處、來三十一日午前六時三十分御出門、同所へ行啓、即日還御可被爲在旨、更ニ被仰出ノ件、

一、御發着割其他總テ最前御治定ノ通、

宮內大臣

○以下各宛名略ス

(朱書)奉書半切

拜啓、陳者過ル三十一日鎌倉行啓ニ付、萬事御配慮御都合能被爲濟御同慶之至ニ奉存候、其節大略御話シ仕置候江ノ島行啓ハ、追々炎暑ニ差向、且色々御差支モ被爲在候間、當秋迄御延引之御內意ニ付御含迄申入置候、就而ハ先般來同所御休憩所用意等入費モ可有之候詳細承知致度候、此際人民其他迷惑不相成樣始末相付候心得ニ候、尤御見込之處ハ無御遠慮御申越被下候ヘバ幸甚、爲其草々頓首、

明治廿五年六月二日　大夫

神奈川縣知事

十月八日、濱離宮ニ行啓アラセラル、

〔皇太后宮職日記〕庶務課

明治廿五年十月八日、曇土、

皇太后陛下午前十時御出門、濱離宮へ行啓被爲在、午後三時三十分還御、

御陪乘　萬里小路典侍、

供奉　香川大夫林亮橋本宮中顧問官竹内侍醫平松權典侍吉見權掌侍松室七等出仕富田權命婦、○下略

〔皇太后宮職日記〕祗候所

明治廿五年十月八日、土、晴、午前九時頃ヨリ曇時々小雨、午後一時三十分霽ス、夜ニ入雨、

皇太后陛下午前十時十五分御出門、濱離宮ヘ行啓、午後三時廿五分還御被爲在タリ、

十四日、南豊島代々木御料地ニ行啓アラセラル、

〔皇太后宮職日記〕庶務課

明治廿五年十月十四日、晴、金、

皇太后陛下本日午前十時御出門、南豊島字代々木御料地ヘ行啓被爲在、午後三時十五分還御、

陪乘　萬里小路典侍、

供奉　香川大夫林亮田澤侍醫錦織權典侍竹屋權掌侍生源寺命婦梨木權命婦、○下略

十一月七日、神奈川縣葉山村ニ行啓アラセラレ、有栖川宮別邸ニ入ラセラル、御滯留アリ、十二月七日、還啓アラセラル、

〔皇太后宮職日記〕庶務課

明治廿五年十一月七日、晴、月、

皇太后陛下神奈川縣下三浦郡葉山村ヘ轉地御保養之爲メ同所有栖川宮別邸ヘ行啓二週間御滯在ニ付、本日午前八時御出門、同時四十五分新橋別仕立ニテ御發車被爲在候事、新橋迄鹵簿ハ御遊行、御見送トシテ米田侍從廣幡侍從試補等乘馬ニ而御列中ヘ供奉セラル、

供奉　杉大夫林亮竹内侍醫岩佐侍醫、登彌太、新橋より將校四名、女官ハ典侍幸子權典侍隆子權掌侍光子同津根子命婦政子權命婦須賀子、同算、○下略

皇后陛下御見送トシテ新橋へ行啓、常宮周宮兩殿下ニモ同所へ被爲成候事、
有栖川大將宮御夫婦各宮御息所、宮內大臣內大臣及宮內高等官二位局其他各大臣之夫人、又九條正五位等數人奉送有之ナリ、
香川皇后宮大夫橋本宮中顧問官等逗子迄奉送トシテ、御召汽車ニ乘リ出行候事、
○中略
正午十二時三十分左之電報到達、青山局へ十二時五分受付、
皇太后陛下御豫定ノ通リ御機嫌能御安着被遊、
即刻御內儀へ申入、
九日、晴、水、
本日午後四時三十分發電報
皇太后陛下御機嫌能午後岩倉別莊へ被爲成海岸御運動被遊、連日好晴レ暖氣ニテ別テ御都合ヨク此段御申上ヲ乞、
十二月七日、晴、水、
皇太后陛下午前十一時三十分葉山御旅館御發輿、零時三十五分逗子停車場御發車ニ而午後二時二十分新橋へ御着車、午後三時御機嫌克還御被爲在候事、
但シ即時本省當番皇后宮職等へ電話ヲ以通報ス、
新橋へ奉迎トシテ權典侍好子隨從女孀兼子午前一時より參向ス、新橋へ御着車之上直ニ宮城へ御使參向、
○中略
同所へ御迎之御使トシテ東園侍從廣幡侍從試補參向、而シテ同所より當御所迄御列中へ加リ供奉セラル、

皇后陛下御迎ノ爲メ行啓可被在旨一昨日被仰出候處、少々御風氣ニヨリ無其儀旨今朝被仰出ニ付、葉山御旅館へ本省より電報有之事、

右ニ付皇后陛下より御使トシテ新橋へ典侍室町淸子參向、御着車之時汽車中ニテ御對面被爲在候事、

皇太子殿下より御使足立東宮亮、常宮周宮兩殿下より御使園御用掛リ等參向ナリ、

皇族幷御息所其他本省高等官之輩數人奉迎ス、

還御之上直ニ御中殿ニテ左之輩へ拜謁、東園侍從廣幡侍從試補近衞將校拾五名、是ハ最初より供奉之輩ト其後御滯留中兩度交代シタル將校ナリ、其他供奉之侍醫等、其後引續花房次官香川大夫三宮亮兒玉圖書頭橋本綱常等へモ拜謁被仰付候ナリ、

右拜謁之後表三ノ間ニテ、近衞將校其他供奉高等官及參宮之本省高等官へ御祝酒ヲ賜、鉢盛立食ナリ、

供奉判任官以下一同へ夕辨當御祝酒ヲ賜、判任料金五拾錢ヅヽ、御留守判任以下へモ御祝酒被下料等外及給仕呼次等金三拾錢ヅヽ、小者金拾五錢ヅヽナリ、供奉判任以下之輩三ケ日休暇ヲ賜之事、

〔行啓錄〕皇太后宮職 明治二十五年

第一五號　御療養ノ爲葉山村へ行啓ニ關スル件

明治廿五年十一月一日

皇太后陛下御轉地御療養ノ爲メ來ル七日午前八時御出門、神奈川縣下三浦郡葉山村へ行啓、凡二週間御逗留可被爲在旨被仰出ノ件、

一、靑山御所ヨリ新橋マデ鹵簿御遊行、

一、近衞將校五名御旗奉持下士壹名供奉、

一、御發着割別紙ノ通、

一明二日御發表、

御發着割

十一月七日、

	御出門	午前八時
新橋停車場	御着（御小憩）	
同所	御發車（別仕立汽車）	午前八時四十五分
逗子停車場	御着車（直ニ御乗輿）	午前十時二十分
同所	御發輿	
葉山村有栖川宮別邸	御着輿	凡午前十一時十分
同所	御逗留	

決裁明治廿五年十一月七日

電報

太后陛下御豫定ノ通リ、御機嫌克御安着遊バサル、

宮内大臣

○以下各宛名略ス

明治廿五年十一月十四日

皇太后陛下來十八日午前十一時御出門、侯爵細川護久別邸ヘ行啓可被爲在旨被仰出ノ件、

一、御列別紙之通、

○中略

明治廿五年十一月十六日

一、酒壹樽　　葉山村人民

一、肴料金拾圓

右ハ網曳御覽ニ供シ候ニ付可被下哉仰高裁候也

決裁明治廿五年十一月十七日

一、金貳拾五圓也　　梅若實

一、金貳拾五圓也　　寶生九郎

一、金拾五圓也　　松本金太郎

一、金拾五圓也　　梅若萬三郎

一、金貳百參拾五圓也　　村瀬玉田

是ハ慰勞トシテ

一、金拾圓也　　櫻間伴馬

是ハ細川侯爵別邸え行啓之節

一、金拾五圓也　　西幸吉

一、金拾圓也　　野口小蘋

一、金拾圓也　　家從以下江

是ハ高崎男爵別邸え行啓之節

右者神奈川縣下三浦村葉山村行啓ニ付下賜相成可然哉此段相伺候也

明治廿五年十二月一日

皇太后陛下來七日午前十一時三十分、神奈川縣下三浦郡葉山村御旅館御發輿、還御可被爲在旨被仰出ノ件、

一、御發着割別紙之通、

一、新橋青山御所間鹵簿幷御道筋ハ行啓ノ節之通、

一、汽車連結表同上、

○中略

御發着割

十二月七日、

午前十一時三十分　御旅館　御發輿

午後零時廿五分　逗子停車場　御着輿直ニ汽車乘御

同時三十五分　同所　御發車別仕立汽車

同二時二十分　新橋停車場　御着車御小憩

還御

明治二十六年三月十七日、芝離宮ニ行啓アラセラル、

〔皇太后宮職日記〕　庶務課

明治廿六年三月十七日、晴、金、

皇太后陛下午前十時御出門、芝離宮へ行啓被爲在候事、御省略之鹵簿、

陪乘　平松權典侍、

供奉　杉大夫林亮岩佐侍醫、御列外女官之供奉ハ吉田掌侍生源寺命婦、

御先着女官ハ梨木權命婦、○中略

還御午後三時三十分、

二十八日、芝公園地內能樂堂ニ行啓アラセラル、

〔皇太后宮職日記〕 庶務課

明治廿六年三月廿八日、晴、火、

皇太后陛下午前八時三十分御出門、芝能樂堂へ行啓被爲在、午後四時三十五分還御、

御陪乘 萬里小路典侍、

供奉 杉大夫林亮田澤侍醫錦織權典侍竹屋權掌侍生源寺命婦梨木權命婦生源寺權命婦、〇中略

御能組、張良觀世鐵之丞盛久櫻間伴馬斑女寶生九郎楠露梅若實大會喜多千代造狂言、舟渡聟 三宅惣三郎 吃リ山本東次郎 大般若 野村與作

御好仕舞 鵜飼 九郎 女郎花 松本金太郎 二人靜 觀世清廉 梅若萬三郎 羽衣 梅若六郎 小鹽 梅若實

四月十二日、神奈川縣鎌倉町ニ行啓アラセラレ、公爵毛利元徳ノ別邸ニ入ラセラル、御滯留アリ、五月十一日、還啓アラセラル、

〔皇太后宮職日記〕 庶務課

明治廿六年四月十二日、曇、水、

皇太后陛下神奈川縣下鎌倉へ轉地御保養之爲、同所毛利公爵別邸へ行啓三週間御滯在ニ付、本日午後八時五十分御出門、新橋別仕立汽車ニテ御發車被爲在候事、新橋迄ハ鹵簿御遊行、御見送リ廣橋侍從試補乘馬ニテ御列中へ供奉、新橋停車場御休所敷設無之、

供奉 杉大夫林亮竹內侍醫岩佐侍醫、登彌太、新橋より將校四名下士壹名、女官典侍幸子權典侍好子掌侍灑子權掌侍津根子權命婦八十同須賀子同房榮、〇中略

皇后陛下御見送トシテ新橋停車場迄行啓被爲在候事、
○中略
新橋停車場へ奉送人、各御息所、宮内大臣次官九條道孝其他略ス、
皇太后陛下御豫定之通御機嫌能御安着遊サル、
右電報午後二時到來御内儀へ申入、
五月十一日、晴、木、
皇太后陛下午前八時三十分鎌倉御發輿、同所停車場ヨリ別仕立汽車乘御、同九時十五分新橋御著車、同十一時廿五分
御機嫌克還御被爲在候事、
但本省及皇后宮職等へ電話ヲ以而一報ス、
皇后陛下新橋停車場え御迎トシテ行啓被爲在候、
奉迎トシテ權典侍錦織隆子新橋へ出向、
但同所より御使トシテ宮城へ參向、
日野西侍従試補御使トシテ新橋へ參向、供奉ニテ當御所迄御列ニ加り候事、
皇族御息所、其外宮内高等官新橋停車場ニテ奉迎、
還御ノ上御中殿ニ於テ供奉將校其外拜謁被仰付候、表三ノ間ニ於テ供奉高等官將校等へ日本料理立食下賜、判任官
以下供奉及御留守ノ輩へも酒肴料被下候、
但判任以下代料全員略ス、廿五年十二月七日記載之通、
兒玉圖書頭參職、新橋へ奉迎トシテ出向再ビ參職、
皇太子殿下午後二時被爲成同二時廿分還御、

二位局鍋島式部長夫婦花房宮内次官夫婦其外午後土方宮内大臣其他參宮、
供奉判任以下ヘ三ケ日ノ休暇ヲ下サル、
常宮周宮兩殿下ヨリ、園御用掛御使トシテ參宮、
邦彦王殿下、還御ノ恐悅御申置ニ相成候事、

〔行啓錄〕皇太后宮職 明治二十六年

第一〇號 御療養ノ爲鎌倉ヘ行啓ニ關スル件

決裁明治廿六年四月六日

皇太后陛下御轉地御療養ノ爲メ來十二日午前八時五十分御出門、神奈川縣下鎌倉ヘ行啓、凡三週間御逗留可被爲在旨被仰出ノ件、

一、青山御所ヨリ新橋マデ鹵簿御遊行、

一、近衞將校五名御旗奉持、下士壹名供奉、

一、御發着割別紙ノ通、

御發着割

四月十二日、

午前八時五十分　御出門
　新橋停車場御着御小憩
同九時廿五分　御發車　新橋停車場
同十時五十二分　御着車　鎌倉停車場
　直ニ御乘輿

御發輿　同所
同十一時三十分　御着輿　毛利公爵別邸
御逗留　同所

（明治二十六年四月十二日發電報）

青山御所　　鎌倉供奉
皇太后宮職　　皇太后宮職

タイコウヘイカゴヨテイノトホリゴキゲンヨクゴアンチヤクアソバサル

太后陛下御豫定ノ通リ、御機嫌能御安着遊バサル、

聖上皇后兩陛下益御機嫌能被爲渉、此地皇太后陛下益御機嫌能御滯在被爲遊御同意恐悦至極ニ奉存候、扨皇太后陛下去十二日御着當日及十六日ノ外ハ風日美晴ニシテ、海邊御遊行貝殼等御採上ゲ被爲在、日々ノ御運動ニテ供御モ御平常ヨリ御増進殊ニ御滿足被爲在候、本日ハ江ノ島へ行啓恰モ干潮ノ好時節、窟内迄モ御巡覽御機嫌麗ハシク還御被爲遊候、別紙一周日間ノ御遊行其他開申仕候間、聖上皇后兩陛下へ可然御執奏被下度候、拜具

明治廿六年四月十八日　　杉大夫

宮内大臣
侍從長
皇后宮大夫

四月十二日、曇　午後三時半ヨリ雨、
一、御豫定ノ通、御旅館へ御安着、
一、中野神奈川縣知事及供奉將校等へ拜謁ヲ賜フ、

一、午後三時前御旅館庭前ニ於テ、少時御運動在ラセラル、
四月十三日、晴、
一、午後一時御出門、海濱御運動、滑川岸迄ヘ被爲成、同三時三十分還御、此道程御往復十四町餘、
四月十四日、晴、
一、午後一時御出門、海邊御運動、山尾宮中顧問官別邸ヘ御立寄リ、凡三十分時御休憩、同四時十五分還御在ラセラル、此道程御往復二十五町三十八間、
四月十五日、晴、
一、午後一時御出門、海邊御運動、同三時十五分還御、此道程御往復十一町三十八間、
四月十六日、雨、
一、此日長谷寺及高德院邊御遊覽可被爲在ノ處、雨天ニテ御延引、
四月十七日、晴、
一、午前九時三十分御出門、海邊御遊行、十二時十五分還御、此道程御往復凡五町餘、
四月十八日、晴、
一、午前七時五十分御發輿、江ノ島ヘ行啓、途次（御往返トモ）井上伯別邸ニテ御小憩、同十時江ノ島岩本タケ方ヘ御着、御晝餐ノ後御乘輿、奥津宮傍小亭ニ御休憩、同所ヨリ御步行ニテ海岸及窟內御巡覽、五時五分還御アラセラル、

聖上皇后兩陛下益御機嫌能、此地皇太后陛下益御機嫌能御滯在被爲遊、御同意恐悅至極ニ奉存候、扨去十八日上申後、兩日之雨天ノ外ハ海邊其他御遊行被爲在、隨テ供御之御增進ノミナラズ、御體量モ御加增被爲在御機嫌殊ニ麗ハシク、御滿足被爲遊候、別紙去十八日開申後之日誌差出候間、兩陛下ヘ可然御執奏被下度、此段開申仕候、拜具

廿六年四月廿六日　　　　　杉大夫
宮内大臣
侍従長
皇后宮大夫
追テ去ル廿四日付御書面中、貴官及高等官御機嫌伺等之儀委曲拝承致候、此段副申候也、
四月十九日、晴、
午前九時三十分御出門、海濱御運動、同十一時四十五分還御アラセラル、此道程御往復拾二町餘、
此日供奉将校交代、前後各員ニ拝謁ヲ賜フ、
同二十日、微晴、
午前九時五十分御出門、海濱御運動、午後零時十分還御アラセラル、此道程御往復八町餘、
同二十一日、雨、
同二十二日、快晴、
午後零時三十分御乘輿御出門、長谷寺及高徳院へ被爲成、觀音大佛等御巡覧、高徳院ニテ御小憩ノ上、山尾子爵別邸へ御立寄被爲在、時ニ午後二時十分、少時御休憩、同所ヨリ海濱御歩行ニテ、同四時二十分還行アラセラル、海濱御歩行道程拾貳町九間强、
此日御使侍従試補日野西勇麿到ル、
同二十三日、陰、
午後零時四十分御出門、海濱御運動、同三時三十分還御アラセラル、此道程御往復拾貳町餘、
同二十四日、晴、午後二時過ヨリ少雨、

午後一時御出門、海濱御運動、同二時還御アラセラル、此道程御往復凡八町、

此日東宮御使侍從小笠原長育到ル、

同　二十五日、

前宵ヨリ風雨、午前六時ヨリ七時半ニ至ル、雷鳴リ雹降リ風亦強ク、午後五時ニ至リ全ク止ム、此日鎌倉宮及八幡宮へ可被爲ノ處、御延引仰出サル、

當地御滯留、御豫定ヨリ一周間御延引被仰出、

聖上皇后兩陛下益御機嫌能、此地皇太后陛下益御機嫌能御滯留被爲在、御同意恐悅至極ニ奉存候、扨去廿五日雷雨後昨日迄引續天氣晴朗ニシテ海邊風暖ク陛下ニ於テ殊ニ御滿足、日々御運動被爲遊候別紙一周日ノ日誌差出候間、聖上皇后兩陛下へ可然御執奏被下度、此段開申仕候拜具、

於鎌倉御旅館

明治廿六年五月三日

杉大夫

宮內大臣

侍從長

皇后宮大夫

四月廿六日、晴、

午後二時二十分御出門、海濱御運動、同三時三十分還御アラセラル、此道程御往復凡拾三丁、

此日供奉近衞將校交代、前後各員ニ拜謁ヲ賜フ、

富美宮殿下御使御養育主任子爵林友幸、公爵毛利元德井ニ夫人御機嫌伺トシテ來ル、

同廿七日、晴、
午後一時御出門、海濱御運動、同三時四十分還御アラセラル、此道程御往復凡拾丁、
同廿八日、晴、
午前九時御乘輿御出門、鎌倉宮へ被爲成、暫時御休憩、土窖等御覽アリ、尋デ八幡宮御巡覽、同所御谷館ニ於テ御晝餐アラセラル、還御ノ御途次山尾子爵別邸へ御立寄、御小憩ノ上海濱御步行、午後二時四十分還御アラセラル、海濱御步行道程拾二丁餘、
同廿九日、晴、
午前九時三十分光明寺へ成ラセラレ、什物御覽アリ、
午後零時四十分御出門、海濱御運動、同三時三十五分還御アラセラル、此道程御往復拾貳丁餘、
此日、神奈川縣書記官三橋信方ニ拜謁ヲ賜フ、
林亮、東京へ御使トシテ遣ハサル、
午後、拜診御用掛橋本綱常參候、拜診被仰付、益御機嫌宜敷旨申述ル、
同三十日、晴、
午前九時三十分御出門、海濱御運動、十二時還御アラセラル、此道程御往復拾五丁、
司法大臣芳川顯正、御機嫌伺トシテ來ル、
五月一日、晴、
午前九時十五分御出門、海濱御運動、同十一時五十分還御アラセラル、此道程御往復拾三丁、
五月二日、晴、
午前九時三十分御出門、海濱御運動、正午十二時還御アラセラル、此道程御往復拾五丁、

侯爵前田利嗣并夫人御機嫌伺トシテ來ル、

聖上皇后兩陛下益御機嫌能、此地皇太后陛下益御機嫌能、御同意恐悦至極ニ奉存候、扨去三日御報告後、陛下ニ於テ日々海濱御運動、貝殼御採集被爲在、時々漁民ノ引網、鎌倉師範學校及付屬小學校生徒ノ運動會等御遠覽被爲遊、御機嫌愈々麗敷被爲渉候、別紙三日以降ノ日誌差出候間、聖上皇后兩陛下へ可然御執奏被下度、此段開陳致候拜具、

明治廿六年五月十日　　於鎌倉御旅館

杉大夫

宮內大臣

侍從長

皇后宮大夫

五月三日、雨、

此日供奉近衞將校交代、前後各員ニ拜謁ヲ賜フ、

同　四日、晴、

午後零時二十分御出門、海濱御運動、同三時三十分還御アラセラル、此道程御往復拾六丁、

同　五日、晴、

午前十時御出門、海濱御運動、山尾子爵別邸へ御立寄、御晝餐被召上、午後三時三十分還御アラセラル、此道程御往復二十五丁餘、

同　六日、晴、

午前十時御出門、海濱御運動、同十一時四十分還御アラセラル、此道程御往復十二丁餘、

來十一日還啓アラセラル、旨、仰出サル、
同　七日、晴、
午後一時二十分御出門、海濱御運動、同三時三十分還御アラセラル、此道程御往復十二丁餘、
拜診御用掛橋本綱常參候、拜診被仰付、愈々御機嫌宜敷ク、但御體量少ク御減被爲在候得共、時恰モ御晩供御前ニアラセラル、ニ依ル旨申述ル、
同　八日、晴、
聖上皇后陛下御使香川大夫到ル、
午後一時御出門、海濱御運動、同三時十五分還御アラセラル、此道程御往復拾六丁、
同　九日、晴、
午後零時三十分御出門、海濱御運動、同二時五十分還御アラセラル、此道程御往復十六丁、

皇太后陛下來十一日午前八時三十分御旅館
御發輿、還御可被爲在旨、被仰出ノ件、
一、御發着割別紙ノ通、
一、新橋青山御所間鹵簿并御道筋ハ行啓ノ節ニ同ジ、
一、汽車連結表　同上、
右被仰出ノ儀、左ノ通御通牒ノ事、
皇太后陛下來十一日午前八時三十分御旅館御發輿、同九時十五分鎌倉發別仕立汽車乘御、還御被爲遊候旨被仰出候
條別紙御發著割相添、此段申牒候也、
女御藤原夙子

明治廿六年五月六日　鎌倉御旅館ニ於テ

宮内大臣　杉大夫

御發着割

五月十一日

午前八時三十分　御旅館　御發輿

同　九時　鎌倉停車場　御着輿（直ニ別仕立汽車乘御）

同　九時十五分　同所　御發車

同　十時四十五分　新橋停車場　御着車

直ニ還御

六月三日、皇后ト共ニ宮内大臣土方久元ノ小石川區林町ノ第ニ行啓アラセラル、

〔皇太后宮職日記〕庶務課

明治廿六年六月三日、晴、土、

皇太后陛下午後一時二十分御出門、小石川區林町宮内大臣子爵土方久元邸へ行啓被爲在候事、鹵簿ハ御省略、皇后陛下ト御同機、警部貳人下士官壹人騎兵四人等也、

陪乘　典侍幸子、

供奉　杉大夫林亮岩佐侍醫權掌侍光子命婦政子、

先着　權典侍好子權命婦算、○中略

還御午後十一時也、

皇后陛下ニモ同時御出門ニテ行啓被爲在候事、
兩皇后陛下より宮內大臣以下へ下賜之品々ハ惣而皇后宮職ニテ取扱相成候事、巨細別記ニアリ、
大臣邸へ着御之上大臣以下拜謁、御休憩之後能樂御覽、正尊 梅若實 春榮 寶生九郎 狂言牛盜人 野村與作 此外御好仕舞三番アリ、其後御陪食相濟御休憩之上、夜ニ入藤間連中ノ娘手踊御遊覽、

〔行啓錄〕 皇太后宮職 明治二十六年

第五號 皇太后宮皇后宮土方宮內大臣邸へ行啓ノ件

明治廿六年六月三日

皇太后陛下

午後一時二十分 御出門、
同 二時廿五分 小石川林町土方宮內大臣私邸へ御着直ニ便殿へ入御大臣及家族へ拜謁ヲ賜フ、
同 三時 御覽所へ出御能樂御覽アラセラル、
同 六時 便殿へ入御、
同 六時五十五分 食堂へ出御熾仁親王妃殿下外三十四人へ御陪食仰付ラル、
同 八時十分 便殿へ入御、
此時日本及歐州樂拾曲演奏、
同 八時廿分 御覽所へ出御手踊御覽アラセラル、
同 九時五十五分 便殿入御、
同 十時二分 土方邸御出門、
同 十一時 還御、

六日、芝公園地内能樂堂ニ行啓アラセラル、

〔皇太后宮職日記〕 庶務課

明治廿六年六月六日、晴、火、

皇太后陛下午前八時御出門、芝能樂堂ゑ行啓被爲在、午後六時二十分還御、

御陪乘　萬里小路典侍、

供奉ハ　杉大夫林亮田澤侍醫錦織權典侍吉田掌侍鴨脚權命婦生源寺權命婦富田權命婦、○中略

本日能樂番組及御好仕舞等ハ別記ニ有之ニ付爰不記、

十月九日、番能御催アラセラレ、皇后及ビ皇太子ノ行啓ヲ迎ヘサセラル、皇族已下諸臣、亦、參殿、陪覽ス、

〔皇太后宮職日記〕 庶務課

明治廿六年十月九日、晴、月、

番能御催午前九時ヨリ御覽所へ出御、午後六時ニ相濟入御、

皇后陛下午前十時三十分着御、直ニ御覽所へ出御、同時入御、同六時五十分還御、○中略

皇太子殿下午後三時二十分着御、直ニ御覽所へ被爲成同六時入御、同六時五十五分還御、

但シ行啓還御共御歩行之事、○中略

常宮周宮兩殿下午後一時四十五分着御、直ニ御覽所へ出御、同五時五分還御、

○中略

御能陪覽人一同へ晝ハ辨當被下、夕ハ酒肴表ノ休所ニ於テ被下、內奥ニテ被下人之人名ハ左ノ通、

九條公爵二條公爵鷹司公爵花房次官佐々木伯爵香川大夫奥大夫三宮亮山內書記官正親町從一位園從二位、同上

夫人ハ閑院宮御息所小松宮御息所、宮內大臣夫人宮內次官夫人佐々木伯爵夫人林子爵夫人冷泉永子淸水谷豐子

中山榮子烏居大路信子松室玢子林繁子、此外闔女官女嬬及內掌典等被召拜觀ス、

二位局參宮御能陪覽、

十一月八日、濱離宮ニ行啓アラセラル、

〔皇太后宮職日記〕　庶務課

明治廿六年十一月八日、曇、水、

皇太后陛下本日午前十時御出門、濱離宮ゑ行啓被爲在、午後四時三十分還御、

陪乘　萬里小路典侍、

供奉　林亮岩佐侍醫登彌太錦織權典侍吉見權掌侍鴨脚生源寺兩權命婦、○下略

〔行啓錄〕皇太后宮職明治二十六年

第八號　濱離宮へ行啓ノ件

皇太后陛下來ル八日午前十時御出門、濱離宮へ行啓被仰出候ニ付、例之通御池及品川沖漁獵之義可然御取斗置有之度、此段及御照會候也、

明治廿六年十一月六日　職

主獵局

追テ當節ハ品川沖ノ方好時候ト被存候ニ付、可然御取斗有之度候也、

十二月八日、芝公園地內能樂堂ニ行啓アラセラル、

〔皇太后宮職日記〕　庶務課

明治廿六年十二月八日、晴、金、

皇太后陛下午前八時三十分御出門、芝公園內能樂堂へ行啓被爲在候、午後五時十五分還御、

御陪乘　萬里小路典侍、
供奉　杉大夫林亮岩佐侍醫平松權典侍吉見權掌侍竹屋權掌侍生源寺命婦鴨脚權命婦梨木權命婦、○下略

明治二十七年二月五日、神奈川縣葉山御用邸ニ行啓アラセラル、御滯留アリ、三月七日、還啓アラセラル、

〔皇太后宮職日記〕庶務課

明治二十七年二月五日、晴、月、
皇太后陛下御豫定御出門午前八時三十分新橋御發車九時二十分逗子御着車十時五十五分、之通り御出門、神奈川縣下三浦郡葉山村へ行啓被爲在、
御陪乘　萬里小路典侍、
供奉　杉大夫林亮竹內侍醫田澤侍醫吉見權掌侍竹屋權掌侍生源寺命婦、
新橋迄御先着　錦織權典侍梨木權命婦富田權命婦、○中略
新橋停車場へ奉送人ハ小松宮同御息所小松若宮御息所閑院宮御息所、宮城より室町典侍土方宮內大臣同夫人香川大夫兒玉圖書頭股野內事課長林子爵九條正五位其他宮內省高等官數名、
皇太后陛下御豫定通り御機嫌能御安着被爲在候旨、午後一時四十五分電報有之奧其他夫々通知ス、
三月七日、小雨、水、
皇太后陛下午前十一時三十分葉山御用邸御發輿、零時三十五分逗子停車場御發車ニテ午後二時二十分新橋御着車、直ニ御發車、馬車、午後二時五十分御機嫌能還御、
但シ即時本省御當番皇后職東宮職高輪御殿麻布御用邸等へ電話ニテ通報ス、
新橋奉迎トシテ權典侍平松好子、隨行多女嬬、新橋御發車後直ニ宮城へ御使向行ス、
○中略
宮城より御使典侍室町淸子、隨行堀內女嬬、新橋及青山御所共、

皇太子殿下御迎トシテ新橋停車場ヘ行啓被爲在候、新橋ヘ奉迎有栖川大將ノ宮同御息所小松宮大將北白川宮御息所閑院宮御息所、土方宮內大臣花房宮內次官九條正五位其他宮內省高等官近衞將校等ナリ、還御ノ上御中殿ニテ拜謁、花房次官岩倉侍從職幹事兒玉圖書頭橋本御用掛廣幡侍從試補、供奉近衞將校交代ノ方モ不殘、

〇中略

供奉高等官宮內省高等官近衞將校其他ヘ、表三ノ間ニテ御祝酒日本料理立食下賜相成、判任官以下小者ニ至迄女官共酒肴料、判任金五拾錢ヅヽ、雇及等外給仕呼次藥丁等ハ金參拾錢ヅヽ、小者ハ金拾五錢ヅヽ、供奉判任官以下ハタ辨當被下、

〇中略

七種交肴　壹折

右兩陛下より還御ニ付被爲進、

三種交肴　壹折

右皇太子殿下より同上、

〔行啓錄〕皇太后宮職 明治二十七年

第九號　神奈川縣葉山村御用邸ヘ御療養ノ爲行啓ニ關スル件

決裁明治廿七年一月廿七日

皇太后陛下御轉地御療養ノ爲メ、來ル二月五日神奈川縣下葉山村御用邸ヘ行啓、御逗留可被爲在旨被仰出ノ件、

一、御發着割別記ノ通、

一、近衞將校五名御旗奉持下士壹名供奉、

一、來廿九日御發表、

御發着割

二月五日、

午前八時三十分　御出門

御着（御小憩）　新橋停車場

同　九時廿分　御發車（別仕立汽車）　同所

同　十時五十五分　御着車（直ニ御乘輿）　逗子停車場

御發輿　同所

同　十一時五十分　御着輿　葉山村御用邸

御逗留　同所

二月五日

皇太后陛下御豫定通リ御機嫌能御安着、

葉山御旅館　大夫

宮内大臣

○以下各宛名略ス

廿七年二月六日

一、金貳百圓也　葉山村

右ハ當御用邸御建築落成初テ行啓ニ付、思食ヲ以テ下賜、

右仰高裁候也、

決裁明治廿七年二月十九日

一、金五拾圓　梅若實

一、同　寶生九郎

一、金貳拾五圓　梅若六郎

一、同　松本金太郎

一、同　梅若萬三郎

一、同　巳野喜松

一、金拾五圓　石井一齋

右ハ本月十四、十五、十六、十八ノ四ケ日、謡御聞仕舞御覽被遊候ニ付各頭書ノ通下賜、

決裁明治廿七年三月七日

一、金七圓

是ハ去二月廿六日中西浦村ヘ行啓御道筋修繕ニ付被下、

右仰高裁候也、

決裁明治廿七年三月二日

皇太后陛下來七日、還御可被爲在旨被仰出ノ件、

一、御發着割別紙ノ通、

一、新橋青山御所間鹵簿及御道筋逗子新橋間汽車連結數ハ行啓ノ節ノ通、

宮內大臣

○以下各宛名略ス

御發着割

三月七日、

午前十一時三十分　御發輿　葉山御用邸

午後零時三十五分　御著輿直ニ汽車乘御　逗子停車場

同　零時四十分　御發車別仕立汽車　同所

同　二時二十分　御著車直ニ馬車乘御　新橋停車場

還御

四月十八日、濱離宮ニ行啓アラセラル、

〔皇太后宮職日記〕　庶務課

明治二十七年四月十八日、晴、水、

皇太后陛下本日午前九時三十分御出門、濱離宮へ行啓被爲在同四時還御、

陪乘　萬里小路典侍、

供奉　杉大夫林亮岩佐侍醫登彌太、平松權典侍竹屋權掌侍鴨脚生源寺兩權命婦、○下略

〔皇太后宮職日記〕　祗候所

明治二十七年四月十八日、水、晴、

皇太后陛下午前九時三十五分濱離宮へ行啓、午後四時五分還御被遊タリ、

二十七日、芝公園地内能樂堂ニ行啓アラセラル、

〔皇太后宮職日記〕　庶務課

明治二十七年四月二十七日、雨、金、

皇太后陛下午前八時三十分御出門、芝能樂堂へ行啓被爲在、午後七時五十分還御、
御陪乘　萬里小路典侍、
供奉　杉大夫岩佐侍醫平松權典侍吉見權掌侍竹屋權掌侍生源寺命婦生源寺權命婦富田權命婦、○下略

五月一日、上野公園地内日本美術協會春季美術展覽會並ニ日本漆工會第二次漆工競技會ニ行啓アラセラル、

〔皇太后宮職日記〕庶務課
明治二十七年五月一日、雨、火、
皇太后陛下午前九時三十分御出門、上野公園内ニ於テ開設春季美術展覽會及第二次漆工競技會場へ行啓被爲在、午後三時五十分還御、但シ鹵簿御遊行、晝辨當賜御跡仕舞之者へハ夕辨當下賜ル、
陪乘　平松權典侍、
供奉　杉大夫岩佐侍醫太、登彌錦織權典侍吉見權掌侍生源寺命婦梨木權命婦、○中略
美術展覽會漆工會等より御菓子獻上スル事如例、右兩會場へ金百圓ヅヽ下賜、

〔行啓錄〕皇太后宮職　明治二十七年
第六號　上野公園内ニ開設ノ春季美術展覽會及第二次漆工競技會場へ行啓ノ件
皇太后陛下行啓御次第書
一、午前九時三十分御出門、
一、着御ノ節本會役員美術展覽會掛員及參會ノ會員定メノ場所ニ整列奉迎、
一、副會頭御先導御休憩所へ入御、
一、御休憩所ニ於テ副會頭理事長審査長拜謁被仰付副會頭ヨリ本會々員人名錄、美術展覽會掛員人名錄既刷ノ出品目錄幷御菓子ヲ奉呈ス、

一、副會頭御先導本館ヘ通御ノ節客室廊下ニ於テ有爵有位高等官及ビ同待遇ノ會員拜謁南館廊下ニ於テ參會ノ會員奉拜、

一、第三室〔新品〕ヨリ御巡覽第二室第一室御覽濟同室御物陳列ノ前ニ於テ御休憩、夫ヨリ北館〔古物〕御巡覽西廊下通御南館〔新品〕御巡覽、了リテ復御、

一、御晝餐、

一、還啓ノ節奉送ハ奉迎ノ時ニ同ジ、

六月五日、新宿御料地ニ行啓アラセラル、

〔皇太后宮職日記〕庶務課

明治二十七年六月五日、晴、火、

皇太后陛下午前十時御出門、新宿御料地へ行啓但シ鴨場便殿へ被爲在候事、還御午後二時二十分、

陪乘　典侍幸子、

供奉　大夫亮岩佐侍醫、供奉女官權典侍隆子權掌侍津根子權命婦八十、

先着　權命婦算、〇中略

御料車　御馬車　女官馬車　大夫亮等馬車

本日ハ右之通、將校供奉ノ時ト雖ドモ、以來如此ニ改ムベク大夫被達候事、

公爵夫人鷹司順子同令孃兼而被召候ニヨリ、御料地へ着御之前ニ被參候事、

鴨場便殿へ着御御休憩之後、岩村御料局長山口主獵局長福羽技師等へ拜謁被仰付、其後御歩行ニ而動物園御覽、山口局長御先導セラル、園中東舍ニ而暫時御休息之後、便殿へ復御御晝餐被爲在候事、鷹司兩婦へ陪食被仰付、

杉大夫以下將校其外岩村山口兩局長福羽技師等休所ニ而晝食之節御料理ヲ賜フ、

午後一時比より植物溫室御覽、岩村局長御先導セラル、同室脇ニ而暫時御休息、此時草花幷野菜物種々獻上ス、夫より直ニ御馬車乘御還御被爲在候事、

明治二十八年五月三十日、天皇、京都ヨリ還幸アラセラル、仍チ御參內、車駕ヲ迎ヘサセラル、

〔皇太后宮職日記〕 庶務課

明治二十八年五月三十日、晴、木、

皇太后陛下午後一時御出門、宮城へ行啓被爲在同四時還御、

御陪乘 萬里小路典侍、

供奉 杉大夫高辻亮鈴木侍醫吉田掌侍鴨脚權命婦、○中略

聖上御豫定之通午後二時新橋停車場御着、宮城へ、同二時二十分御機嫌能還幸被爲在タリ、

〔皇太后宮職典式錄〕

明治廿八年五月廿八日、

明廿九日大本營ヲ東京ニ移サルヽニ付、同日京都御發輦、翌三十日東京御著輦可被爲在候條、此段及御通知候也、

○中略

明治廿八年五月廿八日 式部職

省中各部局御中

五月廿八日午後四時著電 京都

土方大臣

花房次官

還幸當日

皇太后陛下宮城ニ於テ御迎遊バサル旨、大夫申出ノ趣言上セリ、

廿九日、

皇太后陛下明三十日午後一時御出門、宮城江行啓被仰出候事、

明治二十九年二月八日、神奈川縣葉山御用邸ニ行啓アラセラル、御滯留アリ、三月十六日、還啓アラセラル、

〔皇太后宮職日記〕庶務課

明治二十九年二月八日、晴、

陛下御豫定ノ通葉山御用邸ヘ行啓被爲在、午後二時御安着ノ旨電報ニテ內事課ヘ、同課ヨリ電話通知アル、

三月十六日、晴、月、

陛下本日午前十一時三十分葉山御用邸御豫定通御發輿、十二時四十分逗子御發車、午後二時十五分新橋停車場着御、

同三時頃還御在セラル、

右ニ付聖上ヨリ米田侍從新橋ヨリ供奉被仰付、皇后陛下ヨリ柳原權典侍東宮殿下ヨリ足立亮御使、其他小松宮閑院

山階兩宮山階宮御息所、土方大臣田中次官其外宮內省高等官、近衞將校等奉迎、

〔皇太后宮職日記〕祗候

明治二十九年二月八日、土、晴、

皇太后陛下午前八時十五分御出門、神奈川縣下葉山村御用邸ヘ行啓被爲在、祗候一同參集於御門外奉送シタリ、

〇中略

御豫定之通午前十一時三十分御安着之旨、電報有之候事、

三月十六日、月、晴、

皇太后陛下午後二時四十五分、神奈川縣下葉山村御用邸ヨリ御機嫌能還御被爲在タリ、

祗候一統參集、表御門外ニ於テ奉迎候事、

〔行啓録〕 皇太后宮職 明治二十九年

第六號　神奈川縣葉山村御用邸ヘ御療養ノ爲行啓ニ關スル件

立案明治廿九年一月廿九日

皇太后陛下御轉地御療養ノ爲メ、來ル二月八日神奈川縣下葉山村御用邸ヘ行啓、御逗留可被爲在旨被仰出ノ件、

一、御發着割別記ノ通、

一、近衛將校五名御旗奉持下士一名供奉、

一、二月一日御發表、

御發着割

二月八日、

午前八時	御出門	
	御着 御小憩	新橋停車場
同　八時五十分	御發車 別仕立汽車	同所
同　十時三十分	御着車 直ニ御乘輿	逗子停車場
	御發輿	同所
同　十一時三十分	御着輿	葉山村御用邸
	御逗留	同所

立案明治廿九年二月八日

皇太后陛下御豫定通、御安着遊バサル、

大夫

女御藤原夙子

宮内大臣

侍従長

皇后宮大夫

沼津
東宮大夫

小田原
常宮
周宮
御養育主任

聖上皇后兩陛下益御機嫌能被爲渉、此地皇太后陛下益御機嫌能御滯在被爲遊、御同意奉恐悦候、去八日御着以來十三日迄ハ一日ノ快晴ニテ陰晴不定、海濱御運動も難被爲在候處、昨今兩日ハ御散歩被爲遊候、氣候ハ東京ニ比シ凡七八度乃至十度ノ差モ有之大ニ溫暖ヲ覺ヘ候程ニ御座候、隨テ陛下供御御平常ヨリ漸次御增進殊ニ御滿足被爲在候、右兩陛下へ可然御執奏有之度別紙相添此段申進候敬具、

二十九年二月十五日　　大夫

侍従長

皇后宮大夫

追而宮内大臣へ本文之趣御通シ相成度候、

二月八日、晴、

一、午前八時青山御所御出門、八時五十分新橋御發車、十時三十分逗子停車場御着車、直ニ御乗輿十一時三十分葉山御用邸ニ御着、總テ御豫定ノ如シ、

一、中野神奈川縣知事黒田東京灣司令官加藤砲兵一聯隊長渡邊同副官岩田憲兵大尉小川三浦郡長及供奉將校等ニ拜謁ヲ賜フ、

二月九日、雷雨、

二月十日、朝曇漸晴有風、
二月十一日、晴、
二月十二日、朝曇午後霽、
二月十三日、朝雪午後霽、
二月十四日、晴、
一、午後零時ヨリ海岸御運動御茶屋ニ御小憩、同一時五十分還御アラセラル、此道程御往復十二丁拾壹間餘、
一、是日午前九條公爵御機嫌伺トシテ來リ、御用掛橋本綱常參候拜診仰付ラレ、益々御機嫌宜キ旨申述フ、
二月十五日、晴、
一、午前十時ヨリ海岸御運動、同五十分還御アラセラル、此道程御往復拾三丁廿三間、
一、午前十一時半供奉將校交代、前後各員ニ拜謁ヲ賜フ、
聖上皇后兩陛下益御機嫌能被爲涉、此地皇太后陛下亦益御機嫌能御逗留被爲遊、御同意奉恐悅候、去十五日御着以來之御動作申進候處早速被供御覽御安心御沙汰被爲在候趣御答ニ接シ敬承、直ニ言上仕候、其後一週日ノ御散歩御記事等別紙差出候間、可然御執奏有之度、此段得貴意候、敬具、
二十九年二月廿四日　　大夫
侍從長
皇后宮大夫
二月十六日、晴、
一、午後零時四十分ヨリ海濱御運動、同二時十分御茶屋ニ御小憩、同四十分還御アラセラル、此道程御往復二十丁三拾二間、

一、正四位園基資御機嫌伺トシテ來ル、

二月十七日、晴、

一、午後一時ヨリ海濱御運動、同二時御茶屋ニ御小憩、同三十分還御アラセラル、此道程御往復十六丁拾九間

二月十八日、晴、

一、午後一時ヨリ海濱御運動、御茶屋ニ御小憩、同二時二十分還御、此道程御往復前日ニ同ジ、

二月十九日、曇、

一、錦鷄間祗候兒玉愛二郎御機嫌伺トシテ來ル、

二月廿日、風雪、

二月廿一日、晴、

一、午後一時五分ヨリ海濱御運動、御茶屋ニ御小憩、同二時三十分還御アラセラル、此道程御往復十六丁四十六間餘、

二月廿二日、晴、

一、午後一時ヨリ海濱御運動、同二時三十分御茶屋ニ御小憩、同三時還御アラセラル、此道程御往復前日ニ同ジ、

一、農商務次官金子堅太郎御機嫌伺トシテ來ル、

一、是日供奉將校交代、前後各員ニ拜謁ヲ賜フ

聖上皇后兩陛下益御機嫌能被爲渉、此地皇太后陛下亦益御機嫌能御滯留被爲在、御同意奉恐悅候、本日ハ田越村海濱ヘ御運動之爲メ行啓被仰出候、過日報告後一周間之御動作別紙差出候間、可然御執奏可被下候、敬具、

明治二十九年三月一日　大夫

侍從長

皇后宮大夫

二月廿三日、晴、

一、午後一時三十分海岸御茶屋ニ出御、暫時御休憩ノ後御運動、同三時五分還御アラセラル、此道程御往復十二丁十七間、

二月廿四日、曇後雨、

一、是日兩陛下ノ御使典侍高倉壽子來リ、威仁親王殿下同妃殿下及子爵黒田清綱御機嫌伺トシテ來ル、

二月廿五日、晴、

一、長崎宮内大臣祕書官御機嫌ヲ伺ヒ、拜謁ヲ賜フ、

二月廿六日、曇、

一、午後一時ヨリ海岸御運動、二時五十分還御アラセラル、此道程御往復十七丁五十二間、

二月廿七日、朝雨後曇、

一、御用掛宮中顧問官橋本綱常參候拜診被仰付、益御機嫌宜シキ旨ヲ述ブ、

一、錦鷄間祗候兒玉愛二郎及伯爵佐々木高行夫人御機嫌伺トシテ來ル、

二月廿八日、朝曇夜雨、

一、宮城及富美宮御殿ヘ御使トシテ高辻皇太后宮亮ヲ遣ハサル、

一、是日供奉將校ノ内一員交代各拜謁ヲ賜フ、

二月廿九日、朝雨後曇、

一、午前十一時過供奉將校交代、前後各員ニ拜謁ヲ賜フ、

聖上皇后兩陛下益御機嫌能被爲渉、此地皇太后陛下亦益御機嫌能御滯留被爲遊、御同意奉恐悦候、扨去三月一日御報告後、一週間之御動作別紙差出候間、可然御執奏有之度此段申進候、敬具、

明治二十九年三月八日　大夫

侍從長

皇后宮大夫

三月一日、曇、

一、午前十時三十分御乘輿御出門、同十一時二十分田越村新宿福原有信別邸へ御著、直ニ海岸へ出御御散歩、午後零時廿五分同邸ニテ御晝餐、再ビ海岸御運動、同二時四十分同邸ニ於テ十分時御休憩、同五十分御發輿、同三時五十五分還御アラセラル、

三月二日、晴、

三月三日、曇、

一、高崎樞密顧問官中野神奈川縣知事小川三浦郡長御機嫌伺トシテ來ル、

三月四日、朝雨後霽、

一、杉大夫御使トシテ宮城へ遣ハサル、

三月五日、晴、

一、菊麿王妃殿下參候、

三月六日、晴、

一、皇太子殿下ノ御使大迫侍從來リ、小川三浦郡長御機嫌伺トシテ來ル、

三月七日、晴、

一、威仁親王殿下妃殿下栽仁王殿下實枝子女王殿下ヲ召サセラル、

一、是日供奉將校交代、前後各員ニ拜謁ヲ賜フ、

聖上皇后兩陛下益御機嫌能被爲渉、御同意奉恐悅候、此地皇太后陛下亦益御機嫌能御豫定通リ御滯留、彌明日還御可被爲遊、本日ハ午前ヨリ海濱御運動被爲在、至極御滿足ニ被思召候、別紙過日報告後ノ御遊行記事差出候間、可然御執奏可被下候、敬具、

明治二十九年三月十五日　葉山御用邸杉大夫

徳大寺侍從長

香川皇后宮大夫

三月八日、晴、

一、午後十二時二十五分御乘輿御出門、同一時廿分中西浦村立石ヘ御着、海岸御運動、同四時御發輿、五時還御アラセラル、

三月九日、晴、

一、午後一時ヨリ海岸御運動、同二時御茶屋ニ御休憩、二時三十分還御アラセラル、此道程御往復拾一丁五十五間、

一、是日杉大夫ヲ御使トシテ、皇太子殿下御旅館沼津御用邸ヘ遣ハサル、

三月十日、晴、

一、午後十二時十分御乘輿御出門、同五十二分中西浦村立石ヘ御着、海岸御遊行、同三時五十分御發輿、四時三十五分還御アラセラル、此行啓中菊麿王殿下同地ヘ參候御對話アラセラル、

三月十一日、曇、

一、午後一時三十分ヨリ海岸御運動、御茶屋ニ御小憩、同二時四十分還御アラセラル、此道程御往復十一町五拾五間、

一、是日宮城御使小池權掌侍參向、

三月十二日、朝雨後風雪、

一、富美宮御養育主任子爵林友幸御機嫌伺トシテ來ル、

三月十三日、晴、

一、午後一時十分ヨリ海岸御運動、三時御茶屋ニ御休憩、同十五分還御アラセラル、此道程御往復廿四丁四十五間、

一、堤内匠頭御機嫌伺トシテ來ル、

三月十四日、晴、

一、皇太子殿下御見舞御使トシテ高辻亮ヲ沼津御用邸へ遣ハサル、

一、公爵毛利元徳同夫人御機嫌伺トシテ來ル、

〇中略

皇太后陛下來十六日午前十一時三十分葉山御用邸御發輿、午後十二時四十分逗子發別仕立汽車乗御、還御被爲在候旨被仰出候條、別紙相添此段及御通牒候也、

明治二十九年三月十一日

葉山御用邸

皇太后宮大夫子爵杉孫七郎

追テ新橋停車場青山御所間鹵簿并御道筋行啓ノ節ニ同ジ、

御發着割

三月十六日、

午前十一時三十分　御發輿　葉山御用邸

午後十二時卅五分　御發輿（直ニ汽車乗御）　逗子停車場

午後十二時四十分　御發車（別仕立汽車）　同所

午後二時十五分　御着車（直ニ馬車乗御）　新橋停車場
還御

五月六日、濱離宮ニ行啓アラセラル、
〔皇太后宮職日記〕　庶務課
明治二十九年五月六日、晴、水、
本日午前十時御出門、濱離宮へ行啓被爲在、午後三時三十八分還御在ラセラル、
御陪乘　萬里小路典侍、
供奉　杉大夫高辻亮吉見權掌侍竹屋權掌侍生源寺命婦梨木權命婦、

十一月七日、御惱アラセラル、十二月五日、御快癒、御床拂アラセラル、
〔皇太后宮職日記〕　庶務課
明治二十九年十一月七日、晴、土、
御格子午後十一時也、稍有而拜診トシテ侍醫召セラル、鈴木侍醫當直即伺フ、高辻亮參職、橋本御用掛拜診、杉大夫參職、
田澤侍醫拜診、
八日、晴、日、
陛下昨夜より御異例ニ付大夫亮詰切、
午前一時比橋本御用掛田澤侍醫鈴木侍醫拜診アリ、
九日、晴、月、
陛下御容體御快方、
杉大夫高辻亮昨曉ヨリ詰切、

橋本御用掛田澤鈴木三浦、又池田侍醫局長等時々拜診、

○中略

十九日、晴、木、

陛下益御快方被爲在殆ンド御平癒ノ御容體ニ付、亮當直御免ニヨリ、各課ニ於テモ平常ノ通可相心得旨上局ヨリ下命、則本日ヨリ從前如ク當直相勤ム、

○中略

十二月五日、晴風、土、

三種交肴　貳臺

盆栽　六鉢

右御床拂ニ付兩陛下へ被進、御使平松好子隨行山下峯子、

三種交肴　壹臺

造花　壹臺但シ貳個、

皇太子殿下へ右御同用ニ付被進、御使高辻亮、

○中略

三種交肴　壹臺

皇太子殿下ヨリ被進、右足立東宮亮より高辻亮へ宛封書壹添、

○中略

先般より御異例之處、本日御床拂ニ付酒肴料下賜判任官金貳圓五拾錢ヅヽ、雇金貳圓ヅヽ、宮丁給仕金壹圓ヅヽ、小者九人へ金九圓、

三種交肴　壹臺
皇太后陛下ヘ兩陛下ヨリ被進、
小鯛　壹臺
皇太后陛下ヘ聖上ヨリ被進、
鱸　壹臺
皇太后陛下ヘ皇后陛下ヨリ被進、

〔皇太后宮職日記〕祗候

明治二十九年十一月七日、土、晴、
皇太后陛下午後十二時頃ヨリ少シク御異例ニ被爲在、高辻亮參職被致續テ杉大夫モ參職奉伺御機嫌タリ、
八日、日、晴、
皇太后陛下昨夜已來御異例被爲在候ニ付、祗候一同參內一紙連名ヲ以テ奉窺御機嫌候事、
但シ杉大夫之命ニヨリ當番祗候之外ハ正午十二時比退出之事、
陛下午後二時比ヨリ御疼痛モ追々御鎭靜被遊候事、
杉大夫高辻亮昔夜詰切之事、
職中員一同不寢番之事、
○中略
十四日、土、雨、
御容體書上局ニ於テ拜讀御順快之旨也、
○中略

十二月五日、土、晴、

皇太后陛下去月來御異例之處、本日御床拂ニ付思召ヲ以テ祗候四名ヘ酒肴料トシテ金千疋ツヽ賜候旨、杉大夫ヨリ被傳タリ、

但杉大夫ヲ以テ直ニ御禮申上タリ、

明治三十年正月十一日、是月二日已來御惱アラセラレシガ、御病勢次第ニ御增進、是日、崩御アラセラル、御年六十四、

〔官報〕明治三十年一月十二日號外

宮內省告示第二號

皇太后陛下昨十一日午後六時、崩御遊バサル、

明治三十年一月十二日

宮內大臣伯爵土方久元

〔皇太后宮職日記〕庶務課

明治三十年一月八日、曇、金、

陛下今朝より少々御異例之處、正午十二時拜診御熱四十度程モ被爲在候御樣子、夫々ヘ通知ス、

九日、雨雪、土、

陛下御容體稍御疲勞被爲遊候樣奉伺ル、橋本御用掛及侍醫局員昨夜來詰切、

十日、晴、日、

陛下御容體同上、ドクトルベルツ橋本御用掛及岡侍醫鈴木三浦兩侍醫拜診、委細ハ御容體書ニ有之、

〇中略

午後六時拜診、ベルツ橋本御用掛及侍醫池田局長岡鈴木三浦森永各侍醫、
十一日、晴、月、
杉大夫高辻亮以下屬一同雇宮丁給仕等一同詰切、
侍醫局長橋本御用掛侍醫以下詰切、
早旦表御座間、行幸啓ニ付布設ス、
宮城ヨリ御使高倉典侍及三上命婦、
午前九時三十分ノ御豫定ヨリ御早メ八時五十分、行幸啓被爲在、同九時四十分還幸、
高輪兩宮殿下成ラセラル、
二位局參宮、
ベルツ參上拜診、
九條公父子鷹司二條兩公詰切、
各皇族同御息所御參、
朝來各大臣本省高等官等參上ス、
伊藤山縣兩侯歸京參上、
黑川東宮大夫沼津御用邸ヨリ、歸京參上、
堤內匠頭足立東宮亮參上、
○中略
午後二時ベルツ再參上、
午後六時御容體御大切、但表面ハ五時三十分、

同　崩御、

〔皇太后宮職日記〕祗候

明治三十年一月八日、金、晴、

皇太后陛下午前拾時頃ヨリ御異例被爲在候ニ付、各祗候ヘ此旨通知セリ、錦織甘露寺兩祗候參內、奉窺御機嫌タリ、

九日、土、雪、

皇太后陛下御異例ニ付、祗候一同前九時參內奉伺御機嫌、同十時當番之外退出之事、

十日、日、晴、

御違例御容易ナラザル御容體ニ付、此旨各祗候ヘ通知セリ、

十一日、月、晴、

皇太后陛下御異例漸々被爲重候ニ付、御見舞トシテ天皇陛下皇后陛下御同列ニテ午前九時十分御參、同二十五分還御被爲在タリ、

常宮周宮兩殿下御見舞トシテ午前十時十分御參、同二十五分還御被爲在タリ、

○中略

午後六時崩御被遊候事、

午後七時三十分御寢所ニ於テ、祗候三名ヘ拜謁被仰附候事、

〔侍從日錄〕

明治三十年一月十一日、月、曇、

皇太后陛下御病勢御增進ニ付、聖上皇后兩陛下御一列ニテ午前八時五十分青山御所ヘ行幸啓、午前九時過還幸、○中略

午後五時三十分皇太后陛下御容體御大切ニ至ラセラレ候ニ付、伺御機嫌トシテ米田侍從始侍從職一同出職、

十二日、火、雪チラ〳〵、

皇太后陛下昨十一日午後六時、崩御遊バサル、

　右宮内大臣ヨリ告示アリ、

皇太后陛下崩御ニ付、今十二日ヨリ五日間、廢朝仰出サル、

　右宮内大臣ヨリ告示アリ、

皇太后陛下崩御ニ付、臣民ノ喪期ヲ本日ヨリ三十日間ト定ム、

　右内閣總理大臣ヨリ閣令アリ、

〔拜診錄〕皇太后宮部

明治三十年一月四日、

午前十一時拜診、一昨夜御咳嗽御頻發被爲遊候趣御汰沙ニ候、御左右共御前後面ノ下葉ニ大氣管枝加答兒、即チ大水泡音ノ御數御增多ニ被爲在、御腰腹神經痛ハ御緩解被爲遊、御食氣御氣前キ御宜敷其他御異常不奉伺候、

　御藥御加減別記　　綱常

　　　　　　　　　　省軒

　　○中略

五日、

午前十時半拜診被仰付、御體溫御脈上記ノ通リ、昨夜御半身浴被爲遊、何之御動シモ不被爲在、御格子御宜ク昨夜半少少御發汗之御氣味ニ被爲入候、御氣管枝加答兒ハ前記御同樣、御咳嗽ハ一昨夜ニ比スレバ御減少之方ニ被爲在候得共、御身體御動搖殊ニ仰臥ノ際一時御乾咳御頻發被爲在候得共、暫時ニシテ御靜止被爲遊候樣奉伺候、其他御食氣御氣先御宜ク、然シ今朝御大便御不通ニ被爲在候ニ付、御丸藥別記ノ通リ御加減調獻仕置候、

午後七時過、御模樣奉伺候處、御咳嗽御減少、漸次御順宜ニ被爲入候得共、時々御身體急ニ御熱ク被思召、續テ御發汗ノ御氣味ニテ、之ハ兼而の御持病之由御沙汰被爲在、規尼涅丸調獻可致御沙汰ニ付、今夕及明朝ト御二回分調獻、

友健
愛之助

六日、

午前十時三十分拜診、昨夜御格子御宜敷、御胸部之大水泡音、餘程御減少被爲遊、御咳嗽御減少、御痰モ御切レ被爲遊候樣被爲成候旨御沙汰ニ御座候、○中略其他氣前御食氣御宜敷御總體御宜敷方ニ奉伺候、○下略

愛之助

七日、

○中略

午前十一時拜診、御氣管枝加答兒ノ御症狀、卽チ御前後面大水泡音ノ御數御減少被爲遊、○中略其他御食氣御氣前御宜敷御總體御順宜ニ奉伺候、

御藥御加減別記、

綱常
省軒

八日、

午前十時拜診、御體溫御脈御呼吸上記ノ如ク、昨夜御格子御宜ク御沙汰有之、然シ今朝四時御上圊ノ際御憎寒被爲遊、今朝七時頃ヨリ御憎寒益御强ク、御全身御倦怠御咳嗽稍々御增加、御胸部右側前側面ニ於テ脇痛ヲ御自覺被(爲)遊、打診的格別御異狀相認メ不申候得共、聽診的左右前後共大中、殊ニ右側前腋下線乳房外側ニ於テ稍々小泡音ヲ聽取候、

其他御氣先御食氣共宜シカラズ、御咯痰御少ク粘稠ニシテ稍々鐵銹色ヲ呈シ、右之御症狀ニ付、加答兒性肺炎ノ御初期ナラント奉伺候、

綱常
友健

午後六時拜診、先刻ヨリ自然ニ御發汗被爲在、御打診上御濁音ハ御右御悉側ニ於テ前後面共不爲在、御聽診上御氣管支加答爾之御容體ハ反テ少々御減少被爲遊候、御右側御胸部ノ御呼吸音ハ御幽微ニ被爲在、御同側御胸部(御乳房ノ邊)ニ磨擦音少々奉伺候、御咯痰ハ今朝御同樣御容易ナラズ、御痰ハ依然鐵銹色ヲ呈シ、御胸痛御自覺依然被爲在候、右御容體ハ向後或ハ胸膜炎御併發可被爲遊哉モ難斗奉伺候、御食氣御氣先御宜敷カラズ、其他御總體ハ今朝御同樣ニ被爲在、先ヅ御增進之方ニハ不奉伺候、

顯微鏡的咯痰檢査赤血球ヲ認ム、

綱常
玄卿
愛之助

九日、

午前六時半拜診、昨夜御格子御宜敷カラズ、御總體御寢一時間ハ不被爲在樣奉存候、午前二時頃劇甚之御胸痛御發作被爲遊、且少々御緩解之方ニ被爲在候處、午前四時頃ヨリ更ニ劇甚之御疼痛御發作被爲在、御胸部奉拜診候處、御悉側之御呼吸音ハ御幽微ニ奉伺候(御右側)肺御上葉部ニ小水泡音ヲ奉聽取、御中葉ニハ磨擦音奉伺候、何分御疼痛御劇甚ニ被爲入候爲メ御動作御困難ニ被爲在、其爲メ御健側幷ニ御背部拜診致兼候得共、御疼痛之爲メ御衰弱被爲遊候而ハ不相成ト御案思申上ゲ、鹽莫比〇、〇〇五御皮下注射奉上仕候、御咯痰ハ不相更甚ダ御困難ニ被爲在、御喘鳴著明ニ

奉聽取候、御咯痰ハ依然鐵鏽色ヲ呈シ御總體御病勢差シテ御增進之方ニハ不奉伺候得共、御體溫御脈膊數ト御權衡ヲ失シ、稍ヤ御疲勞ノ御模樣奉伺候ニ付、此點ニ於テ深ク御案思申上候、

綱常
愛之助

午前九時三十分拜診、御胸部御悉側ハ御打診上前後面トモ濁音不奉伺、御腋下部ニ少々鼓音奉伺候、御聽診上御呼吸音一般御幽微ニ被爲在、御前胸部ニ小水泡音奉聽取候得共、御摩擦音ハ反ニ御減少被爲遊、殆ンド不奉伺候、御咯痰御咯出ハ御困難ニシテ御咯痰依然鐵鏽色ヲ呈シ、御左側ニモ御氣管支加答爾奉伺候、御食氣ハ至テ御宜敷カラズ、御全身御倦怠御氣先御不良ニ被爲入、御病勢差シテ御增進之方ニハ不被爲入候得共、稍ヤ御疲勞被爲遊候奉伺候、御藥調獻別記、

綱常
玄卿
愛之助

○中略

午後九時拜診、御右胸御乳房御外側ニ於テ肺炎ノ御徵候今朝ヨリ著明ニ奉伺候、御疼痛始メ其他ノ御煩悶御困難ノ御諸症狀ハ今朝ト御同樣ニ被爲在、御食氣ハ益御宜敷カラズ、都テ現今御病御增進ノ時期ニ被爲在候、尙ホ今後數日間ハ御患部益御蔓延被爲遊候ハ當然ノ御事ト奉存候、只御脈力御强弱ニ因テ御分利ノ良否ヲトシ候儀ニ付、折角御脈力御衰弱不被爲遊候樣充分御手當奉差上候、但シ只今拜診ノ際御患部御疼痛御發作御煩悶御困難ニ被爲在候ニ付、〔右側ノ〕御前胸部ニ五個御同側御背部ニ四個吸角奉上、尙ホ御右肩部ニ百倍ノ古加因水御皮下注射奉願候、次テ御煩悶御發作ノ時ニハ千倍ノ薄荷水ノ溫蒸纒絡法奉上仕リ候、

謙齋
綱常
玄卿
省軒

十日、

午前三時鹽酸莫比〇、〇〇五ヲ御右側部ニ皮下注射奉願候、

謙齋
省軒

午前九時半拜診、御右側肺炎ノ御場所ハ昨日ニ比シ少ク御增進被爲遊候樣奉伺候、御全身ノ御疲勞ハ益々御增進被爲遊、御食氣御氣先宜カラズ、昨夜御患部御疼痛劇時々御煩悶御呻吟、御困難ノ御模樣ニ奉伺候、御格子御皮下御注射後二時間程御安靜御睡眠被爲遊候、　御藥御前方、

謙齋
綱常
省軒

午後二時半御咯痰御容易ニ被爲成、且御脈御頻數ニ被爲成候御爲メ、カンフル御皮下注射奉願候、

綱常
玄卿

午後七時拜診、御病勢時々刻々御增進、御呼吸御困難ニシテ御脈御頻數御增惡ニ被爲成、御右肺稍々空氣御通暢被爲在、捻髮性ラツセル奉聽取候得共、御左肺肩胛內側ニ於テ稍々鼓音ヲ呈シ、御下葉部ニ於テ著明ナル小水泡音ヲ聽取

ス、依テ御左側江モ御炎症御蔓延被爲遊候事ト奉伺候、其他著明ナル喘鳴被爲在、則チ追々御心臓痲痺、且ツ御肺水腫ノ御徵候ト奉伺候、依テ別記處方之通リ調獻候、

エ、ベルツ
池田謙齋
橋本綱常
岡玄卿
鈴木愛之助
森永友健

十一日、

午前一時半御注射差上候后凡ソ一時間餘リ御格子被遊、其他不斷御呻吟被爲遊、御咳嗽時々被爲在候得共、御咯痰更ニ不被爲在、御呼吸御脈共益々御宜カラズコトニ奉伺候、

池田橋本岡

午前八時拜診、御脈微弱ニシテ百三十二ヲ搏シ、粘汗被爲在、呼吸不利ニ被爲成、御顏面〔チヤノーゼ〕ヲ被爲呈、依テ上記ノ〔カンフル〕御注射奉上候、

岡侍醫

午後二時半拜診、先刻ヨリ御喘鳴御著ニ被爲成、御精神ハ未ダ御確ニ被爲入候得共、御容貌益御悪敷、尤モ御脈御減數、御性質モ御割合ニ御宜敷方ニ被爲在候得共、御呼吸數御增加、且ツ御吸氣御困難御疲勞ハ益御增進被爲遊、今夕ニモ御急變被爲在候哉モ難斗奉伺候、

池田謙齋

午後四時御脈追々御不宜、御呼吸次第ニ御困難ニ被爲成、隨テ御疲勞モ益御增進之御模樣ニ奉伺候、

橋本綱常
岡玄卿
鈴木愛之助
森永友健
三浦省軒
池田
橋本
岡
鈴木
三浦

午后四時ヨリ御脈細數御呼吸御困難御疲勞加ハラセラレ、五時三十分頃ヨリ御脈御不整御四肢御厥冷御病勢益御增進、逐々御虛脫之御徵症備ハセラレ候樣奉伺候、

池田
橋本
岡
鈴木
森永
三浦

前記之通リ午后ヨリ御喘鳴御著明ニ奉伺、御呼吸御頻數追々御困難ニ被爲成、御脈性時々剌々御增惡、漸次御肺水腫ノ御徴候御發シ被爲遊、四時ヨリ御脈御結滯五時ヨリ追々御大切ト被爲成候折柄、御外戚伺候ニ付、御顏少々被爲上ゲ御滿足被爲遊、御對面之際午后六時三分俄然御絶脈被爲遊候、右御因ハ全ク御虚脫症ニシテ心臟痲痺ニ御陷ラセラレ候事ニ奉伺候、

池田謙齋
橋本綱常
岡玄卿
鈴木愛之助
森永友健
三浦省軒

十四日、朝廷、宮中ニ大喪使ヲ置カレ、十六日、大喪使長官已下ノ任命アリ、

〔大喪錄〕皇太后宮職 明治三十年

宮內省達甲第一號

宮中ニ大喪使ヲ置キ、皇太后陛下ノ大喪ニ關スル事務ヲ管掌セシム、

大喪使ニ左ノ職員ヲ置ク、

長官　一人　親任　皇族
次官　一人　勅任
事務官若干人　勅任又ハ奏任ヲ以テ之ニ充ツ、
屬　若干人　判任ヲ以テ之ニ充ツ、

明治三十年一月十四日

奉勅　宮內大臣　伯爵土方久元

○中略

大喪使長官以下任命相成候分別紙之通ニ候條、爲御心得及御通知候也、

明治三十年一月十六日

内事課長股野琢

皇太后宮大夫子爵杉孫七郎殿

大喪使長官　大勳位功四級　威仁親王

大喪使次官　宮內大臣正二位勳一等伯爵　土方久元

大喪使事務官　宮內次官正三位勳一等子爵　田中光顯

同　式部長從三位勳一等男爵　三宮義胤

同　海軍次官從三位勳二等功三級男爵　伊藤雋吉

同　陸軍次官正四位勳二等功三級男爵　兒玉源太郎

同　遞信次官從三位勳二等男爵　鈴木大亮

同　內藏頭從三位勳三等　渡邊千秋

同　內務次官從三位勳三等　中村元雄

同　內匠頭正四位勳三等　堤正誼

同　文事秘書官正四位勳二等　股野琢

同　調度局長正四位勳三等　山崎直胤

同　鐵道局長正四位勳三等工學博士　松本莊一郎

同　主馬頭從三位勳四等子爵　藤波言忠
同　諸陵頭正五位　矢野文雄
同　式部官正五位勳三等　長崎省吾
同　辨理公使從四位勳五等　井上勝之助
同　式部官正五位勳五等　齋藤桃太郎
同　內閣書記官長正五位　高橋健三
同　內閣書記官正五位勳四等　多田好問
同　式部官正四位侯爵　木戶孝正
同　掌典從五位勳五等　小西有勳
同　內閣書記官正六位勳六等　田口乾三
同　內匠寮技師正六位勳六等工學博士　片山東熊
同　式部官從四位男爵　萬里小路正秀
同　式部官正五位　伊藤勇吉
同　內匠寮技師正七位勳六等　木子清敬
同　外務書記官正七位勳六等　鍋島桂次郎
同　式部官正七位　蜂須賀萬龜次郎

大喪使長官以下人名昨日及御通知候處、尙別紙二名任命相成候、此段及御通知候也、

明治三十年一月十七日　內事課長　股野琢

皇太后宮大夫　子爵杉孫七郎殿

大喪使事務官　主殿頭正四位勳二等男爵　山口正定

同　大膳亮正六位勳四等　山内勝明

十七日、從一位久我建通ヲ御葬祭齋主ト爲シ、公爵鷹司煕通等ヲ齋官ト爲ス、

〔大喪錄〕皇太后宮職 明治三十年

第七號

皇太后陛下御葬祭齋主被仰付

從一位　久我建通

皇太后陛下御葬祭齋官被仰付

正三位公爵　鷹司煕通

同　同　二條基弘

正四位　兒玉愛二郎

從三位伯爵　萬里小路通房

從四位子爵　唐橋在正

從四位子爵　野宮定穀

從四位男爵　松園尚嘉

從四位　九條道實

掌典長公爵　九條道孝

掌典子爵　竹屋光昭

兼任大喪使事務官

女御藤原夙子

○中略

右之通本日被仰付候條、此段及御通知候也、

明治三十年一月十七日　内事課長　股野琢

皇太后宮大夫　子爵杉孫七郎殿

十八日、大喪使長官威仁親王ヲ喪主ト爲ス、

〔大喪錄〕皇太后宮職　明治三十年

第八號

長官宮ヘ御喪主被仰付候旨、本日御沙汰相成候、此段及御通牒候也、

明治三十年一月十八日　大喪使次官伯爵　土方久元

皇太后宮大夫　子爵杉孫七郎殿

十九日、御入棺及ビ御靈移祭アリ、

〔皇太后宮職日記〕庶務課

明治三十年一月十九日、晴、火、

御入棺、午後四時御中殿ニ於テ裝飾ス、五時四十分奉納、

御靈移祭、午後四時齋主以下着床、六時御祭典、七時四十分畢、御祭典次第此ニ記サズ、

〔皇太后宮職日記〕祗候

明治三十年一月十九日、火、雪、○中略

午後四時御入棺并御靈移祭ニ付、祗候三名參拜被仰付タリ、

〔英照皇太后大喪錄〕　五

御入棺御靈移祭御十日祭ノ件

來十九日午後四時

御入棺

御靈移祭

二十日

御十日祭

〔右一月十六日伺濟〕

○中略

〔議案〕御入棺次第幷御靈遷式及祭詞案幷御十日祭等相伺候也、明治三十年一月十七日決裁同十八日御靈移祭次第並御十日祭次第ヲ改正シ、更ニ伺濟、

明治三十年一月十九日

御入棺次第

午後第四時御殿ヲ裝飾ス、御中殿ヲ以テ之ニ充ツ、

次御入棺、

其儀、御後ニ御屛風ヲ引廻シ簀薦ヲ敷キ御疊ヲ設ケ御棺ヲ奉安ス、御側ニ御劍ヲ置ク、

次御棺前ニ饌、鹽、水ヲ供ス、

每夜御棺前左右ニ燈臺二基ヲ設ケ、默(マヽ)火ス、

明治三十年一月十九日

御靈移祭次第

午後第一時御殿ヲ裝飾ス、御中殿ヲ以テ之ニ充ツ、
其儀御靈璽ヲ辛櫃ニ納メ假ニ御靈床ニ奉安シ、左右ニ眞榊ヲ立テ五色ノ絹ヲ垂ル、
同第四時齋主以下著床、
次御喪主親王殿下著床、
次大喪使次官以下著床、
次齋主御靈璽ノ御辛櫃ヲ御棺前ノ案ニ奉安シ、蓋ヲ執リ、御靈移ノ詞ヲ奏ス、
次神饌及幣物ヲ供ス、
此間奏樂、
次祭詞、
次御拜、御玉串ヲ奉リ給フ、
次皇后陛下御拜同上、
次皇太子殿下御拜同上、
次內親王殿下御拜同上、
次御喪主親王殿下御拜御玉串ヲ奉ラル、
次親王王同妃女王殿下御拜同上、
次大喪使次官以下拜禮玉串ヲ奉ラル、
次皇太后宮大夫同亮同上、
次女官同上、
次幣物及神饌ヲ撤ス、

此間奏樂、
次各退下、
神饌　十六臺
幣物
紅白絹　各五匹　柳筥ニ納ム、

御靈移詞

挂卷母恐伎
皇太后尊乃大前爾齋主從一位勳一等久我建通恐美恐美母白左久、阿波禮大前波也恒爾御藥乃事母少奈久大御體波健也加爾大坐万志々加良爾、如斯恙美奈久御齡乃加波良世給倍婆、猶百世五百世乎重禰給波牟事乎思比挂奉利志爾、假初乃御病波頓爾篤志久乃美移利進万世給倍禮婆、醫師波其術乎竭志御許人等波心乎碎伎仕奉利志母效志無久、遂爾還里坐左奴道爾一向爾向比坐世留婆、悔志止母悔志伎極美爾古曾、故恐美悲志美奉利都々母今此御靈代爾大御靈乎招鎭米遷志齋比奉良久乎平良氣久安良氣久聞食氐、遷利鎭利坐世止恐美恐美母白須、

明治三十年一月十九日

御靈移祭詞

挂卷母恐伎
皇太后尊乃大前爾齋主從一位勳一等久我建通恐美恐美母白佐久、今遷志奉禮留大御靈乃大前乎齋祭留止爲氐、御食御酒魚菜種々乃物乎備奉利氐愼敬比仕奉留事乎、平良氣久安良氣久聞食世止恐美恐美母白須、

明治三十年一月十九日

三十日、御稱號ヲ英照皇太后ト仰セ出サル、

〔侍從職日錄〕

明治三十年一月三十日、

一、本日、皇太后陛下自今英照皇太后ト稱シ奉ルベキ旨仰出サル

〔英照皇太后大喪錄〕一

第二號　御稱號ノ件

皇后陛下御覽濟

皇大后陛下御稱號

英照皇太后ト御治定之旨被仰出候ニ就テハ、左按ヲ以テ公告可相成哉、此段相伺候也、

按

宮內省告示第九號

皇太后陛下自今

英照皇太后ト稱シ奉ルベキ旨仰出ダサル、

明治三十年一月三十日　宮內大臣

〔別紙〕李德裕潭上紫藤詩

故鄉春欲盡、一歲芳難再、巖樹已青葱、吾廬日堪愛、

幽溪人未去、芳草行應礙、遙憶紫藤垂、繁英照潭黛、

御稱號ハ最初文事秘書官ヨリ

皇太后陛下御常用ノ罫紙ニ、長秋ノ二字ヲ用キサセ給ヘルニ依リ、長秋皇太后又ハ藤原氏ノ御出ナルニ依リ藤花

皇太后等ヲ擬進セシモ、李德裕ガ此ノ作御思召ニ叶ハセラレタル趣ニ付、更ラニ覆議ノ末終ニ其ノ結句ニ本ヅキ御選定仰出サル、事トナリタリ、

〔別紙〕
此花皇太后
此花ノ二字ハ
先帝ノ御別號ニ在ラセラレ候ニ付、御稱號ノ冠辭トシ奉リ然ルベキカ、
靜德皇太后
靜德ノ二字ハ
皇太后陛下御生父九條尙忠公ノ書齋ニ扁セラレシモノナルニ付キ、御冠辭トシ奉ルベキヤ、

〔別紙〕
一月三十日、御二十日祭ノ節、
英照皇太后ト奉稱ノ旨御祭詞中、辭別ヲ以テ奉告セラル、

二月二日、靈柩、靑山御所ヲ出サセラレ、翌三日、京都市ニ御著、大宮御所ニ入ラセラル、

〔皇太后宮職日記〕 庶務課

明治三十年二月二日、快晴、火、
午前八時表御座所ヲ裝飾ス、
御棺前祭、御代拜貞愛親王、皇后宮御代拜掌侍、東宮御代拜東宮亮足立正聲、内親王御代拜掌侍樹下範子、御喪主親王御拜、皇太后宮大夫同亮拜禮、女官拜禮、
各大臣及親任官朝鮮國特派大使各國交際官勅任其他百官拜禮、
御豫定之如ク正午十二時御發柩、
同午後二時靑山假停車場御發車、

但奉送諸員其他御次第書之通、

三日、晴、水、

午前八時五拾分、京都停車場へ御着棺之旨、本省ヨリ電話ニテ通知有之、

同十一時五拾分、大宮御所へ御着棺之旨、前同断通知アリ、

〔英照皇太后大喪錄〕 五

御棺前祭ノ件

明治三十年二月二日

青山御所御棺前祭次第

午前第八時御殿ヲ装飾ス、

次齋主以下著床、

次御喪主親王殿下著床、

次大喪使次官以下著床、

次御簾ヲ揭グ、

此間奏樂、

次神饌幣物ヲ供ス、

此間奏樂、

次祭詞ヲ奏ス、

次御拜御玉串ヲ奉リ給フ、〔臨期御代拜〕

次皇后陛下御拜同上、 〔同 上〕

次皇太子殿下御拜同上、〔同　上〕

次內親王殿下御拜同上、〔同　上〕

次御喪主親王殿下御拜御玉串ヲ奉ラル、

次親王王同妃女王殿下御拜同上、

次女官拜禮玉串ヲ奉ル、

次皇太后宮大夫同上、

次皇太后宮亮同上、

次朝鮮國特派大使同上、〔是ヨリ各員左右ニ幷進ミテ拜禮〕

次大勳位同夫人同上、

次內閣總理大臣同夫人同上、

次各國交際官同夫人同上、

次樞密院議長各大臣同夫人同上、

次大臣禮遇同夫人同上、

次大喪使次官勅任事務官同上、

次大喪使次官皇太后宮大夫勅任事務官ノ夫人等同上、

次大喪使奏任事務官同上、

次幣物神饌ヲ撤ス、

　此間奏樂、

次退場、

神饌　　十六臺
幣物
紅白絹　各五匹
柳筥ニ納ム、

○中略

青山御所御出柩祭詞

挂卷母恐伎

英照皇太后尊乃大前爾齋主從一位勳一等久我建通恐美恐美母白左久、大前波今日乃此日是乃青山乃大宮所興利御柩仕奉利百官人臣僚等乎始米氐衆庶供奉利、京都奈留大宮爾移志奉良牟止爲氐、御幣帛奉利御食御酒魚菜種々乃物乎備奉留事乎聞食氐、道乃長路母恙美奈久平良氣久安良氣久出立多世給倍止恐美恐美母白須、

明治三十年二月二日

○中略

青山御所御發柩ノ件

明治三十年二月二日

青山御所御發柩次第

午前十一時御棺ヲ御輦ニ移シ奉ル、
午十二時青山御所御發柩、
此時道樂ヲ奏ス、
次青山假停車場ニ着御、

此時諸員臚列奉迎ス、
次汽車乗御、
此時道樂ヲ停ム、
次御發車、
此時臚列ノ諸員奉送ス、
次京都停車場へ著御、
此時供奉スヘキ諸員臚列奉迎シ、自餘ハ大宮御所御門前ニテ臚列奉迎ス、
次汽車下御、
次同所ヨリ御發柩、
此時道樂ヲ奏ス、
次大宮御所へ着御、
此時道樂ヲ停ム、
次御柩ヲ正殿ニ奉安ス、
次神饌ヲ供ス、
此間奏樂、
次祭詞ヲ奏ス、
次御喪主親王殿下御拜、
次女官拜禮、
次皇太后宮大夫同上、

女御藤原夙子

次皇太后宮亮同上、
次大喪使次官同上、
次大喪使勅任事務官同上、
次大喪使奏任事務官同上、
次神饌ヲ撤ス、
　此間奏樂、
次各退下、

　　　神饌　　十臺

　　　○中略

　　京都御著柩祭詞

挂卷母恐伎
英照皇太后尊乃大前爾齋主從一位勳一等久我建通恐美恐美母白久、大前乃御柩波百官人臣僚等乎始米衆庶乎阿止母比給比、東京留奈青山乃大宮所乎出立多世給比志賀、道乃長路母恙美久奈此大宮爾至利著加世給倍留事乎聞食世止、御食御酒魚菜種々乃物乎備奉利氐恐美恐美母白須、

　　明治三十年二月三日

七日、御葬送アリ、八日、靈柩ヲ後月輪東山陵西北ノ山丘ニ葬ル、

〔皇太后宮職日記〕　庶務課
明治三十年二月七日、日、晴、嚴寒、
本日午後六時京都大宮御所御發柩ニ付、左ノ電報内事課ヨリ電話、

英照皇太后陛下

午後六時　大宮御所御發柩　着八時廿分

同　七時三十分　三條通通御　同八時卅五分

同　七時五十五分五條通通御　同九時十分

同　八時廿五分　七條通通御　十時五十五分

同　八時五十分　夢ノ浮橋通御　十一時五分

同　十時　月輪山著御

同　十一時四十二分

御齋場小松宮殿下御發電御代拜濟サセラル、

八日、曇、

京都供奉杉大夫ヨリ田中取締宛電報左ニ、

昨日來天氣都合宜敷、今午前十一時五十五分御埋柩式等凡テ濟セラル、

〔侍從日錄〕

明治三十年二月七日、日、晴、

英照皇太后御葬送ニ付、京都出張大喪使ヨリ左之電報アリ、

午後六時一分京都發、午後六時三十五分着、

唯今〔午後六時〕大宮御所御發柩アラセラル、

○中略

京都ヨリ左ノ電報アリ、

午後十時月輪山御齋場ゑ御着柩アラセラル、

八日、月、晴、

英照皇太后御靈穴ヘ納マラセラレタル儀ニ付、御尋ネアリ、其返電左ノ如シ、

泉山御靈穴ヘ納マラセラレタルハ、今午前五時三十分ナリ、

明治三十年二月八日正午十二時發

泉涌寺ニ於テ　大喪使

右直ニ言上ス、午後一時十分、

續テ左ノ電報アリ、

唯今午前十一時五十五分、御埋葬滯リナク濟マセラル、右謹デ奏上ス、

大喪使長官威仁

天皇陛下

右宮內大臣ヨリ差上ル、

〔英照皇太后大喪錄〕五

御葬送ノ件

明治三十年二月七日

御葬送次第

午後第二時御殿ヲ裝飾ス、

次齋主以下著床、

次御喪主親王殿下著床、

次大喪使次官以下著床、

次御簾ヲ揭グ、
此間奏樂、
次神饌ヲ供ス、
此間奏樂、
次祭詞ヲ奏ス、
次御拜、〔臨期御代拜〕
次皇后陛下御拜、〔同上〕
次皇太子殿下御拜、〔同上〕
次內親王殿下御拜、〔同上〕
次御喪主親王殿下御拜、
次親王王同妃女王殿下御拜、
次女官拜禮、
次皇太后宮大夫同上、
次皇太后宮亮同上、
次大喪使次官勅任事務官同上、
次大喪使奏任事務官同上、
次大勳位大臣大臣禮遇同上、〔朱書此項二月五日追加〕
次神饌ヲ撤ス、
此間奏樂、

午後第五時御柩ヲ牛車ニ移シ奉ル、

同第六時大宮御所御發柩、

　此間道樂ヲ奏ス、朱書〔御道筋ノ都合ニ依リ夢ノ浮橋ノ東ニ於テ御輦ニ御召換アラセラル、〕

次月輪山著御、

　此時諸員臚列奉迎ス、

次大眞榊錦旗ヲ玉垣門外ノ左右ニ樹ツ、

次諸陵頭左ノ幄舎ノ前ニ進ミ立ツ、

次神饌櫃、幣物櫃ヲ神饌舎ニ舁入ル、

次齋官齋主右ノ幄舎ノ前ニ進ミ立ツ、

次伶人道樂ヲ奏シ左ノ幄舎ノ前ニ進ミ立ツ、

次桙榊ヲ錦旗ノ次ニ樹ツ、

次皇太后宮亮皇太后宮大夫左ノ幄舎ノ前ニ進ミ立ツ、

次御車ヲ幔門內ニ停メ牛ヲ脫ス、

次御車ヲ挽キ奉リ齋場ノ中央ニ奉安ス、

次御喪主親王殿下左ノ幄舎ノ前ニ進ミ立セラル、

次親王王同妃女王殿下左ノ幄舎ノ前ニ進ミ立セラル、

次大喪使次官事務官左ノ幄舎ノ前ニ進ミ立ツ、

次供奉大勳位各大臣以下各左右ノ幄舎ノ前ニ進ミ立ツ、

　此時道樂ヲ停ム、

次御喪主親王殿下親王王同妃女王殿下、大喪使次官以下左ノ幄舎ニ入リ著床、
次大勳位各大臣以下左右ノ幄舎ニ入リ各著床、
次神饌幣物ヲ供ス、

　此間奏樂、

次祭詞ヲ奏ス、
次誄ヲ白ス、
次御拜御玉串ヲ奉リ給フ、〔臨期御代拜〕
次皇后陛下御拜同上、〔同　上〕
次皇太子殿下御拜同上、〔同　上〕
次內親王殿下御拜同上、〔同　上〕
次御喪主親王殿下御拜御玉串ヲ奉ラル、
次親王王同妃女王殿下御拜同上、
次朝鮮國特派大使拜禮玉串ヲ奉ル、〔朱書以下五項二月五日改正〕
次女官拜禮、
次皇太后宮大夫同上、
次皇太后宮亮同上、
次大喪使次官以下御列付高等官等ハ左方ヨリ順次大勳位各大臣樞密院議長大臣禮遇親任官同待遇公爵從一位勳一等一等官侯爵二等官勅任官待遇麝香間祗候錦雞間祗候伯子男爵從四位以上勳三等以上同夫人神佛各宗派管長奏任官同待遇從六位以上勳六等以上門跡寺院住職及貴族衆議兩院議員幷參列ヲ許サレタル諸員ハ各左右ヨ

女御藤原夙子

リ順次進ミ同上、

次幣物神饌ヲ撤ス、

此間奏樂、

次大勳位以下諸員退下、

大宮御所

神饌　十臺

御齋場

神饌　二十臺

幣物

紅白絹　各五匹

柳筥ニ納ム、

明治三十年二月八日

御埋棺次第

先ヅ御輦ヲ御須屋ニ移シ奉ル、

次御喪主親王殿下御埋葬ノ詞ヲ奏セラル、

次御埋藏、

次大眞榊以下順次之ヲ樹立ス、

次神饌ヲ供シ畢テ諸員拜禮、

次各退下、

神饌　三臺

○中略

大宮御所御出柩祭詞

掛卷母恐伎
英照皇太后尊乃大前爾齋主從一位勳一等久我建通恐美恐美母白左久、曩日爾御柩乎此大宮爾移志齋伎奉利志賀、今日乃此日爾月輪乃山爾坐世奉利氐御葬儀仕奉良牟止須、故御幣帛奉利御食御酒魚菜種々乃物乎備奉利氐御祭仕奉留事乎聞食氐、平良氣久安良氣久出立多世給倍止恐美恐美母白須、

明治三十年二月七日

御齋場祭詞

掛卷母恐伎
英照皇太后尊乃大前爾齋主從一位勳一等久我建通恐美恐美母白左久、今御柩乎此齋場爾坐世奉利御幣帛奉利御食御酒魚菜種々乃物乎置足波志氐、百官人臣僚等乎始米氐衆庶愼美敬比御葬儀仕奉利御柩乎藏米奉良牟止須、阿波禮此月輪乃山爾遠先乃
天皇乃御陵母御坐世禮婆、御後母安久靜氣久彌遠長爾鎭萬利坐世止恐美恐美母白須、

明治三十年二月七日

誄

掛卷母恐伎
英照皇太后尊乃大御柩乎此月輪乃山乃岩根深久廣久藏米奉良牟止爲氐、臣正三位勳六等公爵藤原朝臣熙通恐伎
英照皇太后尊乃現世爾大坐々萬志大御蹟乎言擧奉利誄白須事乎、是乃齋庭爾相集倍留百官人臣僚等乎始米氐衆庶聞食世、

女御藤原夙子

英照皇太后尊波天保四年十二月十四日爾生出給比、御父波准三宮從一位前左大臣九條尙忠公第六乃御女爾志氐、御母波正二位前大納言唐橋在熙卿乃女奈利、御諱乎夙子止稱倍奉利、嘉永元年十二月十五日大內爾參入利給比、明治元年三月十八日

皇太后止尊美稱倍奉利給布、同五年三月京都乎行啓氐四月爾東京奈留赤阪乃離宮爾坐萬志、同七年一月青山乃新宮爾徙利給比、明治十年止同二十年乃一月爾波先乃

天皇乃御陵乃御式年乃御祭爾御陵乎拜加美給倍利、今年母行啓氐御陵乎拜加美給波牟止爲氐其御設母有氣留乎、假初乃御病波頓爾重良世給比、御年六十五止白須一月乃十一日乎限利氐爾遂爾崩御利坐志志波、悔志久慨多伎極美爾奈母、加久氐同月乃三十日爾

皇太后尊乎崇米尊美

英照皇太后止稱倍奉利給布、阿波禮

英照皇太后尊波也大御性質端正志久儉素萬也加爾坐萬志氐、御慈愛深久、豫氐女工乃事爾御心乎留米給布、中爾母養蠶場乎御苑乃內爾興志給比尊伎大御身奈賀良御親加良伊會志美給比、御許人等爾母其業乎奬米勵萬志米給比志波、白須母恐伎事爾會、古故天下乃衆庶波畏氣禮止母國乃御母止仰伎奉利來志乎止、悲志伎闇爾加伎久良須心乎押沈米都々誄白須、臣正三位勳六等公爵藤原朝臣熙通

明治三十年二月七日

御埋葬詞

掛卷母恐伎

英照皇太后尊乃御柩乎此月輪乃山爾藏米奉留御葬儀波、全久事竟奴、故今御陵乃底津岩根深久廣久藏米奉留事乎聞食氐、御心母平良加爾鎭萬利坐世止恐美恐美母白須、

明治三十年二月八日

九日、陵號ヲ定メテ後月輪東北陵ト曰フ、

〔英照皇太后大喪錄〕一

第四號　御陵號ノ件

御陵地ノ位置ハ、後月輪陵ヨリ東北ニ當ルカ、返事待ツ、

東京　大喪使事務官

京都市木屋町三條上ル

大可樓

堤大喪使事務官

矢野大喪使事務官

御陵ノ位置ハ後月輪先帝ノ御陵ヨリハ西北ニ當リ、月輪諸陵ヨリハ東北ニ當ル、

一月十九日

矢野事務官

大喪使事務官

今度ノ御陵ハ後月輪〔先帝ノ御陵ニ非ズ〕東北陵ト稱セラレテ、方位ニ於テ相違ナキカ直グ返事アレ、

一月二十日

東京　大喪使事務官

京都泉涌寺出張

堤大喪使事務官

矢野大喪使事務官

方位ニ於テ相違ナシ、後月輪東北ノ陵ト稱セラレテ差支ナシト信ズ、

一月廿日午後〇時四十分發

京都　矢野大喪使事務官

大喪使事務官
○中略

宮内省告示第十一號
英照皇太后御陵號ヲ後月輪東北陵ト定メラル、
明治三十年二月九日　宮内大臣　伯爵　土方久元

〔陵墓要覽〕○昭和九年版
女御　尊稱皇太后英照皇太后　後月輪東北陵　京都府京都市東山區今熊野字泉山
圓墳

典侍藤原慶子

於安榮　俊明卿記

權典侍局　俊明卿記　山科言成卿記

督典侍　椒庭譜料　中山忠能日記

新宰相　言渡　通熙卿記

三位局　山科言成卿記

從一位大勳位侯爵中山忠能ノ第二女、母ハ松浦愛子ナリ、天保六年十一月二十八日、誕生ス、

〔中山家系譜〕

二十四代
忠能　母正親町三條前宰相中將實同女

├忠愛
├男子
├女子
├女子　母同○園前權中納言基茂養女、實從五位下松浦清女
　宮人元典侍正二位慶子

〔園家系譜〕

基茂　正二位前權大納言基理卿男、正二位前權中納言、天保十一年六月十四日薨、四十八歲、
　母家女房

├基萬

- 女子
- 男子
- 愛子 從一位中山忠能卿室、實松浦壹岐守清女、
- 茂子

〔椒庭譜料〕 中山忠能上申

孝明天皇宮人從二位藤原慶子

父從一位忠能

母壹岐守從五位下松浦清女

天保六年十一月廿八日生

〔中山家上申〕 ○譜料考異所收

孝明天皇宮人藤原慶子

從一位大勳位侯爵中山忠能第二女

母藤原愛子 正二位權中納言園基茂養女、實從五位下壹岐守松浦清第九女、

嘉永四年四月十一日、天皇ノ宮ニ仕ヘ、典侍ト爲ル、今參ト稱ス、

〔俊明卿記〕

嘉永四年四月九日乙丑、御屆於安榮來十一日、被補典侍候旨、伊豫內々被示、

十一日丁卯、忠能卿女藤原慶子、自今日被召出、被補典侍被稱今參之旨被仰出、

〔野宮定祥日記〕

嘉永四年四月十一日丁卯、雨下、

忠能卿女慶子、今日被召出、被補典侍、被稱今参旨觸來、以使賀之了、

〔近代帝王系譜〕

今上明○孝　皇子

　順子內親王

　皇子

　皇子

　　母督典侍藤慶子、中山大納言忠能卿女、

　　嘉永四年四月十一日、補典侍稱今参、

五月七日、改メテ權典侍ト稱ス、

〔野宮定祥日記〕

嘉永四年五月七日癸巳、陰晴不定、今参被稱權典侍旨觸來、以使賀之、

〔俊明卿記〕

嘉永四年五月七日癸巳、今参被稱權典侍之旨、被仰出、

〔近代帝王系譜〕

今上明○孝　皇子

　順子內親王

　皇子

　皇子

　　母督典侍藤慶子、中山大納言忠能卿女、

　　○中略　嘉永四年五月七日、改權典侍、

嘉永五年八月二十七日、著帶ノ事アリ、是日、宮中ヲ退下シテ中山忠能第ニ入ル、

〔孝明天皇女房房子日記〕

嘉永五年八月廿七日、

權典侍さま着帶にて、常御所にて御盃の所作、かり床ゆへ御直し御はかま御別におかれ、其御まゝにて御盃たもふ、退出のせつには御手づから御ぶんこの內下さる、

〔忠能卿記〕

嘉永五年八月廿六日(七カ)、陰晴不定、慶子着帶也、早旦着狩衣奴袴、御用掛一同幷宮附使番來候、○中略帶親光宙卿室予妹也、被送帶、仕立同也、壽留女等廿日記、使引延紙二束自御用出各入魂於御用幷當方取計了、右堅目六、爲右謝義三百疋壽留女等可送處、是又入魂不及沙汰、帶幷仙沼子等到來之儘、但載一囊、以諸大夫藤積善狩衣、送前大僧正亮恕之坊依遠方以里方大炊御門家爲自坊代、乞加持、小時祈禱了被返、爲右謝儀送百疋、自御用出、辰刻以同使進帶、添仙沼子、於權典侍局到來、堅目六添之、壽留女八各互入魂、申刻權典侍下宿、白小袖着袴、今日供回各自御所被出、自今日降誕後三ヶ日、地下不陪膳、上﨟代或予末男扶之、候之、上﨟代予妹女被來午上刻タツ中﨟

御着帶の日時

今月廿七日　きのとのみ　時たつ

嘉永五年八月四日　はれ雄

中﨟四折

御着帶の吉方

壬いねの間に向はるべし

嘉永五年八月四日　はれ雄

○中略右三通長橋被渡之云々、

○中略今日家內一同給御祝酒御料理戴餅等、御禮家司向御用掛所申之云々、○中略御世話卿入來、○中略家族入來申入之人々自御用戴餅吸物重肴等各使番勤陪膳、○中略依御風氣今日無御盃、於御假床自御手令結帶給云々、帶親所進帶也、白精好四ニタヽミ緒ワナニ令結給、仙沼子有帶之間、權典侍下之後自御用掛內山本尊受取之、即於表方目六引合落手、於宮殿次間祭之、屛風立廻置、彼辛櫃間半斗也、前置小机當家上供香爐燒末香不可絕云々、燈明一盞不可消云々、又供洗米酒等、盛小土器每朝供改、每日典侍拜之、至臨產此定也、予又拜之、

〔山科言成卿記〕

嘉永五年八月廿二日、廻文到來、

來廿七日辰刻權典侍局着帶ニ付、當日當番以表使恐悅可申上、非番之輩五六日中參賀、惣而嘉永三年之通、尤禁中斗參賀可然家父被申渡候、仍申入候也、

八月二十日　忠禮

同日　正房

右之通被示候、――――

――山科三位殿、承――順達了、

廿七日、今日權典侍局着帶云々、近習當番以表使恐悅言上、非番之輩五六日中可參賀云々、

〔俊明卿記〕

嘉永五年八月廿七日乙巳、今日權典侍局着帶也、

廿八日丙午、中山大納言就權典侍局著帶、從今日被免小番候旨、小番奉行治部卿以剪紙昨夜被示、權典侍局昨日御產屋中山家へ退出、

〔野宮定祥日記〕

嘉永五年八月廿七日乙巳、天陰、未刻後雨下、今日權典侍局忠能卿女、慶子寵人也、着帶也、仍午後歸本宅、更着布衣奴袴向賀中山亭、加調賀守示置了、

九月二十二日、睦仁親王ヲ生ム、明治天皇是レナリ、

〔御產御用日時記〕

嘉永五年九月廿二日、未半剋頃、文箱到來、自中山家、權典侍局御產御催之旨申來、〇中略即參著後御用掛取次澤村出雲守出會承候處、皇子〇睦仁親王降誕、午半剋之由也、勘文調進候哉承候處、天保二年度熙宮降誕之節通可勘進被示、

今月今日　若宮御誕生雜々日時

御ちつけの日時

今月今日つちのとのみ　時今

御ほぞの緒を裁らるべき日時

今月今日つちのとのみ　時今

御湯殿の具を造らるべき日時

今月今日つちのとのみ　時今

御うぶ湯めさるべき日時

今月今日つちのとのみ　時さる

但しとらうの間の流水を汲るべし

御うぶかみたれらるべき日時

今月廿七日きのへいぬ　時み

御うぶぎぬめさるべき日時

今月廿七日きのへいぬ　　時ひつじ
但し赤色の絹をめさるべし
御ゑなおさめらるべき日時
來月二日つちのとのう　　時むま
但しうたつの間の方へおさめらるべし
嘉永五年九月廿二日　　はれ雄
右中山大納言へ附落手、酉半刻頃勘文獻上之通御治定旨被示、

〔非藏人日記〕
嘉永五年九月廿二日己巳、今午半刻、權典侍局御平産皇子御降誕ニ付、依之一兩日中禁中新待賢門院女御御方殿下御産所家、中山等へ參賀可有之旨、議奏右大將殿被申渡、

〔野宮定祥日記〕
嘉永五年九月廿二日己巳、天晴、今日聊快之間招河鰭拾遺麴突直之事受指南、于時午半刻許、權典侍局御産御催之旨聞之、且所遺置之守一箱被返送、仍予兼而自東坊城承居之間可參上哉問之、先暫不及其儀追付可被沙汰云々、申刻前只今可來云々、此以前宮御在所當家咫尺之間御初聲下品者奉伺云々恐悦之處如此、仍直著直衣奴袴參上、亞相面會、既降誕皇子也、至極御機嫌能局亦無異云々、恐悦無極、

〔俊明卿記〕
嘉永五年九月廿二日己巳、未前刻許、自中山亞相以使被示、
權典侍慶子、産氣候、仍申入候也、
九月廿二日　　忠能
典侍藤原慶子

兩人宛

右承知之旨令答、未下刻許自同上使、四折、

今廿二日午半刻、皇子御降誕候、仍御届申入候也、

嘉永七年十一月一日、改メテ督典侍ト稱ス、

〔近代帝王系譜〕

今上〇孝明皇子

一順子內親王

皇子

皇子

母督典侍藤原慶子、中山大納言忠能卿女、同〇嘉永七年十一月一日、改督典侍、

〔椒庭譜料〕 中山忠能上申

孝明天皇宮人從二位藤原慶子

同〇嘉永七年十一月二日稱督典侍、

〔按〕督典侍ト改稱セル日次、椒庭譜料所收ノ中山忠能上申ニハ十一月二日ト爲セドモ今姑ク近代帝王系譜ノ記載ニ從フ、

安政六年七月二十二日、典侍ヲ辭ス、祐宮御用仰セ附ケラレ、改メテ新宰相ト稱シ、特旨ヲ以テ知行米百二十石ヲ賜ハル、

〔言渡〕

安政六年七月廿二日、督典侍典侍辭退之事被聞食、自今祐宮御用被仰付、被稱新宰相之旨、以駿河被申出、

〔俊克卿記〕
安政六年六月廿日、向酒井若狹守役宅、同役同伴如例、於途中若州出迎處、例之誘引小書院、對座會釋之後互進寄、予子細申述一紙取出授之、予自筆、

督典侍

當御代被召出補典侍御用等相勤御降誕モ有之候處近來多病ニテ御前向御用相勤兼候、然ル處典侍六人之内上首兩人ハ古稀前後之老體、跡三人出勤候得共御神事幷當時臨時御法樂等ニモ、御淸御用度々被爲在候處、服者月水或所勞等ニテ誠御無人ニ相成、差掛御手支御座候テ恐入候、付テハ迚モ急速ニ督典侍病氣難治候間近々典侍辭退可有之被聞食候テ、新ニ今參被仰出度、但督典侍儀ハ祐宮御由緒モ有之候儀、以格別之御憐愍生涯百二十石禁中御藏ヨリ被下度思召候、尤後例ニ不相成樣可取計候間何卒右之通被仰出度候間、厚御勘考有之候樣別段關白殿被命候、

仍申入候事、

右一紙中奉書半切、美濃紙上包、

七月十三日辛巳、行向若狹守役宅、御用談也、○中略 先達御內慮被仰進候督典侍、典侍辭退後モ知行給候儀關東濟來之由一紙被渡之、

督典侍當御代被召出補典侍御用等相勤御降誕モ有之候處近來多病ニテ御前向御用相勤兼候ニ付、近々典侍辭退、可有之被聞召候テ、新ニ今參被仰出度、但督典侍儀ハ祐宮御由緒モ有之候儀、以格別之御憐愍生涯百二十石禁中御藏ヨリ被下度被思食候段、關白殿被命候旨被仰聞候趣關東ヘ相達候處、右ハ實々御手支ニテ御差急之由無餘儀相聞候間、被仰立候通督典侍儀祐宮御由緒モ有之候事ニ付、典侍辭退被仰出候ハヾ別段之譯ヲ以生涯百二十石禁中御藏ヨリ先例之振合ヲ以被下候、尤以後之准例ニハ不相成事ニ付其段關白殿ヘ可被仰達旨御兩卿ヘ御達可申段、年寄共ヨリ申越候事、

廿二日庚寅、督典侍依所勞願之通典侍辭退被聞食、自今被稱新宰相且知行百二十石於禁中御藏賜候旨以駿河被申出、

〔通熙卿記〕

安政六年七月廿二日、

一、督典侍々々辭退被聞召、自今祐宮御用被仰、被稱新宰相事、

〔近代帝王系譜〕

今上〇孝明皇子

順子內親王

皇子

皇子

母督典侍藤原慶子、中山大納言忠能卿女、〇中略安政六年七月廿二日、辭退、稱新宰相、

慶應三年三月十三日、從五位上ニ敍セラル、

〔中山忠能日記〕

慶應三年三月十四日辰、雨、自慶子來狀、敍位吹聽今日被仰下由、但口宣昨日也、

口宣案

上卿日野大納言

慶應三年三月十三日宣旨

藤原朝臣慶子

宜敍從五位上

藏人權右中辨藤原資生奉

〔椒庭譜料〕　中山忠能上申

孝明天皇宮人従二位藤原慶子

慶應三年三月十三日、叙従五位上、

四月八日、再ビ典侍ニ補セラレ、新宰相典侍ト稱ス、

〔中山忠能日記〕

慶應三年四月八日、陰晴不定、夕景慶子使女、きよ御神事御無人ニ付薙髪延引、典侍被補由也、口宣案、

上卿日野大納言

慶應三年四月八日宣旨

従五位上藤原慶子

宜補典侍

藏人權右中辨藤原資生奉

〔椒庭譜料〕　中山忠能上申

孝明天皇宮人従二位藤原慶子

同〇慶應三年四月八日補典侍、稱新宰相典侍、

十月十五日、改メテ再ビ督典侍ト稱ス、

〔中山忠能日記〕

慶應三年十月十六日未、晴、自新宰相典侍昨日長橋傳宣、御即位迄薙髪被止、又被稱督典侍之旨也、一條殿花山家始以切紙吹聽、如例悦使來、

〔椒庭譜料〕　中山忠能上申

孝明天皇宮人從二位藤原慶子

同〇慶應三年十月十五日、先是先帝崩御ニ付、薙髮願之處、御卽位後迄被止、改稱督典侍、

慶應四年八月四日、特旨ヲ以テ從三位ニ敍シ、三位局ト稱シ、大典侍ノ上ニ班セラル、

〔山科言成卿記〕

明治元年八月八日、晴、廻文到來、必要拔萃揚之、

督典侍儀、御誕生御親母ニ付、大宮段々御內意被仰上候處、格別御孝養之思召を以て、從三位宣下、自今被稱三位局、席順可爲大典侍上旨、被仰出候事、

八月

〔椒庭譜料〕　中山忠能上申

孝明天皇宮人從二位藤原慶子

同〇慶應四年八月四日、敍從三位、御親母ニ付大宮御內意被仰上宣下、自今被稱三位局、席順可爲大典侍上被仰出、

明治三年九月七日、從二位ニ敍セラル、

〔椒庭譜料〕　中山忠能上申

孝明天皇宮人從二位藤原慶子

明治三年九月七日、敍從二位、

明治二十二年三月五日、正二位ニ敍セラル、

〔官報〕　明治二十二年三月七日

敍任及辭令

明治二十二年三月五日

敍正二位　　　　　　　　　　　　　　　　　　　　　　從二位　中山慶子

特旨ヲ以テ位階被進　　　　　　　　　　　　　　　　　從二位　中山慶子

明治三十三年正月十五日、從一位ニ敍セラル、

〔官報〕　明治三十三年一月十七日

敍任及辭令

明治三十三年一月十五日

敍從一位　　　　　　　　　　　　　　　　　　　　　　正二位　中山慶子

特旨ヲ以テ位一級被進　　　　　　　　　　　　　　　　正二位　中山慶子

十七日、勳一等ニ敍シ、寶冠章ヲ賜ハル、

〔官報〕　明治三十三年一月十八日

敍任及辭令

明治三十三年一月十七日

敍勳一等授寶冠章　　　　　　　　　　　　　　　　　　從一位　中山慶子

明治四十年十月五日、薨ズ、年七十三、

〔進退錄〕　明治四十年秘書課
女官ノ部

第一八號　從一位勳一等中山慶子薨去ノ件

薨去屆

從一位勳一等中山慶子兼テ病氣之處養生不相叶今五日午前四時五十分薨去候間別紙診斷書相添此段及御屆候也、

明治四十年十月五日

典侍藤原慶子

正三位侯爵　中山孝麿

宮内大臣伯爵　田中光顯殿

〔日記〕　侍従職

明治四十年十月五日、土、曇、

中山一位局今曉四時五十分薨去、

但本省ヨリ通知書同付ハ無之、當直侍従出仕并米田北條日根野慈光寺大炊御門参内、東園日野西出張先ヨリ電信ヲ以テ奉伺天機、

〔皇后宮職日記〕

明治四十年十月五日、土曜、晴、

一、午前四時、一位局邸詰切ノ岡侍醫局長ヨリ「只今御迫リ」トノ電話アリ、

一、同五時、更ニ岡局長ヨリ「只今御危篤」トノ電話有之、引續キ一位局邸ヨリ「四時五十分御事切レ」トノ電話アリタリ、並ニ本省ヨリモ同様通知有之、

〔官報〕　明治四十年十月十五日

宮廷錄事

勅使差遣　従一位勲一等中山慶子薨去ニ付キ一昨十三日午後一時勅使トシテ侍従河鰭公篤ヲ同人邸ニ差遣サレ幣帛神饌等ヲ下賜ヒタリ、

十四日、葬送アリ、護國寺ニ葬ル、

〔日記〕　侍従職

明治四十年十月十四日、月、雨、

一、中山一位局本日午後一時出棺ニ付、九時出門同邸九時三十分着御使勤之、棺前ニ玉串ヲ供フ、高帽フロックコート
北條原隨行
一、午後三時出門同伴ニ付護國寺墓所へ三時三十分著ニテ御使奉使、一時出棺三時著棺ノ由
北條內山隨行
棺前ニ玉串ヲ供ス、高帽フロックコート
祭場ハ山門正面ノ本堂也、左側ノ離堂ニ休憩所ヲ設ク、奉仕四時直ニ歸職復命ス、
近來式場ニ列セザルコト、ナレリ、
一、右ニ付米田侍從以下奉伺天機、以出仕言上、
一、皇后陛下へ同前、

〔恩賜錄〕內事課 三

明治四十年十月七日

兩陛下ヨリ

一、白絹　五匹
一、紅絹　五匹
一、神饌　七臺
一、榊　二對

從一位　中山慶子

右薨去ニ付薨送前日勅使正式侍從、被差遣下賜可相成哉、

勅使　侍從河鰭公篤

一、薨送當日棺前并墓所へ御代拜侍從、

典侍藤原慶子

典侍藤原慶子

皇后陛下御代拜女官被差遣御玉串御供可相成哉

御代拜侍從子爵北條氏恭

皇后陛下御代拜權掌侍藪嘉根子

右相伺候也、

九日、

一、金參萬圓　　從一位　中山慶子

右薨去ニ付

聖上

皇后兩陛下ヨリ葬祭資トシテ下賜可相成哉相伺候也、

十月十二日下賜、

從一位勳一等中山慶子薨去ニ付、來ル十三日午後一時其邸ヘ勅使被差遣候條此段相達候也、

明治四十年十月十一日　　宮內大臣

正三位侯爵中山孝麿

來ル十四日故從一位勳一等中山慶子葬送ニ付、同日午前九時三十分其邸ヘ、午後三時三十分墓所ヘ、御代拜幷皇后陛下御代拜被差遣候條、此段相達候也、

〔官報〕明治四十年十月十五日　　宮內大臣

正三位侯爵　中山孝麿

宮廷錄事

御代拜　昨十四日故從一位勳一等中山慶子葬送ニ付、午前九時三十分棺前ニ、午後三時三十分墓所ニ、天皇陛下御代拜トシテ侍從子爵北條氏恭ヲ、皇后陛下御代拜トシテ權掌侍藪嘉根子ヲ差遣サレ、玉串ヲ供セラレタリ、

典侍藤原慶子

典侍藤原仲子

萬壽　野宮定祥日記

新典侍局　外樣言渡　俊克卿記

權大納言從一位坊城俊明ノ第四女、母ハ僧神田秀道ノ女ナリ、文政十三年二月十四日、誕生ス、

〔坊城家系〕

俊明　從一位前權大納言
- 俊迪
- 俊克
- 女仲子　孝明天皇女房　故典侍從五位下

〔坊城家上申〕○譜料考異所收

典侍藤原仲子

從一位前權大納言坊城俊明第四女、所生河內國交野郡長傳寺住職故神田秀道二女神田香袖院、

〔椒庭譜料〕　坊城式部頭上申

典侍藤原仲子

父　故從一位藤原俊明

母　妾腹

天保元年二月十四日誕生、

弘化四年七月十七日、天皇ノ宮ニ仕フ、

〔野宮定祥日記〕
弘化四年七月十七日甲午、陰晴不定、
坊城高松等息女今日被召出候旨、且名字一紙等伊與被申出了、　仲《ナヽ》子呼名萬壽坊城女　積《ツム》子呼名三千高松女此女元故女院女房

十月十二日、典侍ニ補セラレ、今參ト稱ス、

〔野宮定祥日記〕
弘化四年十月十二日戊午、天晴、
坊城前大納言息女仲子、被補典侍被稱今參可書今良、然而近年書今參、旨等被申出、

〔近代散狀留〕○近代散狀留拾遺
弘化四年十月十二日、藤原仲子爲典侍、○中略俊明卿女、藤原仲子、自今日被召出被補典侍、被今參、

〔近代帝王系譜〕
今上明○孝皇子
　順子內親王
　皇子
　　母新典侍藤仲子、坊城一位俊明卿女、
　　弘化四年十月十二日補典侍、稱今參、

十二月二十七日、改メテ新典侍ト稱ス、

〔近代帝王系譜〕
今上明○孝皇子
　順子內親王
　皇子
　　母新典侍藤仲子、坊城一位俊明卿女、
　　十二月廿七日○弘化四年改新典侍、

〔近代散狀留〕○近代散狀留拾遺

弘化四年十二月廿七日、今參被稱新典侍、

〔坊城家上中〕○譜料考異所收

典侍藤原伸子

弘化四年十二月廿七日壬申、改新典侍、

嘉永三年十二月三日、著帶ノ事アリ、宮中ヲ退下シテ坊城俊明第ニ移ル、

〔俊明卿記〕

嘉永三年十二月四日辛酉、禁裏女中新典侍局爲產家坊城前大納言亭へ今日退出候、爲御心得申入候旨同役ヨリ所司代へ昨日被達、

〔俊克卿記〕

嘉永三年八月廿八日、今日新典侍局內々著帶也、醫師高階安藝守賀川若狹介婆々等來、

十二月三日、今日新典侍局著帶也、辰半刻計高階安藝守入來、仙沼子調進、予面會請取之、○中略今日以下之事、總テ禁中御賄ニ付、自御用掛取次廻之由也、

御帶一筋帶親堀川三位室すゑ姬ヨリ被送也、但實ハ於當家調置、○中略護淨院へ以使雜掌、遣御加持之事賴之、小時御加持相濟持歸、直以使雜掌、局へ被遣、今度被添仙沼子了、○中略酉刻計新典侍局退出、此後御用掛石見守佐治○小伏原家へ行向、內山觀音申出來、家君御面會、目錄引合令受取給、卽局居間之隣間床ニ祭了、香洗米酒燈明等供之、

〔山科言成卿記〕

嘉永三年十二月一日、

來月三日、新典侍局着帶刻限可爲辰刻、先時々不被示候ニ付、爲心得更日野中納言被噂候、仍申入候也、

十一月廿九日　寛愛

三日、今日新典侍局着帶ニ付着奴袴參內了、當番以表使恐悅言上了、賜祝酒了、脫奴袴改切袴了、

十七日、卒ス、年二十一、卒後、皇子某ヲ生ム、卽チ夭ス、

〔俊克卿記〕

嘉永三年十二月十七日、妹新典侍局、去自十一日風寒邪感冒之處、追々不快、實ハ今朝卯刻計及大切、家君御始家內一同忙然驚怖之外無他、尤及大切之事誠他聞、有子細、唯所勞不勝體也、直予走參殿下御許、新典侍所勞不勝候ニ付、萬一及事之節、宮奉成御降誕可然候哉如何、其心得候得共爲念取御氣色、自然及事之節、時刻推移候者、賀川難奉成旨申之間、豫極內內申伺、尤御內儀へモ伺候上、可取計哉ニ候得共、彼是時刻相移候條、爲早速取御氣色之旨逐一申述、○中略以安藝守賀川へ申付、御降誕之事令取計、實ハ巳刻計皇子御降誕也、昨日ヨリ容體、度々以藤木參河守、御內儀へ申上、今亦御降誕之趣、以同人申上、但眞實之子細ハ不申上、所勞追々不快疲勞ニ付、自然御降誕振合ヲ以申上云々、是萬事差支之事有之、仍如斯令取計、○中略予再參殿下、每々御相談申入、自然及事候節ハ、文化八年東坊城家新內侍之例之通萬事可取計之旨、蒙內命、○中略須臾自長橋御守刀一箱、御うぶ召一重入文匣、無新典侍へ書中相添被進由也、

今日皇子未刻御降誕之旨、武傳三條、自家君以御演說書令達給、

〔野宮定祥日記〕

嘉永三年十二月十七日甲戌、天晴、亥刻許廣橋以狀被示云、新典侍今日未刻皇子降誕、至御虛弱之旨言上有之、爲心得所被示也云々、傳聞、新典侍五六日所勞、今曉及大漸云々、此故歟、所恐歎也、

〔山科言成卿記〕

嘉永三年十二月十八日、廻文到來、新典侍局昨十七日未刻、平產皇子降誕、到御虛弱之處、御養生不被爲叶、同夜亥刻、逝去之事、但不及御機嫌伺、

右之通加勢萬里小路中納言被申渡了、

十二月十八日　實愛

件新典侍子癇之症、頓滅頗苦脳（マヽ）云々、不便了頗難産云々、恐懼之次第也、殊皇子降誕、殘念恐懼之至也、東坊城新内侍之振合云々、坊城、家本所前亜相已下混穢云々、御寺淨花院云々、

〔野宮定功日記〕

嘉永三年十二月十八日乙亥、霽、傳聞、新典侍局五六日以來風邪、其後急喉風、實昨日朝絶命、可哀可惜、其後奉出皇子云々、

〔橋本實麗日記〕

嘉永三年十二月十九日丙子、晴、廻文、○中略昨十七日未刻、新典侍平産皇子降誕之處、至而御虚弱不被叶御養生、亥刻逝去之旨、加勢萬里小路中納言被申渡之旨、但不及伺御機嫌之旨、被示了、絶言語悲歎々々々、後聞、新典侍同卒去云々、嗚呼痛哉、

二十五日、葬送アリ、淸淨華院ニ葬ル、法名ヲ乘蓮華院顯譽貞伸ト曰フ、

〔俊克卿記〕

嘉永三年十二月廿五日、妙香華院宮、今日酉刻御葬送、普照光院、同刻葬送也、

〔椒庭譜料〕　坊城式部頭上申

典侍藤原仲子

嘉永三年十二月十七日、孝明天皇皇子降誕、即日逝去、妙香華院宮、

御墓西京上京寺町通淨華院

同月同日　廿一歳死去、乘蓮華院顯譽貞伸

墓所　淨華院

掌侍藤原紀子

おきさ　孝明天皇女房房子日記

衛門掌侍　非藏人日記　外様言渡

藤式部　野宮定祥日記　伏見宮日記

權中納言從二位堀河康親ノ第八女、母ハ僧慧眼ノ女さじナリ、天保八年六月一日、誕生ス、

〔堀河家系譜〕

元親孝
康親　親實男
母家女房、寛政九丁巳年二月廿日誕生、安政六乙未年九月二日薨、六十三歳、從二位權中納言、

├女子
├女子
├女子
├女子
├親賀
├女子
├男子
├女子
├納親
└男子

┬女子
└女子
　母家女房、天保八丁酉年六月一日誕生、○中略
　安政六己未年三月二十二日皇女御降誕、○中略
　文久元辛酉年十月八日皇女御降誕、

〔堀河家上申〕 ○譜料考異所收

藤原紀子

從二位權中納言堀河康親第八女、

母、藤原吉子、正二位權大納言贈內大臣勸修寺經逸第十四女、

所生、家女房釋家さじ、眞宗大谷派鈎玄寺寺格飛檐、住職釋家慧眼二女、

〔椒庭譜料〕 堀河親賀上申

堀河紀子

父堀河故前權中納言康親

母家女房

天保八丁酉年六月一日誕生、

嘉永五年十二月二日、天皇ノ宮ニ仕ヘ、掌侍ト爲ル、今參ト稱ス、

〔堀河家系譜〕

康親─┐
　　└女子
　　　母家房、○中略嘉永五壬子年十二月二日被召出、同日補掌侍、稱今參、

〔孝明天皇女房房子日記〕

嘉永五年十二月二日、巳刻比、堀川殿ひもしおきさ殿祝にて御上り、先申口にて御口祝、夫よりすぐに長橋さまより御、奉公人の事申渡し、名も今參と下さる、口宣も下さる、夫よりかみあげ下になをしに御歸り、かみ出來候由局より申まいるとすぐにか○以下五六字不明様長さまより申參、其うち御ふさがりさせ御出ましにて候へば五つきぬかみあげにて御宮參り、夫すみ常御所にて御對面御盃たもふ、きぬのまゝ也、夫すみ大すべらかしになをしに御歸り、夫よりはつき袴にて女御さまへ御參りなり、夫すみ候へば常の通り也、

〔近代帝王系譜〕

今上明○孝 皇子

皇女

母衞門内侍藤紀子、堀川前中納言康親卿女、

嘉永五年十二月三(ニ、)日補内侍、稱今參、

安政六年二月十日、著帶ノ事アリ、

〔非藏人日記〕

安政六年二月十日辛亥、晴、衞門掌侍局、著帶也、依之兩役衆、近習衆等參賀也、

〔山科言成卿記〕

安政六年二月八日、晴、

廻文到來、

來十日巳刻衞門内侍着帶ニ付、當日當番之輩御歡可申上、非番之輩五六日中同上可申上、且隨參被申上可然旨、加勢源大納言被申渡候、仍申入候也、

二月七日、　實麗

右被示候―――一兩日中可返給候也、

同日　寶愛

山科三位殿承候｜｜｜高倉え願達了、

十日、陰晴不定、

今日備門内侍巳刻着帯云々、參賀如廻文、五六日中參內序可申上云々、

三月二十二日、皇女某ヲ生ム、

〔外様言渡〕

安政六年三月廿二日、

備門掌侍

今晩亥刻過皇女〇壽萬宮御降誕候、依之一兩日中禁中准后御產所堀河家、等可有參賀旨、加勢醍醐中納言被申渡候由、長谷三位被演說候、尤番々且小番未勤之輩えは從親族中可申傳旨候事、

三月廿二日

右之趣以文箇使新宰相え申達了、

〔言渡〕

安政六年三月廿二日、亥刻過、備門掌侍產氣之由、以駿河被申出、自堀川も同上被示候、亥半刻皇女御降誕候旨、御代役御申上、以駿河申入、

〔非藏人日記〕

安政六年三月廿二日壬辰、晴、今亥刻過、右備門掌侍御平產、皇女御降誕ニ付、一兩日中禁中准后御方殿下御產所堀河家等へ可參賀議奏衆被申渡、

〔橋本實麗日記〕

安政六年三月廿二日壬辰、晴入夜雨、

從權黃門廻文到來、廿二日到來、

衛門內侍

今晚亥剋過

皇女御降誕ニ付、御所ニ准后御產屋堀川家、等江一兩日中ニ參賀可有之旨、加勢醍醐中納言被申渡候、尤小番未勤親族中へも可申傳同卿被示候、仍申入候也、

三月廿二日

萬延元年十二月十九日、從五位下ニ敍セラル、

〔堀河家系譜〕

康親──女子

安政六己未年三月二十二日皇女御降誕、

萬延元庚申年十二月十九日敍從五位下、

〔椒庭譜料〕　堀河親賀上申

堀河紀子

萬延元庚申年十二月十九日敍從五位下、

文久元年九月二十日、著帶ノ事アリ、

〔言渡〕

安政六年九月十四日、陰陽頭參上、以常丸申上、衛門掌侍著帶日時內勘文賜御點、且吉方勘文等各可令清書、以周丸被仰出、即申渡、小時清書被附、

御著帶の日時
今月廿日きのとのみ時たつ、
文久元年九月十四日　　はれ雄
右一紙竪物
御著帶の吉方
辛とりいぬの間に向はるべし
文久元年九月十四日　　はれ雄
右一紙四折、殿下以狀申入入、寫進以周丸上被留于御前、〇中略備門掌侍著帶來二十日辰刻御治定之旨、以駿河被申出、
二十日、備門掌侍著帶無異相濟退出之旨、大御乳人被申出、

〔考明天皇女房房子日記〕
文久元年九月廿日、今日備門内侍殿御著帶にて辰の刻なれども、何かと〱七つ半頃に成せられ、常御所にて御こぶあはの御盃一こむ參る、天しやくにて備門内侍殿へたまふ、直に常御所より御格子の御間へ參られ、吉方亥子の方にむかはれ候て、御作法あり、

十月八日、皇女某ヲ生ム、

〔孝明天皇女房房子日記〕
文久元年十月八日、今曉とらの刻頃備門内し殿御もよふしの御事、堀川殿より大御乳人え申參、直にするがどの御守刀御うけ衣もち參らるゝ、頭無の御文こに入參、長はし口上申、御表え大御乳人にて備門内し殿御もよふしに候まゝ土御門殿事御さん屋へめし候樣に儀奏しゆへ申、七ツ半過ごろ姫宮さま御する〱御かうたんのよし文にて大御乳人え申參、則申入、親王さま准后さまえ伊賀殿にて申參、女房にて申出す御表口向えも表使ニて申出す、よあけ候て敏宮さま、和宮さ

まゝも文にて申参、五ツごろ土御門殿御さん屋より御用かゝりニて御勘文上らるゝ、するがどの歸り参られ、姫宮さま御機嫌御よろしきよし申入らるゝ、衞門内し殿ニも御無事の御事申入らるゝ、其後御せわ卿よりも申入らるゝ、

〔俊克卿記〕

文久元年十月八日癸亥、晴、

卯上刻許自堀川三位以使被示、書狀、

衞門內侍産氣候、仍早々申入候也、

十月八日　親賀

兩人宛

右承知申答了、直ニ同役へ以封中申入、自同上使、書狀、

今曉寅刻皇女御降誕、益御機嫌能被爲渡候、仍申入候也、

十月八日 ○署名以下略同前

十四日己巳、雨、

今日新宮御七夜也、○中略姫宮御名字議奏被渡候旨同役被傳、

理宮多賦、

〔山科言成卿記〕

文久元年十月八日、

從中院廻文到來、

衞門內侍

今曉寅刻皇女御降誕ニ付

禁中親王准后御産家堀川家等え一兩日中参賀可有之旨加勢新宰相中將被申渡候、尤小番未勤親族中えも可申傳

同卿被示候、仍申入候也、

十月八日　　　　　　　　基正

文久二年九月一日、故アリテ掌侍ヲ辭ス、隱居シテ藤式部ト稱ス、

〔孝明天皇女房房子日記〕

文久二年九月朔日、衞門内し殿事ひとひよりましんにて下り居られ候所、其うへまだ〳〵所勞心よからず、右ニ付、内侍辭退隱居願ハるゝ、夫ニ付願のとをり内侍辭退隱居仰付られ、名を藤式部と下さるゝ、參内ハ思しめしあらせられ候て、御さたのあらせられ候迄とゞめられ候也、

〔野宮定祥日記〕

文久二年九月一日庚戌、

衞門掌侍紀子、依所勞辭掌侍、乃被聞食隱居被仰出、被稱藤式部、

〔伏見宮日記〕

文久二年九月二日、

衞門内侍御方隱居被仰出、以來可稱藤式部殿、且同御方ぇ一切御音信被成間敷爲樣被仰出候旨、御達之趣御承知被成候、仍テ此段被仰入爲、以上、

戌九月

〔參考〕

〔野宮定功日記〕

文久二年七月廿八日己酉、有文朝臣、具視朝臣、敬直朝臣等、依所勞本番所參勤願書被出、去廿四日令披露、今日依請被聞食了、少將掌侍、衞門掌侍等、去廿四日退出、（衞門内侍去月以來依麻疹退出、）頃是日世上有志浮浪人等頻稱兩嬪四姦、（内府井有文以下三朝臣、）要之近

來廷議皆出於此兩嬪四姦、朝政不善、早不擯斥之者、逐日可及擾亂之間、不被擯斥者、浪士等可及暴發之由稱之、形勢甚不穩、仍無左右兩內侍退出、且三朝臣密申諭令願本番所參勤、

〔橋本實麗日記〕

文久二年七月廿八日己酉、傳聞、少將掌侍、定章卿女、衛門掌侍、康親卿女、等退去被仰出、去廿四日退出云々、但從薩州長州執申云々、未曾有之儀、可歎可歎、

〔長谷家記〕

文久二年八月十九日、午後參朝、○中略、入夜殿下被召御前、戌刻許召兩役御前御評定云々、子半許、兩役被退、無程殿下御退、少時自廣幡殿下內命被示、○中略、千種以下蟄居、辭官、落飾、內府公故障引籠之間、出仕之後同罪被仰付、且兩嬪隱居、御內儀通路斷絕之旨、明日夫々御沙汰可有之由、內密被示、○中略、今度之事件、誠不容易、於如此無御沙汰ハ浪士暴發難計、朝威彌可至衰弱之處、速被爲在聖斷、安意踏雀、

廿日、昨日內々御沙汰有之千種以下、今日御咎有之、

文久三年二月十三日、落飾シテ山城國愛宕郡鹿谷村靈鑑寺ニ蟄居セシメラル、

〔村井政禮日記〕

文久三年二月十三日、晴、十二日於禁中御沙汰ニ相成候件々、

○中略

九條入道前關白圓眞

久我入道前內大臣素堂

岩倉入道友山

千種入道自觀

富小路入道（マヽ）雲

右改而京外蟄居、

少將　中宮寺え

藤式部　靈鑑寺え

右御暇剃髮之上御預、

右件々被仰出、

〔言渡〕

文久三年二月十三日、少將藤式部等、自今御暇、剃髮被仰出旨、廣幡殿御奉、

〔堀河家系譜〕

康親

└女子

同〇文久二年九月一日辭掌侍、隱居、稱藤式部、

同三癸亥年二月十三日賜暇、

〔椒庭譜料〕　堀河親賀上申

堀河紀子

同〇文久三癸亥年二月十三日、賜暇、

慶應四年七月十五日、掌侍隱居ニ復セシメラル、

〔堀河家系譜〕

康親

└女子

慶應四年戊辰年七月十五日如舊可爲掌侍隱居被仰出、

〔椒庭譜料〕　堀河親賀上申
堀河紀子
慶應四戊辰年七月十五日如舊可爲掌侍隱居被仰出、
明治四十三年五月七日、京都ノ自第ニ於テ卒ス、年七十四、
〔進退録〕秘書課
明治四十三年　女官之部
第七號　掌侍取扱堀河紀子死亡ノ件
卒去御届
掌侍取扱
從四位　堀河紀子
右本月七日卒去致候ニ付、此段御届仕候也、
明治四十三年五月十七日
堀河紀子遺族
子爵　堀河護麿(印)
宮內大臣子爵渡邊千秋殿
〔堀河護麿回答〕
故從四位堀河紀子
一、薨去ノ年月日
明治四十三年五月七日、京都於自邸卒去
十一日、葬送アリ、眞如堂墓地ニ葬ル、
掌侍藤原紀子

〔堀河護麿回答〕

故従四位堀河紀子

一、送葬ノ年月日及場所

明治四十三年五月十一日

眞如堂墓地

寺門眞如堂寺中松林院

皇女順子內親王

女一宮 外様言渡 實萬公記

天皇ノ第一皇女、母ハ皇太后藤原夙子ナリ、嘉永三年十一月四日、誕生ス、

〔近代帝王系譜〕

今上 〇孝明 皇子

順子內親王
母准后藤夙子、關白尙忠公女、〇中略
嘉永三年十一月四日生、御產殿里御殿、

皇子

皇子

皇女

皇女

皇女

〔公卿補任〕孝明天皇 嘉永三年

十一月四日、女御皇女降誕、御劍使左權中將實城朝臣、奉行重胤朝臣、里殿奉行資宗朝臣、

〔俊克卿記〕

嘉永三年十一月四日、丑刻計、從女御取次御產氣御催之由告來、〇中略 卽刻著衣冠奴袴里殿ヘ參入、御世話家君先是令參給、非常附家司等追々參入、奉行頭辨別當藏人辨江藏人等參入、今曉丑刻皇女降誕候、恐悅可申上御世話卿示給、〇中略 殿庭鋪設以下奉行商量內申沙汰頭中將云々、左大臣殿大納言殿令參給、卯上刻計、御劍使山本中將實城朝臣參入、立中門代外

中事由頭辨出逢、參御所方啓事由還出逢、次實城朝臣著廂座、高麗緣疊一帖、其上敷東京錦茵爲座、御劒并濃御袴持之、先是左大臣殿大納言殿等著座給、次大納言殿起座參進使座前、取御劒入簾中給、次取濃御袴同入簾中給了、次取使祿、女裝束、賜使、繼仲傳之、了復座給、使起座降殿二拜退出、小舍人二人祿、四絹、平重任役之於中門外賜之、先是大江俊堅傳之、了退出、

御湯殿始酉刻之旨御世話卿示給、此後申合小番之外退出、〇中略、左府公大納言殿等令在里殿給之間殿上人一人申合殘居了、

御湯殿始勘文御世話令爲見給、

擇申可有　皇女御湯殿始日時、

今月今日壬辰　時酉

嘉永三年十一月四日　　晴雄

酉刻計參里殿、衣體如今朝、一同參集、奉行頭辨爲神宮辨之間庭上迄參入商量、堂上之儀別當藏人辨商量、小時御湯殿儀被始、江藏人進庭上、鳴弦作法有之、其數九度、次八方一度ツヽ、了、庭燎立明等如先例、

〔平田職修日記〕

嘉永三年十一月四日、女御御方御產皇女御降誕ニ付、予著束帶雜色白丁、直ニ出仕、〇中略、卯刻頃御使山本左中將實城朝臣束帶著劒、參入、殿上口立、小舍人生直後ニ立、大盤所簾中ヨリ御劒、色紅梅地文重菱白ニテ八重梅紋段有之、袋入紫組紐、被出、藏人左少辨胤保參進、於簾下御劒袋儘取テ下戶入經端座小板敷降、沓小舍人孝正奉仕、神仙門出、御使へ渡シテ一揖沓脫中間昇、沓小舍人、此後ハ所來沓ヲ奉仕也、小舍人孝正ハ御使役出仕、御使御劒請取、答揖、直ニ小舍人生直へ被渡、大盤所簾中ヨリ御袴、濃精好白差糸、被渡、胤保參進於簾下御袴取下戶入小板敷降、沓所來、神仙門出、御使へ御袴渡シ、一揖シテ沓脫中間昇、沓所來、下戶出、〔此間脫アル歟〕御袴ヲ請取、答揖、直ニ小舍人孝正へ被渡、孝正御袴ヲ左肩ニ掛、直ニ御使裾掛テ直ニ經平唐門宜秋門、此門公家門トモ唐門トモ云、出、自夫北へ行、近衞殿御門前東へ順路、御里御殿ニ參向也、〇中略、小舍人孝正御袴之儘途中持參向、小舍人生直御劒袋儘途中捧持參向、御使實城朝臣隨身同、隨身同、從者小舍人兩人、從者仕人兩人、御使途中之儀步儀ト存也、小舍人兩

一人相並テ御使ヨリ一歩先ヘ進立參、

今日酉刻皇女御湯殿儀并鳴絃ニ付、廳官代ニ小舍人生直計里御殿ヘ申半刻出仕也、皇女故讀書之儀無之故一人、

〔降誕宮御在所劒使儀〕　奉行備忘

嘉永三年十一月四日壬辰、

使實城朝臣參入立中門外、小舍人捧御劒在傍、先是左大臣九條大納言等著座、

次資宗降階出逢使啓事由、資宗稱唯還昇就簾下申之、歸出告召之由於使、

次使捧御劒昇階著設座、

次九條大納言起座進使座前取御劒進簾下附女房、畢經本路於簀子取女裝束繼仲從內々方取滌候簀子授之被使、訖復座、

次使降階於庭中ニ拜退出、此門大江俊堅於便宜所取疋絹於簀子授平重任取之出中門賜小舍人、小舍人給之一拜退出、

〔御浴殿始儀〕

嘉永三年十一月四日壬辰、

刻限運御湯具、女房沙汰之、

次資宗催讀書鳴弦之人、

次長說立前庭、取副書於笏、

次大江俊堅立長說之後、

次有御湯之事、簾中、

次長說聊進出披書讀之、三反、訖退出、但於姫宮此儀不行之、

次大江俊堅打弦、

次長說退出、

次大江俊堅退出、

嘉永三年十一月十日、七夜ノ儀アリ、女一宮ト稱セラル、

〔外様言渡〕

嘉永三年十一月八日、

就來十日皇女御七夜、禁中新待賢門院女御、本殿、右參賀、於輕服者來十六日、於重服者來十七日參賀、可有干肴獻上之旨、

番中納言被申渡候由、新大納言被演說候、尤番々且小番未勤之輩ゑは自親族中可申傳旨候事、

十一月八日　康隆

右之趣民部卿ゑ申達畢、

十日、

皇女被稱女一宮候旨、番中納言被申渡候、最番々且小番未勤之輩ゑは自親族中可申傳由ニ候事、

十一月十日　公誠

右之趣清岡三位ゑ申達了、

〔實萬公記〕

嘉永三年十一月九日、晴、明日御七夜參賀衆先例如節朔御對面被爲在由也、但無之儀も被爲在由、過刻廣橋談話之處明日ハ御對面不被爲在旨以書狀被示了、

女御里殿ヘ參入、狩衣薄色切袴、伺御安否了、執次面會相伺、先例御七夜中參入之由相見之故也、

十日、雨降、今日姫宮御七夜也、御祝儀獻物委細在御用日次、

巳刻許出門、着衣冠薄色袴、先參入于關白殿賀申御七夜、次向九條家同賀申也、依御外戚也、次參內、兩役以表使今日之儀賀申、賜雜煮餠祝酒等、

姫宮自今日被稱女一宮候旨、議奏切紙被送之、右所司代へ申達、奉書四折自筆調之、

女一宮

如此書付、有御名字之時訓書別紙注送之云々、今度不及其儀云々、

雜掌諸司代へ持參了、輪門本願寺等達之事議奏被示、如例令商量了、

所々より獻上之御肴、兩役へ頒賜之旨、東坊城被申傳、以表使御禮申入了、

〔橋本實久日記〕

嘉永三年十一月十日戊戌、雨、今日皇女御七夜也、巳終刻著衣冠著薄色奴袴、參內、付勾當掌侍申恭賀、賜祝酒等、申初刻退出、次兩役相伴參女御殿本殿、申恭賀、附女房、賜祝酒饌等了、〇中略自今皇女被稱女一宮旨被仰出了、今日內裏女御等干鯛一箱樽一荷等一身獻之、皇女生肴一折鯛、同上、左丞相太刀一腰干鯛一箱馬一疋、代白金十兩、九條亜相干鯛一箱進上了、

十二月七日、母儀ト共ニ初メテ參內ス、

〔外樣言渡〕

嘉永三年十一月廿九日、

來月七日巳半刻、女一宮御參內ニ付、禁中女一宮新待賢門院女御等參賀可然、獻物可爲御近例通、但於門院不及獻物、重服者翌日參賀、不及獻物之旨、日野中納言被申渡候由右衞門督被演說候、尤番々可申傳、且未勤之輩えは自親族中可申傳旨候事、

十一月廿九日　季實

右番々申達畢、

〔基豐公記〕

嘉永三年十二月七日、了、雨、女一宮今日御參內、參賀獻物生肴一折宛、禁中催源大納言、女一宮、右大辨宰相、女御、左三位中

將、門院、無進上物、

〔橋本實久日記〕

嘉永三年十二月七日甲子、雨午後晴、此日女一宮女御自產屋令入內給、仍巳刻計參新待賢門院殿下左大臣亭等申恭賀、次參女御同申入、賜祝酒、次參內、依番也、恭賀付勾當掌侍申入、賜祝酒幷祝餅、今夜宿仕、

〔橋本實麗日記〕

嘉永三年十二月七日甲子、晴、

辰刻斗參內、今日女一宮參內給、申上恐悅、次女一宮女御殿下九條殿新待賢門院等參上、同上恐悅申上了、

嘉永四年十二月二十二日、髮置ノ儀アリ、

〔外樣言渡〕

嘉永四年十二月十八日、

來廿二日巳刻、女一宮御髮置被仰出候旨廣橋大納言被申渡候條、冷泉三位被演說候、右ニ付參賀獻物等之事、安永九年女一宮御髮置之節之通可相心得、且法中服者之輩、廿四日參賀、獻物可然之旨、同卿被申渡候條、冷泉三位被演說候、尤番々且小番未勤之輩ゑは自親族中可申傳由ニ候事、

十二月十八日　　久隆

右之趣式部大輔へ申達了、

〔基豐公記〕

嘉永四年十二月廿二日戊、晴、女一宮御髮置也、參賀兩役揃之上御歡申入、宮へも同事申上、有御祝、其後退出、

同上恐悅ニ而兩役組合

禁中、女一宮へ、鱧一折宛獻上、　橋本前大納言催、

〔橋本實久日記〕
嘉永四年十二月廿二日甲戌、晴、午上刻參內、今日女一宮御髮置也、兩役付勾當掌侍申恭賀、賜祝酒、未終刻退出、參內以前參女御殿、同申入了、
〔橋本實麗日記〕
嘉永四年十二月廿二日甲戌、晴、辰斜參內今日女一宮御垂髮也、伺申上恐賀、次參女御同上申上、
〔山科言成卿記〕
嘉永四年十二月廿二日、宿後朝退出掛着奴袴附奥御帳、其儀今日女一宮御髮置恐悅、當御所女一宮等言上同斷、○中略參女御飛香舍女一宮御髮置恐悅附于御帳、○中略事了歸畢、

嘉永五年六月十三日、薨ズ、年三、翌十四日、喪ヲ祕シテ內親王宣下アリ、名ヲ順子ト賜ハル、尋イデ十七日、喪ヲ發ス、

〔孝明天皇女房房子日記〕
嘉永五年六月十二日、午刻過よりにわかに女一宮樣御引つけにて、いし共こなたよりめしにて參る、伺のいし皆〳〵參、伺候所とくと御ひらけ附せられず候所へ、又々初夜前より度〳〵御引つけにて、いかなる御藥共さし上候へ共ついに御養生叶せられず、
十三日、朝六つ比にかう去成せられ候、大御もや〳〵にてかはり合參るなり、夫より關白樣御參にて何の御しらべ事有らせられ候御違例の御まゝ也、今日すぐに內親王せん下の事明日と御表へ仰出させられ候、夕かた長樣女御樣へ明日親王宣下の事申御參、
十七日、
一、女御樣御下り、宮樣御違例御むづかしく、六ッ比御はつかく、廢朝三ヶ日、御內々三ヶ日共御精進、表向御はつかくよ

り御五十日の間ハ七七ハ御内々御精進也、

〔久我家記〕

嘉永五年六月十三日、頭辨被申云、女一宮内親王宣下、明日辰刻候、依之勅別當之旨御内意被仰下候旨也、御請申上、明日ハ參陣ニハ不及申、直ニ女御へ參入候樣被申、

欽宮御例也、

從禁中觸來、

女一宮明十四日辰刻、内親王宣下、當日禁中女一宮於女御可申上、門院女御等參賀、不及獻物、重服者不及參賀之事、

傳聞、今曉女一宮御逝去之旨也、當今御一皇女、未御一人也、甚以恐懼可悲歎矣、

十四日、今日内親王宣下也、○中略頭辨折紙并差圖次第等被爲見、如左、差圖有他、

一、先史持參宣旨、立中門代外、家司出逢取宣旨昇北階經簀子候東面簾下、附于女房、

一、勅別當參入立中門代外、令家司啓事由、復命之後參進于庭中、二拜訖參内々方、先是家司職事折紙於内々方下之、

一、次家司職事立中門代外申次之、家司離列奏事由、復命之後復本列、次第參進于庭中、各再拜了退出、

〔實萬公記〕

嘉永五年六月十三日、女一宮御違例御六ヶ敷之間、唯今可參朝、殿下ニも參給旨、以使廣橋へ被命由被傳示、即刻參内、○中略

殿下示給、

女一宮是迄も親王宣下可被爲在之處、御延引之間、今度親王宣下可有之、明日宣下御治定旨命給、

后腹之女一宮、是迄先例も無之候、鍠宮先帝一之皇子、親王宣下有之、女二宮ハ親王宣下無之、今度雖姫宮第一之皇女之儀、彼是被斟酌、宣下可有之、自餘ハ女二宮之例可的當被命、

明晩迄九條家へ御退出可有之、彼亭被召可然、鍠宮之時、鷹司家被召成、不動院宮之時近衛家被召、是等之例ニテ今度九條家可然、是ハ當役ヨリ申達儀與思給、宜取計被命、

御賄邊女二宮之節雖相當、九條家手廣之間、自然入用も相増可申、其處ハ鍠宮之處見計可下知被命、

寺門ハ雲龍院可然歟、鍠宮ハ泉涌寺ニ候へ共、是ハ皇子之事、女二宮之節雲龍院、今度可爲其通旨之事、

鍠宮ハ觸穢有之、是ハ今度不及其儀方可然旨命給、

○中略

附武士以執次尋問、

今度之手續事、

今日ハ惣而不及沙汰、明日內親王宣下以後御違例之儀可申達、夫迄ハ此御姿也、但明日爲御養生、九條家へ被爲移候御沙汰之旨示聞了、いづれ明日可申達也、

十四日、

巳刻前出門、々院女二宮女御々方等參賀、親王宣下恐悅申上了、

參內、兩役以表使恐悅申上、同役依御用遲參、

御名字一紙議奏被渡、

順子 與利

○中略

伊與被申出、女一宮御違例ニ付、今晩酉刻九條家え被爲移旨被申出、

十七日、

例刻參內、先詣殿下、

今夕申刻後薨奏之事、兩人本所へ參入、承之後參內可令言上、先例之通可取計哉申入、可爲其分、更不及申入直可言上、跡にて可申入被命云々、

御墓所雲龍院事、過日御命有之、更不被仰出哉申入、更不被仰出、宜取計被命、

〔橋本實久日記〕

嘉永五年六月十三日壬辰、晴、辰下剋計女一宮自昨日御違例之處、至今朝不被爲勝旨承之、直參內、自相役被示、以外御容躰也、兩役參集、殿下令參給、申承雜事、明十四日內親王宣下被仰出了、未下剋退出、

十四日癸巳、晴、辰終剋參內、內親王宣下申恭賀、上卿九條大納言、幸、左大臣被仰下處、所勞理、依之替、勅別當源大納言、建、未剋退出、參內以前女一宮新待賢門院女御等參入、同申恭賀、內親王彌不被爲勝、今日酉剋九條亭御退出、戌下剋九條亭參入、女一宮伺御容躰了、

十七日丙申、陰晴不定、時々小雨小雷、入夜晴、申終剋參內、女一宮不被爲叶養生、今日申剋薨去旨、武傳兩卿言上、依之自今日三ヶ日廢朝被仰出了、伺天氣退出、次參女御新待賢門院同伺御容躰了歸家、于時戌下剋也、

〔山科言成卿記〕

嘉永五年六月十二日、女御殿御門前醫師乘物數多有之、九條殿自女御々退出、予驚按之女一宮若者御違例歟、可恐〳〵、

十三日、廻文到來、女一宮明十四日辰刻內親王宣下、當日禁中女一宮於女御可申上、門院女御等參賀、不及獻物、重服者不及參賀之事、

右之條々廣橋大納言被申渡候、仍申入候也、

六月十三日　　忠禮

右之通被示候　同日　　正房

山科三位殿承候　順達了、

十四日、今朝女一宮內親王宣下、上卿左府公云々、御理、替九條大納言云々、勅別當源大納言建通、家司在光、經度云々、

順子內親王云々、

參賀予依所勞內藏頭ヘ名代令命了、小番御免參賀之義無沙汰云々、家公不及御參賀云々、當勤計歟、

廻文到來、女一宮就御違例爲御養生、今晩酉刻、令渡九條家給候、其後今晩明日之中爲窺御機嫌可有參上於九條家之旨、可申上、右大將被申渡候、且小番未勤親族中ヘも可申傳、同卿被示候、仍申入候也、

左大辨宰相　堀川三位　姉小路少將

右女一宮御違例ニ付被附進候御用中被免近習小番候旨右大將被申渡候、仍申入候也、

六月十四日　公睦

○中略

女一宮御三才、御大病云々、於眞實ハ令及御危篤給云々、御驚風云々、

十七日、

順達廻文到來、其寫、

就女一宮今日申刻、薨去、自今日三ヶ日廢朝被仰出候旨日野中納言被申渡候、仍申入候、

六月十七日　延房

〔菅葉〕

嘉永五年六月十三日壬辰、晴、暑氣難堪、巳半刻自禁中文箱到來、

御用之儀候間、只今御參可被成候也、○署名略、

早速著衣冠參內、關于議奏之處廣橋大納言被面會、明十四日、女一宮內親王宣下ニ付、御名字勘進被仰下、三號只今可勘進旨被申渡、申御請字書拜借、○中略、御拜道廊下爲出机硯、早速勘進內勘文書認、屬于廣橋大納言獻上、其樣、中奉書三折書之、以同紙爲上包、不書名、

御名字事
順子　與利　切無形
敎子　由喜　切無形
閑子　乃利　切無形
右大辨菅原爲定
別ニ引書小奉書四折書之、入于右包紙之中、
順子
周易曰、坤天下之至順也、
敎子
晋書曰、母儀之敎、光于邦族、
閑子
晋書曰、姿質美麗、閑於女工、
爲定

右獻上、〇中略過刻屬于廣橋大納言伺置內勘文被返下披見之處、順子一號有御爪點、早速淸書相認附于資宗朝臣、其様、中高一枚竪書之、以一枚爲禮紙ヤハラカニ折ル、以同紙爲上包上下折之、不書名、
勘申
御名字事
順子
廣韻曰、順食閏切、從也、

周易曰、坤天下之至順也、

右勘申如件、

嘉永五年六月十三日　　參議從二位行右大辨菅原朝臣爲定

別紙訓切付、中奉書三折書之、上包同紙不書名、

順子　與利　切無形

爲定

〔外様言渡〕

嘉永五年六月十七日、

女一宮今日申刻、薨去候、依之自今日三箇日之間廢朝候旨、日野中納言被申渡候、尤番々可申傳由ニ候事、

六月十七日　　長熙

右之趣西大路三位へ申達訖、

〔非藏人日記〕

嘉永五年六月十七日丙申、就申刻、女一宮薨去、自今日三ケ日廢朝之旨、烏丸殿被申渡、

二十八日、葬送アリ、泉涌寺山内雲龍院ニ葬ル、追號ヲ普明照院ト曰フ、

〔實萬公記〕

嘉永五年六月十三日、寺門ハ雲龍院可然歟、總宮ハ泉涌寺ニ候へ共、是ハ皇子之事、女二宮之節雲龍院、今度可爲其通旨之事、

十七日、附武士面會、○中略御寺如何、内々承知いたし度旨申之、雲龍院之旨申含、檢分等彼是取調有之由也、

〔非藏人日記〕

嘉永五年六月廿八日丁未、普明照院宮女一宮御事、今晩泉涌寺雲龍院へ御葬送云々、自御本所九條家也、

〔橋本實久日記〕

嘉永五年六月廿八日丁未、晴、今夜普明照院宮女一宮追號、泉涌寺塔中雲龍院御葬禮了、

〔山科言成卿記〕

嘉永五年六月廿八日、今日女一宮御葬送泉山云々、

〔陵墓要覽〕○昭和九年版

皇女　順子內親王墓　京都府京都市東山區今熊野字泉山雲龍院內

寶篋印塔

皇子某

天皇ノ第一皇子、母ハ典侍藤原伸子ナリ、嘉永三年十二月十七日、誕生ス、卽日、夭ス、

〔近代帝王系譜〕

今上明〇孝 皇子

- 順子內親王
- 皇子
  母新典侍藤原伸子、坊城一位俊明卿女、〇中略
  嘉永三年十二月十七日生、御產家坊城家、同月十(マヽ)八日薨、號妙香華院、同月十(マヽ)八日葬于淨華院、
- 皇子
- 皇女
- 皇女
- 皇女

〔外樣言渡〕

嘉永三年十二月十八日、

新典侍局

昨十七日未刻、平產、皇子降誕、到御虛弱之處御養生不被爲叶、同夜亥刻、逝去候、爲心得加勢萬里小路中納言被申渡候條

右衞門督被演說候、尤番々可申傳之由ニ候事、

但不及窺御機嫌之旨、同卿被示候事、

十二月十八日　基季

右之趣高松□三カ位え申達了、

〔俊克卿記〕

嘉永三年十二月十七日、妹新典侍局去自十一日風寒邪感冒之處追追不快、實ハ今朝卯刻計及大切、家君御始家內一同忙然驚怖之外無他、尤及大切之事誠他聞有子細、唯所勞不勝體也、直予走參殿下御許、新典侍所勞不勝候ニ付、萬一及事之節、宮奉成御降誕可然候哉如何、其心得候得共、爲念取御氣色、自然及事之節、時刻推移候者、賀川難奉成旨申之間、豫極內內申伺、尤御內儀へモ伺候上、可取計哉ニ候得共、彼是時刻相移候條、爲早速取御氣色之旨逐一申述、〇中略、以安藝守賀川へ申付、御降誕之事令取計、實ハ巳刻計皇子御降誕也、昨日ヨリ容體度々以藤木參河守御內儀へ申上、今亦御降誕之趣以同人申上、但眞實之子細ハ不申上、所勞追々不快疲勞ニ付、自然御降誕振合ヲ以申上云々、是萬事差支之事有之、仍如斯令取計、〇中略、予再參殿下、每々御相談申入、自然及事候節ハ、文化八年東坊城家新內侍之例之通、萬事可取計之旨蒙內命、〇中略、須臾自長橋御守刀一箱、御うぶ召一重、入圖無文匣、新典侍へ書中相添被進由也、
今日皇子未刻御降誕之旨、武傳三條、自家君以御演說書令達給、
十八日、辰半刻計、武傳三條大納言入來、御用掛面會被乞之處、未出仕、仍予面會、入來子細被申述、追付家君御面會之處、宮被伺御機嫌、皇子昨日未刻御降誕、然處御虛弱ニ付御養育不被爲叶、昨夜亥刻逝去之由、令申入給、武傳參內言上云々、

〔橋本實久日記〕

嘉永三年十二月十七日甲戌、晴、自去夜伺候、午刻後、新典侍局俄有產氣、未刻計皇子降誕、至御虛弱、依之參賀之事無之、殿下令、參給申承雜事、誠ニ降誕次第恐入事也、
十八日乙亥、晴、午初刻參內、〇中略、昨日降誕皇子、昨夜亥刻逝去之由申終刻言上、依之兩役伺天氣、但諸臣一同無其儀、亦被止物音之事無之、

〔平田職修日記〕

嘉永三年十二月十八日、傳聞、昨十七日新典侍藤原伸子坊城俊明卿女也出產、皇子御降誕當今第一皇子也有之也、臨月來正月也、

實々ハ伸子兩三日少々風邪之處、俄ニ死去、仍無據死去後令成御降誕候由也、表向皇子十七日夜亥刻御逝去也、

〔山科言成卿記〕

嘉永三年十二月十八日、廻文到來、新典侍局昨十七日未刻平產、皇子降誕、到御虛弱之處御養生不被爲叶、同夜亥刻逝去之事、但不及御機嫌伺、

右之通加勢萬里小路中納言被申渡候〜――

十二月十八日　實愛

右之通被示候、仍〜――

同日　公純

○中略

件新典侍子痛之症頓滅頗苦腦（マヽ）云々、不便〳〵、頗難產云々、恐懼之次第也、殊皇子降誕殘念恐懼之至也、東坊城新內侍之振合云々、坊城家本所前亞相已下混穢云々、御寺淨花院云々、

嘉永三年十二月二十五日、葬送アリ、淸淨華院ニ葬ル、追號ヲ妙香華院ト曰フ、

〔俊克卿記〕

嘉永三年十二月廿三日、石見守慶播家へ出頭候處、

一、御追號　妙香華院

右御治定、且御位牌御石牌（マヽ）等名執筆同人へ被仰下、

一、予大夫等御葬送列外奉從事、供者麻上下ニテ奉從可然、

一、御廟御納御向之事、先北御頂頭哉、尙方丈之定可然、

右殿下へ被伺返答趣也、

御追號御治定、寺門へ可達、御牌名執筆是亦可仰石見守へ申入了、
廿五日、妙香華院宮今日酉刻御葬送、普照光院同刻葬送也、
〔實萬公記〕
嘉永三年十二月廿一日、
坊城以雜掌被附、
今度逝去皇子御法號未御治定無之間、追而可被示云々、
一、御入棺日時
一、御葬送日時
一、御葬送御路筋
以上落手附武士へ令達之、先例直達歟、先時內々附武士尋越候間爲早速書達了、
廿五日、
妙香華院宮今夜御葬送、御行列前後警固並寺門固メ等事附武士書取御世話廣橋へ令見了、
〔桂宮日記〕
嘉永三年十二月廿三日庚辰、天晴、
從淨華院役者院、龍泉手控持參、如左、
手控
今般皇子樣薨御付、來廿五日酉之刻寺門え御入葬被仰出、依之來正月廿五日迄地穢ニ相成候間此段御屆申上候、以上、
十二月廿二日　淸淨華院役寺

〔土山武宗日記〕
嘉永三年十二月廿五日、今晩酉刻、妙香華院宮様淨華院へ御葬送也、御道筋御本所ヨリ坊城家北へ幸神口西へ寺町邊御順路也、

〔山科言成卿記〕
嘉永三年十二月廿五日、傳聞、今晩新典侍御誕生皇子御葬送云々、御寺清淨花院云々、

〔陵墓要覽〕○昭和九年版
皇子 妙香華院墓 京都府京都市上京區北ノ邊町清淨華院內
寶篋印塔

皇子睦仁親王

明治天皇

皇女某

富貴宮　外様言渡　橋本實麗日記

天皇ノ第二皇女、母ハ皇太后藤原夙子ナリ、安政五年六月十二日、誕生ス、

〔近代帝王系譜〕

今上○孝明皇子

- 順子內親王
- 皇子
- 皇子
- 皇女　母准后夙子　安政五年六月十二日未刻生、御產家里御殿、
- 皇女
- 皇女

〔公卿補任〕孝明天皇　安政五年

六月十二日、准后皇女降誕、御劒使左權中將隆晃朝臣、奉行胤保朝臣、里殿奉行胤保朝臣、

〔非藏人日記〕

安政五年六月十二日丙辰、准后御方今日未刻御平產皇女御降誕ニ付、禁中准后御方御殿、御本姫宮同上、殿下等へ今日明後

〔外様言渡〕

十四日等可參賀、重輕服者來廿七日可參賀中山殿被申渡、

安政五年六月十二日、准后今日未刻、皇女御降誕、依之今日明後十四日等兩日之內參賀可有之、但於皇女准后等者於准后本殿可申上、且僧尼重輕服之輩來廿七日可有參賀之旨、中山大納言被申渡候趣、難波前中納言被演說候、尤番々幷番未勤之輩ぇは自親族中可申傳由候事、

六月十二日　　長熙

右之趣西大路三位へ申達訖、

〔久我家記〕
安政五年六月十二日、從省中使來准后御產御催之旨申來、直參朝、○中略小時御平產、皇女御降誕之旨、從御世話卿被示、○中略御世話卿勘文持參、從里殿被參、此勘文於里殿陰陽頭へ被申付持參以女房被申上、小時陰陽頭被參、御湯殿始勘文可有勘進當番申渡、於奏下所、有暫右勘文被草被獻上、以兒上、此勘文ハ以女房可上筈先例也、爲早々以兒上候、小時可淸書被申出直申渡、即淸書被附以兒上直被返出、今日准后へ可被進之旨口狀宜樣可申入以女房被申出、予爲御使里殿ニ參入、依賤番也、於里殿御世話卿候所へ參入、以女房申入、今日御世話卿へ相渡、從御世話卿以女房被上、小時上臈お八百、面會、今日被進勘文之事御返答承直歸參于省中、其旨當番へ申入、直ニ以大御乳人言上、予里殿ニ參入候ヲ合圖ニ從藏人辨御劍使之事有案內由御世話卿咄也、小時御塞附ケ御劍、御袴等從臺盤所簾下以女房被出、奉行取傳畢御劍使隆晃朝臣被向于里殿、御劍袋之儘持之、御袴ハ其儘居手行向、乘車ニテ參仕之節ハ可入于車中本儀也、

〔橋本實麗日記〕
安政五年六月十二日丙辰、陰晴時々雨下、今日未刻准后皇女降誕之旨被示、依之今日明後日中禁中准后姬宮參賀之事從源亞相被示了、今夜亥刻計幹子爲御乳付參准后里御殿了、

安政五年六月二十八日、七夜ノ儀アリ、富貴宮ト稱セラル、

〔非藏人日記〕
安政五年六月十四日戊午、姬宮御七夜、依御潔齋中、廿八日被仰出之旨議奏衆被申渡、

廿八日壬申、御降誕姫宮可奉稱富貴《フキ》宮之旨以書付奉行日野殿被申渡、

〔外様言渡〕

安政五年六月廿八日、

皇女被稱富貴《フキ》宮候旨坊城中納言被申渡候由源大納言被演說候、尤番々且小番未勤之輩へ者自親族中可申傳由候事、

六月廿八日　　陳光

右之趣番々申達了、

〔橋本實麗日記〕

安政五年六月廿八日壬申、雨、辰斜參准后殿下大閤等、今日皇女御七夜、去十八日相當之處、依御潔齋中御延引、申恭賀、次參內、當番也、番衆一同以表使今日恭賀申上、依同上御獻御用奉仕、又爲恭賀近臣一同組獻御肴生鯛二尾、一折、催六角三位、准后同上催池尻三位、皇女同上催山科三位、傳聞、今日獻物到兩番所小番御免未勤輩各生肴云々、皇女自今被稱富貴《フキ》宮之旨坊城中納言被申渡了、從准后爲御返肴賜分配如例、

〔菅葉〕

安政五年六月十二日丙辰、朝之間陰晴交、午後或急雨或微雨、申刻前自禁中文箱到來、披見之處、御用之儀候間只今早々可參旨議奏所より被示、依所勞不參、申刻過復到來、扶所勞可參仕、若難扶候ハゝ爲榮可參仕旨被觸、卽刻爲榮參仕候處、姫宮御童名唯今早々可勘進、此旨予え可申傳由、中山大納言被申渡云、卽刻勘進、酉刻前爲榮再參內面會于中山大納言、御童名勘進之儀御請之旨申入、且附內勘文、調様如例中高三折上包同紙、

久

富

頼

皇女某

延

敎

従二位菅原爲定

別ニ小奉書四折訓引文付、無包紙入于本紙之中、

久

比佐

禮記曰、婦順備而后內和理、內和理而后家可長久也、

富

登美

毛詩曰、俾爾壽而富、

賴

與利

尙書曰、萬世永賴時乃功、

延

能布

晉書曰、保萬壽、延億齡、

敎

由喜

晉書曰、母儀之敎、光于邦族、

爲榮亥刻過退出、今日者先可退出旨中山亞相被申渡之由告之、參內中御降誕恐悅、予名代爲勤了、酉刻許自西大路三位

回文到來、准后今日　未刻、　皇女御降誕、依之今日明後日等兩日之內參賀可有之、但於皇女准后等者於准后本殿可申上、且

僧尼重輕服之輩來廿七日可有參賀之旨中山大納言被申渡、難波前中納言被演說之由被示、自武傳亦有觸、准后御方今

日未刻、　御安產、姬宮御誕生候旨爲心得被示、以上卽刻觸出于相番了、

十三日丁巳、時々雨下、或微雷、爲榮當番三番詰參仕中、姬宮御童名今五號可勘進旨中山大納言被申渡退出後告之、仍卽

刻取掛清書調様如昨日
厚
靜
親
壽
重
從二位菅原爲定
別紙四折
厚安津
周易曰、坤厚載物、德合无疆、
靜志津
周易曰、坤至柔而動也、剛至靜而德方、
親知加
尙書曰、克明俊德、以親九族、
壽比佐
尙書曰、一曰壽、二曰福、三曰康寧、
重志解
禮記曰、仁之爲器重、其爲道遠、
申刻比爲榮參內、附右內勘定于議奏大藏卿之處、及戌刻比被留于御前之旨大藏卿被申渡之由、爲榮參宿候間以書中傳越

了、家來附置、
廿四日戊辰、朝之間陰、午後雨下、申半刻許自議奏衆有觸、御用之儀候間只今可參云々、卽刻參內候處姫宮御童名今五號
明日中ニ可勘進旨大藏卿被申渡、申御請退出、
富貴
萬壽
秀
直
通
廿五日己巳、朝之間陰々、午後晴、申刻許參內、屬于議奏中山亞相、獻上御童名、

別紙四折

從二位菅原爲定

富貴
周易曰、崇高莫大于富貴、
萬壽
毛詩曰、樂只君子、萬壽無期、
晉書曰、保萬壽、延億齡、
秀比天
毛詩曰、實發實秀、實賢實好、
直奈遠

周易曰、直其正也、方其義也、

御注孝經曰、孝悌之至、通於神明、

美知

通

及酉半刻比、今日者勝手ニ可退出旨中山大納言被申渡、

廿八日壬申、朝晴、未刻後雨、就姫宮御七夜參于禁中准后姫宮等申恐悦、於禁中賜雜靑祝酒等、參賀之序暑中亦相廻了、爲御七夜恐悦外様一同組合禁中准后皇女等ゑ生肴一折、鱧二尾、宛獻上相濟候、自催新淸三位被示、皇女被稱富貴《フキ》宮候旨坊城中納言被申渡源大納言被演說之旨、自三室戸三位被示、

七月二十一日、母儀ト共ニ初メテ參内ス、

〔庭田嗣子日記〕

安政五年七月廿日、准后さま富貴宮さま明日御參内ニ付、御方角御よろしからず候ゆへ、今朝辰ノ刻比、九條さまへならせられ候、御一宿にてあらせられ候也、こなたより御參りハなし、表向ハお八百さま御のりそへながら御内々准后さま御こしに御一所也、こなたより右ニ付九條さまへ御よせざかな御銘酒まいる、

廿一日、准后さまふきの宮さま御參内始ニ付恐悦所々より獻物有、○中略とりの刻比准后さまふきの宮さま御參内成、御出迎ニ新大さま長さま大御ちの人御參り、宮さま御のりそへ大さま也、御内々にて准后さまと御一所ニてあらせられ候、宮さまの御長ゑニ大さま斗也、○中略其後准后さま御うちき御みはかま大御すべらかし御びんにて御參り、常御所にて御たいめん、二獻の御盃まいる、宮さまも御一所、宮さまへハ一獻斗、二獻め准后さまへ天しやくにて參る、御獻上の鳥の子御獻に出ル、く御御引直し御すへ御はかま、御引つゞきニ一の御間にて御口祝、御二かたさまへ參る、御吸物御すゝ御重ざかなニて准后さまへ御盃まいる、宮さまへ御人形まいる、御はかまばかり也、

〔橋本實麗日記〕

安政五年七月廿一日甲午、晴、辰刻斗参殿下太閤、今日富貴宮御参内始申上恭賀、次参内同上申上、御機嫌如例、今日御祝賜人々有之、仍候詰、巳刻過三室戸新三位相替退出、今日為恭賀禁中准后富貴宮等近臣組合獻生肴一折宛、禁中催醍醐中納言、准后勘ヶ由小路三位、富貴宮豐岡三位、

富貴宮為御方違、昨日入九條亭給、今日從九條亭御参内也、

〔非藏人日記抄〕

安政五年七月廿一日、

一、富貴宮御参内始ニ付、為恐悅左大臣殿、帥宮、三條前内大臣殿、近衛大納言殿、中納言中將殿、鷹司三位中將殿等御参、其餘御不参有御使、

八月八日、關白九條尙忠ノ第ニ移ル、

〔孝明天皇女房房子日記〕

安政五年八月八日、今日九條様ゑ富貴宮様御養いくのため御あづけにてあらせられ候、御のり添新大すけ殿参らるるはずながら、老人の事ゆへ御断申入られ御内々お八尾御れう人御のり添致さるゝ、新大すけ殿大御ちの人参らるる、

〔中山績子日記〕

安政五年八月八日、御き嫌御よし〳〵、富貴宮様九條様へ御とう留に成らせられ候につき、宮様へ御きぬ三疋御手遊び物参る、出御成御對面、御乗添お八尾御れう人、新大典侍殿御みおくり、大御ちの人も参らるゝ、

〔庭田嗣子日記〕

安政五年八月八日、富貴宮さま今日より九條さまへ御あづけに成られ候に付御逗留になる、さるの刻過人とめ仰出され候、さるの半刻過御する〳〵なる、御板こしにて御内々お八百さま御のりそへ、表向は新大すけさま也、新大さま

大御ちの人九條さまへ御參り、宮さま御こしに引つゞき御とも、宮さまは准后さま御こしよせより出られ候、こなた御兩人は御局より御出まし、御門にて御見合御ともなり、

十月二十八日、箸初ノ儀アリ、

〔長橋局日記〕

安政五年十月廿八日、今日御日柄よく富貴宮さま御はしぞめ御賑々の事にあらせられ候、關白さまより御よせざかな御けん上、准后さまよりも御まな上られ候、富貴宮さまより御まな一折上られ候、准后さまへこなたより御よせざかな進ぜられ候、富貴宮さまへも御まな御にんぎやう進ぜられ候、

〔庭田嗣子日記〕

安政五年十月廿八日、富貴宮さま御はし初に付、御まな一折、ほかに御取はやしにとて五種の御よせさかな、御銘酒、准后さまへまいる、宮さまへ御人形まいる、九條さまへも五種の御寄肴まいる、九條さまも上られ候、准后さまよりも御獻上物有、宮さまへ御役女中より御まな一折、あぜちさまよりも一折進上、其まゝ御返し、○中略宮さまの御はいぜん准后さまの上らふ也、御しづのあか御膳に成りて夫々青石とかながしら御祝也、宮さまより御獻上の御まなにて御吸物出來、御夕御膳のせつ御すゝ御重肴にて御上斗御盃まいる、

〔觀行院手留〕

御降誕ニ付、和宮樣より進ぜられ物御留、

安政五年十月二十八日、富貴宮さま御はし始に付、御所准后さまへ御歡仰入られ、御文斗富貴宮さまへするするするする一折進じられ候、富貴宮さまよりもするするするする一折進じられ候、

安政六年八月一日、薨ズ、年二、翌二日、喪ヲ發ス、

〔庭田嗣子日記〕

安政六年七月廿八日、富貴宮さま此程よりの御むさ〱どふも〱御様子御よろしからず、御通じもとんとあらせられず候まゝ、どふぞ〱何とぞ御かげさま共ニて御通じもつきられ、御引つけもあらせられず、御うんよく御さわさわと、御よろしくあらせられ候様と、今日より三ケ日内侍所へ御すゞまいる、御くままいる、こなたさま御戴あそばされ候て富貴宮さまへまいる、

廿九日、内侍所の御くま上ル、御戴あそバされ宮さまへまいる、今朝御小水御たつぷり御つうじあらせられ候由御たより也、午ノ刻比御引つけニて、一寸御ひらけあそバし候へ共、又御引つけ、其後いろ〱御薬も上候へ共いかふ御ひらけかねにてあらせられ候由、伺のいしも一同召の事、大御ちの人御みまひニ参らせられ候、御硯ふた肴水仙まき三十ぱ御みまひニまいる、よなかまへ帰り参らるゝ、まづ〱御同様御しづかながら、どふも御ひらけハあそバし申さぬよし也、

八月一日、富貴宮さまひとゐより御むさ〱の所、いかふ〱御むづかしき御様子にてあらせられ候へ共、何分今日御祝日の事、別而友引のよしにて、關白さまきつう御秘あそバし、何分〱よなか過迄は左様の御事も仰出されかくしながら、准后さまよなか過ニ御下りあそバし、其上にて富貴宮さま御違例ニ付、御里御殿へくわん御のよし、御世わ卿より伺ハるゝ、其御通り仰出さるゝ、とらの半二刻まへニ准后さま御する〱御里御殿へ御下り、

二日、富貴宮さま御違例ニ付、卯刻まへニ御里御殿へくわん御成られ候由、辰刻まへニ上らふ申入ニ参られ、すぐニ御表口向へも申出る、卯刻過初度の御容躰書傳奏衆より出る、堂上七人宮さまへ附進ぜられ候、御違例ニ付、こなたさま准后さまへ御機嫌伺の事仰出さるゝ、ひる比二度めの御容躰書出る、富貴宮さま御本所りん門さまの河原の御里坊めされ候所、早そく御請ニてとりの刻過御する〱御養生ニ御下りのよし言上あり、亥半刻比御三度めの御容躰書出る、御養生叶せられず、戌刻に逝去成せられ候由言上、右ニ付今日より三ケ日御慎、物の音とゞめられ候や伺有、其通り仰出さるゝ、

五日、佛華光宮(マヽ)さま極みつハ一日ながら是ハとんと〳〵御けしニて、御内外なく八月二日御忌日也、

〔俊克卿記〕

安政六年八月一日戊戌、再參內、酉刻、同役先之參上、富貴宮御違例以之外之御樣子、右ニ付御養生下リ御場所之事、輪王寺里坊候哉之事、過刻同役殿下へ被申入、以大御乳人御內儀へ被伺、輪門留主居相招予面會申渡、〇中略同上ニ付、明晩酉刻輪門へ被爲渡候迄、今晩子刻過、自九條家准后里殿へ還御之旨被仰出、此事有子細先之彼是御內談事有之、初殿下同役へ被仰示有子細不違記、准后子刻可令渡于里殿給、富貴宮御違例ニ付、子刻過可令渡于准后里殿給之旨被仰出候旨議奏被達、

二日己亥、參內、〇中略富貴宮御違例ニ付、爲御養生、今晩酉刻、可令渡于輪王寺宮里坊河原殿給之旨被仰出候旨議奏被示、〇中略六條宰相、池尻三位、武者小路三位、高松三位、長順朝臣、公知朝臣、在綱、以上富貴宮へ從今日被附進候旨當番被示、〇中略輪王寺宮里坊へ行向、先之富貴宮御引移相濟、同役御世話御用ニ付參入有之、同役予等以執次勢多大判事、御違例伺御機嫌、小時上﨟おハ尾、出會、御容體追々不被爲勝、終ニ戌刻薨去之旨被申出、兩人恐入候旨猶可及言上申答、第三度御容體書執次同人、差出兩人落手了、〇中略參內、亥刻許、兩人謁于議奏、宿光愛卿、第三度御容體書一通獻上、御違例不被爲勝、今晩戌刻薨去之旨言上、右ニ付宮中三箇日可被止物音哉伺、又准后二箇日、敏宮、和宮一箇日、祐宮三箇日等御愼之事、且御納所泉涌寺雲龍院哉等伺之處、各可爲伺之通被示、

三日庚子、參內、

富貴宮薨去ニ付、從昨日到明四日三箇日、禁中被止物音候旨被仰聞候、仍洛中洛外三箇日之間、鳴物停止候樣町奉行共へ申付候、爲御心得申進候以上、

右所司代狀內覽附于當番披露、

〔外樣言渡〕

安政六年八月一日、富貴宮御違例ニ付、宮親御機嫌明二日中於准后本殿可申上之旨、加勢久世三位被申渡候、尤番々且

小番未勤之親族中えも可申傳旨ニ候事、

右之趣菅三位え申達訖、以文箱、于時丑半刻、　致忠

二日、富貴宮逝去ニ付、自今日三箇日之中、禁中准后等可窺御機嫌之旨、加勢柳原宰相被申渡候、尤番々且小番未勤之親族中えも可申傳旨候事、

八月二日　泰聰

右之趣竹屋三位え申達了、

富貴宮今日戌刻、逝去ニ付、自今日三箇日之間、被止物音候旨爲心得加勢柳原宰相被申渡候事、

同日　泰聰

但、傳奏觸有之候間、宿仕之輩爲心得被噂候旨候間不觸出、番衆所ニ張置候事、

〔非藏人日記〕

安政六年八月二日己亥、富貴宮御違例爲御養生、今晩酉刻、輪王寺宮里坊河原殿へ被爲移、〇中略亥半刻過逝去ニ付、自今日三ヶ日被止物音、准后御方二ヶ日御愼、〇中略和宮一ヶ日、祐宮三ヶ日御愼之事、

〔橋本實麗日記〕

安政六年八月二日己亥、晴、今曉從四辻廻文到來、富貴宮御違例ニ付、今日中准后本殿え參上、可伺御機嫌旨也、所驚也、〇中略

同夜寅刻斗從四辻廻文到來、

富貴宮今戌刻、逝去ニ付、禁中准后等爲伺御機嫌自今日三ヶ日之中參入、於獻物者可爲天保二年女二宮節之通之旨、加勢柳原宰相被申渡候、尤小番未勤親族中えも可被示傳方同被示候、仍申入候也、

八月二日　能通

此宮日來於九條家御養育之處、依御違例令渡于准后里御殿給、今夜移于輪門里坊給云々、

〔山科言成卿記〕

安政六年八月三日、武傳觸到來、

口狀

寅貴宮薨去ニ付、從今日到明後四日三ヶ日、禁中被止物音候、

准后從今日三ヶ日御愼候、此段爲御心得申入候、尤御相番中江茂御傳達可有之候也、

八月二日　俊克

光成

忠順

右之通被示候〜〜同三日

〜〜山科三位殿承候〜〜

十七日、葬送アリ、泉涌寺山内雲龍院ニ葬ル、追號ヲ佛華光院ト曰フ、

〔庭田嗣子日記〕

安政六年八月四日、富貴宮さま御追號の事、昨日聖門さまへ仰出され候所、今日御上あそバし佛華光（マヽ）宮さまと御治定、五日、御内棺ニ付、御内々御精進、○中略佛華光宮さま極ミつハ一日ながら、是ハとんと／＼御けしニて、御内外なく八月二日御忌日也、○中略佛華光院宮さま御内棺御とゞこほり無濟せられ候よし、戌半剋比ニ御表より言上、御そう／＼來ル十七日寺門より御請申入候よし、御本所より言上、

九日、佛華光院宮さま御入棺にて、御内々終日御精進、准后さまへ御引こもり中の御尋ニ御くわし一折まいる、佛華光院宮さま御入棺御滯無濟せられ候由、中使中院宰相中將殿より亥刻まへニ言上有、

十七日、佛華光院宮さま御そう〳〵ニ付、准后さまへ御尋ニ御菓子一折まいる、○中略佛華光院宮さま御出棺のよし、戌刻比御表口向より言上、御納り御する〳〵の事ハ明朝言上のよし也、

十八日、佛華光院宮さま昨夜御そう〳〵御とゞこほり無濟せられ、子ノ半刻比御納りのよし御表より言上、

〔俊克卿記〕

安政六年八月三日庚子、富貴宮御内棺五日酉刻、御入棺九日戌刻被仰出候旨、大判事以狀申越候、

五日壬寅、富貴宮御追號可被稱佛華院宮被仰出、一紙當番被示、

六日癸卯、佛華光院宮來十七日戌刻、御葬送御治定旨勢多大判事申越候、同上御道筋、御本所御門前ヲ南へ、廣小路ヲ東へ、二條殿河原殿前通ヲ南へ、荒神口ヲ西へ、河原町ヲ南へ、三條通ヲ西へ、夫ヨリ京極通ヲ南へ、五條通ヲ東へ、伏見街道ヲ南へ御順路ニ泉涌寺雲龍院へ被爲入候旨、同人申越候、

十八日乙卯、昨夜子半刻過、佛華光院宮御葬送無御滯被爲濟候旨、執次届越候、

〔橋本實麗日記〕

安政六年八月六日癸卯、晴、富貴宮被稱佛華光院宮、來十七日戌刻、御葬送于泉涌寺山內雲龍院ニ付、來廿日禁中准后御機嫌伺參上、不及獻物、於備進者摩尼珠院之節通候旨加勢同輩被申渡了、

十七日甲寅、晴、今夜戌刻、佛華光院宮御送葬、

〔外様言渡〕

安政六年八月六日、佛華光院宮來十七日戌刻、御葬送于泉涌寺山內雲龍院ニ付、來二十日爲窺御機嫌禁中准后等可有參上之事、

但不及獻物之事、

同上御中陰中寺門ヘ備納物之事可爲摩尼珠院宮節之通可相心得之旨、加勢柳原宰相被申渡候由、四辻中納言被演說

候、尤番々且小番未勤之輩ゑは從親族中可申傳由候事、

八月六日　　宣足

右之趣三室戸三位殿ゑ申達畢、

〔非藏人日記〕

安政六年八月十七日甲寅、晴、佛華光院宮富貴宮御事、今晩戌刻、御葬送于泉涌寺山內雲龍院、自御本所輪王寺御里坊也、

〔山科言成卿記〕

安政六年八月十七日、晴、朝夕秋冷日中殘暑、

今晩佛華光院宮御葬送、泉山々內雲龍院云々、

〔葉室長順記〕

安政六年八月二日、辰剋斗、自宮中御用之儀被召直參朝、小時池尻三位、高松三位、姉小路侍從、唐橋大夫等參朝候旨也、同時議卿被招加勢通監卿御用召ハ富貴宮御不例ニ付被附進云々、尙夕方輪門里坊へ被爲入候旨心得迄被示、御禮申入了、外ニ八條前宰相、澤三位等被召候處所勞不參、先五人へ被申渡云々、午剋斗准后御世話卿參朝、光成卿、自池尻示談有之候處、議卿御用無之候て可退出、但里殿へ參上、以取次右承儀可令言上、宮夕方輪門里坊へ被爲入候節供奉可有之、御先詰等申合可置、准后非常付之輩可有供奉之處、最早被附進候間被附候ハヾ供奉方可然、各申剋里殿へ可參上被示候由也、依之退出掛里殿へ參上御取次水口將監、被附進之旨申上何後剋參上候間可申置申上退出、

申剋里殿へ參上、狩衣さしこ、先之八條替六條宰相、澤三位替武者小路三位等被付候旨也、小時追々參上、酉半剋輪門里坊へ令渡給、御先詰三人池尻、高松、姉小路、供奉、六條、武者小路、予、唐橋、等自淸和門經廣小路令入給、火急甚混雜漸出來候詰所、小時御世話卿被參御內儀等打合了、戌下剋斗宮戌剋逝去之旨被示、一同御機嫌可伺被示、一同以取次御機嫌相伺各退出、自今晩三人宛詰可有之、今宿詰六條、高松、唐橋、予等被請、退出、亥刻自是穢ノ構南門通行混穢之義武傳月番坊城家へ、自家僕差出如例、在家僕

記、

三日、辰上刻詰參上、暑氣之比難凌旁晝夜替ニ治定了、晝池尻三位、武者小路三位、予等也、以取次御靜否伺了、一昨夜丑刻斗御槽被爲入候旨也、

酉上刻退出了、尚委本所書記有之、尋可書記、

詰割

御中陰中參詣、寺門詰等在別紙、

御内棺五日酉刻

御入棺九日戌刻

御葬送十七日戌刻

右御治定之旨也、

○中略

御葬送之式幷次第

一番　鳴鐘　大衆　集會

二番　鳴鐘　大衆　出仕于

御作法場

次東山門前ぇ　御導師

幷前役諸衆　御出迎

合鉢　微音　光明眞言

次幡行燈等行列

次御轅自御作法机前右
繞従東入御　諸衆平伏
次大衆群立
次鳴磬
次擧經大悲神咒出音大衆
同音
次讃頭出音大衆同音合鉢
次擧經光明眞言出音大衆
同音
次葬主進於中央燒香直
諸奠湯師歸本位
次奠湯師進於中央此時
侍者捧湯奠湯師受之
薫香小揖唱法語獻
供々々畢歸本位
次葬主進於中央燒香直
諸奠茶師歸本位
次奠茶師作法如奠湯師
次葬主進於中央燒香直

請御導師御導師
御作法修之此時侍者
奉鋤子
御導師唱法語々々畢
歸本位
次鳴磬擧經十重禁出
音大衆同音讀經畢擧經
回向文々々畢供奉公卿
已下御退去
次大衆退散於新善光寺本堂
御安牌諷經奉修行
次御作法場垂幕御塞
從御龕奉移御手輿
次從御作法場御廟へ
御密行長老中老役者
圍繞御密行御從之方々多
供奉
次御手輿　御廟所御寶
屋之內え奉納御棺

御石棺え奉納畢此由
執奏宛雜掌中え
申入從雜掌中御密行
御從之御方え申上
次御石蓋被爲濟之趣
如前
次御砂盛被爲濟之趣如前
次上座々西堂謹而奉
金紙花
右相濟之上御机三ツ
具足等莊附僧中
諷經畢御從者方々
御燒香有之御退散
列次第
行燈　幡　同　藏司　洒水鈴（マヽ）
行燈　幡　同　維那　洒水鈴
鈸　燒香　奠湯　侍者
舉經　龕主
鈸　燒香　奠茶　侍者

御導師　侍者　天子盞　御法會奉行　從僧
　　　　侍者　　　　　御法會奉行

御轅刀者　供奉　々　々
　　　　　供奉　々　々

々　々　々

々　々　々

○中略

十七日、（快晴大慶之至也）今日御葬送也、依之一同未半剋參集、先御燒香、了退御內儀御勝手ニテ一同參上、御轅ヘ奉納退、申剋斗改衣躰又御燒香惣如次第、御出棺酉半剋過、誓願寺大佛前休所有之、申合休息、亥剋斗令到于泉山雲龍院後式了、子剋過六條予等之外各退散、御葬儀悉畢歸新善光寺小時休息、御牌前御燒香等了寅剋斗歸家、

十八日、未剋本所ヘ參上、以取次伺御靜否、一同同時也、但六條ハ今曉御守刀返上參上之節被伺云々、依之不被爲參上、小時御年寄藤坂面會、段々苦勞之事被謝直退去了、自今日依先例諸無之、

〔富貴宮御葬送列書〕

安政六年八月十七日、戌刻、

佛華光院宮　雲龍院

御葬送御行列

御先拂、下雜色、上雜色、此間十間、

下雜色、（御附紋付）高張、（三口番紋付）箱挑燈、三口番人、（御附紋付）箱挑燈、同心、同心、（與力紋付）高張、（同）箱挑燈、與力、若黨、鑓、箱、此間五間、（御紋付）高挑燈、（御紋付）挑燈、

下雜色、（御附紋付）高張、（三口番紋付）箱挑燈、三口番人、（御附紋付）箱挑燈、同心、同心、（與力紋付）高張、（同）箱挑燈、與力、若黨、鑓、箱、（御紋付）高挑燈、（御紋付）挑燈、

御使番、田中左近番長、（御紋付）挑燈、御使番　平本右兵衞尉、（御紋付）挑燈、御使番、山下縫殿、此間三間、御前火、增澤勘解由、持火舍者

御使番、五十川左京少進、（御紋付）挑燈、御使番、　重數馬、（御紋付）挑燈、御使番、河合典膳、御前火、進藤左近番長、燒香者

白川雅楽、御車副、取松明、峯大蔵丞、
伊佐左近番長、御車副、取松明、立花宮内、
御轅、輿丁、五十人、
御車副、取松明、七條左兵衛尉、白丁、御紋付挑灯
御車副、取松明、安東治部、白丁、御紋付挑灯
勢多大判事、
雑色、白丁、御紋付挑灯
雑色、傘、白丁、御紋付挑灯

此間三間、公卿、白丁、白丁、六條宰相、雑色、同、白丁、白丁、雑色、同、傘、白丁、白丁、池尻三位、雑色、同、白丁、白丁、雑色、同、傘、白丁、白丁、武者小路三位、雑色、同、白丁、傘、白丁、雑色、同、白丁、白丁、高松三位、雑色、同、白丁、雑色、同、傘、白丁、殿上人、白丁、白丁、葉室右大辨、雑色、白丁、傘、白丁、雑色、白丁、白丁、姉小路侍從、雑色、白丁、白丁、雑色、傘、白丁、白丁、唐橋大夫、雑色、白丁、雑色、白丁、傘、同勢群行、

御跡押與力紋付、同高張、箱挑燈、與力、若黨、鑓、箱挑燈御附紋付、同心、笠籠、
若黨、箱、箱挑燈御附紋付、同心、笠籠、

〔陵墓要覧〕○昭和九年版

皇女　富貴宮墓　京都府京都市東山區今熊野字泉山雲龍院内

寶篋印塔

皇女某

壽萬宮

孝明天皇女房房子日記　非藏人日記

天皇ノ第三皇女、母ハ掌侍藤原紀子ナリ、安政六年三月二十二日、誕生ス、

〔近代帝王系譜〕

今上○孝明　皇子

- 順子内親王
- 皇子
- 皇子
- 皇女
- 皇女
- 皇女　母衞門内侍藤紀子、堀川前中納言康親卿女、○中略 安政六年三月廿二日亥刻生、御產家堀川家、
- 皇女

〔外樣言渡〕

安政六年三月廿二日、

衞門掌侍

今晚亥刻過皇女御降誕候、依之一兩日中禁中准后御產所堀河家、等可有參賀旨、加勢醍醐中納言被申渡候由、長谷三位被演說候、尤番々且小番未勤之輩えは從親族中可申傳旨候事、

三月廿二日　番代　久隆

右之趣以文宮使新宰相え申達了、

〔言渡〕

安政六年三月廿二日、亥刻過、衞門掌侍產氣之由、以駿河被申出、自堀川モ同上被示候、亥半刻、皇女御降誕候旨、御代役御申上、以駿河申入、

〔非藏人日記〕

安政六年三月廿二日壬辰、晴、今亥刻過、右衞門掌侍御平產、皇女御降誕ニ付、一兩日中禁中准后御方殿下御產所堀河家等へ可參賀議奏衆被申渡、

〔孝明天皇女房房子日記〕

安政六年三月廿二日、今ばんよなか半まへ頃、堀川殿御すゑ御れう人より大御乳人へ文にて衞門内侍殿御もよふし申參る、直ニ申入、大御乳人御守刀御うけ衣持參らるゝ、御表へも越後殿にてたゞ今衞門内侍殿御もよふしニて候まゝ、上御門殿御產屋へめし候事申、よなか半過頃大御乳人へ御すゑ御れう人、文ニて姫宮樣御降誕の事申入有、直ニ申入、御表へもするがどのにて、姫宮樣御するゝゝ御降たんの事申出す、口向へも申、

安政六年三月二十八日、七夜ノ儀アリ、壽萬宮ト稱セラル、

〔言渡〕

安政六年三月廿四日、來廿八日皇女御七夜之旨以駿河被申出、同上ニ付、禁中准后皇女堀家、河等參賀、獻物之事去嘉永五年可爲祐宮御例之通之事、但重服者翌日參賀、不及獻物之事、以上以一紙以駿河伺定、先是殿下以狀申入、伺之通被申出、

〔外樣言渡〕

安政六年三月廿四日就來廿八日皇女御七夜、禁中准后皇女堀家、河等參賀獻物之事去嘉永五年可爲祐宮御例之通之事、

但重服者翌日參賀、不及獻物之事、

右之通以一紙右大将被申渡候由、野宮宰相中将被演説候、尤番々且小番未勤之親族中えも可申傳由候事、

右之趣前菅中納言え申達畢、

晴雄

〔孝明天皇女房房子日記〕

安政六年三月廿八日、姫宮さま御事御七夜に付、御名字勅筆にて進ぜられ候、備中だん紙御三つ折、御上つゝみ同じ御かみにてあらせられ候、三重の御文こにて内外とも申口の御封也、午の刻頃するがどの御名字もち参らるゝ、壽萬宮さまとせうしられ候、衞門内侍殿御はじめての宮さまゆへ、御うぶめし三重ね、御まな一折、ちいさきいぬはりこ参らせられ、衞門内侍殿へ御さらし五匹下さるゝ、

〔橋本實麗日記〕

安政六年三月廿八日庚戌、陰晴不定、時々雨下、今日壽萬宮（皇女）御七夜参賀、今朝参上、又禁中皇女等干鯛一折、五枚ヅヽ、近臣組合献上了、自余至未勤参賀斗、

四月二十三日、初メテ参內ス、

〔言渡〕

安政六年四月廿三日、壽萬宮唯今御機嫌能御参內之旨以越後被申出候、于時巳半刻過、

廿五日、壽萬宮御参後、御在所衞門內侍局之由以大乳人被申出、

〔非藏人日記〕

安政六年四月廿三日癸亥、晴、壽萬宮御参內始也、為恐悅太宰帥宮近衞大納言殿中納言中将殿等御参、自餘御不参有御使、諸家参賀同列同之、

〔孝明天皇女房房子日記〕

安政六年四月廿三日、壽萬宮さま御いみ明に付、御參內初に付、巳の刻まへ大典侍殿御のりぞへに堀川殿へ參らるゝ、金三百疋杉原十帖下さるゝ、巳の半刻過、御する〳〵御參內成、參內殿へ按察使典侍殿長橋所勞ゆへ、少將內侍殿大御乳人越後殿御むかゐに參らるゝ、御道すじ御行れつ御例のとをり、瀧口四人、以前に議奏しゆより伺はれし人數也、いし西尾中山御用掛虫鹿也、參內殿にて御きうそく、衞門內侍殿御とも也、參內殿御玄關より上らるゝ、是は以前右京大夫にて申候事、常御所にて御こぶあは御盃一こん參る、御かちん出る、御陪膳大典侍殿、御手なが少將內侍殿、やくそふ大御乳人、宮さま御ばいぜむ衞門內侍殿なり、衞門內侍殿へも天しやくにて天盃たまふ、濟せられ一の御間にて御口祝參る、天下御人形進ぜられ候、宮さま御參內ニ付、中臈十帖二種一荷御目ろくにて上られ候、御表へ御參內の御事を女ぼうにて申出す、准后さまへも御參り、宰相典侍殿御なじ致さるゝ、御對面、御口祝御こぶあは御盃進ぜられ候、衞門內侍殿も御對面斗也、御まへづとの御人形御戴あそバし候、宮さま御參內の御悅兩役しゆ申入らるゝ、准后さまより上ろう御使にて御まな一折、外に御よせざかな上られ候、敏宮さま和宮さま祐宮さま富貴宮さまよりひだい一箱づつ上られ候、准后さまへこなたよりも御まな一折進ぜられ候、表使御使也、大典侍殿始よりも御まな一折進上、宮さまへも御まな一折進上之事、衞門內侍殿へ頭〳〵御まな一折送らるゝ、按察使典侍殿始よりする〳〵一折送られ候、宮さま御初參內ニ付、內侍所へ御すゞ參る、御まな一折參る、御初穗百疋參る、御口上表使にて申、御くままいる、宮さまへ御戴かせ申入らるゝ、衞門內侍殿より島のこかちん御まな一折進上、大すけ殿始宮さまへ御悅申入ニ參らるゝ、

五月二十五日、堀河康親ノ第ニ移ル、

〔言渡〕

安政六年五月廿五日、壽萬宮御機嫌克令渡于堀河家給之旨、以大御乳人被申出、

〔孝明天皇女房房子日記〕

安政六年五月十六日、今日堀川殿より壽萬宮さま御物置出來候由にて、堀川家何時ニても御よろしく、御うけ申入ら

る丶御事、御せわ卿廣橋殿より申入らるゝ、堀川殿父子のうち御あつまり申入られ候様に申付候や伺ハるゝ、御用掛よりも出來候事申入、右京大夫ニて申入候事、

十九日、壽萬宮さま御養堀川殿ぇ來ル廿五日より御あづけの御事仰出さるゝ、御刻げん午刻と御せわ卿ひろ橋殿ぇ仰出さるゝ、堀川宰相殿同三位殿兩人ぇ御あづけの御事を仰出さるゝ、御うけ有、議奏しゆへも仰出さるゝ、口向御用掛ぇも取次へも右京大夫ニて申出す、

廿五日、壽萬宮さま御事堀川殿へ御あづけに付、巳ノ半刻過御供揃、午ノ刻御出門なり、新大典侍殿御のり添に參らるる、衞門内侍殿御供なり、右京大夫も參り候なり、壽萬宮さまへ御口祝參る、蒔繪御文この內に白御ちゞみ一反御手あそび色〳〵進ぜられ候、堀川家ぇ御あづけニ付、宰相殿ぇ金五百疋御さらし一疋五種御よせざかな下さるゝ、お末御れう人ぇ同五百疋ほそ染かたびら下さるゝ、同三位殿ぇ三百疋御さらし一疋下さるゝ、同刑部大輔殿ぇ二百疋御さらし一疋下さるゝ、おあつ御れう人ぇ赤地つけ帶二百疋下さるゝ、こん地付帶、白かね二枚、八重岡、雜掌始へも末〳〵まで下さるゝ、此ほどよりお末御れう人事ハ宮さま御せわニ參られ候ニ付、こむ地附帶御袖入一ッ下さるゝ、新大典侍殿より戴かせ候也、午の半過比、御せわ卿廣橋前大納言殿歸り參られ、御機嫌能何の〳〵御とふしもあらせられず、御するる〳〵のよし申入らるゝ、口向よりも言上有、

九月三日、堀河康親ノ第ヨリ勸修寺家ニ移ル、尋イデ十六日、參內ス、

〔外樣言渡〕

安政六年九月、

堀川中納言依所勞從今巳刻暫壽萬宮勸修寺家ぇ御逗留被爲成候旨、加勢久世三位被申渡候由、池尻新三位被演說候、尤番々且小番未勤之輩ぇは從親族中可申傳由ニ候、仍申入候也、

九月三日　和光

右之趣竹屋三位申達候事、
壽萬宮暫勸修寺家ゑ御逗留之處、來十六日歸御參內候旨、右大將被申渡候由、四辻中納言被演說候、尤番々且小番未勤輩ゑは自親族中申傳由候事、

同月十三日　　陳光

右之趣番頭々々ゑ申達畢、

〔庭田嗣子日記〕

安政六年九月二日、堀川中納言殿今朝より俄に所勞にて、よほど〳〵のよしゆへ、宮さまも御預りの事かた〳〵御尋ニ五種の御よせ肴被下候、衛門殿へ文下され候、右ニ付萬々一の事御座候ては宮さま御預りも成がたく候ゆへ、いろいろ御評義にて、近き御間柄ニてもあらせられ候かた〳〵勸修寺家へ御預ケの事、先々御斷ながら押て仰出され候へば御請申入らるゝ、御乘ぞへハ新大すけ殿下り中の事ゆへ參らるゝ樣ニ仰出さるゝ、

三日、壽萬宮さま堀川殿所ろうニ付、今日巳ノ刻勸修寺家へ御とう留に成らせられ候由、御表口向へも仰出さるゝ、巳ノ刻過御する〳〵御とう留にならせられ候由言上有、御乘そへ新大すけ殿也、且御とう留中御預り御世わ申入られ候事、勸修寺殿父子御とう留中御しゆごの御事仰出さるゝ、上ろう代勸殿御姫おなを御れう人へ仰出さるゝ、

十三日、壽萬宮さま來十六日巳刻御參內のよし、今日御世わ卿儀奏衆へも仰出さるゝ、口向へも申渡され候、御乘ぞへ嗣子へ仰付らるゝ、供率のいし久野長門介へ仰出さるゝ、もし御ことわりなれバ、山しな能と介へと申出ス、

〔押小路甫子日記〕

安政六年九月二日、

一、今曉より堀川中納言殿よ程の所勞ニ附、壽萬宮さま御預りの所御斷申入られ候、御世話卿より申入られ候、宮さまの御附衆月水多御神事中ゆへ退御御むづかしく、勸修寺辨殿ゑ御神事中御逗留ニ成まいられ候樣仰出され候、御

請申入られ候、右ニ附明日巳刻御逗留ニ成らせられ候、御乗添御下りの新大すけさまえ仰出され候、御請有、

三日、

一、巳刻ごろ勸修寺家御機嫌よく壽萬宮さま成らせられ候、御のそ（ら脱カ）へハ新大すけさま御參り、先々取あへず勸修寺殿え御肴五種下され候、御ミやハ御神事後ニ致し御世話卿御用掛りより御機嫌よく成らせられ候御事□

五日、

一、壽萬宮さまより御用がかりにて、御機嫌よく、何も〱御申分さまもあらせられず候御事申入られ候、

七日、

一、昨夜より壽萬宮さまの御乳持所勞ニ而山口たくみの介さい召され候、御乳ニ上候、今日一乘じより當分の御ちゝ上り候ゆへ、山口の家內ハめんぜられ候、

十三日、

一、壽萬宮さま來ル十六日巳刻退御成まいられ候御事、御世話卿え仰出され候、御のり添こなたより宰相典侍さま御參り、勸修寺殿え御世話卿より申され候樣仰出され候、

十六日、

一、壽萬宮さまえ宰相典侍さま御むかいニ御參り、巳刻ごろ御する〱と御上也、

萬延元年十二月十一日、髮置ノ儀アリ、

〔言渡〕

萬延元年十二月三日、

壽萬宮御髮置日時賜御點淸書可申渡、以常丸被仰出申渡、

陰陽寮

擇申　壽萬宮御髮置日時
今月十一日庚午時巳
萬延元年十二月三日

〔御內儀日記〕

萬延元年十二月十一日、今日御髮置、御吉刻ながら何かとにて午刻前堀川殿へ衞門內侍殿大御乳人右御式に付參らるゝ、御所より白御ねもじ御服二つ御しらがわた御肴一折御人形一箱進ぜられ候、直に御式あらせられ候、宮さま御殿にて二帖たい御板じとね也、御ふぢ堀川三位殿宮さまの御つむりへ御しらがわた御めさせの御はづながら、御いやがり遊され候ゆへ御そばに置れ、御いか物六合にて御三獻の御盃參る、御ばいぜん衞門內侍殿、御手ながら大御乳人也、右御ばいぜん御手なが共はつき袴著用何も御するく濟せられ候、上らふ代より御ばいぜん御手長へ御口祝あり、

〔山科言成卿記〕

萬延元年十二月十一日、晴、朝微雪、今日壽萬宮御髮置云々、

文久元年五月一日、薨ズ、年三、

〔寶蓮華院宮御凶事記〕

文久元年五月一日、今曉子刻過堀川家より唯今可參旨仕丁ヲ以而申來、卽刻參上、織部正同樣被參、三位殿面會、唯今御事被爲在候旨被命、誠奉恐入次第也、御世話卿被參夫々有御示談、御所ゑ言上之義、唯今御格子後之事故御用便ニ而御醫藤木近江守差遣し、御大切之義奧向ゑ爲及言上候處被聞食、何時ニ而も御事被爲在候ハヾ可言上旨御沙汰之趣承り歸候ニ付、御世話卿ゑ申入、御凶事取斗之義、眞正珠院宮樣之節、東市正御用被勤候ニ付、差當り其書記織部正被取寄、其以御世話卿ゑも申入置、○中略

幸徳井呼寄、日時內勘文之義申渡出來、織部正持參、御所ニ而御世話卿え被差出、最初御內棺日時四日ト勘進有之處、友引日ニ付取替差出、

御內棺日時
今月三日庚寅　時酉
五月一日　陰陽助保源

御入棺日時
今月五日壬辰　時酉
五月一日　陰陽助保源

御葬送日時
今月廿一日戊申　時酉
五月一日　陰陽助保源

○中略

初度二度之御容躰書五通ツヽ出來、近江守差出、例間之由也、三通織部正持參、御所ニ而御世話卿え差出、初度辰半刻、二度午刻前注進之振合ニ心得候樣被命、寫壹通相認詰所當番え達し、寫取候後被返却、

壽萬宮樣御容躰、三月下旬被爲感御時邪御發熱、且御吐乳被爲遊候ニ付、半夏瀉心湯加蜀椒縮砂調進仕候所、御同樣に而御熱御往來、御吐乳も不被爲止候ニ付、七味清脾湯調進仕候、其後聊御解熱被爲遊候得共、兎角御肝欝甚敷、其上御吐水等被爲加候而、御慢驚風之御症ニ被爲移候御儀も難斗奉伺候ニ付、龍膽湯加羚羊角、御副用半夏藿香湯調進仕候而、先以御同樣御靜穩ニ被爲在候處、四月廿八日夜俄ニ御發搐被爲在、御腹滿御二便御不利被爲遊候ニ付、御前方加芒硝幷ニ牛黃抱龍丸調進仕候、已上、

酉五月　　藤木典藥權助

○以下署名略

壽萬宮樣御容躰前書申上候後、御發搐不被爲止御直視上竄御中脘御痞塞甚敷候ニ付、熊膽姜汁等調進仕御鍼治差上候而、御心下聊被爲緩候得共、御疲勞被爲加、御昏睡狀ニ而御痰氣被爲發候ニ付、釣藤飲子加羚羊角並ニ滾痰丸麝香等調進仕候處、御虛氣上迫被爲遊度ニ付、紫雪番紅花等調進仕候以上、

酉五月　　連名同上

○中略

三度御容躰書五通傳奏衆え差出、例日附無之處書加候樣被仰渡、御醫詰合ニ付書入之義申渡到來、詰所當番え寫壹通相達し後刻返却有之、

壽萬宮樣御容體前書申上候後、追々御虛脫被爲加御手足御微冷御冷肝(マヽ)被爲出候ニ付、四逆加人參湯調進仕候得共、御效驗も不被爲在御疲勞被爲增、此上御急變之程難斗一同奉恐入候以上、

酉五月　　連名同上

○中略

御內棺

御入棺

御葬送

右內勘文之通御治定之候間不及淸書、

寶蓮華院

右御法號御治定之候、御染筆長吏宮え被仰下候、

廬山寺
右御寺門御治定候、執奏家より申達候得共未御請無之候、
○中略前條夫々御治定之義、議奏衆被仰渡候旨、詰所當番より申來、
廬山寺
右戌刻比爲御請參上有之、三位殿え申入、
○中略
親王樣三ヶ日御愼、里御殿え御下り、敏宮樣和宮樣一ヶ日御愼之旨被仰出候段、詰所當番より爲心得申來、

〔外樣言渡〕

文久元年五月一日、就壽萬宮御違例、今日申刻迄於堀川家可窺御機嫌之旨加勢右衞門督被申渡候由、勘解由小路三位被演說候、尤番々且未勤之親族中えも可申傳由ニ候事、
右之趣文箱申請西大路三位え申達訖、
午半刻過　　番代　惟賢

同日、
壽萬宮今曉子半刻、逝去ニ付、自今日三ヶ日可被止物音之處、依御神事御沙汰不被爲在候、依之今日中可伺御機嫌、於獻物者、可爲天保九年恭宮之節之通事、
親王御方於准后里殿三ヶ日、御愼候、依之右日數中伺御機嫌參入並獻物之事、
○中略
右之趣火急之儀ニ付、番々頭連名ニ而申達、最文箱申請畢、
酉刻觸出、

〔孝明天皇女房房子日記〕

文久元年五月朔日、壽萬宮さま御事御違例よほど〳〵御むづかしきよしにて御せわひろ橋殿より申入らるゝ、いしよりも言上有、するがどの参らるゝ、御菓子御重のうち下さるゝ、するがどの歸り参られ、いかゞ〳〵御むづかしき御様子ニて何時御きうへんのほどはかりがたしと申入らるゝ、〇中略右ニつき今日中に御三度の御ひろうあらせられ候様仰出さるゝ、右ニ付ひるまへごろ御一度御様たい書いづる、八ツまへ頃また〳〵御二度めひろう有、〇中略壽萬宮さま御三度めの御容躰書出候て、子ノ半刻養生叶ひ参らせられぬよしひろう有、右ニ付三ケ日物の音とゞめられ候や伺有、親王さま三ケ日御つゝしみ、敏宮さま和宮さま一ケ日の御つゝしみ伺有、御神事に成参らせられ候まゝ、物の音ハとゞめられぬよし仰出さるゝ、右ニ付親王さま敏宮さま和宮さまへ文にて仰参、御つゝしみの御事も仰まいる、〇中略壽萬宮さま御内くわん日、三日時酉、御入くわん五日同刻、御そう〳〵廿一日同刻、御追號聖門さまへ仰出さるゝ、寺門ろ山寺と仰出さるゝ、右ニ付御追號御伺有寶蓮華(マヽ)光院宮さまとせうしられ候御事御治定也、此所の事別に書付有、

〔非藏人日記〕

文久元年五月一日戊子、雨、壽萬宮今曉子半刻逝去ニ付、自今日三ケ日被止物音之處、自今晩御神事ニ付無其儀、〇中略同事ニ付親王三ケ日御愼、和宮一ケ日御愼、右被仰出之旨議奏衆被申渡、

〔桂宮日記〕

萬延二年五月朔日戊子、天晴、午後雨下、從坊城家使、〇中略追刻同家使梅田伊織御達之儀ニ付、御家來一人御招被申候事、依招遣、小野少進取次を以て別紙之通被達旨也、
壽萬宮様今曉子半刻逝去ニ付、自今日三ケ日可被止物音之處、〇中略敏宮今一日御愼候、和宮同上之事、五月朔日、御追號寶蓮華院宮、

〔山科言成卿記〕

文久元年五月一日、雨降、廻文到來、壽萬宮今曉子半刻、逝去ニ付、自今日三ヶ日可被止物音之處、依御神事御沙汰不被爲在候、依之今日中可伺御機嫌、於獻物者可爲天保九年恭宮之節之通事、親王御方於准后里殿三ヶ日御愼候、依之右日數中伺御機嫌參入幷獻物之事、

○中略

右之通加勢右衞門督被申渡、尤小番未勤親族中えも可申傳同卿被示候、仍申入候也、

五月一日　光宙

右之通被示候、仍申入候〜

同日　酉刻觸書

資宗

〜六角三位殿　山科三位殿

承候、酉刻過到來、即刻六角殿え順達候、

二十一日、葬送アリ、廬山寺ニ葬ル、追號ヲ寶蓮華院ト曰フ、

〔寶蓮華院宮御凶事記〕

文久元年五月一日、

寶蓮華院、

右御法號御治定之候、御染筆長吏宮え被仰下候、

三日、今日御內棺也、○中略酉半刻御內棺無御滯被爲濟候旨御世話卿被命、

五日、今夜御入棺也、○中略酉刻前櫪生用意も宜しきニ付、御入棺之義被催詰堂上商量有之、櫪生御庭より下掛りえ命じ、職人召連爲廻了、先例御用掛り御使番等助勤候得共、此度不預此事也、櫪生被流了而御世話卿爲點儉(マヽ)被參、夫々有御指

圖、章甫秉燭御緣ニ候ス、

酉半刻御入棺無御滯被爲濟候旨御世話卿被命、

廿一日、御葬送也、○中略御出棺ニ付、御前火已下御轅舁下之、御使番並(マヽ)與丁等相具御庭え相廻、御車副以下者中門外ニ參集、堂上中門内南面、列立有之、御世話卿御指圖ニ而章甫御座間え昇り、膝行以脂燭移御枕火而簀子ヨリ御前火之役え渡ス、階下より受取、御火舍御香袋等次第取而夫々え渡シ階ヲ下ル、但已前脂燭之在所尋置也、御出轅之義催シ章甫御使番等舁出、與丁進出奉舁之、御後章甫供奉、御門外ニ而坤之方え被爲向、夫ヨリ北へ今出川東寺町南え令入廬山寺給、御本所御門内淺沓、途中用藁沓、寺門□淺香也、途中狩衣之尻左ノ方え狹ム、御本所御作法之間解劍舍了、寺門ニ而衆僧奉向行列にて入龕前堂給、章甫堂上誘引聽聞所え着座、東堂上中御用掛、西御使番四人、酉半刻前堂上以下挑灯一張ヅヽ前ニ置、御使番無之、御先御使番中門外ニ而平伏、其後退出、御車副者寺門ニ而湯漬出候、後見斗退出、御引導濟法式中案内ニ而堂上御燒香有之、次御香爐ヲ下シ、案内ニ而章甫奉御燒香、了僧侶退出、其後案内ニ而堂上休息有之、御轅屋形撤候旨役者居出、案内ニ而休息之處、唯今御密行之由御使番告來、再龕前堂前え參ル、無程堂上參集、○中略御密行與丁奉舁之、堂上章甫供奉、無提灯堂上召具便宜之所ニ而被停置不及差圖、御廟門外ニ而舁居御轅與丁退出、此度力者同人之間殿白丁、力者手舁ニ而御寶穴え奉納、堂上點儉之義申入了、堂上被休息、戌半刻比、○中略炭石灰等相詰覆御石蓋了、漆食等出來、懸土ニ相成候ニ付章甫休所え引退、○中略御廟所御砂盛并御印塔等出來候間點儉之義役者申出、則檢知之處、宜御出來ニ付、堂上誘引候樣申渡則被參、御廟所狹少ニ付、御門外被徘徊、長老御回向了案内ニ而堂上御燒香、次章甫奉御燒香、了堂上分散、章甫乍立長老え挨拶申入、歸參御本所、不用御葬路故實也、亥半刻前非番之御使番退出之義申渡、

〔孝明天皇女房房子日記〕

文久元年五月朔日、御追號聖門さまえ仰出さるゝ、寺門ろ山寺と仰出さるゝ、右ニ付御追號御伺有寶蓮華光院宮さまとせうしられ候御事御治定也、

十八日、來ル廿一日、寶蓮華院宮さま御葬送ニ付、御香三十炷御近例の御とをりに出され候や伺有、明日出され候と申出す、御碑名執筆人躰之事伺聖門さまと仰出され候、御碑名上方梵字並年月日廬山寺仰出され候やの事、御石塔可被建日時之事、御石塔供養日時之事、御守刀所役之事伺有、堀川三位殿と仰出さるゝ、御簾所役之事、御列書之事、女房參詣願の事何れも書取ニて伺有、伺のとをりと仰出さるゝ、御簾取役之事萩原と仰出さるゝ、關東より壽萬宮御方御違例之段上聞ニ及、御樣躰伺度よし、傳奏しゆよりひろう有、○中略寶蓮華院宮さま御石塔建られ候日時六月廿八日乙酉、時巳、御石塔供養日時六月廿八日乙酉、時午伺有、伺のとをりと仰出さるゝ、壽萬宮御方逝去ニ付禁中三ケ日物の音とゞめられ候はずの所、今ばんより御神事ニ付、御沙汰に及ばれ候御事ながら、先々之通洛中洛外三ケ日之間鳴物停止、町奉行え申付候よし去ル朔日の日取書うつしひろう有、寶蓮華院宮さま御葬送より御凶事段々の御次第關白さま御內覽にて伺濟のよしにて、ひろ橋前大納言殿よりひろう有、

廿一日、寶蓮華院宮さま今ばん御葬送ニ付、御內々御精進にてあらせられ候、○中略今ばん酉の刻まへ御葬送御もよふしニて、酉の刻御出棺、四ツ過何も〳〵御する〳〵と御おさまりにてあらせられ候よし、御用がゝりより言上有、

〔伏見宮日記〕

文久元年五月廿一日、今晩酉刻寶蓮華院宮皇女壽滿宮御方廬山寺え、御葬送也、

〔山科言成卿記〕

文久元年五月廿一日、晴、今晩酉刻寶蓮花院宮壽萬宮御事、御葬送廬山寺云々、當家門前渡御云々、過日從武傳雜掌爲心得被觸云々、本門閉灯燈出、掃除等出、於通用門密々家內奉拜云々、少將着狩衣拜云々、予不拜、御附人々列外吉服供奉云々、

〔陵墓要覽〕○昭和九年版

皇女　壽萬宮墓　京都府京都市上京區北ノ邊町廬山寺內

寶篋印塔

皇女某

理宮　孝明天皇女房房子日記　外様言渡

天皇ノ第四皇女、母ハ掌侍藤原紀子ナリ、文久元年十月八日、誕生ス、

〔近代帝王系譜〕

今上○孝明皇子

- 順子内親王
- 皇子
- 皇子
- 皇女
- 皇女
- 皇女　母同上○衛門内侍藤紀子
  文久元年十月八日生、御產家堀川亭、

〔外様言渡〕

文久元年十月八日、

今曉寅刻、皇女御降誕ニ付、禁中親王准后御產屋堀川家、等え一兩日中參賀之事、

右以一紙新宰相中將被申渡候由、右兵衛權佐被演說候、尤番々小番未勤之輩えは從親族中可申傳由ニ候事、

信成

右之趣竹屋三位え申達了、

〔孝明天皇女房房子日記〕

文久元年十月八日、今暁とらの刻頃、衛門内し殿御もよふしの御事、堀川殿より大御乳人ゑ申参、直にするがどの御守刀御うけ衣もち参らるゝ、頭無の御文こに入参、長はし口上申、御表ゑ大御乳人にて、衛門内し殿御もよふしに候まゝ、土御門殿事御さん屋へめし候様に、儀奏しゆへ申、七ツ半過ごろ姫宮さま御する〳〵御かうたんのよし文にて大御乳人ゑ申参、則申入、親王さま准后さまゑ伊賀殿にて申参、女房ニて申出す御表口向ゑも表使ニて申出す、よあけ候て敏宮さま和宮さまえも文にて申参、五ツごろ土御門殿御さん屋より御用がゝりニて御勘文上らるゝ、するがどの歸り参られ、姫宮さま御機嫌御よろしきよし申入らるゝ、衛門内し殿ニも御無事の御事申入らるゝ、其後御せわ卿よりも申入らるゝ、

〔桂宮日記〕

文久元年十月八日癸亥、天晴、従兩傳奏雑掌觸書到來、注于左、加點之後以中番使及返却候事、

口上覺

衛門掌侍局今日寅刻御安産、姫宮様御降誕被爲在候、此段可申入旨兩傳奏被申付候以上、

十月八日　兩傳奏雑掌

桂御所諸大夫御中

〔山科言成卿記〕

文久元年十月八日、晴、今暁衛門内侍堀川家ヨリ上局、皇女奉誕云々、一兩日中御所方御産家等参賀云々、自相番刑部大輔持廻文、皇女御降誕ニ付被混御産穢候旨被示、加承令返却了、

從中院廻文到來、

衛門内侍今暁寅刻、皇女御降誕ニ付、禁中親王准后御産家堀川家等ゑ一兩日中参賀可有之旨、加勢新宰相中將被申渡候、尤小番未勤親族中ゑも可申傳同卿被示候、仍申入候也、

十月八日　　基正

右之通被示候、仍申入候、早々御廻覧可返給候也、

同日　　實德

文久元年十月十四日、七夜ノ儀アリ、理宮ト稱セラル、

〔言渡〕

文久元年十月十日、昨日勘進有之候皇女御名字今一應兩人可有勘進、尤今明日中可勘進旨以常丸被仰出、

十一日、菅少納言被附、

知萬

周易曰、知周萬物、而道濟天下、

爲本

禮記曰、聖人作則、必以天地爲本、

延比佐

晉書曰、保萬壽、延億齡、

孝乃利

御註孝經曰、人之行莫大於孝、

誠奈利

禮記曰、誠者天之道也、誠之者人之道也、

爲政

右二通、〔一通ハ御名字、一通ハ引文ナリ、今其一通ヲ略ス、以下亦同ジ〕

皇女某

皇女某

八百

貞觀政要曰、周則惟善是務、積功累德、

所以能保八百之基、

多嘉

毛詩曰、物其多矣、維其嘉矣、

煥

天留

論語曰、煥乎其有文章、

理

多猷

禮記曰、歸順備而後內和理、

章

布美

毛詩曰、維其有章矣、是以有章矣、

修長

右二通再案勘進、

〔外樣言渡〕

文久元年十月十一日、來十四日皇女御七夜ニ付、禁中親王准后皇女家、堀川等參賀、獻物惣而可爲御近例之通事、

但重服者翌日參賀、不及獻物候事、

右之通以一紙加勢大藏卿被申渡候由、正親町大納言被演說候、尤番々且小番未勤之輩ゑは自親族中可申傳由候事、

保實

右之趣二位宰相中將江申達了、

同月十四日、
皇女被稱理多歟、宮候旨、加勢大藏卿被申渡候由、六角三位被演說候、尤番々且小番未勤之親族中ゑも可申傳由候事、
宣足
右之趣竹屋三位ゑ申達畢、

〔孝明天皇女房房子日記〕

文久元年十月十四日、今日新宮さま御七夜ニ付、御名字勅筆にて備中だん紙三ツ折にておなじ御紙にて御つゝみにて御くん書濟られ、二重の御文こに入、内外とも申口の御對(マヽ)附するがどのもち参らるゝ、御初衣三重ね、ちいさき犬はりこ三ツ、御まな一折、長はし口上にてするがどのもち参らるゝ、衞門内し殿へ御さらし五疋下さるゝ、御名字理宮さまとせうしられ候、此よし勅筆にてあそばされ候、乃大御乳人議奏しゆへもち出らるゝ、いつとうへふれられ候様に申、大すけ殿はじめ御名字拜見いたし候、三かしらゑも大御乳人申いださるゝ、口向右京大夫にて當ばんの取次ゑ申出す、いつとう承り候様申、親王さま准后さまゑ御吹てふの御使長はし參、敏宮さま和宮さまゑ長はし文にて仰參、新宮さま御七夜ニ付、親王さまより御まな一折、外に御よせさかな上られ候、准后さまより二種一か、外に御よせさかな上られ候、敏宮さま和宮さまよりする〳〵一折上られ候、

十一月二十日、初メテ参內ス、

〔言渡〕

文久元年十一月廿日、理宮御機嫌能只今御參內之旨以越後被申出、

〔外様言渡〕

文久元年十一月十一日、
來廿三日午刻、就理宮御參內始、參賀獻物之事可爲御近例之通旨加勢大藏卿被申渡候由、源大納言被演說候、此旨番々

且小番未勤親族中えも可申傳由候事、

十一月十一日　　爲政

同月十七日、

理宮御參內始來廿三日之處、可爲廿日巳刻、更被仰出候旨加勢三位中將被申渉候由、源大納言被演說候、最番々且小番未勤親族中えも可申傳ニ候事、

爲政

右之趣番々頭え申達畢、

〔孝明天皇女房房子日記〕

文久元年十一月十日、來ル廿三日午之刻理宮さま御參內はじめ仰出さるゝ、大御乳人にて儀奏しゆへ申出す、右のよし御せわ卿えもつたへられ候樣に申、口向えも右京大夫にて申出す、御用がゝりえも右のよし傳へ候樣に申、御のり添大すけ殿新大すけ殿兩人のうち參られ候樣、御表口向えも申出す、

十六日、理宮さま來ル廿三日御參內之所、廿日巳之刻と仰出さるゝ、御表口向えも仰出さるゝ、瀧口官人四人供奉の事儀奏しゆ伺ハるゝ、

廿日、今日巳之刻理宮さま御參內はじめニて、新大すけ殿御のり添に參らるゝ、衞門內し殿御ともごしにて參內殿御玄關より上らるゝ、是ハ以前に右京大夫え申、巳之半刻頃御する〱御參內成、一寸參內殿二之間にて御休そくあそバし、長はし大御乳人越後殿御出むかひに參、按察使典侍殿なし申さるゝ、常御所にてく御、御引直衣にて御對面、內々御けん有、御こぶあは一こんの御盃參、御かちん出る、御拜ぜん大すけ殿長はし大御乳人也、宮さま御拜ぜん衞門內し殿致さるゝ、別だん衞門內し殿え天しやくにて御盃たまふ、濟られ候て、桃柳の御間にて御口祝、上下御人形鶴龜進られ候、今日宮さま御參內ニ付、中だか十帖二種一か御もくろくニて上られ候、衞門內し殿より長はしへ申さるゝ、こな

た濟られ准后さまヘ御參りあそバし、あぜちのすけ殿なし申さるゝ、准后さまニて親王さまも御一所に御對面、御口祝參、准后さまより御口祝御盃御ちごの御人形進ぜられ候、備門内し殿御對面進ぜられ候也、御するく〳〵と濟られ御局へ還御成、

文久二年二月十四日、箸初ノ儀アリ、

〔孝明天皇女房房子日記〕

文久二年二月十四日、今日理宮さま御事御日柄よく御はしぞめにて御賑々の御事、親王さまよりちゝぶ御使にて御まな一折上られ候、准后さまより御まな一折、ほかに御よせさかな一折上られ候、こなたより親王さま准后さまへ御まな一折づゝ參、御使表使、御はしぞめに付、内侍所へ宮さまより御すゞ參、御初穗百疋參、御まな一折參、御使表使、上御靈へ御代參、御初穗百疋參、こなたへ理宮さまより御まな一折上られ候、御使宮さま御家來也、御つぼねにて御祝、御しづのあかをしおけのうちまきにてあかの御かゆ出來、青石かながしら御三方にのせ御祝あそばし候、長はしきかへの着用のまゝにて御拜ぜんに參、はかま無、尾張も參り候也、あかの御かゆ濟られ候、御もらい御膳まいる、御するく〳〵と濟られ候、長はし御祝義下さるゝはずながら、今日は宮さま御德日ゆへ明日也、ひる頃奥ヘ宮さま成らせられ候、少少御風氣にあらせられ候まゝ、御かり床の御まゝにて御こぶあはにて御盃一こん參、御拜ぜん新大すけ殿長はし越後殿也、宮さま御拜ぜん新内し殿也、御盃濟られ御口祝參、御はしぞめに付、御人形一箱御まな一折參、准后さまより御人形一箱御まな一折進ぜられ候、大すけ殿長はし大御乳人するがどのよりするく〳〵一折進上、御返し其まゝ也、理宮さま御局一同御用がゝりはじめ宮さま附御匕伺の醫師參り合の人々御吸物御祝酒下さるゝ、めで度御賑々也、夕がた御酒宴にて御賑々也、女中しゆ御めどをりにてくもじ下さるゝ、備門内し殿より三種の御まな進上、敏宮さま御文にて御悅仰入らるゝ、

〔押小路甫子日記〕

文久二年二月十四日、
一、理宮さま御日柄よく御箸始に付、内侍所ゑ御鈴まいる、御はつほ金百疋御まな一折表使にてまいる、上御霊ゑ御初
穂百疋非常附使番参る、

二十三日、堀河親賀ノ第ニ移ル、

〔孝明天皇女房房子日記〕
文久二年二月十五日、理宮さま堀川家ゑ御あづけの御事、來る十七日御延引仰出され、廿三日巳之刻と仰出さるゝ、
廿日、理宮さま御事、堀川家へ御養いくのため御あづけ來る廿三日午之半刻と仰出さるゝ、議奏しゆへ申出す、右のよし御せわ卿ゑもつたへられ候様に申、口向ゑも廿三日午之半刻堀川家ゑ御あづけの御事、右京大夫にて申出す、
廿三日、今日理宮さま御事、堀川家ゑ御養育のため御あづけニ成、ひる頃供奉揃鳥渡奥ゑ御しきに成らせられ候、御口祝あぜちの典侍殿上らるゝ、黒無地一ばん御文この内ニ御絹一疋ニ御手あそび色〱参、御のり添新すけ殿参らるる、右京大夫付添参らるゝ、御りんず一たん金子五百疋、堀川三位殿へ五種の御よせさかな一折、同刑部大輔殿へ御絹一疋金子三百疋、上らふ代おあつ御れう人へ赤地島じゆすおもじ同二百疋、ひもじへ御袖入ニ御かんざし、御人形八重岡へ紫島じゆすおもじ同三百疋、惣中へ白かね二枚下さるゝ、ひる半頃供奉揃御する〱と堀川家ゑ成らせられ候、正親町三條大納言殿御供奉にて御機嫌よく御する〱にて何の〱御申分さまもあらせられぬ御事言上申入らるゝ、

〔押小路甫子日記〕
文久二年二月廿三日、
一、理宮さま今日堀川殿ゑ御あづけに成、未刻ごろ成らせられ候、御のりぞへ新大すけさま御参り、御供右京大夫参らるゝ、御あづけニ附堀川三位殿ゑ白綸子一反金五百疋、刑部大輔殿ゑ御絹一疋金三百疋、上臈代おあつさまゑ島じ

ゆすおもじ金貳百疋、紫島糯子おもじ金三百疋八重岡え、役人初末〳〵まで銀二枚、三位殿えハ御肴五種下され候、
御機嫌よく成らせられ候御事、御世話卿より申入られ候、

八月十日、薨ズ、年二、

〔外様言渡〕

文久二年八月十日、

就理宮御違例、今日中於堀川家可窺御機嫌之旨、加勢正親町大納言被申渡候由、右宰相中将被演説候、尤番々且未勤之親族中えも可申傳由ニ候事、

未半刻

陳光

右之趣番々頭え申達畢、

同夜、

理宮今酉刻、逝去ニ付、自今日三ケ日中可窺禁中御機嫌、於獻物者可爲弘化二年胤宮之節之通、

親王三ケ日於御直廬御愼、同可窺御機嫌、於獻物者可爲昨年壽満宮之節之通候事、

右之條々加勢源大納言被申渡候事、

但親王御直廬ハ於准后御方可申上、爲心得同卿被示候事、

政季

右之趣三室戸三位え申達了、

〔孝明天皇女房房子日記〕

文久二年八月八日、理宮さま御事六日の夜より御下り御むかつき、御様子御よろしからず、何時御引つけのほども斗がたく、いしども申入候て時替りの伺仰出さるゝ、

九日、今日巳之刻理宮さま伺河原伊豫守福井三河守三角攝津介、昨夜伺仰出され、今日伺也、理宮さま御むさ〳〵ニ付、加茂下上、いなばやくしぇ御祈禱仰出さるゝ、

今日より一七ケ日也、

十日、理宮さま御事、よなか半頃より御さしこみにてあらせられ候所、御藥御はりにて御ひらけあそバし候所、今七ツ半過よほど〳〵御つよき〳〵御引つけニて、御ひらけ伺申さず、所へ今朝六ツ過、また御つよき〳〵御引つけニて御ひらけ伺申さず候よし、いしより申入候、取あへず新大夫御見舞參らせ遣候、其せつ御硯ふたさかな御菓子御見舞に參、其後だん〳〵御様子御よろしからず、關白様ぇも右のよし仰參、五ツ半頃御せわ正親町大納言殿參られ、理宮さま御違例だん〳〵御よろしからず、堀川殿にも恐入申され候よし申入らるゝ、八ツ頃御容躰書御一度出る、理宮さま御違例ニ付、今日中に堀川家ぇ御機嫌伺候事諸向ぇふれ候よし伺ハるゝ、御本しやう堀川家と仰出さるゝ、右ニ付附進られ候堂上岩倉三位殿堀川三位殿中御門辨殿堀川刑部大輔殿千種侍從殿付進られ候や伺有、伺のとをりと申出す、○中略理宮さま御七夜のせつ參らせられ候御名字しんかむ堀川殿より返上申さるゝ、右ニ付直〳〵御しまいニ成候て火中也、七ツ頃御二度めの容躰書出る、六ツ頃御せわ正親町三條殿より、理宮さま御違例の所、御養生かなハせられぬ御様子申入らるゝ、ほどよく傳奏しゆより御三度めの御容躰書御覽に入らるゝ、酉刻逝去成せられ候、依今日より三ケ日之間物の音をとゞめられ候御事伺ハるゝ、伺の通と申、親王さま今ばんより三ケ日御愼、天保九年恭宮さま逝去のせつ御例ニて無(マヽ)御退出あらせられず候よし、敏宮さま今一日御愼仰出され候可哉、和宮ぇ御逝去之旨言上之儀老中ニ可達候哉伺有、伺のとをりと仰出さるゝ、夫ニ付親王さまぇ今酉刻理宮様逝去ニ付、今日より三ケ日物之音をとゞめられ候よし越後殿ニて申、親王さま今日より三ケ日御つゝしみの御事も申、准后さまぇも御參り中ゆへ、御直に長はし申、お八を御れう人心得ニ右のよし申、敏宮さまぇも理宮さま逝去の御事、物之音を三ケ日間とゞめられ候よし言有、長はしのむすび文ニて仰參、夫ニ付今日より壹ケ日御つゝしみあらせられ候様に申、三頭ぇも大御乳人申

わたさるゝ、口向ぇも右京大夫にて申出す、

〔野宮定功日記〕

文久二年八月十日庚申、理宮御違例不被爲勝之旨、源大納言被示告、乃參內、于時巳斜、兩役參集、御世話今朝辰前許參內云々、去四日以後時氣御感冒六日以來聊有御吐乳、但强非可恐之由醫師申之、昨夜深更忽御發搐追々御惱强、今朝卯許及御大事、○中略酉刻第三度御容體書披露、引繼今酉刻逝去之旨有言上、自今日三个日中被止物音、親王御方於御直廬、准后御方、三箇日御愼、昨年五月令渡于准后里殿給自其夜禁中御神事之故也、先年恭宮逝去之時當今於直廬御愼、據此例今度不及御退出旨治定、敏宮一箇日御愼等被仰出、中使新淸三位 宣諭、石野三位等被定仰、

〔伏見宮日記〕

文久二年八月十日、

一、有栖川宮御內粟津右馬助より左之通申來、

然バ唯今非藏人口ぇ廣幡大納言殿御招ニ付罷出候所、御同卿御面會ニ而別紙之通御達被申上候ニ付、御順達被進候、御廻しさま師宮より御承知被仰上候、仍而此段得御意度如此御座候以上、

八月十日

理宮今酉刻逝去ニ付、自今日三ケ日中可伺禁中御機嫌、於獻物者可爲弘化二年胤宮之節之通、親王三ケ日於御直廬御愼候、右日數中伺御機嫌、於獻物者可爲昨年壽滿宮之節之通候事、

〔山科言成卿記〕

文久二年八月十日、入夜雷雨、從申半刻至戌刻過雷雨滂沱、見合雨止比、戌半刻比、狩衣參于堀川家、理宮御違例伺御機嫌了、

昨年五月一日壽萬宮逝去、又今年是宮逝去、叡慮奉察恐懼〳〵、

二十日、葬送アリ、淸淨華院ニ葬ル、追號ヲ實相心院ト曰フ、

〔孝明天皇女房房子日記〕

文久二年八月十二日、青蓮院宮さまより伺はれ候理宮さま御追號寶相心院宮さまとせうしられ候、御内棺十二日酉之刻、御入棺十六日酉之刻、御そう／＼廿日酉之刻と御治定の御勘文御覽ニ入らるゝ、御ながゐの御輪形伺ハるゝ、御中陰御初七日より御盡七日迄の伺有、御初七日今月廿四日、御二七日同廿八日、三七日閏八月三日、四七日同九日、五七日同十五日、六七日同廿日、七七日同廿七日、伺のとをりと仰出さるゝ、〇中略今ばん酉之刻寶相心院宮さま御内棺御滯無濟せられ候よし御表より表使ニて言上有、御用がゝり取次よりも言上有、

十六日、今日寶相心院宮さま御入棺ニ付、終日御内々御精進也、〇中略初夜半過御入棺御滯無濟せられ候よし御表よりするがどのニて言上有、

廿日、今日寶相心院宮さま御そう／＼ニ付、御内々御精進なり、〇中略初夜過寶相心院宮さま御そう／＼御滯無濟せられ候よし御表よりするがどのニて言上有、

〔野宮定功日記〕

文久二年八月十二日壬戌、理宮御追號今日治定、被稱寶相心院、青蓮院宮勸進、

〔桂宮日記〕

文久二年八月十三日癸亥、天晴、從淨華院使僧呈口上書、如左、

今般理宮樣薨御ニ付、來ル廿日酉刻寺門ゑ御入棺被仰出候、依之來ル閏八月廿日迄地穢ニ相成候間、此段御届申上候以上、

八月十三日　清淨華院役者

良樹院

十七日丁卯、天晴、從兩傳奏雜掌來狀、如左、

桂御所諸大夫御中　　　　兩傳奏雜掌

來ル二十日酉刻、寶相心院宮樣御葬送ニ付、御構御道筋草引掃除之儀可被仰付置候、此段可申入旨兩傳奏被申付候以上、

八月十七日

二十日庚午、天晴、今酉刻、寶相心院宮、理宮御方、御葬送也、御門前御通行、依之通用御門兩脇臺提灯貳張、銹手桶貳組、御馳走役賄方小川司馬、箱提灯貳張、馬提灯貳張、□番有之、掃除方兩人、御築地角東西江臺提灯、警固馬提灯有之、

〔伏見宮日記〕

文久二年八月廿日、

一、寶相心院宮皇女理宮、御葬送也、淨華院、

〔博房卿記〕

文久二年八月廿日庚午、陰天風吹、今夜寶相心院宮御葬送于清淨華院、雖執奏爲差御用無之、

〔山科言成卿記〕

文久二年八月二十日、雨降、今晩寶相心院宮御葬送清淨華院、從堀川家梅屋町烏丸今出川京極通、當家門前御通行如昨年五月廿一日寶蓮華院宮御葬送之通本門閉高張二ツ出シ掃除等致云々、通用開家內肅奉拜云々、武傳觸在云々、傳聞、吉服供奉、岩倉三位、堀河三位、左中辨刑部大輔、千種侍從云々、

〔陵墓要覽〕　○昭和九年版

皇女　理宮墓　京都府京都市上京區北ノ邊町清淨華院內

寶篋印塔

孝明天皇實錄 終

天皇皇族実録
補巻

孝明天皇実録《こうめいてんのうじつろく》第三巻

二〇一九年一月一八日　印刷
二〇一九年一月二五日　発行

監修　藤井讓治《ふじいじょうじ》　吉岡眞之《よしおかまさゆき》
発行者　荒井秀夫
発行所　株式会社ゆまに書房
〒一〇一―〇〇四七　東京都千代田区内神田二―七―六
電話　〇三（五二九六）〇四九一（代表）
印刷　株式会社平河工業社
製本　東和製本株式会社
史料撮影　株式会社インフォマージュ

落丁本・乱丁本はお取替えいたします。

孝明天皇実録　第3巻　定価：18,500円＋税

ISBN978-4-8433-5490-2　C3321